中国机械工业教育协会"十四五"普通高等教育规划教材

材 料 力 学

王　莹　程家幸　盛冬发　编

机械工业出版社

按照材料力学课程的教学内容，本书共分为 11 章，内容包括：绪论、轴向拉伸、压缩与剪切，扭转，弯曲内力，弯曲应力，弯曲变形，应力状态和强度理论，组合变形，压杆稳定，能量法，动荷载与交变应力。每章均配有例题、思考题、习题。

精选的典型"例题"阐述了其分析方法和过程，列出了具体的解题步骤和详细解答，并对易错的概念和解法进行了简要讨论和分析，力求对概念和方法的理解逐步深入。为了满足读者考研和参加力学竞赛的需要，例题包含了一定数量的难题，希望通过对难题的深入剖析，帮助读者攻克学习中的难点，起到举一反三的作用。"思考题"包含选择题、判断题和填空题三种题型，强调基础知识，注重基本理论和基本原理、方法的考查。

"习题"是从各高校往年研究生入学试卷中挑选的具有代表性的全真试题，按章编排，供读者自行练习以及自我检查。

本书可作为高等学校机械、土木、水利、航空航天、交通、动力工程等专业的材料力学课程教材，亦可供有关工程技术人员参考。

图书在版编目（CIP）数据

材料力学 /王莹，程家幸，盛冬发编. —北京：机械工业出版社，2024.9
中国机械工业教育协会"十四五"普通高等教育规划教材
ISBN 978-7-111-75589-0

Ⅰ. ①材… Ⅱ. ①王… ②程… ③盛… Ⅲ. ①材料力学 – 高等学校 – 教材 Ⅳ. ①TB301

中国国家版本馆 CIP 数据核字（2024）第 072720 号

机械工业出版社（北京市百万庄大街22号　邮政编码100037）
策划编辑：张金奎　　　　　　　责任编辑：张金奎　李　彤
责任校对：潘　蕊　牟丽英　　　封面设计：王　旭
责任印制：单爱军
北京虎彩文化传播有限公司印刷
2025年3月第1版第1次印刷
184mm×260mm · 18.75印张 · 463千字
标准书号：ISBN 978-7-111-75589-0
定价：59.80 元

电话服务　　　　　　　　　　　网络服务
客服电话：010-88361066　　　机　工　官　网：www.cmpbook.com
　　　　　010-88379833　　　机　工　官　博：weibo.com/cmp1952
　　　　　010-68326294　　　金　书　网：www.golden-book.com
封底无防伪标均为盗版　　机工教育服务网：www.cmpedu.com

前　言

　　本书出版之时，恰逢高等学校新的教育教学改革。在新工科建设背景下，对学生的知识获取、能力养成、价值塑造提出了更高要求，这一切必然要从教学资源、教学内容、教材建设上寻求新思路。

　　作为教材，本书编写的新思路是：建设"融工程、融前沿、融思政"的"三融合"教学资源和内容，将工程案例、前沿知识、思政元素融入课程知识体系中。在"融工程"上，将涵盖课程知识的实际工程案例引入课程，提升学生解决实际问题的能力；在"融前沿"方面，引入与课程知识相关的国内外最新研究动态和学术热点，将基础知识与学科前沿相融合；在"融思政"方面，编者从"文化自信""勇于创新""职业责任"三个维度进行思政元素挖掘，将课程思政与力学原理、工程案例、学科前沿相结合，使得思政教育巧妙自然地融入内容中，提升课程内容的温度。

　　本书在教学内容叙述上，从素质教育的理念出发，在保持理论严谨性、完整性基础上，更注重基本概念的阐释，以"够用"为度，弃去"深""难""繁"的内容，淡化了冗长的理论推导与烦琐的数学运算。与以往同类教材相比，本书难度有所下降，强化了工程概念，引入了大量涉及广泛领域的工程实例以及与工程相关的例题和习题，注重实际工程应用。为了让学生更快地掌握基本知识，在概念、原理的叙述方面做了一些改进：一是从提出问题、分析问题和解决问题等方面做了比较详尽的论述与讨论；二是例题分析篇幅较大，特别是新增了一些与重要概念相关的思考题。编者相信，这将有助于读者加深对基本内容的了解和掌握。

　　考虑到数字化转型的时代背景，教材也应适当引入新型计算技术、数字化表达技术，书中介绍了 MATLAB、ANSYS 等计算软件的计算结果，便于学生直观掌握材料力学的解析解和数值解的误差。考虑到教材版式应以学习者为本，因此插图制作更加精美，接近工程实物。

　　参加本书编写的都是从教多年、具有丰富课程教学经验的同志。在编写中，不仅吸取了同类教材的各家所长，且融进了编者的教学经验和体会。具体编写分工如下：王莹编写第 1~5 章，盛冬发编写 6~8 章，程家幸编写 9~11 章。本书的编写参考了相关文献，谨向文献的作者致谢。

　　全书分为基础篇和专题篇，共 11 章。基础篇包括绪论，轴向拉伸、压缩与剪切，扭转，弯曲内力，弯曲应力，弯曲变形，应力状态和强度理论，组合变形，压杆稳定，共 9 章。专题篇包括能量法，动荷载与交变应力，共 2 章。

　　本书适用于高等学校机械、土木、水利、航空航天、交通、动力工程等专业的材料力学课程教学，基础篇所需教学时数为 48~56，专题篇所需教学学时约为 16。

编者衷心希望，本书的出版发行能改善当前材料力学课程教材与新工科建设的迫切需要不相适应的状况。限于编者水平，书中难免有疏漏之处，恳请教学一线的老师和同学们，提出宝贵的意见。

编　者

2024 年 1 月 1 日

主要符号表

F——力

M_e——外力偶矩

M——弯矩

F_N——轴力

F_S——剪力

T——扭矩

σ——正应力

τ——切应力

ε——线应变

φ——扭转角

γ——切应变

w——挠度

θ——转角

μ——泊松比

E——弹性模量

G——切变模量

σ_e——弹性极限

σ_p——比例极限

σ_s——屈服强度

σ_b——强度极限

$[\sigma]$，$[\tau]$——许用应力

n——安全系数

δ——伸长率

ψ——断面收缩率

k——应力集中系数

I_p——极惯性矩

W_t——抗扭截面系数

I_z——惯性矩

W_z——抗弯截面系数

i——惯性半径

λ——压杆的柔度

σ_r——相当应力

F_{cr}——临界压力

σ_{cr}——临界应力

α_k——冲击韧性

目　录

第 1 章
绪　　论

　　材料是结构的载体，结构是材料的具体表达。建筑和桥梁等各种构筑物，汽车、船舶、飞机等各种运载工具，能源水利水电等各种工程都会用到材料力学的知识（见图1-1）。人类进入工业文明以后，材料的安全可靠成为永恒主题，材料力学正是在上述背景下诞生发展起来的。材料力学主要对构件强度、刚度、稳定性以及疲劳强度等方面的问题，建立正确概念，奠定必要的科学理论基础。通过对本课程的学习，不但可以加深对强度、刚度、稳定性和疲劳强度的认识和了解，还可获得更加宽泛的基础知识和计算能力，以及对实际工程问题的力学建模能力，包括必要的定性与定量分析能力和初步的产品检测能力。本章主要介绍材料力学的任务、变形固体的性质及其基本假设、外力及其分类、内力、截面法和应力的概念、变形与应变，以及杆件变形的基本形式，使读者对本课程有一个概括的认识。

图　1-1

1.1 材料力学的任务

工程结构或机械的各组成部分，如建筑物的梁和柱、机床的轴等，统称为构件。在静力学中，根据力的平衡关系已解决了构件外力计算问题，然而在外力作用下如何保证构件正常工作，这是一个重要的安全问题，有待进一步地解决。一般地，构件在外力作用下都将发生形状和尺寸的改变，即变形。如果构件设计不合理，或选用材料不恰当，则构件在一定载荷作用下将会发生过度变形或破坏。这种过度的变形或破坏，轻则使构件失效而不能正常工作，重则会使整个结构失效而造成严重事故。为保证工程结构或机械的正常工作，组成结构或机械的每一个构件都应具有足够的能力承受应当的载荷。构件的承载能力包括三方面：强度、刚度、稳定性。因此，设计的构件应满足以下要求。

1. 强度要求

构件承受载荷时，要求它不发生破坏。强度是指构件抵抗破坏（包括断裂或过度变形）的能力，强度要求是指在规定载荷作用下，构件具有足够的抵抗破坏的能力。各种结构的构件在使用时不应该断裂，断裂是构件破坏的一种主要形式。图1-2和图1-3是大桥垮塌的照片。对于塑性材料，当应力达到屈服强度时将发生较大的塑性变形，此时构件虽未发生断裂，但明显塑性变形也是构件破坏的一种形式。这种较大的塑性变形使构件发生了损伤，也将影响构件正常工作。材料力学的强度要求在结构的设计、施工和日常维护中具有重要的意义。我们学习材料力学就是要避免此类事故的发生。

图 1-2

图 1-3

2. 刚度要求

在某些情况下，构件虽然不发生破坏，但是由于构件的弹性变形超过允许的限度，也会使机器设备等不能正常工作。例如，若齿轮轴弹性变形过大，将造成齿轮和轴承的不均匀磨损，引起振动和噪声。再如，图1-4所示的摇臂钻床工作时，若摇臂与立柱变形过大，将影响钻孔的垂直度，同时会使钻床振动加剧，影响孔表面的光洁度。图1-5所示的车床，如果主轴的弹性变形过大，也将影响工件加工精度。当车削螺纹时，车床丝杠的抗扭转刚度会影响螺纹的加工精度。因此，对于这一类构件，必须保证它们具有足够的抵抗弹性变形的能力，即具有足够的刚度。刚度要求是指在规定载荷作用下，构件具有足够的抵抗弹性变形的能力。

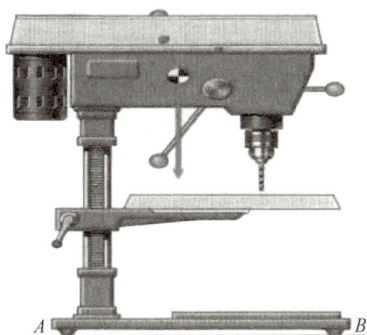

图 1-4

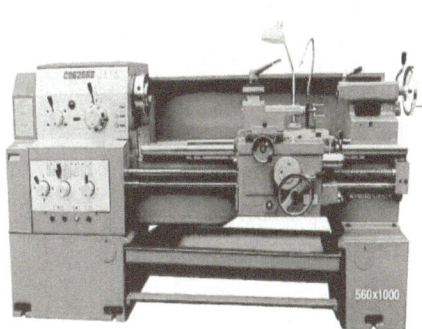

图 1-5

3. 稳定性要求

工程中，我们常遇到细长直杆。例如，房屋的立柱、桁架结构的受压构件、内燃机的挺杆、千斤顶的螺杆等。它们工作时承受轴向压力，称为压杆。轴向受压，当压力较小时，压杆能保持原有的直线平衡形式。但当压力增至某一数值（临界压力）时，在干扰力作用下，压杆可能从直线平衡形式变成曲线平衡形式。这种突然改变原有平衡形式的现象称为丧失稳定（或简称为失稳）。因此，对这类细长压杆，要求它们在工作中始终保持原有的直线平衡形式，即构件应具有足够的稳定性。稳定性是指构件保持其原有平衡形态的能力。稳定性要求是指在规定载荷作用下，构件具有足够的抵抗失稳的能力。图 1-6 和图 1-7 分别是输电塔和魁北克大桥由于压杆失稳而垮塌的照片。

图 1-6

图 1-7

综上所述，要保证构件安全工作，构件必须具有足够的强度、刚度和稳定性。以上三项是构件安全工作的基本条件，若构件横截面形状不合理或尺寸不足，或材料选用不当，将不能保证构件安全工作。为了安全，往往希望选用优质材料和较大的截面尺寸，这虽满足了上述要求，却又可能造成材料浪费与结构笨重。材料力学的任务就是在满足强度、刚度和稳定性要求的前提下，从经济角度出发，为构件选择适宜的材料，确定合理的形状和尺寸，为设计既经济又安全的构件，提供必要的理论基础、计算方法与实验技术。

有时对某些特殊构件也会提出相反要求。例如，为了保护主要部件而设立的安全装置。当荷载超出某一极限时安全销应立即破坏，从而避免主要部件受到损坏。这类问题，也需要材料力学的理论基础来计算。

为研究构件承载后的变形和破坏规律，材料力学首先建立了简化的力学模型，然后用截面法得到构件内力，在平面假设的基础上得到横截面上应力分布规律，最后由胡克定律得到构件的变形，从而形成了一套较为完整的材料力学理论体系。但为了充分研究构件的强度、刚度和稳定性，应了解材料在外力作用下表现出来的变形和破坏等方面的性能，即材料的力学性能，而力学性能要由实验来测定。此外，经过简化的理论是否可信，也要由实验来验证。还有一些尚无理论结果的问题，需借助实验方法来解决。所以，实验分析和理论研究是材料力学解决问题的方法。

1.2 变形固体的性质及基本假设

机械或结构的各种构件，是由各种材料制成的，虽然其物质结构和性质各异，但都为固体。任何固体在外力作用下都会发生变形，故称为变形固体或可变形固体。变形固体有多方面的属性，研究的角度不同，侧重面也各异。对用变形固体做成的构件进行强度、刚度或稳定性计算时，为简化力学模型，仅考虑与问题相关的主要属性，略去一些次要属性，对变形固体做三个基本假设。

1. 连续性假设

认为物体在其整个体积内毫无空隙地充满了物质。事实上，物体内部可能部分存在着微裂纹或微空隙而不连续，但这种微裂纹或微空隙的大小与构件尺寸相比极其微小，可以略去不计。于是认为物体在其整个体积内是连续的。这样，物体内的一些物理量（如各点的位移、应力、应变等）可以认为是连续的，并可用坐标的连续函数来表示它们的变化规律。

2. 均匀性假设

认为物体在其整个体积内均由同一材料组成。这样，物体内部各点的力学性质都相同，物体的性质不随位置坐标而变。这样，从物体中取出任意微小部分，不论大小，也不论从何处取出，力学性质总是相同的。对任意微小部分进行材料力学实验，其结果可适用于物体的其他部分。

3. 各向同性假设

认为物体在各个方向上的力学性质完全相同，具备这种属性的材料称为各向同性材料。工程中常用的金属材料，就其单一晶粒来说，沿不同方向，其力学性能并不一样。但金属构件包含数量众多的晶粒，这些晶粒杂乱无章地排列，这样沿各个方向的力学性能就接近相同了。工程中具有各向同性属性的材料包括钢、铜、玻璃以及塑料等。此外，还有一些材料沿不同方向力学性能有明显的差异性，称为各向异性材料。工程中具有各向异性属性的材料包括木材、竹子、胶合板、纤维增强复合材料和某些人工合成材料等。

满足以上三种假设的弹性材料称为理想弹性材料，事实上，真实材料不可避免地存在一些内部缺陷，如空洞、夹杂等，材料内部存在部分的不连续、不均匀和各向异性。但如果这种缺陷数目相对较少，则为简化计算，可对变形固体做出以上三个基本假设，将其视为理想弹性材料。

1.3 外力及其分类

当研究某一构件时，可以设想把这一构件从周围物体中单独取出，并用力来代替周围各物体对构件的作用。这些来自构件外部的力就是外力。

按外力的作用方式情况，外力可分为表面力和体积力。表面力是作用于物体表面的力，又分为分布力和集中力。分布力是连续作用于物体表面的力，如作用于液压缸内壁上的液压、作用于水坝上的水压力、风作用于房屋外墙的空气压力等。若外力分布面积远小于物体的表面尺寸，就可看作作用于一点的集中力，如火车轮对钢轨的压力、滚珠轴承对轴的反作用力等。体积力是连续分布于物体内部各点的力，如物体的自重和惯性力等。

按外力随时间变化的情况，外力又可分为静载荷和动载荷。若外力缓慢地由零增加到某一定值，以后保持不变，或变动很不显著（惯性效应可略去不计），即为静载荷。例如把机器缓慢地置放在基础上时，机器的重量对基础的作用便是静载荷。若载荷随时间变化，则为动载荷。随时间做周期性变化的动载荷称为交变载荷，例如齿轮转动时，作用于每一个齿上的力都是随时间做周期性变化的。冲击载荷是物体的运动在瞬时内发生突然变化所引起的动载荷，例如急刹车时飞轮的轮轴、锻造时汽锤的锤杆等受到冲击载荷的作用。材料在静载荷和动载荷下的力学性能颇为不同，分析方法也颇有差异。因为静载荷问题比较简单，所建立的理论和分析方法又可作为解决动载荷问题的基础，材料力学首先研究静载荷问题。

实验结果表明，如外力不超过一定限度，绝大多数材料在外力作用下发生变形，在外力撤除后可恢复原状。但如外力过大，超过一定限度，则外力撤除后只能部分复原，而遗留下一部分不能消失的变形。随着外力撤除而消失的变形称为弹性变形；外力撤除后不能消失的变形称为塑性变形，也称为残余变形或永久变形。

1.4　内力、截面法和应力的概念

内力是指因外力而引起的物体内部不同部分之间的相互作用力。我们知道，即使不受外力作用，物体的各质点之间依然存在着相互作用力。但材料力学中的内力，是指外力作用下，上述相互作用力的增量，即"附加内力"，简称内力。这样的内力随外力的产生而产生，随外力的增大而加大，到达某一限度时就会引起构件破坏，因而它与构件的强度是密切相关的。内力包括轴力、扭矩、剪力和弯矩。

为了显示出构件在外力作用下某一截面 m—m 上的内力，可以在该截面处假想用一个平面把构件截断，将杆分成 I 、II 两部分（见图 1-8a）。任取其中一部分，例如 II 部分作为研究对象。在 II 部分上作用的外力有 F_3 和 F_4，为使 II 保持平衡，则 I 必然有力作用于 II 的 m—m 截面上，与 II 所受的外力平衡，如图 1-8b 所示。根据作用与反作用定理可知，II 必然也以大小相等、方向相反的力作用于 I 上。上述 I 与 II 间相互作用的力就是构件在 m—m 截面上的内力。按照连续性假设，在 m—m 截面上各处都有内力作用，所以内力是分布于截面上的一个分布力系。今后把这个分布力系向截面上某一点（通常选取截面形心）简化后得到的主矢和主矩，称为截面的内力。

上述用截面假想地把构件分成两部分，以显示并确定内力的方法称为截面法。截面法是计算内力的基本方法。利用截面法求内力的基本步骤为：

（1）在欲求内力的截面处，假想用一个平面沿该截面将构件截成两部分。

（2）取其中的一部分为研究对象，进行受力分析，画出其所受的全部外力和内力。

（3）建立取出部分的平衡方程，确定该截面的内力。

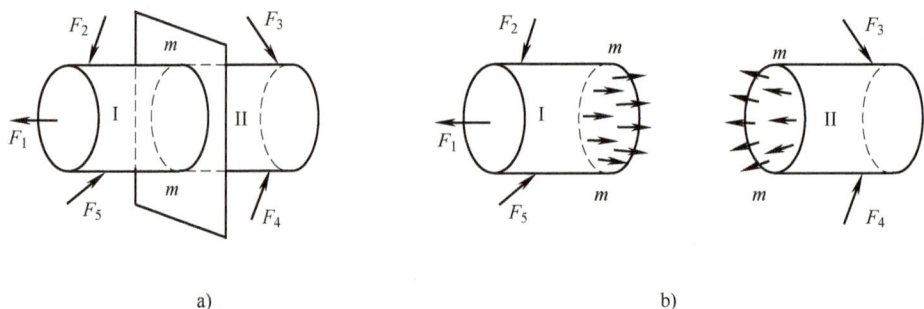

图　1-8

应力是指分布内力系在某点的集度，它反映内力系在某点的强弱程度。设在图 1-8b 所示受力构件的 *m—m* 截面上，围绕 *C* 点取微小面积 ΔA（见图 1-9a），ΔA 上作用的内力为 Δp。Δp 的大小和方向与 *C* 点的位置和 ΔA 的大小有关。Δp 与 ΔA 的比值

$$p_{\mathrm{m}} = \frac{\Delta p}{\Delta A}$$

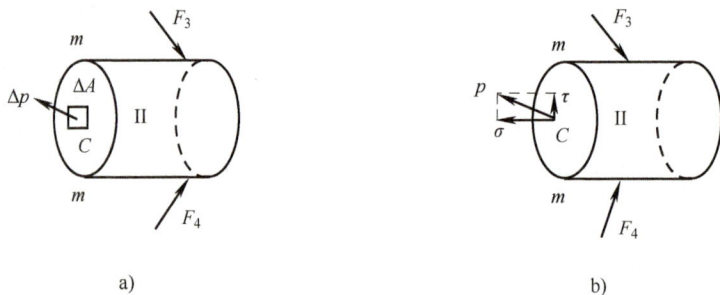

图　1-9

p_{m} 是一个矢量，代表在 ΔA 的范围内，单位面积上内力的平均集度，称为平均应力。随着 ΔA 的逐渐缩小，p_{m} 的大小和方向都将逐渐变化。当 ΔA 趋于零时，p_{m} 的大小和方向都将趋于一个极限，可写成

$$p = \lim_{\Delta A \to 0} \frac{\Delta p}{\Delta A} = \frac{\mathrm{d}p}{\mathrm{d}A} \tag{1-1}$$

p 称为 *C* 点的应力。它是分布内力系在 *C* 点的集度，反映内力系在 *C* 点的强弱程度。p 是一个矢量，一般地既不垂直截面，也不与截面相切。常把总应力矢量 p 分解为垂直于该截面的正应力 σ 和与该截面相切的剪应力 τ（见图 1-9b）。它们的单位相同，均为帕（Pa）、兆帕（MPa）、吉帕（GPa），$1\mathrm{MPa} = 10^6\mathrm{Pa}$，$1\mathrm{GPa} = 10^9\mathrm{Pa}$。

1.5　变形与应变

构件在外力作用下形状及尺寸的改变，称为变形。在图 1-10a 中，变形体在外力和约束条件的作用下发生形状及尺寸的改变。假设固体中的一点 *M* 因变形而移动到 *M'*，*MM'* 即

为 M 点的位移。这里变形体由于约束，假设没有刚性位移，M 点的位移完全由变形引起。变形前分别平行于 x、y 轴的线段 MN、ML，变形后分别移动到 $M'N'$、$M'L'$。如图 1-10b 所示。变形前线段 MN、ML 的长度分别为 Δx、Δy，变形后 $M'N'$、$M'L'$ 沿 x、y 轴方向的长度分别为 $\Delta x+\Delta u$、$\Delta y+\Delta v$。将比值

$$\varepsilon_x = \lim_{\overline{MN} \to 0} \frac{\overline{M'N'}-\overline{MN}}{\overline{MN}} = \lim_{\Delta x \to 0} \frac{\Delta u}{\Delta x}$$

$$\varepsilon_y = \lim_{\overline{ML} \to 0} \frac{\overline{M'L'}-\overline{ML}}{\overline{ML}} = \lim_{\Delta y \to 0} \frac{\Delta v}{\Delta y}$$

$$(1-2)$$

称为 M 点分别沿 x、y 方向的线应变。它们表示 M 点分别沿 x、y 方向长度变化的程度。

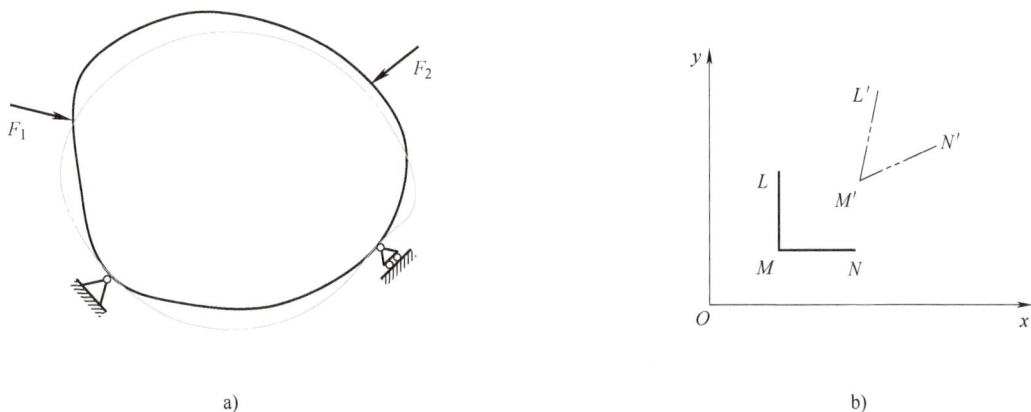

a)

b)

图　1-10

固体变形不但表现为线段长度的改变，而且正交线段的夹角也将发生变化。例如图 1-10b 中，变形前线段 MN、ML 正交，变形后线段 $M'N'$、$M'L'$ 的夹角变为 $\angle L'M'N'$。变形前、后角度的变化是 $\dfrac{\pi}{2} - \angle L'M'N'$。当 N 和 L 都趋近于 M 时，上述角度变化的极限值

$$\gamma_{xy} = \lim_{\substack{\overline{MN} \to 0 \\ \overline{ML} \to 0}} \left(\frac{\pi}{2} - \angle L'M'N' \right)$$

$$(1-3)$$

称为 M 点在 Oxy 平面内的切应变或剪应变。

线应变 ε_x，ε_y 和切应变 γ_{xy} 是度量一点处变形程度的基本量，它们都是无限小量，且均为无量纲的量。实际构件的变形一般是极其微小的，要用精密的仪器才可测定。材料力学所研究的问题都是小变形情况，认为无论是变形或因变形引起的位移，其大小都远小于构件的实际尺寸。例如在图 1-11 中，支架结构中各杆受力后发生变形，引起载荷作用点 A 的位移。但 A 点的水平和铅垂位移 δ_1 和 δ_2 都是非常小的量，所以在计算各杆内力时，仍用支架变形前的形状和尺寸，即把支架的变形忽略不计。这种方法称为原始尺寸原理，它使计算得到了很大的简化。否则，利用节点 A 的平衡方程求两杆 AB 和 AC 的内力时，还需要考虑由于支

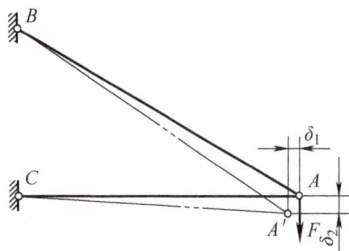

图　1-11

架形状和尺寸的变化而引起两杆内力方向的变化，而这些变化在求得两杆受力之前又是未知的，问题就变得十分复杂了。

正因为位移和应变都是微小的量，所以这些量的平方或乘积与其一次方相比，就可视为高阶微量。

例 1.1 如图 1-12 所示三角形薄板因受外力作用而变形，角点 B 垂直向上的位移为 0.03mm，AB 和 BC 仍保持为直线。试求沿 OB 的平均应变，并求薄板在 B 点处的切应变。

解：角点 B 垂直向上发生位移而到达 B' 点，连接 AB' 和 CB'，如图 1-12 所示。按线应变的定义，可得到沿 OB 的平均应变为

$$\varepsilon_{\mathrm{m}} = \frac{\overline{OB'} - \overline{OB}}{\overline{OB}} = \frac{0.03}{120} = 2.5 \times 10^{-4}$$

薄板在 B 处的切应变为

$$\gamma = \frac{\pi}{2} - \angle AB'C = \frac{\pi}{2} - 2\beta = \frac{\pi}{2} - 2\arctan\left(\frac{\overline{OA}}{\overline{OB'}}\right)$$

$$= \frac{\pi}{2} - 2\arctan\left(\frac{120}{120.03}\right) \approx 2.5 \times 10^{-4} \mathrm{rad}$$

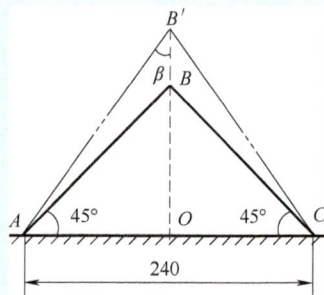

图　1-12

1.6　杆件变形的基本形式

实际构件有各种不同形状。例如杆、板壳、块体等，它们可以表示为一维、二维、三维变形体。长度方向的尺寸远大于横截面尺寸的构件是一维变形体，称为杆件。长度和宽度方向尺寸远大于高度方向的尺寸的构件是二维变形体，称为板壳。长度、宽度和高度三个方向的尺寸相当的构件是三维变形体，称为块体。材料力学主要研究对象是杆件。杆件的轴线是杆件各横截面形心的连线。轴线为直线的杆件称为直杆，轴线为曲线的杆件称为曲杆。横截面大小和形状不变的杆件称为等截面杆，横截面大小和形状变化的杆件称为变截面杆。工程上常见的很多构件都可以简化为杆件，如组成桁架各杆、起重机支架的各杆、机械传动轴、内燃机曲柄连杆、桥式起重机大梁、火车轮轴、立柱、丝杠、吊钩等。杆件是工程中常见的构件。

在工程实际中，杆件可能受到不同的外力作用，因此杆件的变形也是多种多样的。当作用方式不同时，杆件产生的变形形式也不相同。归纳起来，杆件变形的基本形式有四种。

1. 拉伸与压缩

如图 1-13a 所示，杆件受到一对大小相等、方向相反、作用线与杆件轴线重合的一对拉力作用，杆件产生沿轴线方向的伸长，这类变形称为轴向拉伸变形。如图 1-13b 所示，杆件受到一对大小相等、方向相反、作用线与杆件轴线重合的一对压力作用，杆件产生沿

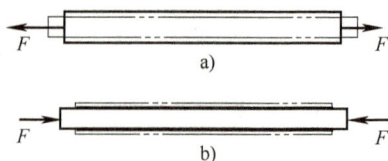

图　1-13

轴线方向的缩短，这类变形称为轴向压缩变形。受拉压变形的杆件称为拉压杆。例如起吊重物的钢索、桁架的杆件、液压缸的活塞杆、内燃机的连杆在工作中都产生轴向拉伸或轴向压缩变形。

2. 剪切

如图 1-14a 所示用铆钉连接的两板，在力 F 作用下，铆钉即受到剪切。分析铆钉受力，可知铆钉受到与铆钉杆横截面平行、相距很近、大小相等、方向相反的一对外力作用，铆钉杆横截面发生相对错动，称为剪切变形（见图 1-14b）。剪切变形杆件通常为各类紧固件，如螺栓、铆钉、键、销钉、榫头、焊缝等在工作中都会发生剪切变形。

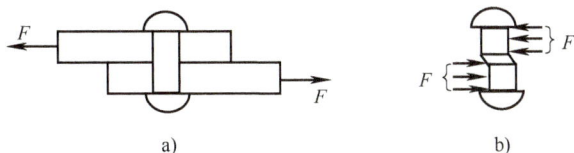

图 1-14

3. 扭转

如图 1-15 所示的轴，受到一对大小相等、方向相反、作用于垂直于杆件轴线的两个力偶作用，杆件的任意两个横截面发生绕轴线的相对转动，称为扭转变形。发生受扭转变形的杆件通常称为轴，如汽车方向盘轴、机械传动轴、电机和水轮机的主轴等在工作中都会发生扭转变形。这类构件横截面大都为圆形，所以材料力学主要介绍圆轴的扭转。

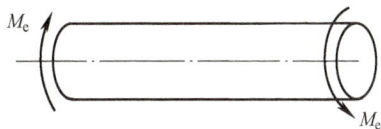

图 1-15

4. 弯曲

如图 1-16a 所示两端简支的梁，受到一个垂直于杆件轴线的横向力的作用，杆件的轴线由直线变为曲线。又如图 1-16b 所示两端简支的梁，受到一对大小相等、方向相反、作用于包含杆件轴线的纵向平面内的两个力偶作用，杆件的轴线由直线也变为曲线，称为弯曲变形。发生弯曲变形的杆件通常为梁，如桥式起重机的大梁、轧钢机的轧辊、机床摇臂、各类传动轴以及车削工件在工作中都将产生弯曲变形。受到垂直于轴线的集中力或分布力作用时产生弯曲称为梁的横力弯曲；而两端受到大小相等、方向相反的力偶矩作用时产生弯曲称为梁的纯弯曲。

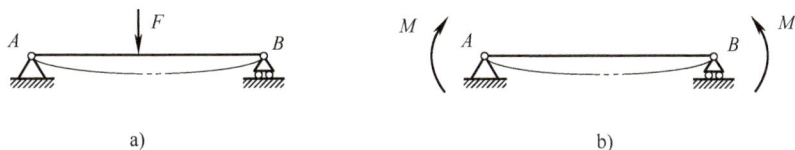

图 1-16

工程中许多杆件往往同时发生两种或两种以上的基本变形。如果其中一种变形是主要的，其他变形所引起的应力（或变形）可以忽略，则构件可以按基本变形进行计算。如果几种变形所对应的应力（或应变）属于同一数量级，则杆件的变形称为组合变形。例如受偏心压缩的立柱同时产生压缩和弯曲的组合变形；车床主轴工作时同时产生弯曲、扭转和压缩的组合变形；钻床的立柱同时产生拉伸和弯曲的组合变形。在本书中，首先介绍四种基本变形，然后再讨论组合变形。

9

思 考 题

一、选择题

1. 构件在外力作用下（　　）的能力称为稳定性。
（A）不发生断裂　　　　　　　（B）保持原有平衡状态
（C）不产生变形　　　　　　　（D）保持静止

2. 物体受力作用而发生变形，当外力去掉后又能恢复原来形状和尺寸的性质称为（　　）。
（A）弹性　　　　　　　　　　（B）塑性
（C）刚性　　　　　　　　　　（D）稳定性

3. 小变形指的是（　　）。
（A）构件的变形很小　　　　　（B）刚体的变形
（C）构件的变形比其尺寸小得多　（D）构件的变形可以忽略不计

4. 材料力学主要研究（　　）。
（A）材料的机械性能　　　　　（B）材料的力学性能
（C）构件中力与材料的关系　　（D）构件受力后的变形与破坏的规律

5. 骑自行车负重爬坡，出现"链条打滑"现象。从力学角度分析，表明链条在"打滑"瞬间（　　）。
（A）强度不足　　　　　　　　（B）刚度不足
（C）稳定性不足　　　　　　　（D）强度、刚度和稳定性都不足

6. 构件的强度、刚度和稳定性（　　）。
（A）只与材料的力学性质有关　（B）只与构件的形状尺寸有关
（C）与二者都有关　　　　　　（D）与二者都无关

7. 工程构件要正常安全地工作，必须满足一定的条件。下列除（　　）之外，其他各项是必须满足的条件。
（A）强度条件　　　　　　　　（B）刚度条件
（C）稳定性条件　　　　　　　（D）硬度条件

8. 构件保持原来平衡状态的能力称为（　　）。
（A）刚度　　　　　　　　　　（B）强度
（C）稳定性　　　　　　　　　（D）极限强度

9. 求静定结构构件内力的基本方法为（　　）。
（A）叠加法　　　　　　　　　（B）积分法
（C）截面法　　　　　　　　　（D）节点法

10. 关于弹性体受力后某一方向的应力与应变关系，下列说法正确的是（　　）。
（A）有应力一定有应变，有应变不一定有应力
（B）有应力不一定有应变，有应变不一定有应力
（C）有应力不一定有应变，有应变一定有应力
（D）有应力一定有应变，有应变一定有应力

二、判断题（正确的打"√"，错的打"×"）

1. 材料力学的任务是在保证安全的原则下设计构件。（　　）

2. 材料力学研究的主要问题是微小弹性变形问题，因此在研究构件的平衡与运动时，可不计构件的变形。（　　）

3. 构件的强度、刚度和稳定性与所用材料的力学性质有关。（　　）

4. 要使结构安全正常地工作，就必须要求组成它的大部分构件能安全地工作。（　　）
5. 在载荷作用下，构件所发生的形状和尺寸改变，均称为变形。（　　）
6. 自然界中的物体分为两类：绝对刚体和变形固体。（　　）
7. 设计构件时，强度越大越好。（　　）
8. 内力只作用在杆件截面的形心处。（　　）
9. 在杆件的某一截面上，正应力方向一定互相平行。（　　）
10. 在杆件的某一截面上，切应力方向一定互相平行。（　　）
11. 研究杆件的应力与变形时，力可按力线平移定理进行移动。（　　）
12. 若物体各点均无位移，则该物体肯定无变形。（　　）
13. 在载荷作用下，构件截面上某点处分布内力的集度，称为该点的应力。（　　）

三、填空题

1. 为了保证机器或结构正常地工作，要求每个构件都有足够的抵抗破坏的能力，即要求它们有足够的_____；同时要求他们有足够的抵抗变形的能力，即要求它们有足够的_____；另外，对于受压的细长直杆，还要求它们工作时能保持原有的平衡状态，即要求其有足够的_____。

2. 材料力学是研究构件_____、_____、_____的学科。

3. 材料力学主要研究_____的构件，称为_____。

4. 强度是指构件抵抗_____的能力；刚度是指构件抵抗_____的能力；稳定性是指构件维持其原有_____的能力。

5. 在材料力学中，对变形固体的基本假设是_____、_____、_____。

6. 认为固体在其整个几何空间内无间隙地充满了组成该物体的物质，此假设称为_____，根据这一假设，构件的_____、_____和_____就可以用坐标的连续函数来表示。

7. 材料力学基本假设中，_____假设保证了可以用变形原始几何尺寸来建立平衡方程，使受力分析不受构件变形的影响；_____假设保证了应力和应变呈正比例关系；_____假设保证了沿不同方向材料受力性能相同。

8. 截面法求内力的三个步骤为：_____、_____、_____。

9. 应力的概念是指分布内力系在某点的_____，应力的单位为_____。

10. 随外力解除而消失的变形称为_____；外力解除后不能消失的变形称为_____。

11. 线应变是指_____的改变，切应变是指_____的改变。

12. 构件在外力作用下的变形有四种基本形式，分别为：_____、_____、_____和_____。

习题

1.1　平面刚架如题 1.1 图所示，求 AB 段任一截面上的内力大小。

1.2　减振机构如题 1.2 图所示，若已知刚臂向下位移了 0.01mm，试求橡皮的平均切应变。

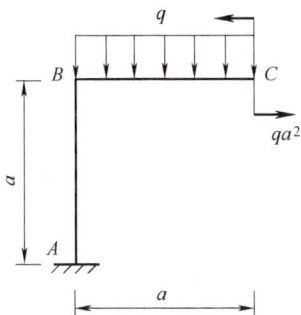

题 1.1 图

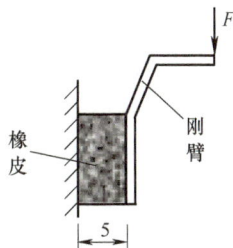

题 1.2 图

1.3 薄圆环的平均直径为 D，变形后的平均直径增加了 ΔD，如题 1.3 图所示，试证明该圆环沿圆周方向的平均线应变 $\varepsilon = \dfrac{\Delta D}{D}$。

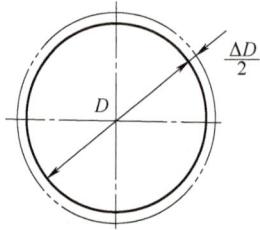

1.4 题 1.4 图所示的均质矩形薄板平均切应变为 $\gamma = 1000 \times 10^{-6}$，试求点 D 的水平线位移是多少？

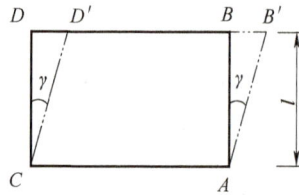

题 1.3 图 　　　　　　　　题 1.4 图

1.5 题 1.5 图所示拉伸试样上 A、B 两点的距离 l 称为标距。受拉力作用后，用引伸计量出两点距离的增量为 $\Delta l = 5 \times 10^{-2}$ mm。若 l 的原长为 $l = 100$ mm，试求 A 与 B 两点间的平均应变 ε_m。

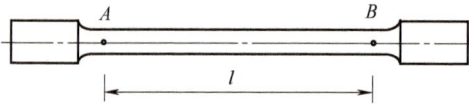

1.6 题 1.6 图所示结构 $m—m$ 和 $n—n$ 两截面的内力，并指出 AB 和 BC 两杆的变形属于哪种基本变形。

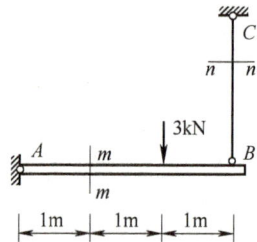

题 1.5 图 　　　　　　　　题 1.6 图

1.7 杆件 AB 受力如题 1.7 图所示，端点 B 有铅垂位移 Δ_B。试计算 B 截面处的应力和应变大小。

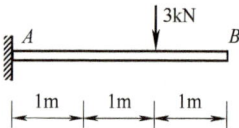

1.8 取出某变形体在 A 点的微元体和变形后的微元体如题 1.8 图所示。试求 A 点的切应变。

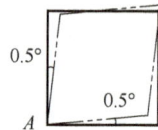

题 1.7 图 　　　　　　　　题 1.8 图

构件安全性的
三项基本要求　　　第 1 章习题解答

第2章
轴向拉伸、压缩与剪切

轴向拉伸（压缩）和剪切是构件的两类基本变形。本章主要讨论这两类变形，分析它们的外力、内力、应力和变形（应变），得到两类基本变形的强度条件。

2.1 轴向拉压的概念和实例

工程实际中经常遇到承受轴向拉伸或压缩的杆件。比如液压传动机构中的活塞杆、操纵结构中的连杆、斜拉桥的拉索、桁架结构中的杆件等。例如图 2-1a 的简易支架中，在载荷 F 作用下，AB 杆受拉、BC 杆受压，如图 2-1b 所示。此外如起重机钢索在起吊重物时，拉床的拉刀在拉削工件时，都承受拉伸；千斤顶的螺杆在顶起重物时，则承受压缩。

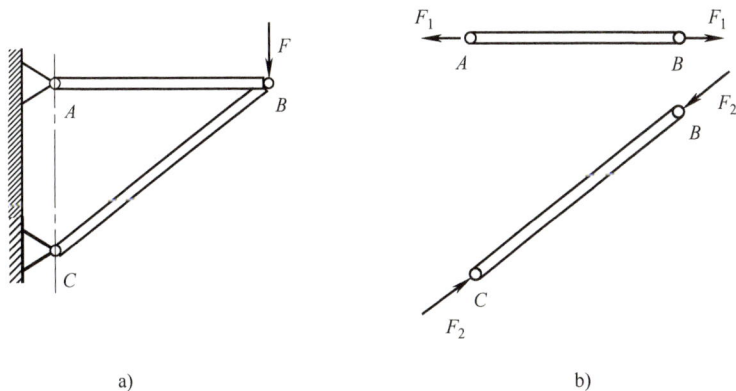

a)   b)

图　2-1

这些受拉或受压杆件，虽然外形各有差异，加载方式也并不相同，但它们的共有特点是：作用于杆件两端的外力合力的作用线与杆件轴线重合，杆件变形是沿轴线方向的伸长或缩短。所以，若把这些杆件的形状和受力情况进行简化，都可以简化成图 2-2 所示的受力简图，图中用双点画线表示变形后的形状。图 2-2a 表示轴向拉伸，图 2-2b 表示轴向压缩。这种杆件在一对大小相等、方向相反、作用线沿杆轴线的外力作用下，杆的主要变形为伸长或压缩，这种变形称为轴向拉伸或压缩。值得一提的是，拉伸这个概念表达了拉伸变形的两个重要特征："拉"表示外力特征为拉力，"伸"表示变形的特征为伸长。同理，压缩这个概念也表达了压缩变形的两个重要特征："压"表示外力特征为压力，"缩"表示变形的特征为缩短。

图 2-2

2.2 轴向拉伸或压缩时横截面的内力和应力

为了显示拉（压）杆横截面上的内力，在需求内力的截面处用一个截面假想将杆件截断为两部分（见图 2-3a），然后任取其中一部分为研究对象，并用内力（合力为 F_N）代替丢弃部分对保留部分的作用（见图 2-3b、c）。根据研究对象列平衡方程，可求出该截面的内力。例如由左段的平衡方程 $\sum F_x = 0$，即

$$F_N - F = 0$$

得 $\qquad F_N = F$

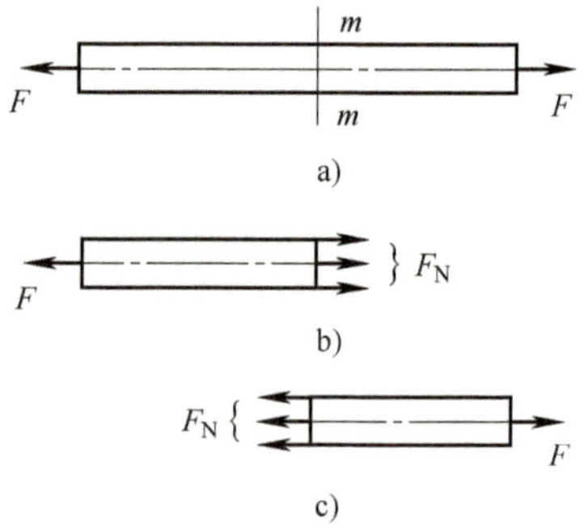

由于外力的作用线与杆轴线重合，内力的合力 F_N 的作用线与必然与杆件的轴线重合，所以 F_N 称为轴力。根据作用与反作用定理，杆件左右不同部分内力的方向是相反的，为了使杆件不同部分内力的符号得到统一，习惯上，把拉伸时的轴力规定为正的，压缩时的轴力规定为负。根据这个规定，图 2-3 受拉杆件的内力，不论是选择左段还是右段，内力都是拉力均为正。

截面法是计算内力的基本方法，其步骤可简单概括为"截""代""平"。

当杆件受到多个外力作用时，轴力沿杆的轴线是变化的，通常用轴力图表示轴力沿杆件长度变化的情况。绘制轴力图，先根据外力对杆件进行分段，然后分析每一段的内力，最后根据每一段的内力，画出杆件的轴力图。

图 2-3

例 2.1 作用于杆 AC 上的外力如图 2-4a 所示，试求杆横截面 m—m 和 n—n 上的轴力，并作该杆的轴力图。

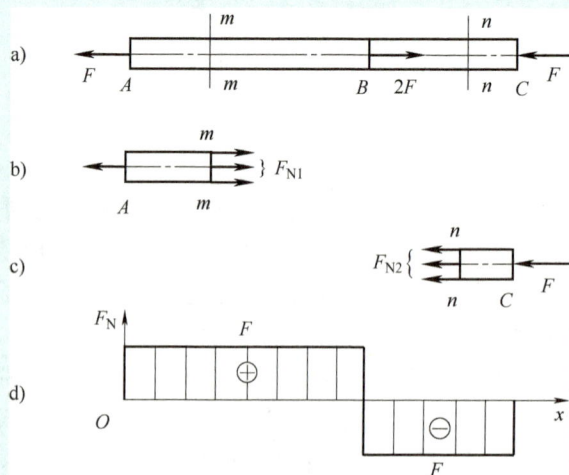

图 2-4

　　解： 根据杆 AC 作用外力情况，将杆分成 AB 和 BC 两段。使用截面法，首先分析 AB 段的内力。假想用截面 $m—m$ 将杆截断，以左段为研究对象，并画出受力图（见图 2-4b）。用 F_{N1} 表示右段对左段的作用，根据左段的平衡方程 $\sum F_x = 0$，得

$$F_{N1} - F = 0$$

解得

$$F_{N1} = F$$

　　同理，可以分析 BC 段的内力。用截面 $n—n$ 假想将杆截断，以右段为研究对象，并画出受力图（见图 2-4c）。用 F_{N2} 表示左段对右段的作用，根据右段的平衡方程 $\sum F_x = 0$，得

$$-F_{N2} - F = 0$$

解得

$$F_{N2} = -F$$

　　选取一个坐标系，取杆的左端为坐标系原点，其横坐标 x 表示横截面的位置，纵坐标 F_N 表示截面上的轴力。根据 AB 和 BC 两段的内力，便可用图线表示出杆轴力沿横截面的变化情况（见图 2-4d），这种图线即为轴力图。在轴力图中，将拉力绘在 x 轴的上侧，压力绘在 x 轴的下侧。这样，从轴力图中不但杆件各段轴力的大小一目了然，而且很容易了解各段是受拉还是受压。

　　只根据轴力大小并不能判断杆件是否具有足够的强度。例如用同一材料制成粗细不同的两杆承受相同拉力 F，随着拉力增大，显然是细杆先断裂，这说明杆件的内力不足以反映杆件的强度。

　　为了精确描述杆件的强度，一般引入内力集度的概念，把杆件某截面一点处的内力集度称为该点的应力。工程构件的破坏或失效，一般是从内力集度（应力）最大处开始的。在拉（压）杆的横截面上，与轴力 F_N 对应的应力是正应力 σ。根据连续性假设，横截面上各处都存在着内力。若以 A 表示横截面的面积，则微元面积 $\mathrm{d}A$ 上的内力元素 $\sigma\mathrm{d}A$ 组成一个垂直于横截面的平行力系，其合力就是轴力 F_N。于是有静定学关系

$$F_N = \int_A \sigma\mathrm{d}A \tag{a}$$

　　由于不知道 σ 在横截面上的分布规律，所以由式（a）并不能求得 σ 的大小。为了求得 σ 在横截面上的分布规律，应从研究杆件的变形入手。变形前，在等截面圆杆的横截面上画上相距为 l 的两条垂直于杆轴线的圆周线（见图 2-5a）。拉伸变形后，发现两圆周线仍为圆周线，且仍垂直于杆轴线，只是分别平行地向外移动了一个距离 Δl（见图 2-5b）。根据这一现象，人们由表及里进行推理，可以假设：变形前原是平面的横截面，在变形后仍是平面（只是相对地平移了一段距离）且仍垂直轴线，这个假设称为平面假设。由此可以推断，拉杆所有纵向纤维的伸长是相等的。由于材料是均匀的，所有纵向纤维的力学性能也相同，由此可以推定各纵向纤维所受的拉力必定相同。所以，横截面上各点的正应力 σ 相等，即正应力均匀分布于横截面上。将 σ 等于常量代入式（a）得

$$F_N = \sigma \int_A \mathrm{d}A = \sigma A \tag{b}$$

得

$$\sigma = \frac{F_N}{A} \tag{2-1}$$

　　式（2-1）同样可用于轴向压缩时的压应力的计算。不过细长压杆受压时容易失稳，属

于稳定性问题，将在第 9 章中进行讨论。这里所指的受压杆限于尚未失稳的情况。关于正应力的符号，一般规定拉应力为正，压应力为负。

值得一提的是，式（2-1）要求外力合力与杆件轴线重合，这样才能保证各纵向纤维变形相等，横截面上正应力均匀分布。如果外力的合力与轴线不重合，杆件将产生组合变形，将在第 8 章进行讨论。若轴力沿轴线变化，可先作轴力图，再由式（2-1）求出不同横截面上的应力。当横截面的尺寸也沿轴线变化时（见图 2-6），只要变化缓慢，外力合力与轴线重合，式（2-1）仍可使用。这时把它写成

$$\sigma(x) = \frac{F_N(x)}{A(x)} \tag{2-2}$$

式中，$\sigma(x)$、$F_N(x)$ 和 $A(x)$ 表示这些量都是横截面位置 x 的函数。

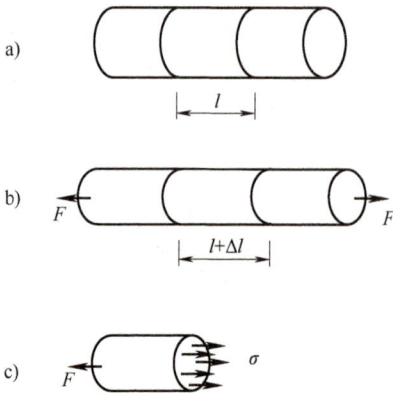

图 2-5

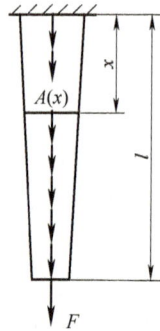

图 2-6

若以集中力作用于杆件端截面上，则集中力作用点附近区域内的应力分布比较复杂，式（2-1）只能计算这个区域内横截面应力的平均值，不能描述集中力作用点附近的真实应力分布情况。例如图 2-7a、b、c 三种不同施加外力的方式。显然，这三种不同加载方式在外力作用区域附近产生的应力是不同的。这就引出一个问题，不同的外力施加方式对应力分布影响区域会有多大？圣维南原理指出：作用在物体表面上一个局部区域内的力系，可以

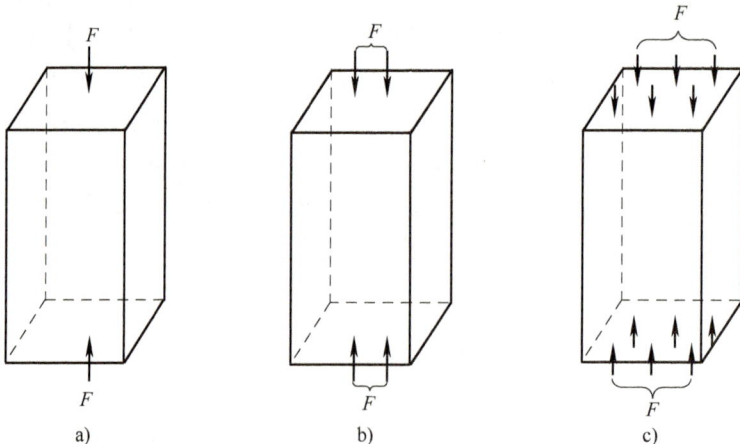

图 2-7

用一个与之静力等效的任意力系来代替，由它们产生的应力分布在力系作用区域附近的局部范围内有显著的不同，在离开力系作用区域相当远的范围内，其应力的分布几乎是相同的。这个原理已被实验所证实。根据这个原理，图 2-7c 所示杆件内各处应力均可用式（2-1）计算，对于图 2-7a、b 所示的杆件，在距端截面略远处应力都可用式（2-1）计算。

例 2.2　如图 2-8a 所示三角形托架，AC 杆为圆截面杆，直径 $d = 20mm$，BD 杆为刚性杆，D 端作用力 $F = 15kN$。试求 AC 杆的正应力。

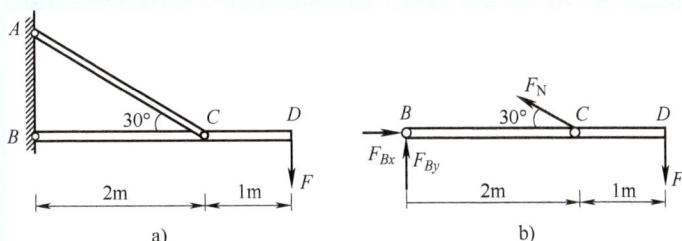

图　2-8

解：选刚性杆 BD 为研究对象，受力如图 2-8b 所示。列平衡方程 $\sum M_B(F) = 0$，得

$$F_N \sin 30° \times 2 - F \times 3 = 0$$

解得

$$F_N = 45kN$$

AC 杆的正应力为

$$\sigma = \frac{F_N}{A} = \frac{45 \times 10^3 \text{N}}{\frac{\pi}{4}(20 \times 10^{-3}\text{m})^2} = 143.2 \times 10^6 \text{Pa} = 143.2\text{MPa}$$

2.3　轴向拉伸或压缩时斜截面上的应力

上节讨论了轴向拉伸或压缩时直杆横截面上的正应力，它是今后强度计算的依据。但不同材料的实验表明，拉（压）杆的破坏并不总是沿横截面发生，有时却沿斜截面发生。为此，应进一步讨论直杆拉（压）时斜截面上的应力。

设直杆的轴向拉力为 F（见图 2-9a），横截面面积为 A，由式（2-1），横截面上的正应力 σ 为

$$\sigma = \frac{F_N}{A} = \frac{F}{A} \qquad (a)$$

设与横截面成 α 角的斜截面 k—k 的面积为 A_α，A_α 与 A 之间的关系为

$$A_\alpha = \frac{A}{\cos \alpha} \qquad (b)$$

若沿斜截面 k—k 假想把杆件分成两部分，以 F_α 表示斜截面 k—k 上的内力，由左段的平衡方程（见图 2-9b）可知

$$F_\alpha = F$$

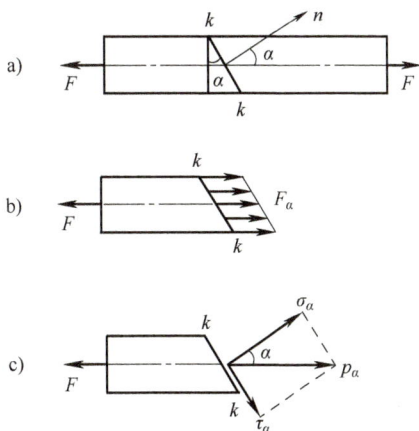

图　2-9

17

仿照证明横截面上的正应力均匀分布的方法，可知斜截面上的应力也是均匀分布的。因此，斜截面 $k—k$ 上的应力可表示为

$$p_\alpha = \frac{F_\alpha}{A_\alpha} = \frac{F}{\dfrac{A}{\cos\alpha}} = \frac{F}{A}\cos\alpha = \sigma\cos\alpha \tag{c}$$

把应力 p_α 分解为垂直于斜截面的正应力 σ_α 和相切于斜截面的切应力 τ_α（见图 2-9c），可得

$$\sigma_\alpha = p_\alpha\cos\alpha = \sigma\cos^2\alpha \tag{2-3}$$

$$\tau_\alpha = p_\alpha\sin\alpha = \frac{1}{2}\sigma\sin2\alpha \tag{2-4}$$

从式（2-3）、式（2-4）可以看出，斜截面的正应力 σ_α 和切应力 τ_α 都随着斜截面方位的改变而改变。当 $\alpha=0°$ 时，此时截面变成横截面，正应力 σ_α 达到最大值，即

$$\sigma_{\alpha max} = \sigma \tag{2-5}$$

当 $\alpha=45°$ 时，此时斜截面切应力 τ_α 达到最大值，即

$$\tau_{\alpha max} = \frac{\sigma}{2} \tag{2-6}$$

可见，轴向拉伸（压缩）时，在杆件的横截面上，正应力达到最大值；在与杆轴线成 45°的斜面上，切应力达到最大值。最大切应力在数值上等于最大正应力的一半，最大切应力与最大正应力之间截面方位相差 45°角。当 $\alpha=90°$ 时，$\sigma_\alpha=\tau_\alpha=0$，这表明在平行于杆件轴线的水平纵向截面内无任何应力。

2.4 材料在拉伸时的力学性能

分析构件的强度时，除计算应力外，还应了解材料的力学性能。材料力学性能是选用材料的主要依据。材料的力学性能主要是指材料在外力作用下，在强度和变形方面表现出来的性质，它是通过实验来测定的。在室温下，以缓慢平稳的加载方式进行试验，称为常温静载试验，是测定材料力学性能的基本试验。为了便于比较不同材料的试验结果，对试件的形状、加工精度、加载速度、试验环境等，国家标准都有统一规定。试验前，先在试件中间等直部分标记 A、B 两点，AB 为试样的标准工作段，工作段的长度 l 称为标距（见图 2-10）。为了能比较不同粗细的试样在拉断后工作段的变形程度，通常对圆截面标准试件的工作段长度 l 与其横截面直径 d 的比例加以规定。常用的标准比例有两种，即

$$l=10d \quad 和 \quad l=5d \tag{a}$$

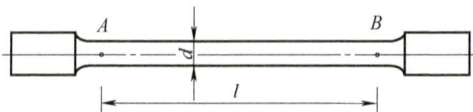

图 2-10

试验设备采用电子式万能材料试验机。关于试验设备的具体构造和原理，可参阅有关书籍。低碳钢和铸铁是工程中广泛使用的两种材料，而且它们的力学性质也较典型，本节着重

介绍这两种材料在常温、静载下拉伸时的力学性能。

2.4.1 低碳钢拉伸时的力学性能

低碳钢是指碳含量在 0.3% 以下的碳素钢。这类钢材在工程中使用较为广泛，同时，低碳钢试样在拉伸过程中所表现出的力学性能也最为典型。

一般电子式万能材料试验机可以自动绘出试样在试验过程中工作段的伸长与载荷间的定量关系曲线。曲线以横坐标表示试样工作段的伸长量 Δl，而以纵坐标表示试件承受的载荷 F，称为试样的拉伸图或 F-Δl 曲线，如图 2-11 所示。

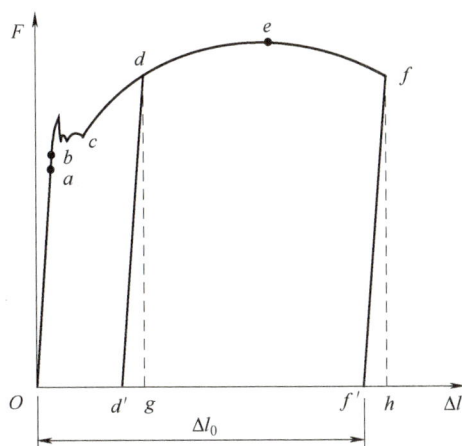

图 2-11

F-Δl 曲线与试样的尺寸有关。为了消除试样尺寸的影响，把拉力 F 除以试样横截面原始面积 A，得到正应力 $\sigma = \dfrac{F}{A}$；同理，把伸长量 Δl 除以标距 l，得到应变 $\varepsilon = \dfrac{\Delta l}{l}$。这里需要特别指出的是：用横截面原始面积 A 和标距 l 计算得到的应力和应变实质上是名义应力（工程应力）和名义应变（工程应变）。材料力学主要研究小变形问题，变形引起的截面尺寸和标距长度的改变很小。因此，下面的研究，采用的是名义应力和名义应变。以 σ 为纵坐标、ε 为横坐标，作图表示 σ 与 ε 关系（见图 2-12）称为应力-应变曲线或 σ-ε 曲线。

图 2-12 所示为低碳钢的应力-应变曲线，将低碳钢的应力-应变曲线大致分为以下四个阶段。

1. 弹性阶段

在拉伸的初始阶段，应力 σ 与应变 ε 成正比，用直线 Oa 表示这一阶段，即

$$\sigma \propto \varepsilon \tag{b}$$

比例系数称为材料的弹性模量 E，式（b）可表示为

$$\sigma = E\varepsilon \tag{2-7}$$

式（2-7）就是拉伸或压缩的胡克定律。由于应变 ε 为无量纲量，故 E 的量纲与应力 σ 的量纲相同，常用单位为 GPa（$1\text{GPa} = 10^9\text{Pa}$）。式（2-7）表明，$E$ 是直线 Oa 的斜率。a 点对应的应力值 σ_p 称为比例极限。显然，只有应力低于比例极限时，应力才与应变成正比，材料才服从胡克定律。这时，材料为线弹性的。

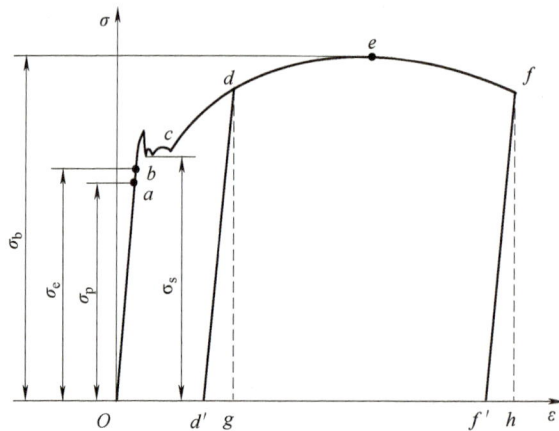

图　2-12

在图 2-12 中，从 a 点到 b 点，σ 与 ε 之间的关系不再是直线，表明应力和应变之间呈非线性关系。但实验告诉我们，只要应力不超过 b 点对应的应力 σ_e，其变形是完全弹性的，称 σ_e 为弹性极限。工程上对比例极限和弹性极限不做严格区别，将 a、b 点视为一个点来考虑。

2. 屈服阶段

当应力超过弹性极限后，杆件会发生塑性变形，出现接近水平的锯齿形线段，用 bc 表示这一阶段。实验表明，在屈服阶段，应力基本不变，而变形却急速增大，好像材料暂时失去了抵抗变形的能力，这种现象称为屈服或流动。在图 2-12 中，屈服阶段内最大应力和最小应力分别称为上屈服强度和下屈服强度。上屈服强度与试样形状和加载速率有关，一般是不稳定的。下屈服强度有较稳定的数值，因此，常将下屈服强度称为屈服强度，用 σ_s 表示。在屈服阶段过程中，材料主要发生的是塑性变形。

表面磨光的试件，当材料达到屈服阶段时，表面将出现大量的与轴线成 45° 倾角的条纹（见图 2-13）。这是由于材料内部出现滑移形成的，称为滑移线。

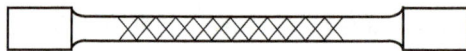

图　2-13

3. 强化阶段

过了屈服阶段后，材料又恢复了抵抗变形的能力，表现为变形曲线自 c 点开始又继续上升，直到最高点 e 为止，这一现象称为强化。在强化阶段，材料抵抗塑性变形的能力又重新提高，材料在塑性变形过程中不断强化，应力随着变形的增大而增大。在图 2-12 中，强化阶段的最高点 e 所对应的应力 σ_b 是材料所能承受的最大应力，称为材料的强度极限或抗拉强度。当应力达到强度极限时材料会发生断裂，抗拉强度 σ_b 是材料一个重要的强度指标。在强化阶段，材料发生以塑性变形为主的弹塑性变形。

若把试件拉伸到强化阶段内任一点 d（见图 2-12），然后卸载，则应力应变关系将沿着几乎平行于弹性阶段的直线 dd' 下降到点 d'，即在卸载过程中，应力和应变按直线规律变化，这就是卸载定律。

当变形退到点 d' 时，如果立即加载，变形将重新沿直线 $d'd$ 到达点 d，然后沿 def 继续增加。可见在再次加载时，其比例极限得到了提高，但塑性变形和伸长率却有所降低，这种现象称为冷作硬化。冷作硬化工艺就是利用金属材料的冷作硬化，达到提高金属材料的强度、硬度、耐磨性的加工方法。这种工艺的使用例子有喷沙（提高表面硬度、耐磨性）、冷轧（提高板材型材的强度）、冷镦（提高螺栓的强度）等。

4. 局部变形阶段

在应力到达 e 点之前，试件标距内的变形是均匀的。过 e 点后，试件的变形就开始集中于某一段较弱的局部范围内进行，该处材料纵向尺寸急剧伸长，横向尺寸急剧缩小，形成"颈缩现象"（见图 2-14）。在颈缩处，截面急剧缩小，致使试件继续变形的拉力 F 反而下降。应力降到 f 点，试件被拉断。在局部变形阶段，材料的弹性变形在部分恢复，而塑性变形仍在继续增大。

试件拉断后，试件产生了较大的塑性变形，试件标距由原来的 l 变为 l_1。用标距伸长（l_1-l）与原始标距 l 之比的百分率，即

$$\delta = \frac{l_1-l}{l} \times 100\% \qquad (2-8)$$

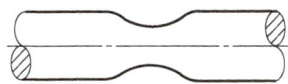

图　2-14

表示材料伸长率。试样标距伸长（l_1-l）越大，伸长率 δ 越大。因此，伸长率是衡量材料塑性好坏的重要指标。低碳钢的伸长率很高，其平均值为 20%~30%，这说明低碳钢的塑性性能很好。

工程上，通常按伸长率的大小把材料分成两大类，把伸长率 $\delta \geq 5\%$ 的材料称为塑性材料，如低碳钢、黄铜、铝合金等；把伸长率 $\delta < 5\%$ 的材料称为脆性材料，如灰铸铁、玻璃、石材、陶瓷等。

试样原始横截面面积为 A，拉断后颈缩处的最小截面面积为 A_1。试样拉断时颈缩部位收缩面积（$A-A_1$）与原始横截面面积 A 之比的百分数

$$\psi = \frac{A-A_1}{A} \times 100\% \qquad (2-9)$$

称为断面收缩率。断面收缩率 ψ 也是衡量材料塑性的指标，该值越大说明材料的塑性越好。

2.4.2　其他塑性材料拉伸时的力学性能

工程中常用的塑性材料，除低碳钢外，还有中碳钢、高碳钢、合金钢、铝合金、黄铜等。有些材料，例如黄铜 H62，没有屈服阶段，但其他三个阶段却很明显。有些材料，如高碳钢 T10A，没有屈服阶段和局部变形阶段，只有弹性阶段和强化阶段。对于拉伸曲线上没有明显屈服阶段的塑性材料，国家标准规定，取塑性应变为 0.2% 时所对应的应力值作为名义屈服应力，以 $\sigma_{0.2}$ 表示（见图 2-15）。这是一个人为规定的极限应力，作为衡量材料强度的指标。各类碳素钢，随着碳含量的增加，屈服强度和抗拉强度相应提高，但伸长率降低。

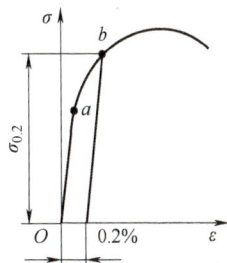

图　2-15

2.4.3 铸铁拉伸时的力学性能

灰铸铁拉伸时的 σ-ε 曲线如图 2-16 所示，这是一条微弯曲线，没有明显的直线部分。它在较小的拉应力下被拉断，没有屈服和颈缩现象。拉断前的应变很小，伸长率 δ 在 0.4%~0.5% 之间，表明铸铁是典型的脆性材料。由于铸铁的 σ-ε 曲线没有明显的直线部分，弹性模量 E 的数值随应力的大小而变化，通常取曲线的割线（图 2-16 中虚线）代替曲线的开始部分，并以割线的斜率作为弹性模量。铸铁拉伸时没有明显的屈服和颈缩现象，断裂时的残余变形很小，拉断时的最大应力即为其抗拉强度 σ_b，也是衡量其强度的唯一指标。铸铁抗拉强度 σ_b 较低，所以不宜用作抗拉构件。

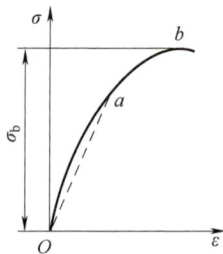

图 2-16

2.5 材料在压缩时的力学性能

金属材料的压缩试样采用国家标准试件，对于圆截面试样，圆柱高度 l 与直径 d 之比为 $\dfrac{l}{d}=1.5$ 或 3。本节主要介绍低碳钢和铸铁压缩时的力学性能。

2.5.1 低碳钢压缩时的力学性能

将短圆柱体压缩试件置于万能试验机的承压平台上，并使之发生压缩变形。与拉伸试验相同，绘出试件在试验过程中的缩短量 Δl 与载荷 F 之间的关系曲线，这一曲线称为试件的压缩图。为了消除试件横截面和长度的影响，同样以试样的名义应力作为纵坐标，以其名义应变作为横坐标，将压缩图改画成 σ-ε 曲线，如图 2-17 中实线所示。为了比较材料压缩与拉伸时的力学性能，用虚线绘出了低碳钢拉伸时的 σ-ε 曲线。很容易看出，在屈服阶段以前，两曲线基本重合。试件经过屈服阶段进入强化阶段，越压压扁，呈腰鼓状。随着压力的不断增大，试件抗压能力也继续增高，无法测得压缩时的强度极限。低碳钢压缩时的屈服强度与拉伸时的屈服强度相等，所以低碳钢又称为拉压等强度材料。由于低碳钢压缩时的主要性能可从拉伸试验获得，所以不一定要进行压缩试验。

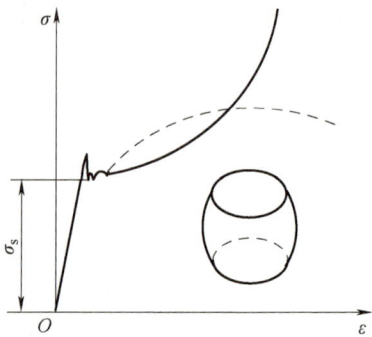

图 2-17

2.5.2 铸铁压缩试验

脆性材料在压缩的力学性能和拉伸时性能有较大的区别。例如，图 2-18 所示为灰铸铁在拉伸（虚线）和压缩（实线）时的 σ-ε 曲线。比较两条曲线可以看出：

（1）灰铸铁压缩时 σ-ε 曲线没有明显的直线阶段，因此，只能认为近似地符合胡克定律。

（2）灰铸铁压缩时强度极限和伸长率都较拉断时大得多，一般抗压强度比它的抗拉强度高 4~5 倍。

灰铸铁试件受压破坏断面的法线与轴线大致成 45°~55° 倾角，表明试样沿斜面因材料相对错动而发生剪切破坏（见图 2-18）。

铸铁材料抗拉强度低，塑性性能差，但抗压能力强，且价格低廉，宜作为承压构件的材料。铸铁坚硬耐磨，易于浇铸成形状复杂的零部件，广泛用于铸造机床床身、机座、缸体及轴承座等受压零部件。

综上所述，衡量材料力学性能的指标主要有：比例极限 σ_p（或弹性极限 σ_e）、屈服强度 σ_s、强度极限 σ_b、弹性模量 E、伸长率 δ 和断面收缩率 ψ 等。对很多金属来说，这些量往往受温度、热处理等条件的影响。表 2-1 中列出了几种常用材料在常温、静载下的 σ_s、σ_b 和 δ 的数值。

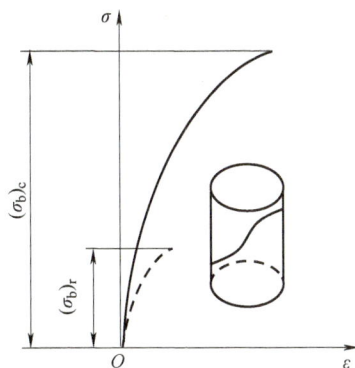

图　2-18

表 2-1　几种常用材料的主要力学性能

材料名称	牌　号	σ_s 或 $\sigma_{p0.2}$/MPa	σ_b/MPa	δ_5（%）
普通碳素钢	Q235	215~235	370~500	25~27
	Q275	255~275	410~540	19~21
优质碳素结构钢	40	335	570	19
	45	355	600	16
普通低合金结构钢	Q355	275~355	470~630	19~21
	Q390	330~390	490~650	17~19
合金结构钢	20Cr	540	835	10
	40Cr	785	980	9
碳素铸钢	ZG270-500	270	500	18
可锻铸铁	KTZ450-06	270	450	6（δ_3）
球墨铸铁	QT450-10	310	450	10
灰铸铁	HT150		150~250	

注：表中 δ_5 是指 $l=5d$ 的标准试样的伸长率；δ_3 是指 $l=3d$ 的非比例试样的伸长率。

2.6　失效、安全因数和强度计算

由脆性材料制成的构件，在拉力作用下，当变形较小时突然断裂。塑性材料制成的构件，当材料达到屈服时出现塑性变形，这时构件不能保持原有的形状和尺寸，已不能正常工作。可以把断裂和出现塑性变形统称为失效。上述这些失效都是强度不足造成的，可是构件失效并不都是强度失效。例如齿轮轴在工作时出现过大的弹性变形，将影响齿轮间正常啮合，加剧齿轮磨损，同时引起振动和噪声，这也是失效，这种失效是由刚度不足引起的。再比如细长压杆受压后弯曲，则是稳定性不足引起的失效。此外，不同的加载方式，如冲击、交变应力等，以及不同的环境条件，如高温、腐蚀介质等，都可能导致失效。这里主要讨论强度失效，其他形式的失效问题将在后续章节依次介绍。

任何工程材料能承受的应力都是有一定限度的，使材料丧失正常工作能力的应力称为极限（破坏）应力，用 σ_u 表示。脆性材料失效一般是断裂，可用强度极限 σ_b 作为材料的极限应力。塑性材料失效一般是塑性变形，可用屈服强度 σ_s 作为材料的极限应力。为了保证构件有足够的强度，在载荷作用下构件的实际工作应力 σ，显然应低于极限应力。为确保构件不致强度不足而破坏，以大于 1 的因数除极限应力，并将所得结果称为材料的许用应力 $[\sigma]$。对于塑性材料，许用应力为

$$[\sigma] = \frac{\sigma_s}{n_s} \qquad (2\text{-}10)$$

对于脆性材料，许用应力为

$$[\sigma] = \frac{\sigma_b}{n_b} \qquad (2\text{-}11)$$

式（2-10）和式（2-11）中，大于 1 的因数 n_s 和 n_b 称为安全因数。许用应力 $[\sigma]$ 是工程计算中允许承受的最大应力。把许用应力作为构件工作应力的最高限度，即要求工作应力 σ 不超过许用应力 $[\sigma]$。于是构件拉伸或压缩时的强度条件为

$$\sigma_{max} = \frac{F_{Nmax}}{A} \leqslant [\sigma] \qquad (2\text{-}12)$$

式（2-12）就是拉压强度条件。利用这个条件可以解决三方面问题，即校核强度、设计截面尺寸和确定许可荷载。下面用例题来加以说明。

例 2.3 结构如图 2-19a 所示，受力 P 作用。已知 AB、AC 杆的材料和截面尺寸均相同，且已知 $A =$ 200mm²，$[\sigma] = 160$MPa，试确定许可载荷 P 值。

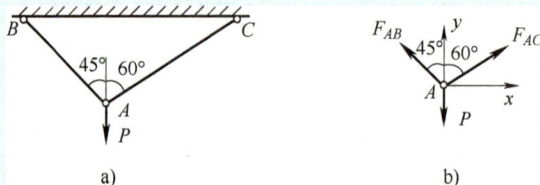

图 2-19

解：以结点 A 研究对象，受力分析如图 2-19b 所示。选取坐标轴 x 和 y，列平衡方程

$$\sum F_x = F_{AC}\sin60° - F_{AB}\sin45° = 0$$

$$\sum F_y = F_{AC}\cos60° + F_{AB}\cos45° - P = 0$$

解得 AB、AC 杆所受力为

$$F_{AB} = \frac{\sqrt{6}}{1+\sqrt{3}}P, \quad F_{AC} = \frac{2}{1+\sqrt{3}}P$$

求得的 F_{AB}、F_{AC} 均为正，表示 AB、AC 两杆均受拉。两杆内力为 $F_{N1} = F_{AB}$，$F_{N2} = F_{AC}$。

现在确定许可载荷 P。根据强度条件（2-12），AB 杆强度条件为

$$\sigma_{AB} = \frac{F_{N1}}{A} = \frac{\sqrt{6}}{(1+\sqrt{3})A}P \leqslant [\sigma]$$

解得

$$P \leqslant \frac{1+\sqrt{3}}{\sqrt{6}} [\sigma] A = \frac{1+\sqrt{3}}{\sqrt{6}} \times 160 \times 10^6 \, \text{Pa} \times 200 \times 10^{-6} \, \text{m}^2 = 35700 \text{N} = 35.7 \text{kN}$$

同理，AC 杆强度条件为

$$\sigma_{AC} = \frac{F_{N2}}{A} = \frac{2}{(1+\sqrt{3})A} P \leqslant [\sigma]$$

解得

$$P \leqslant \frac{1+\sqrt{3}}{2} [\sigma] A = \frac{1+\sqrt{3}}{2} \times 160 \times 10^6 \, \text{Pa} \times 200 \times 10^{-6} \, \text{m}^2 = 43700 \text{N} = 43.7 \text{kN}$$

比较以上结果，可知许可载荷 $P = 35.7$ kN。

例 2.4　结构如图 2-20a 所示，受力 P 作用。已知 AB 杆的直径为 $d = 30$ mm，弹性模量为 $E = 200$ GPa，纵向线应变为 $\varepsilon = 3.9 \times 10^{-4}$，试确定许可载荷 P 的大小。

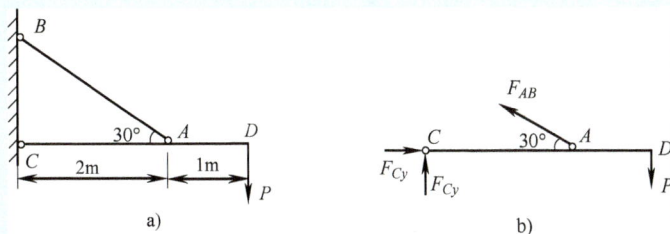

图　2-20

解：选 CD 梁为研究对象，受力如图 2-20b，列平衡方程

$$\sum M_C(F) = F_{AB} \times \overline{CA} \sin 30° - P \times \overline{CD} = 0$$

解得

$$F_{AB} = 3P$$

AB 杆内力为 $F_N = F_{AB}$，正应力为 $\sigma = \dfrac{F_N}{A}$。由式（2-7），可得杆的应变为

$$\varepsilon = \frac{\sigma}{E} = \frac{F_N}{EA} = \frac{3P}{EA}$$

解得

$$P = \frac{1}{3} EA\varepsilon = \frac{1}{12} E\pi d^2 \varepsilon = \frac{1}{12} \times 200 \times 10^9 \, \text{Pa} \times \pi \times 0.03^2 \, \text{m}^2 \times 3.9 \times 10^{-4} = 18.4 \text{kN}$$

例 2.5　结构如图 2-21a 所示，已知 $P = 10$ kN，作用在 CB 梁的中点，AB 杆为钢质杆，$[\sigma] = 160$ MPa，试设计 AB 杆的直径。

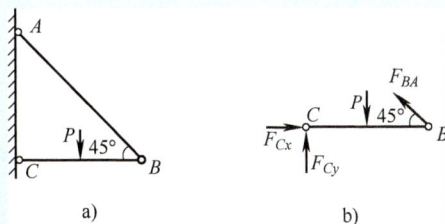

图　2-21

解：以梁 *CB* 为研究对象，受力分析如图 2-21b 所示，列平衡方程

$$\sum M_C(F) = F_{BA} \times \overline{BC} \sin 45° - P \times \frac{1}{2}\overline{BC} = 0$$

解得

$$F_{BA} = \frac{P}{\sqrt{2}}$$

求得 F_{BA} 为正，说明 *AB* 杆受拉。*AB* 杆的内力 $F_N = F_{BA}$。

现确定 *AB* 杆的直径。根据强度条件（2-12），*AB* 杆强度条件为

$$\sigma_{AB} = \frac{F_N}{A} = \frac{2\sqrt{2}}{\pi d^2}P \leq [\sigma]$$

解得

$$d \geq \sqrt{\frac{2\sqrt{2}P}{\pi[\sigma]}} = \sqrt{\frac{2\sqrt{2} \times 10 \times 10^3\,\text{N}}{\pi \times 160 \times 10^6\,\text{Pa}}} = 7.5 \times 10^{-3}\,\text{m} = 7.5\,\text{mm}$$

AB 杆的直径可取 $d = 8\,\text{mm}$。

2.7 轴向拉伸或压缩时的变形

构件在外力作用下形状及尺寸的改变称为变形。直杆在轴向拉力作用下，将引起轴向尺寸的增大和横向尺寸的减小。反之，在轴向压力作用下，将引起轴向尺寸的减小和横向尺寸的增大。

设等直杆的原长为 *l*（见图 2-22），横截面面积为 *A*。在轴向拉力 *F* 作用下，杆件长度由 *l* 变为 l_1。杆件横向尺寸由 *b* 变为 b_1。

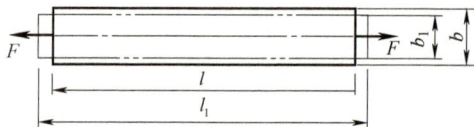

图　2-22

杆件的轴向尺寸的改变为

$$\Delta l = l_1 - l \tag{a}$$

将 Δl 除以 *l*，可得杆轴线方向的线应变

$$\varepsilon = \frac{\Delta l}{l} \tag{b}$$

杆件横向尺寸的改变为

$$\Delta b = b_1 - b \tag{c}$$

将 Δb 除以 *b*，可得杆横向方向的线应变

$$\varepsilon' = \frac{\Delta b}{b} \tag{d}$$

试验结果表明：当应力不超过比例极限时，横向应变 ε' 与轴向应变 ε 之比是一个常数。可写成

$$\mu = -\frac{\varepsilon'}{\varepsilon} \tag{2-13}$$

μ 称为横向变形因数或泊松比，其量纲为一。这里引入负号，是因为工程中常用的材料，都符合杆件轴向伸长时横向缩小，轴向缩短时横向增大的规律，即 ε' 和 ε 的符号是相反的。也就是说，工程实际中的大部分材料，其泊松比 μ 是正的。由热力学原理（形状改变比能和体积改变比能均为正）可以给出各向同性材料 μ 的取值范围为

$$-1 \leqslant \mu \leqslant 0.5 \tag{2-14}$$

对于常规传统材料，$0 < \mu < 0.5$。特别地，当 $\mu = 0.5$ 时，材料在变形过程中体积弹性模量将无穷大，即不论受到多大的应力，材料的体积都保持不变，称为不可压缩材料，如橡胶类材料泊松比 $\mu \approx 0.5$。当 $\mu = 0$ 时，材料在变形过程中横向尺寸将保持不变；当 $-1 \leqslant \mu < 0$ 时，由式（2-13）可知，出现杆件伸长时横向增大（轴向缩短时横向缩小）的奇特现象，这种材料称为负泊松比材料或拉胀材料。近年来发现一些特殊结构的材料具有负泊松比效应，由于其奇特的性能而倍受材料学家和物理学家们的重视。在后面讨论中，限定在传统材料，即 μ 为正值的情形。对同一种材料，泊松比 μ 和弹性模量 E 一样，都是表征材料弹性的常数。几种常用材料的 E 和 μ 的约值已列入表 2-2 中。

表 2-2 几种常用材料的 E 和 μ 的约值

材 料 名 称	E/GPa	μ
碳素钢	196～216	0.24～0.28
合金钢	186～206	0.25～0.30
灰铸铁	78.5～157	0.23～0.27
铜及其合金	72.6～128	0.31～0.42
铝合金	70	0.33

杆件横截面的应力为

$$\sigma = \frac{F_N}{A} = \frac{F}{A} \tag{e}$$

当正应力不超过比例极限时，正应力与线应变成正比，即式（2-7）

$$\sigma = E\varepsilon$$

若把式（b）和式（e）代入式（2-7），可得

$$\Delta l = \frac{F_N l}{EA} = \frac{Fl}{EA} \tag{2-15}$$

这表示：当应力不超过比例极限时，杆件的伸长 Δl 与拉力 F 和杆件的原长度 l 成正比，与杆件的拉压刚度 EA 成反比。这就是胡克定律的另一种表达形式。以上结果同样可以用于轴向压缩的情况，只是把轴向拉力改为压力，把伸长 Δl 改为缩短就可以了。

例 2.6 图 2-23a 所示的刚性杆 AB 由两根钢杆 AC、BD 悬挂着，$AC = BD = 2.5\mathrm{m}$。刚性杆 AB 在点 G 受力 $P = 100\mathrm{kN}$ 作用，$AG = 1.5\mathrm{m}$，$GB = 3\mathrm{m}$。已知两杆的材料相同，但直径不一样，分别为 $d_1 = 25\mathrm{mm}$，$d_2 = 18\mathrm{mm}$，$[\sigma] = 170\mathrm{MPa}$，$E = 200\mathrm{GPa}$。试校核两杆的强度，计算两杆的变形以及 G 点的位移。

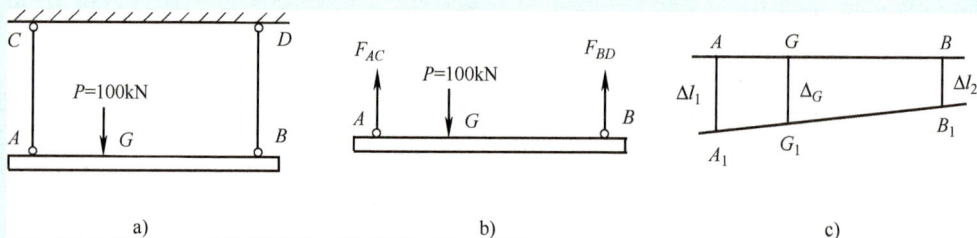

图 2-23

解：选刚性杆 AB 为研究对象，受力分析如图 2-23b 所示，列平衡方程

$$\sum F_y = 0, \qquad F_{AC} + F_{BD} - P = 0$$

$$\sum M_G(F) = 0, \qquad F_{BD} \times 3 - F_{AC} \times 1.5 = 0$$

解得

$$F_{AC} = \frac{2}{3}P, \quad F_{BD} = \frac{1}{3}P$$

AC、BD 两杆的内力为

$$F_{N1} = F_{AC} = \frac{2}{3}P, \quad F_{N2} = F_{BD} = \frac{1}{3}P$$

AC、BD 两杆的应力为

$$\sigma_1 = \frac{F_{N1}}{A_1} = \frac{2P}{3A_1} = \frac{8P}{3\pi d_1^2} = \frac{8 \times 100 \times 10^3 \mathrm{N}}{3\pi \times 0.025^2 \mathrm{m}^2} = 135.8\mathrm{MPa} < [\sigma] = 170\mathrm{MPa}$$

$$\sigma_2 = \frac{F_{N2}}{A_2} = \frac{P}{3A_2} = \frac{4P}{3\pi d_2^2} = \frac{4 \times 100 \times 10^3 \mathrm{N}}{3\pi \times 0.018^2 \mathrm{m}^2} = 131\mathrm{MPa} < [\sigma] = 170\mathrm{MPa}$$

故 AC、BD 两杆的强度足够。

分析两杆的变形，根据式（2-15），可得两杆的伸长量分别为

$$\Delta l_1 = \frac{F_{N1}l}{EA_1} = \frac{\sigma_1 l}{E} = \frac{135.8 \times 10^6 \mathrm{Pa} \times 2.5\mathrm{m}}{200 \times 10^9 \mathrm{Pa}} = 1.70\mathrm{mm}$$

$$\Delta l_2 = \frac{F_{N2}l}{EA_2} = \frac{\sigma_2 l}{E} = \frac{131 \times 10^6 \mathrm{Pa} \times 2.5\mathrm{m}}{200 \times 10^9 \mathrm{Pa}} = 1.64\mathrm{mm}$$

根据 AC、BD 两杆的变形，刚性杆 AB 的位移可由图 2-23c 所示。由图可知 G 点的位移

$$\Delta_G = \Delta l_2 + \frac{2}{3}(\Delta l_1 - \Delta l_2) = 1.64\mathrm{mm} + \frac{2}{3} \times (1.70 - 1.64)\mathrm{mm} = 1.68\mathrm{mm}$$

例 2.7 图 2-24a 所示一等直钢杆，材料的弹性模量 $E = 210\mathrm{GPa}$。试计算：（1）每段的伸长；（2）每段的线应变；（3）全杆总伸长。

解：（1）先求出每段的轴力，并画出轴力图，如图 2-24b 所示，再由式（2-15）计算每段的伸长。
AB 段的伸长为

$$\Delta l_{AB} = \frac{F_{NAB}l_{AB}}{EA} = \frac{8000\mathrm{N} \times 2\mathrm{m} \times 4}{210 \times 10^9 \mathrm{Pa} \times \pi \times (8 \times 10^{-3}\mathrm{m})^2} = 0.00152\mathrm{m}$$

BC 段的伸长为

$$\Delta l_{BC} = \frac{F_{NBC}l_{BC}}{EA} = \frac{10000\mathrm{N} \times 3\mathrm{m} \times 4}{210 \times 10^9 \mathrm{Pa} \times \pi \times (8 \times 10^{-3}\mathrm{m})^2} = 0.00284\mathrm{m}$$

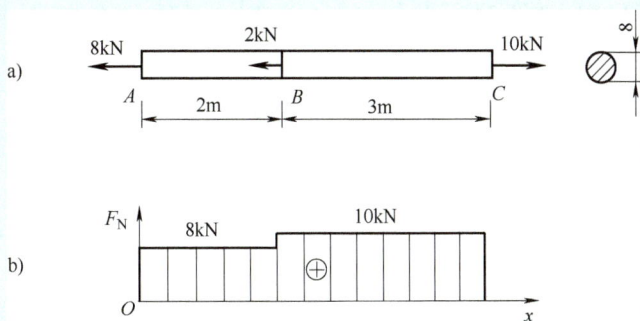

图　2-24

（2）每段杆件上各点的线应变分别为

$$\varepsilon_{AB} = \frac{\Delta l_{AB}}{l_{AB}} = \frac{0.00152m}{2m} = 7.6 \times 10^{-4}$$

$$\varepsilon_{BC} = \frac{\Delta l_{BC}}{l_{BC}} = \frac{0.00284m}{3m} = 9.47 \times 10^{-4}$$

（3）全杆总伸长为

$$\Delta l_{AC} = \Delta l_{AB} + \Delta l_{BC} = 0.00152m + 0.00284m = 0.00436m = 4.36mm$$

例 2.8　图 2-25a 所示为铰接三角架，在节点 B 受铅垂力 F 作用。已知杆 I 为钢制圆截面杆，直径 $d_1 = 30mm$，杆 II 为钢制空心圆截面杆，外径 $D_2 = 50mm$，内径 $d_2 = 44mm$。$F = 40kN$，$E = 210GPa$，求节点 B 的位移及其方向。

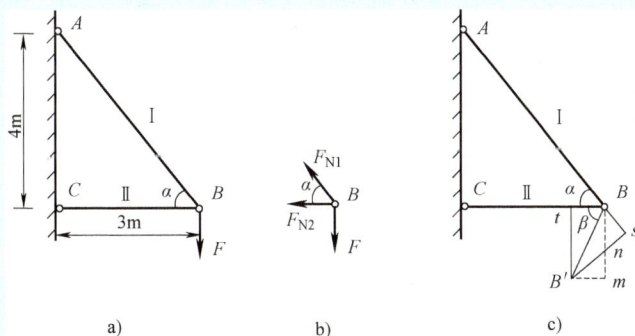

图　2-25

解：先计算杆 I 和杆 II 的轴力。取节点 B 为研究对象，其受力分析如图 2-25b 所示。列节点 B 的平衡方程

$$\sum F_x = 0, \quad -F_{N1}\cos\alpha - F_{N2} = 0$$

$$\sum F_y = 0, \quad F_{N1}\sin\alpha - F = 0$$

解得 $F_{N1} = 50kN$，$F_{N2} = -30kN$。

由式（2-15）计算两杆的变形，两杆伸长分别为

$$\Delta l_1 = \frac{F_{N1} l_1}{EA_1} = \frac{50 \times 10^3 N \times 5m \times 4}{210 \times 10^9 Pa \times \pi \times 0.03^2 m^2} = 0.0017m = 1.7mm$$

$$\Delta l_2 = \frac{F_{N2} l_2}{EA_2} = \frac{-30 \times 10^3 N \times 3m \times 4}{210 \times 10^9 Pa \times \pi \times (0.05^2 - 0.044^2) m^2} = -0.001m = -1mm$$

最后，求节点 B 的位移。如图 2-25c 所示，为了求节点 B 的位移，可假想地将杆 Ⅰ 和杆 Ⅱ 在 B 点拆开，让其各自发生变形，则 F_{N1} 和 F_{N2} 分别将杆 Ⅰ 的长度 $\overline{AB}$ 增加 $Bs = \Delta l_1$ 而成为 $\overline{As}$；杆 Ⅱ 的长度 $\overline{CB}$ 减少（因杆 Ⅱ 为压杆）$\overline{Bt} = \left| \Delta l_2 \right|$ 而成为 $\overline{Ct}$。然后以 A 点为圆心，以 $\overline{As}$ 为半径作圆弧；同时以 C 为半径，以 $\overline{Ct}$ 为半径作圆弧，两圆弧的交点应是节点 B 在变形后的位置。但由于变形是微小的，所以杆 Ⅰ 和杆 Ⅱ 在变形过程中所转过的角度是微量，可忽略不计。于是可以从 s 点作 As 的垂线 sB'，过 t 点作 Ct 的垂线 tB'，采用两条垂线来代替上述的两条圆弧，其交点 B' 的位置就是 B 点变形后的位置，$\overline{BB'}$ 作为 B 点的位移。我们将上述方法称为"以切代弧法"。

B 点的水平方向位移为

$$\Delta_{BH} = \overline{Bt} = \left| \Delta l_2 \right| = 1\text{mm}$$

铅垂方向的位移为

$$\Delta_{BV} = \overline{Bm} = \overline{Bn} + \overline{nm} = \frac{\overline{Bs}}{\sin\alpha} + \frac{\overline{B'm}}{\tan\alpha} = \Delta l_1 \times \frac{5}{4} + \left| \Delta l_2 \right| \times \frac{3}{4} = 2.8\text{mm}$$

总位移为

$$\Delta_B = \overline{BB'} = \sqrt{\Delta_{BH}^2 + \Delta_{BV}^2} = \sqrt{1^2 + 2.8^2} = 3\text{mm}$$

节点 B 的位移方向用 BB' 与水平杆 BC 所夹的角 β 表示，由 $\triangle BB't$ 可知

$$\tan\beta = \frac{\Delta_{BV}}{\Delta_{BH}} = 2.8$$

$$\beta = \arctan 2.8 = 70.35° = 1.228\text{rad}$$

例 2.9 图 2-26a 所示一等直杆，长为 l，截面面积为 A，材料密度为 ρ。求整个杆件由自重所引起的伸长 Δl。

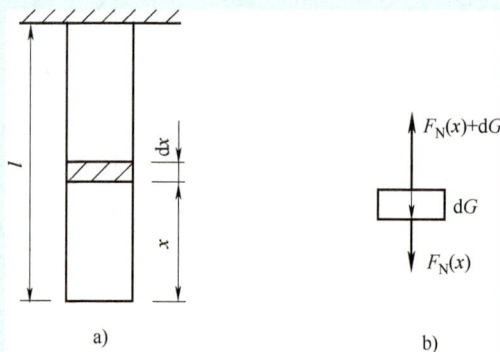

图 2-26

解： 在自重作用下，不同截面上的轴力是变量，故需在杆中截取长度为 dx 来分析。在距离自由端为 x 处截取长度为 dx 的微段（见图 2-26b），对此微段进行受力分析，作受力图。

$$F_N(x) = xA\rho g$$

长度为 dx 的微段自重 dG 为

$$dG = A\rho g dx$$

此值与 $F_N(x)$ 相比是微量，可忽略不计。这样，可认为微段内各截面的轴力都等于 $F_N(x)$，是常量。长 dx 微段的伸长为

$$\Delta(dx) = \frac{F_N(x)\,dx}{EA} = \frac{\rho g x dx}{E}$$

整个杆的伸长为

$$\Delta l = \int_{(l)} \Delta(\mathrm{d}x) = \int_0^l \frac{\rho g x \mathrm{d}x}{E} = \frac{\rho g l^2}{2E} = \frac{\rho g A l \cdot l}{2EA} = \frac{1}{2}(\Delta l)'$$

其中

$$(\Delta l)' = \frac{\rho g A l \cdot l}{EA}$$

是整个杆的自重作为集中载荷作用于杆的两端所引起的伸长。

2.8　轴向拉伸或压缩时的应变能

任何弹性体在外力作用下都要发生变形。在变形过程中，外力所做的功以能量的形式储存于弹性体内。当外力逐渐减小时，变形逐渐恢复，弹性体又将释放出储存的能量而做功。例如被跳水运动员压弯的跳板，因变形而存储了能量，再利用释放出来的能量对运动员做功，加强了运动员的弹跳力。弹性体在外力作用下，因变形而储存的能量称为应变能，用 V_ε 表示。

现在讨论轴向拉伸或压缩时的应变能。图 2-27a 所示的一端固定的杆，在外力 F 作用下产生拉伸变形。在拉伸过程中，当拉力为 F 时，杆件伸长量为 Δl。拉力 F 与伸长量 Δl 的关系如图 2-27b 所示。在应力小于比例极限的范围内，外力 F 与杆伸长量 Δl 是一条斜直线，即

$$F = k \cdot \Delta l \tag{a}$$

式中，k 是杆的弹性系数。

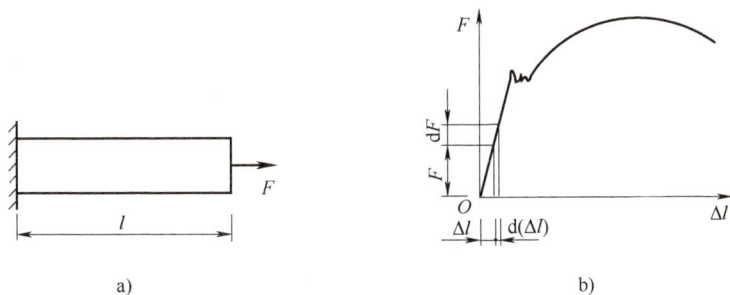

图　2-27

力由 F 增加到 $F+\mathrm{d}F$ 过程中，变形增加为 $\mathrm{d}(\Delta l)$，在此变化过程中，力所做的元功

$$\mathrm{d}W = F \cdot \mathrm{d}(\Delta l) \tag{b}$$

当拉力由零缓慢加载到 F 时，伸长量也由零逐渐增加到 Δl。在此过程中，拉力所做的功为

$$W = \int_0^{\Delta l} F \cdot \mathrm{d}(\Delta l) = \int_0^{\Delta l} k \cdot \Delta l \cdot \mathrm{d}(\Delta l) = \frac{1}{2} k(\Delta l)^2 = \frac{1}{2} F \cdot \Delta l \tag{c}$$

由功能原理，拉力所做的功应等于杆件储存的能量。对缓慢增加的静载荷，杆件的动能并无明显变化。金属杆受拉虽也会引起热能的变化，但数量甚微。这样，如忽略动能、热能等能量的变化，就可认为杆件内只储存了应变能，其数量等于拉力所做的功，即

$$V_\varepsilon = W = \frac{1}{2} F \cdot \Delta l \tag{d}$$

由于 $\Delta l = \dfrac{Fl}{EA}$，故式（d）又可改写为

$$V_\varepsilon = W = \frac{1}{2}F \cdot \Delta l = \frac{F^2 l}{2EA} \tag{2-16}$$

为了求出储存于单位体积的应变能，设想从构件中取出边长分别为 dx、dy、dz 的单元体（见图 2-28a）。如单元体只在 z 轴方向有应力 σ，则单元体上、下表面上的力为 $\sigma dxdy$，dz 边的伸长为 εdz。当应力有一个增量 $d\sigma$ 时，dz 边伸长的增量为 $d\varepsilon dz$。依照前面的讨论，这里 $\sigma dxdy$ 对应于拉力 F，$d\varepsilon dz$ 对应于 $d(\Delta l)$。由式（c）可知，当应力由零缓慢增加到 σ，应变也由零缓慢增加到 ε。在此过程中，力 $\sigma dxdy$ 完成的功为

$$dW = \int_0^\varepsilon \sigma dxdy \cdot d\varepsilon dz$$

dW 等于单元体内储存的应变能 dV_ε，故有

$$dV_\varepsilon = dW = \int_0^\varepsilon \sigma dxdyd\varepsilon dz = \left(\int_0^\varepsilon \sigma d\varepsilon \right) dV \tag{e}$$

式中，$dV = dxdydz$ 为单元体的体积。以 dV 除 dV_ε 得单元体积内的应变能为

$$v_\varepsilon = \frac{dV_\varepsilon}{dV} = \int_0^\varepsilon \sigma d\varepsilon \tag{2-17}$$

V_ε 称为应变能密度。式（2-17）表明，v_ε 等于 σ-ε 曲线下的面积（见图 2-28b）。在应力小于比例极限的情况下，σ 与 ε 的关系为斜直线，它下面的面积为

$$v_\varepsilon = \frac{1}{2}\sigma\varepsilon \tag{f}$$

由胡克定律 $\sigma = E\varepsilon$，式（f）可写成

$$v_\varepsilon = \frac{1}{2}\sigma\varepsilon = \frac{E\varepsilon^2}{2} = \frac{\sigma^2}{2E} \tag{2-18}$$

式（2-17）和式（2-18）两式是由单元体导出的，故不论构件内应力是否均匀，只要是只在一个方向上受力，它们就可使用。若杆件内应力是均匀分布的，则杆件的体积 V 乘 v_ε，得整个杆件的应变能 $V_\varepsilon = v_\varepsilon V$。若件件内应力不均匀，则可先由式（2-17）或式（2-18）求出 v_ε，然后利用式（e）进行积分

$$V_\varepsilon = \int_V v_\varepsilon dV \tag{2-19}$$

计算整个杆件的应变能。

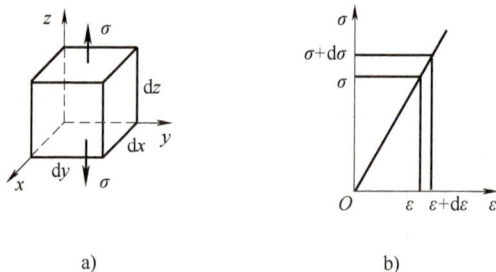

a)　　　　　　　　　　　b)

图　2-28

2.9 拉伸、压缩超静定问题

以前讨论的问题中，杆件的轴力可由静力平衡方程全部求出，这类问题称为静定问题。但有时，杆件的轴力不能全由静力平衡方程解出，这类问题称为超静定问题。超静定问题中平衡方程的个数少于未知力的个数，称为超静定次数。超过平衡方程个数的未知力称为多余未知力，相应的约束称为多余约束。如图 2-29a 所示杆 AB，其受力图如图 2-29b 所示，平衡方程为

$$\sum F_y = 0, \quad F_{NA} + F_{NB} - F = 0 \qquad (a)$$

这里静力平衡方程只有 1 个，但未知力却有 2 个。可见，只凭静定平衡方程不能求出全部轴力，所以是超静定问题。

为了求解超静定问题，除了静定平衡方程，还必须寻求补充方程。由于杆两端固定，总的变形等于零。于是

$$\Delta l_{AC} + \Delta l_{BC} = 0 \qquad (b)$$

这是杆的两段变形必须满足的条件，只有满足这一关系，才能满足杆两端固定的条件，两段变形才是协调的。所以，这种几何关系称为变形协调方程。

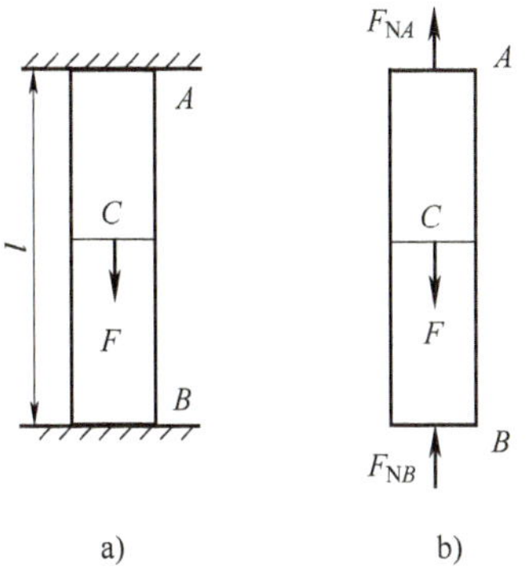

图　2-29

分析杆两段的轴力，可知杆 AC 段受拉，杆 BC 段受压。设杆的抗拉（压）刚度为 EA，由胡克定律，有

$$\Delta l_{AC} = \frac{F_{NA} l_{AC}}{EA}, \quad \Delta l_{BC} = \frac{-F_{NB} l_{BC}}{EA} \qquad (c)$$

这两个表示变形与轴力关系的公式称为物理方程。将式（c）代入式（b），可得

$$\frac{F_{NA} l_{AC}}{EA} - \frac{F_{NB} l_{BC}}{EA} = 0 \qquad (d)$$

这是在静力平衡方程之外得到的补充方程。利用式（a）和式（d）很容易解出

$$F_{NB} = \frac{l_{AC}}{l} F, \quad F_{NA} = \frac{l_{BC}}{l} F$$

由上述讨论可知，超静定问题要通过静力平衡方程、变形协调方程和物理方程三方面的关系才能求解。我们把综合利用这三个方程求解超静定问题的方法称为"三关系法"。

例 2.10 如图 2-30a 所示的结构，由刚性杆 AB 及两弹性杆 EC 及 FD 组成，在 B 端受力 F 作用。已知两弹性杆刚度分别为 $E_1 A_1$ 和 $E_2 A_2$，长度均为 a，$AC = CD = DB = l/3$，试求杆 EC 和 FD 的内力。

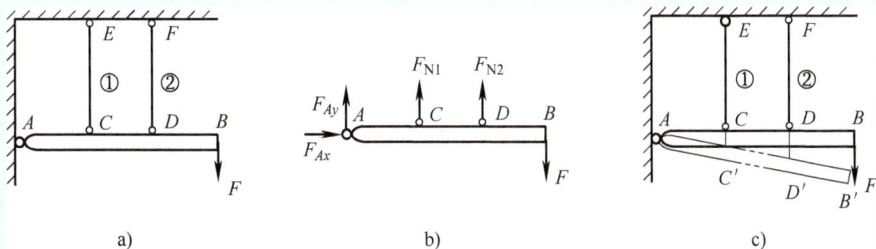

图　2-30

解：该结构为一次超静定问题，从下面三个方面来分析。

取刚性杆 AB 为研究对象，受力分析如图 2-30b 所示，列平衡方程

$$\sum M_A(F)=0, \quad F_{N1}\times\frac{l}{3}+F_{N2}\times\frac{2l}{3}-F\times l=0 \tag{e}$$

刚性杆 AB 在力 F 作用下，将绕 A 点顺时针转动，杆 AB 转动到 AB' 位置。从变形图 2-30c，可知两弹性杆 EC 及 FD 变形之间关系，即

$$\frac{\Delta l_1}{\Delta l_2}=\frac{1}{2} \tag{f}$$

式（f）就是变形协调方程。

由胡克定律，有

$$\Delta l_1=\frac{F_{N1}a}{E_1 A_1}, \quad \Delta l_2=\frac{F_{N2}a}{E_2 A_2} \tag{g}$$

联立求解式（e）、式（f）和式（g），可得

$$F_{N1}=\frac{3E_1 A_1 F}{E_1 A_1+4E_2 A_2}, \quad F_{N2}=\frac{6E_2 A_2 F}{E_1 A_1+4E_2 A_2}$$

例 2.11 在图 2-31a 所示的结构中，设横梁 AB 的变形可以忽略，①、②两杆的横截面面积相等，材料相同，试求①、②两杆的内力。

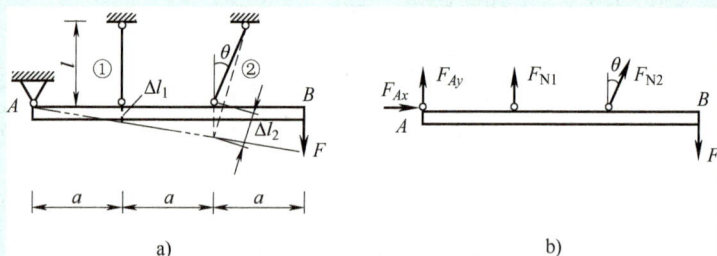

图 2-31

解：选择 AB 杆为研究对象，受力分析如图 2-31b 所示，列静力平衡方程

$$\sum M_A(F)=0, \quad F_{N1}\times a+F_{N2}\cos\theta\times 2a-F\times 3a=0 \tag{h}$$

刚性杆在力 F 作用下，将绕 A 点顺时针转动，由图中可以看出，①、②两杆的变形 Δl_1 和 Δl_2 应满足以下关系：

$$\frac{\Delta l_2}{\cos\theta}=2\Delta l_1 \tag{i}$$

这就是变形协调方程。

由胡克定律，有

$$\Delta l_1=\frac{F_{N1}l}{EA}, \quad \Delta l_2=\frac{F_{N2}l}{EA\cos\theta} \tag{j}$$

联立求解式（h）、式（i）和式（j），可得

$$F_{N1}=\frac{3F}{4\cos^3\theta+1}, \quad F_{N2}=\frac{6F\cos^2\theta}{4\cos^3\theta+1}$$

2.10 温度应力和装配应力

2.10.1 温度应力

热胀冷缩是物体的一种基本性质。物体在一般状态下，受热后膨胀，遇冷后收缩，大多数物体都具有这种性质。静定结构由于可以自由变形，当温度均匀变化时，并不会引起构件的内力。但在超静定结构中，因变形受到部分或全部约束，所以当温度变化时，往往会引起内力。

例如，图 2-32a 所示两端固定的 AB 杆。当温度升高时，由于两端限制了杆件的膨胀，势必在杆两端产生支座反力，即压力，从而引起杆件内的压应力。同理，当温度降低时，势必在杆两端产生拉力，从而引起件件内的拉应力。这种由于温度变化而在杆件内产生的应力称为热应力或温度应力。

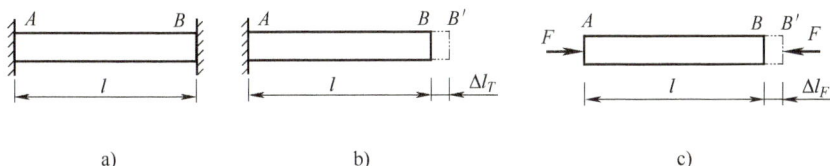

图 2-32

对于上述两端固定的 AB 杆，设想拆除右端支座，允许杆件自由胀缩（见图 2-32b），当温度升高 ΔT，杆件由于温度升高引起的伸长为

$$\Delta l_T = \alpha l \cdot \Delta T \tag{a}$$

式中，α 称为材料的线膨胀系数，表示温度每变化 1℃各点的纵向线应变。然后再在杆两端施加压力 F（见图 2-32c），杆件缩短的长度为

$$\Delta l_F = \frac{Fl}{EA} \tag{b}$$

实际上，由于两端固定，杆件长度不能变化，杆的变形协调条件为

$$\Delta l_T = \Delta l_F \tag{c}$$

将式（a）和式（b）代入式（c），可得

$$F = \alpha EA \cdot \Delta T$$

因而，由于温度升高，在两端固定的杆横截面上产生的正应力

$$\sigma_T = \frac{F}{A} = \alpha E \cdot \Delta T \tag{2-20}$$

碳素钢的 $\alpha = 12.5 \times 10^{-6} ℃^{-1}$，$E = 200\text{GPa}$，所以

$$\sigma_T = 12.5 \times 10^{-6} \times 200 \times 10^3 \Delta T = 2.5 \Delta T$$

可见，当温度变化 ΔT 较大时，温度应力 σ_T 的数值将非常可观。为了避免产生过高的温度应力，在管道中有时增加伸缩节（见图 2-33），在钢轨各段之间留有伸缩缝，这样就可以削弱对膨胀构件的约束，减小温度应力。

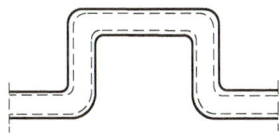

图 2-33

例 2.12 图 2-34a 所示阶梯钢杆，$A_1=1000\text{mm}^2$，$A_2=500\text{mm}^2$，在 $T_1=5℃$ 时将该杆的两端固定，试求当温度升高到 $T_2=25℃$ 时，该杆各段的温度应力。已知钢材的线膨胀系数 $\alpha=12.5\times10^{-6}℃^{-1}$，钢材的弹性模量 $E=200\text{GPa}$。

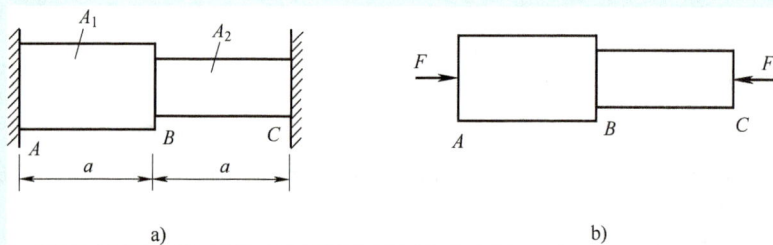

图　2-34

解：设阶梯钢杆两端 A、C 的支座约束力为 F，阶梯杆的受力图如图 2-34b 所示。阶梯杆两段的内力均为 $F_{N1}=F_{N2}=F$。由此阶梯杆受压后产生的缩短

$$\Delta l_F=\frac{F_{N1}a}{EA_1}+\frac{F_{N2}a}{EA_2}=\frac{Fa}{E}\left(\frac{1}{A_1}+\frac{1}{A_2}\right) \tag{d}$$

当温度从 T_1 升高到 T_2，杆件由于温度升高引起的伸长为

$$\Delta l_T=2\alpha a(T_2-T_1) \tag{e}$$

由于阶梯杆两端固定，杆件长度不能变化。因此，变形协调方程为

$$\Delta l_T=\Delta l_F \tag{f}$$

将式（d）和式（e）代入式（f），可得

$$F=\frac{2\alpha E(T_2-T_1)A_1A_2}{(A_1+A_2)}=\frac{2\times12.5\times10^{-6}℃^{-1}\times200\times10^9\text{Pa}\times(25-5)℃\times1000\times500\times10^{-12}\text{m}^4}{(1000+500)\times10^{-6}\text{m}^2}=33.3\text{kN}$$

进而可得阶梯杆的应力分别为

$$\sigma_1=\frac{F_{N1}}{A_1}=\frac{F}{A_1}=\frac{33.3\times10^3}{1000\times10^{-6}}\text{Pa}=33.3\text{MPa}$$

$$\sigma_2=\frac{F_{N2}}{A_2}=\frac{F}{A_2}=\frac{33.3\times10^3}{500\times10^{-6}}\text{Pa}=66.6\text{MPa}$$

由于阶梯杆受压，故两段的应力均为压应力。

例 2.13 图 2-35a 所示杆①为钢杆，$E_1=210\text{GPa}$，$\alpha_1=12.5\times10^{-6}℃^{-1}$，横截面面积为 $A_1=30\text{cm}^2$；杆②为铜杆，$E_2=105\text{GPa}$，$\alpha_2=19\times10^{-6}℃^{-1}$，横截面面积为 $A_2=30\text{cm}^2$。设 $P=50\text{kN}$，若 AB 为刚杆，且始终保持水平，试问温度是升高还是降低，并求温度的改变值。

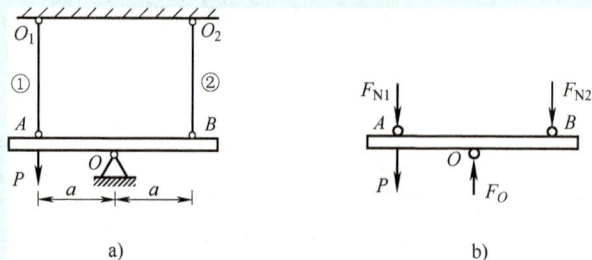

图　2-35

解： 假设两杆温度均为升高，并假设由于两杆温度升高而受压。选刚性杆 AB 为研究对象，受力分析如图 2-35b 所示。列静力平衡方程

$$\sum M_O(F)=0,\quad (F_{N1}+P)a-F_{N2}a=0 \tag{g}$$

由于刚杆始终保持水平，可知杆①和杆②长度均保持不变，可得

$$\Delta l_{T1}=\Delta l_{F_{N1}},\quad \Delta l_{T2}=\Delta l_{F_{N2}} \tag{h}$$

式（h）为两杆变形协调方程。两杆由于温度升高引起的变形（伸长）分别为

$$\Delta l_{T1}=\alpha_1 lT,\quad \Delta l_{T2}=\alpha_2 lT \tag{i}$$

由胡克定律，两杆在压力作用下而产生的缩短分别为

$$\Delta l_{F_{N1}}=\frac{F_{N1}l}{E_1A_1},\quad \Delta l_{F_{N2}}=\frac{F_{N2}l}{E_2A_2} \tag{j}$$

将式（i）和式（j）代入式（h），可得

$$\alpha_1 lT=\frac{F_{N1}l}{E_1A_1},\quad \alpha_2 lT=\frac{F_{N2}l}{E_2A_2} \tag{k}$$

将式（k）代入式（g），可得

$$T=\frac{P}{\alpha_2 E_2A_2-\alpha_1 E_1A_1}=\frac{50\times10^3℃}{(19\times10^{-6}\times105\times10^9-12.5\times10^{-6}\times210\times10^9)\times30\times10^{-4}}=-26.5℃$$

刚性杆 AB 始终保持水平，温度应该降低 26.5℃。

2.10.2　装配应力

加工构件时，尺寸上产生一些微小的制造误差是难以避免的。对于静定结构，加工误差只不过造成结构几何形状的轻微变化，不会引起装配内力和装配应力（见图 2-36a）。只有超静定结构，才会引起装配内力和装配应力。如图 2-36b 所示的结构，杆③制造时加工误差为 δ，将使三杆装配在一起时产生内力和应力。这种由于制造误差，在装配时引起的内力和应力，称为装配内力和装配应力。

下面来计算装配内力。假设杆①、②长均为 $l/\cos\alpha$，抗拉压刚度为 E_1A_1。杆③原长为 $(l-\delta)$，抗拉压刚度为 E_3A_3。

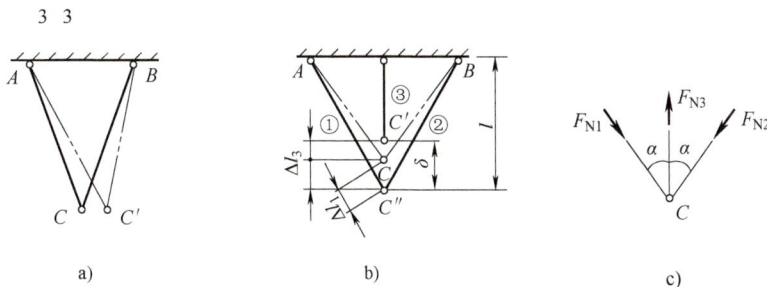

图　2-36

由于结构有对称性，取装配后的节点 C 为研究对象，受力分析如图 2-36c 所示。列平衡方程

$$\sum F_x=0,\quad F_{N1}\sin\alpha-F_{N2}\sin\alpha=0 \tag{l}$$

$$\sum F_y=0,\quad F_{N3}-F_{N1}\cos\alpha-F_{N2}\cos\alpha=0 \tag{m}$$

在节点 C 装配后，杆③的伸长为 Δl_3，杆①、②缩短为 Δl_1，由图 2-36b 可以看出，变形协调方程为

$$\Delta l_3 + \left| \frac{\Delta l_1}{\cos\alpha} \right| = \delta \tag{n}$$

由胡克定律，Δl_1、Δl_3 可表示为

$$\Delta l_1 = \frac{F_{N1} l}{E_1 A_1 \cos\alpha}, \quad \Delta l_3 = \frac{F_{N3} l}{E_3 A_3} \tag{o}$$

将式（o）代入式（n），可得补充方程，即

$$\frac{F_{N1} l}{E_1 A_1 \cos^2\alpha} + \frac{F_{N3} l}{E_3 A_3} = \delta \tag{p}$$

联立求解式（l）、式（m）和式（p），可得三杆的内力分别为

$$F_{N1} = F_{N2} = \frac{E_1 E_3 A_1 A_3 \delta \cos^2\alpha}{(2 E_1 A_1 \cos^3\alpha + E_3 A_3) l}, \quad F_{N3} = 2 F_{N1} \cos\alpha$$

例 2.14 图 2-37a 所示的杆①、②、③的面积 $A = 2\text{cm}^2$，长为 $l = 1\text{m}$，弹性模量为 $E = 200\text{GPa}$。若在制造时杆③短了 $\delta = 0.08\text{cm}$，试计算安装后各杆的内力。假设横梁的重量和变形不计。

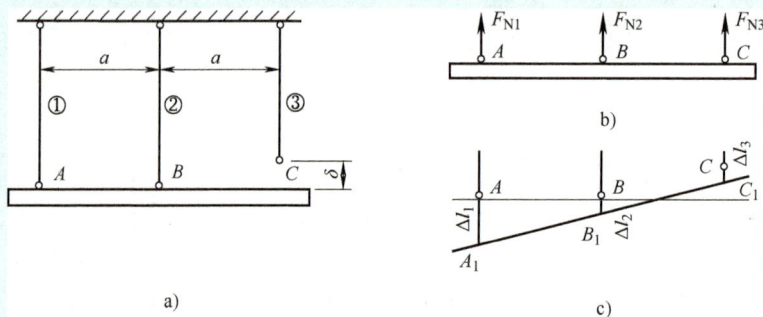

图 2-37

解： 选水平横梁为研究对象，假设安装以后杆①、②、③均受拉力，受力分析如图 2-37b 所示。列静力平衡方程

$$\sum F_y = 0, \quad F_{N1} + F_{N2} + F_{N3} = 0 \tag{q}$$

$$\sum M_B(F) = 0, \quad F_{N1} = F_{N3} \tag{r}$$

由于横梁是刚性杆，结构变形后，它仍为直杆。假定横梁由初始水平位置移动到现时倾斜位置，由图 2-36c，可得变形协调关系 $\Delta l_1 - 2\Delta l_2 = \delta - \Delta l_3$，即

$$\frac{F_{N1} l}{EA} - 2\frac{F_{N2} l}{EA} = \delta - \frac{F_{N3} l}{EA} \tag{s}$$

联合求解式（q）、式（r）、式（s），可得

$$F_{N1} = F_{N3} = \frac{EA\delta}{6l} = \frac{200 \times 10^9 \text{Pa} \times 2 \times 10^{-4} \text{m}^2 \times 0.08 \times 10^{-2} \text{m}}{6 \times 1\text{m}} = 5.33\text{kN}$$

$$F_{N2} = -\frac{EA\delta}{3l} = -\frac{200 \times 10^9 \text{Pa} \times 2 \times 10^{-4} \text{m}^2 \times 0.08 \times 10^{-2} \text{m}}{3 \times 1\text{m}} = -10.66\text{kN}$$

2.11 应力集中的概念

等截面直杆受轴向拉伸或压缩时，横截面上的应力是均匀分布的。由于实际需要，有些零件必须有切口、切槽、油孔、螺纹、轴肩等，以致在这些部位上截面尺寸发生突然变化。实验结果和理论分析表明，在零件尺寸突然改变处的横截面上，应力并不是均匀分布的。例如图 2-38 所示开有圆孔的板条受拉时，在圆孔附近的局部区域内，应力将急剧增大，但在离开圆孔稍远处，应力会迅速降低而趋于均匀。这种因杆件外形突然变化，而引起局部应力急剧增大的现象，称为应力集中。

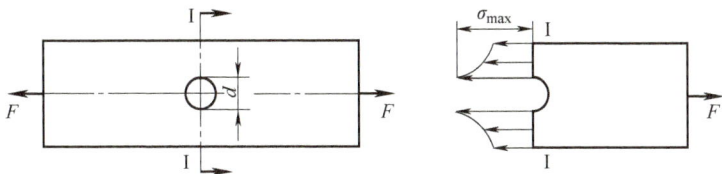

图　2-38

设发生应力集中的截面上的最大应力为 σ_{max}，同一截面上的平均应力为 σ，则比值

$$K = \frac{\sigma_{max}}{\sigma} \tag{2-21}$$

称为理论应力集中因数。它反映了应力集中的程度，是一个大于 1 的因数。实验结果表明：截面尺寸变化越急剧、角越尖、孔越小，应力集中的程度就越严重。因此，降低应力集中的办法是尽量使构件的外形圆滑过渡，例如使用倒圆、倒角等，可明显降低构件局部应力集中。

各种材料对应力集中的敏感程度并不相同。塑性材料有屈服阶段，当局部最大应力 σ_{max} 达到屈服强度 σ_s 时，该处材料的变形可以继续增长，而应力却不再加大。如外力继续增加，增加的力就由截面上尚未屈服的材料来承担，使截面上其他点的应力相继增大到屈服强度，这就使截面上的应力逐渐趋于平均，降低了应力不均匀程度，也限制了最大应力 σ_{max} 的数值。因此，用塑性材料制成的构件在静载作用下，可以不考虑应力集中的影响。对于由脆性材料制成的构件，由于脆性材料没有屈服阶段，当载荷增加时，应力集中处最大局部应力 σ_{max} 一直领先，首先达到材料的强度极限 σ_b 而产生裂纹。因此，在设计脆性材料构件时，应考虑应力集中的影响。对于组织均匀的脆性材料，应力集中将大大降低构件强度，这在构件设计时应特别注意。但对于组织不均匀的脆性材料，例如灰铸铁，其内部的不均匀性和缺陷往往是产生应力集中主要因素，而零件外形改变所引起的应力集中就可能成为次要因素，对零件承载能力不一定造成明显的影响。

当零件受周期性变化的疲劳载荷或受冲击载荷作用时，不论是塑性材料还是脆性材料，应力集中对零件强度都有严重影响，往往是产生破坏的根源。

为了避免材料或构件因应力集中而造成的破坏，工程上主要采取以下一些措施：对材料表面进行喷丸、滚压、氮化等处理，可以提高材料表面的疲劳强度；避免尖角，即棱角改为过渡圆角，适当增大过渡圆弧的半径；曲率半径逐步变化的外形有利于降低应力集中系数，采用流线型型线或双曲率型线；孔边采用加强环或局部加厚均可使应力集中系数下降；开孔的位置应尽量避开高应力区，并避免因孔间相互影响而造成应力集中系数增高，对于椭圆孔，应使其长轴平行于外力的方向；提高低应力区应力，减小零件在低应力区厚度，或在低应力区增开缺口或圆孔，使应力由低应力区向高应力区过渡趋于平缓；合理地利用残余应力也可降低应力集中系数。

2.12 剪切和挤压的实用计算

剪切和挤压的实用计算，与轴向拉伸或压缩并无实质上的联系。附在本章之后，只是因为两种实用计算在形式上与拉伸或压缩有些相似。

2.12.1 剪切的实用计算

剪切是杆件基本变形之一。剪切变形是杆件受到一对垂直于杆轴线的大小相等、方向相反、作用线相距很近的力作用后所引起的变形。剪切变形所受的外力如图 2-39a 所示。杆件受剪切变形外力作用下，杆件会在外力交界面 m—m 处发生相对错动的变形（见图 2-39b），m—m 截面又称为剪切面。采用截面法，以剪切面 m—m 将受剪切杆件分成两部分，并以其中一部分为研究对象，如图 2-39c 所示。m—m 截面上的内力 F_S 与截面相切，称为剪力。由平衡方程容易求得

$$F_S = F \tag{a}$$

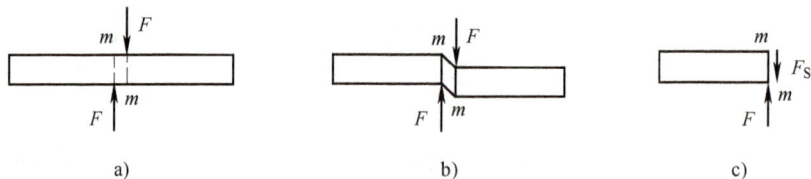

图　2-39

分析连接车轴与飞轮的键（见图 2-40a）。作用于飞轮和车轴上的传动力偶和阻抗力偶大小相等，方面相反。键的受力如图 2-40b 所示，可以看出，作用于键左右两个侧面上的力，意欲使键的上下两部分沿 m—m 发生相对错动。采用截面法，以剪切面 m—m 将键分成两部分，并以其中一部分为研究对象，如图 2-40c 所示。很容易看出，m—m 截面上的剪力 $F_S = F$。

再分析连接两钢板的铆钉（见图 2-41a）。作用于两钢板的力大小相等，方面相反。铆钉的受力如图 2-41b 所示，作用于铆钉左右两个侧面上的力，意欲使铆钉的上下两部分沿 m—m 发生相对错动。采用截面法，以剪切面 m—m 将铆钉分成两部分，并以其中一部分为研究对象，如图 2-41c 所示。很容易看出，m—m 截面上的剪力 $F_S = F$。

以上都是工程中常见的连接件，这种承受剪切变形的主要构件称为连接件。如机械工程中常用螺栓、销钉、键、铆钉和焊缝，还有建筑或家具板材中常见的胶结、榫卯结构等。

在一些连接件的剪切面上，切应力分布规律比较复杂而并非均匀分布。在切应力的实用计算中，假设剪切面上切应力是均匀分布的。若以 A 表示剪切面面积，则切应力可表示为

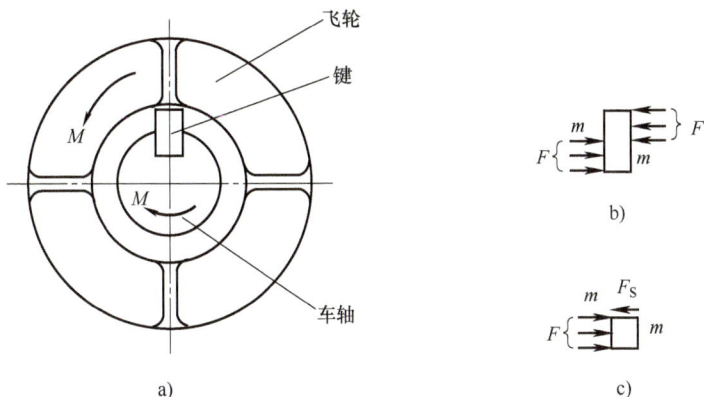

图　2-40

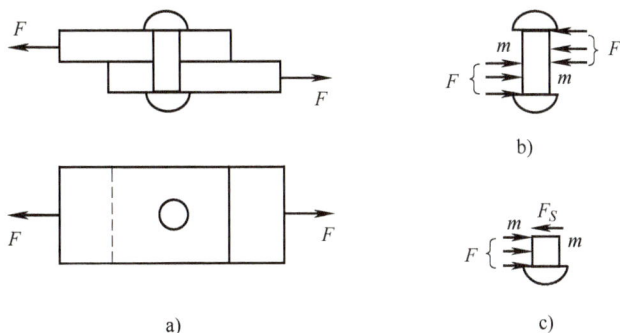

图　2-41

$$\tau = \frac{F_S}{A} \tag{2-22}$$

式（2-22）算出的只是剪切面上的"平均切应力"，是一个名义切应力。为了建立剪切的强度条件，实验测定试样失效的极限载荷时应尽可能使试样受力接近实际连接件的情况。然后，用式（2-22）由极限载荷求出相应的名义极限应力，再除以安全因数 n，得到许用切应力 $[\tau]$，从而建立剪切强度条件

$$\tau = \frac{F_S}{A} \leqslant [\tau] \tag{2-23}$$

根据以上剪切强度条件，便可进行剪切的强度计算。

2.12.2　挤压实用计算

连接件和被连接件互相传递压力时，接触的表面是相互压紧的，这种受力情况称为挤压。当挤压过大时，接触面附近将被压溃或发生塑性变形。图 2-42a 表示板的铆钉孔被压成长圆孔的情况，铆钉孔压溃而发皱。图 2-42b 表示铆钉被压成扁圆柱的情况，铆钉受挤压而压扁。

为了保证连接件和被连接件在接触表面不产生挤压破坏，应该进行挤压的强度计算。在挤压面上，挤压应力的分布一般也比较复杂。实用计算中，也是假定在挤压面上挤压应力均匀分布。以 F 表示挤压面上传递的力，A_{bs} 表示挤压面在垂直于 F 方向的投影面积，于是挤压应力为

$$\sigma_{bs} = \frac{F}{A_{bs}} \tag{2-24}$$

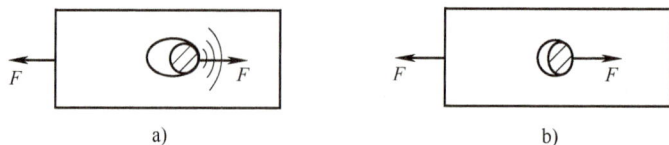

图　2-42

相应的挤压强度条件为

$$\sigma_{bs} = \frac{F}{A_{bs}} \leqslant [\sigma_{bs}] \tag{2-25}$$

式中，$[\sigma_{bs}]$ 称为材料的许用挤压应力。

当连接件与被连接构件的接触面为平面时，如图 2-40 所示键的连接，挤压面积 A_{bs} 就是实际的接触面的面积。当接触面为圆柱面时，如图 2-41 所示铆钉的连接，挤压应力的分布大致如图 2-43 所示，最大应力在圆柱面的中点。实际计算中，以圆孔或圆柱的直径平面面积 δd 作为挤压面的面积，则应用式（2-24）得到的挤压应力大致上与实际最大挤压应力接近。

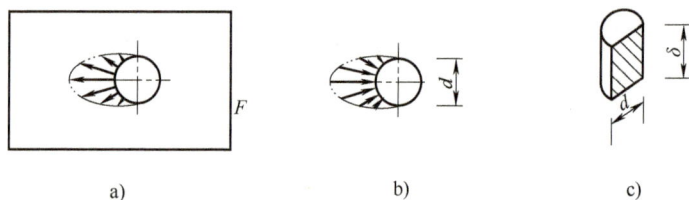

图　2-43

例 **2.15**　木榫接头如图 2-44a 所示，$a = b = 12cm$，$h = 35cm$，$c = 4.5cm$，$P = 40kN$，试求接头的剪切和挤压应力。

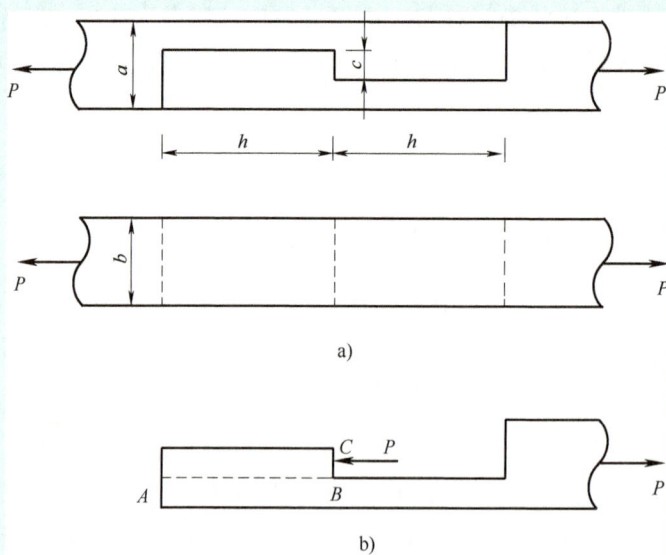

图　2-44

解： 取其中的一部分为研究对象，受力分析如图 2-44b 所示。由图可知，剪切面为 AB 面，而挤压面为 BC 面。故剪切应力为

$$\tau = \frac{F_S}{A} = \frac{P}{bh} = \frac{40 \times 10^3 \text{N}}{0.12\text{m} \times 0.35\text{m}} = 0.952\text{MPa}$$

挤压应力为

$$\sigma_{bs} = \frac{P}{A_{bs}} = \frac{P}{bc} = \frac{40 \times 10^3 \text{N}}{0.12\text{m} \times 0.045\text{m}} = 7.4\text{MPa}$$

例 2.16　如图 2-45a 所示某起重机的吊具，吊钩与吊板通过销轴连接，起吊重物重 F。已知 $F = 10\text{kN}$，销轴直径 $D = 22\text{mm}$，吊钩厚度 $t = 20\text{mm}$。销轴许用应力 $[\tau] = 60\text{MPa}$，$[\sigma_{bs}] = 120\text{MPa}$。试校核销轴的强度（设吊板的厚度之和比吊钩厚度大）。

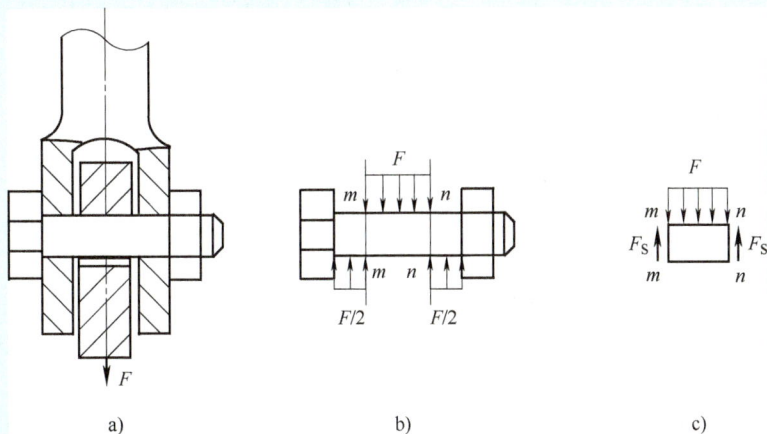

图　2-45

解： 选销轴为研究对象，其受力分析如图 2-45b 所示。销轴剪切面有 $m—m$ 和 $n—n$ 两个剪切面。应用截面法求剪切面上的剪力。截取 $m—m$ 和 $n—n$ 中间段为研究对象，受力分析如图 2-45c 所示。由平衡条件 $\sum F_y = 0$，可知两个剪切面上的剪力均为

$$F_S = \frac{F}{2}$$

切应力 τ 为

$$\tau = \frac{F_S}{A} = \frac{F}{2A} = \frac{40 \times 10^3 \text{N} \times 4}{2 \times \pi \times 0.022^2 \text{m}^2} = 52.6\text{MPa} < [\tau]$$

故销轴切应力强度足够。

销轴与吊钩和吊板均有接触，所以其上下两个侧面都有挤压应力。由于吊板的厚度之和比吊钩厚度大，则只校核销轴与吊钩之间的挤压应力

$$\sigma_{bs} = \frac{F}{A_{bs}} = \frac{F}{Dt} = \frac{40 \times 10^3 \text{N}}{0.022\text{m} \times 0.02\text{m}} = 91\text{MPa} < [\sigma_{bs}]$$

故销轴挤压强度足够。综合起来，销轴既能满足剪切的强度要求，又能满足挤压的强度要求。因此，销轴是安全的。

思 考 题

一、填空题

1. 轴向拉伸与压缩时直杆横截面上的内力，称为_____。

2. 应力与应变保持线性关系时的最大应力，称为_____。

3. 材料只产生弹性变形的最大应力，称为_____；材料能承受的最大应力，称为_____。

4. 弹性模量 E 是衡量材料_____的指标。

5. _____是衡量材料的塑性指标。_____的材料称为塑性材料；_____的材料称为脆性材料。

6. 应力变化不大，而应变显著增加的现象，称为_____。

7. 材料在卸载过程中，应力与应变呈_____关系。

8. 在常温下把材料冷拉到强化阶段，然后卸载，当再次加载时，材料的比例极限_____，而塑性_____，这种现象称为_____。

9. 使材料丧失正常工作能力的应力，称为_____。

10. 在工程计算中允许材料承受的最大应力，称为_____。

11. 当应力不超过比例极限时，横向应变与纵向应变之比的绝对值，称为_____。

12. 胡克定律的应力适用范围是应力不超过材料的_____极限。

13. 杆件的弹性模量 E 表征了杆件材料抵抗弹性变形的能力，这说明在相同力作用下，杆件材料的弹性模量 E 值越大，其变形就越_____。

14. 在国际单位制中，弹性模量 E 的单位为_____。

15. 低碳钢试样拉伸时，在初始阶段应力和应变成_____关系，变形是弹性的，而这种弹性变形在卸载后能完全消失的特征一直要维持到应力为_____极限的时候。

16. 在低碳钢的应力-应变图上，开始的一段直线与横坐标夹角为 α，则 $\tan\alpha$ 在数值上相当于低碳钢_____的值。

17. 金属拉伸试样在进入屈服阶段后，其光滑表面将出现与轴线成_____角的条纹，此条纹称为_____。

18. 使材料试样受拉达到强化阶段，然后卸载，再重新加载时，其在弹性范围内所能达到的最大载荷将_____，而且断裂后的延伸率会降低，此即材料的_____现象。

19. 已知低碳钢屈服强度为 σ_s，在轴向拉力 P 作用时，横截面上的正应力为 σ，且 $\sigma>\sigma_s$，轴向线应变为 ε_1；在力 P 全部卸掉后，轴向线应变为 ε_2。该钢材的弹性模量 $E=$_____。

20. 构件由于截面_____和_____的突变会发生应力集中现象。

二、判断题（对论述正确的在括号内画√，错误的画×）

1. 杆件两端受到等值、反向、共线的外力作用时，一定产生轴向拉伸或压缩变形。 （ ）

2. 若沿杆件轴线方向作用的外力多于两个，则杆件各段横截面上的轴力不尽相同。 （ ）

3. 轴力图可显示杆件各段内横截面上轴力大小，但并不能反映杆件各段变形是伸长还是缩短。（ ）

4. 一端固定的杆，受轴向外力的作用，不必求出约束力即可画内力图。 （ ）

5. 轴向拉伸或压缩杆件横截面上的内力集度——应力一定垂直于横截面。 （ ）

6. 轴向拉伸或压缩杆件横截面上正应力的正负号规定：正应力方向与横截面外法线方向一致时为正，相反时为负，这样的规定和按杆件变形的规定是一致的。 （ ）

7. 截面上某点处的总应力 p 可分解为垂直于该截面的正应力 σ 和与该截面相切的切应力 τ，它们的单位相同。 （ ）

8. 线应变 ε 和切应变 γ 都是度量构件内一点处变形程度的两个基本量，它们都是量纲为一的量。 （ ）

9. 材料力学性质主要是指材料在外力作用下在强度方面表现出来的性质。 （   ）

10. 塑性材料的极限应力是指比例极限 σ_p，而脆性材料的极限应力是指强度极限。 （   ）

11. 低碳钢在常温静载下拉伸，若应力不超过屈服强度 σ_s，则正应力 σ 与线应变 ε 成正比，称这一关系为拉伸（或压缩）的胡克定律。 （   ）

12. 当应力不超过比例极限时，直杆轴向变形与其轴力、杆长成正比，而与横截面面积成反比。 （   ）

13. 铸铁试件压缩时破坏断面与轴线大致成45°，这是由压应力引起的缘故。 （   ）

14. 低碳钢拉伸时，当进入屈服阶段时，试件表面上出现与轴线成45°的滑移线，这是由最大切应力 τ_{max} 引起的，但拉断时截面仍为横截面，这是由最大拉应力 σ_{max} 引起的。 （   ）

15. 杆件在拉伸或压缩时，任意截面上的切应力均为零。 （   ）

16. EA 称为材料的截面抗拉（或抗压）刚度。 （   ）

17. 解决超静定问题的关键是建立补充方程，而要建立补充方程就必须研究构件的变形几何关系，称这种关系为变形协调关系。 （   ）

18. 因截面的骤然改变而使最小横截面上的应力有局部陡增的现象，称为应力集中。 （   ）

19. 对于剪切变形计算中通常只计算切应力，并假设切应力在剪切面内是均匀分布的。 （   ）

20. 挤压力是构件之间的相互作用力，它和轴力、剪力等内力在性质上是不同的。 （   ）

21. 挤压的实用计算，其挤压面积一定等于实际接触面积。 （   ）

22. 若构件上作用两个大小相等、方向相反、相互平行的外力，则此构件一定产生剪切变形。 （   ）

23. 用剪刀剪的纸张和用刀切的菜，均受到了剪切破坏。 （   ）

24. 计算名义切应力有公式 $\tau = P/A$，说明实际构件剪切面上的切应力是均匀分布的。 （   ）

25. 在构件上有多个面积相同的剪切面，当材料一定时，若校核该构件的剪切强度，则只对剪力较大的剪切面进行校核即可。 （   ）

26. 两钢板用螺栓连接后，在螺栓和钢板相互接触的侧面将发生局部承压现象，这种现象称挤压。当挤压力过大时，可能引起螺栓压扁或钢板孔缘压皱，从而导致连接松动而失效。 （   ）

27. 进行挤压实用计算时，所取的挤压面积就是挤压接触面的正投影面积。 （   ）

28. 在挤压实用计算中，只要取构件的实际接触面面积来计算挤压应力，其结果就和构件的实际挤压应力情况符合。 （   ）

29. 一般情况下，挤压常伴随着剪切同时发生，但须指出，挤压应力与剪应力是有区别的，它并非构件内部单位面积上的内力。 （   ）

三、单项选择题

1. 在低碳钢拉伸试验中，测量屈服强度、强度极限应取的试样横截面面积是（   ）。
（A）原始标距内三处横截面面积的最小值
（B）原始标距内三处横截面面积的平均值
（C）原始标距内任一处的横截面面积
（D）屈服和颈缩阶段时由试样直径算出的横截面面积

2. 低碳钢拉伸试件的应力-应变关系大致可分为4个阶段，结论正确的是（   ）。
（A）弹性阶段，塑性阶段，强化阶段，局部变形阶段
（B）弹性阶段，屈服阶段，塑性阶段，断裂阶段
（C）弹性阶段，屈服阶段，强化阶段，断裂阶段
（D）弹性阶段，屈服阶段，强化阶段，局部变形阶段

3. 拉伸试验时，将试样拉伸到强化阶段卸载，则拉伸图 P-Δl 曲线要沿着（   ）卸载至零。
（A）原来的拉伸图曲线　　　　　　　（B）任意的一条曲线
（C）平行于拉力 P 轴的直线　　　　（D）近乎平行于弹性阶段的斜直线

4. 测低碳钢的强度极限时，如果用试样的瞬时横截面面积来计算强度极限，则其值与用原始横截面面

积计算的结果相比（　　）。

（A）相差不大　　　　（B）要小　　　　（C）要大　　　　（D）无意义

5. 应用拉压正应力公式 $\sigma = F_N/A$ 的条件是（　　）。

（A）应力小于比例极限　　　　　　　（B）外力的合力沿杆轴线

（C）应力小于弹性极限　　　　　　　（D）应力小于屈服强度

6. 轴向拉伸杆，正应力最大的截面和切应力最大的截面（　　）。

（A）分别是横截面、45°斜截面　　　（B）都是横截面

（C）分别是45°斜截面、横截面　　　（D）都是45°斜截面

7. 某杆的轴力沿杆轴是变化的，则在发生破坏的截面上（　　）。

（A）外力一定最大，面积一定最小　　（B）轴力一定最大，面积一定最小

（C）轴力不一定最大，面积一定最小　（D）轴力和面积之比一定最大

8. 铸铁试样在做压缩试验时，试样沿倾斜面破坏，说明铸铁的（　　）。

（A）抗剪强度小于抗压强度　　　　　（B）抗压强度小于抗剪强度

（C）抗压强度小于抗拉强度　　　　　（D）抗拉强度小于抗压强度

9. 如图 2-46 所示正方形构架，各杆材料相同，其横截面面积均为 A，许用拉应力 $[\sigma_t]$ 与许用压应力 $[\sigma_c]$ 满足 $[\sigma_t] = 0.8[\sigma_c]$，该构架的最大许可载荷为（　　）。

（A）$[\sigma_t]A$　　　（B）$[\sigma_c]A$　　　（C）$\sqrt{2}[\sigma_t]A$　　　（D）$\sqrt{2}[\sigma_c]A$

10. 如图 2-47 所示的固定电线杆所用的钢缆的横截面面积为 $A = 1 \times 10^3 mm^2$，钢缆的弹性模量为 $E = 200GPa$，为了使钢缆中的张力达到 100kN，应当使钢缆张紧器收缩的相对位移为（　　）mm。

（A）6.67　　　（B）5.78　　　（C）5.0　　　（D）4.82

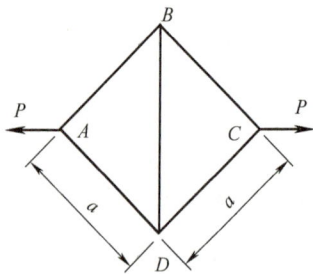

图 2-46

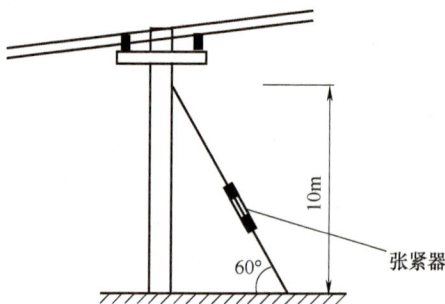

图 2-47

11. 如图 2-48 所示的等截面杆在轴向力的作用下，其 BC 段的变形将（　　）。

（A）伸长，伸长量为 AB 段（或 CD 段）缩短量的两倍

（B）为零

（C）是本身长度在力 P 作用下的伸长量

（D）缩短，缩短量等于 AB 段（或 CD 段）的缩短量

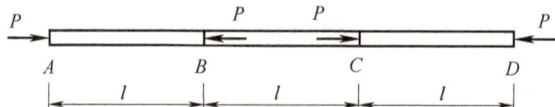

图 2-48

12. 几何尺寸相同的两根杆件，其弹性模量分别为 $E_1 = 180GPa$，$E_2 = 60GPa$，在弹性变形的范围内两者的轴力相同，这时产生的应变的比值 $\varepsilon_1/\varepsilon_2$ 应为（　　）。

(A) 1/3　　　　　　(B) 1　　　　　　(C) 2　　　　　　(D) 3

13. 对钢管进行轴向拉伸试验，有人提出几种变形现象，经验证，正确的变形是（　　）。

(A) 外径增大，壁厚减小　　　　　　(B) 外径增大，壁厚增大

(C) 外径减小，壁厚增大　　　　　　(D) 外径减小，壁厚减小

14. 设 ε 和 ε' 分别为轴向受力杆的轴向线应变和横向线应变，μ 为材料的泊松比，则下面结论正确的是（　　）。

(A) $\mu=-\dfrac{\varepsilon'}{\varepsilon}$，$\mu=\left|\dfrac{\varepsilon'}{\varepsilon}\right|$

(B) $\mu=-\dfrac{\varepsilon}{\varepsilon'}$，$\mu=\left|\dfrac{\varepsilon}{\varepsilon'}\right|$

(C) $\mu=\dfrac{\varepsilon'}{\varepsilon}$，$\mu=-\left|\dfrac{\varepsilon'}{\varepsilon}\right|$

(D) $\mu=\dfrac{\varepsilon}{\varepsilon'}$，$\mu=-\left|\dfrac{\varepsilon}{\varepsilon'}\right|$

15. 长度、横截面面积相同的两杆，一杆为钢杆，另一杆为铜杆，在相同拉力作用下，下述结论正确的是（　　）。

(A) $\sigma_钢=\sigma_铜$，$\Delta l_钢<\Delta l_铜$

(B) $\sigma_钢=\sigma_铜$，$\Delta l_钢>\Delta l_铜$

(C) $\sigma_钢>\sigma_铜$，$\Delta l_钢<\Delta l_铜$

(D) $\sigma_钢<\sigma_铜$，$\Delta l_钢>\Delta l_铜$

16. 超静定杆系结构中，各杆受到拉力或压力的作用，杆所受的力大小与杆件的（　　）。

(A) 强度有关，强度高的杆受力大　　　　(B) 粗细有关，粗的杆受力大

(C) 刚度有关，刚度大的杆受力大　　　　(D) 长短有关，长的杆受力大

习题

2.1　空气泵操纵杆，右端受力 $P_1=8.5\text{kN}$，杆的尺寸如题 2.1 图所示，试求 1—1 截面的内力。

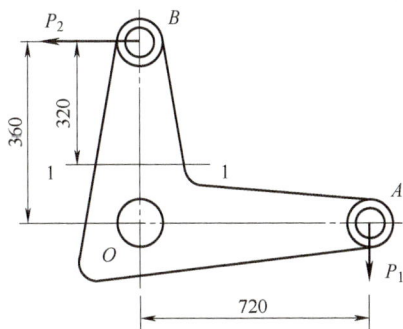

题 2.1 图

2.2　题 2.2 图所示拉伸试样上 A、B 两点的距离 l 为标距。受拉力作用后，用变形仪量出两点距离的增量为 $\Delta l=5\times10^{-2}\text{mm}$。若标距的原长为 $l=100\text{mm}$，试求 A、B 两点间的平均应变 ε_m。

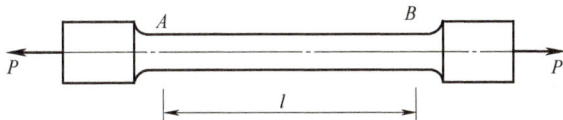

题 2.2 图

2.3　题 2.3 图所示三角形薄板因受外力作用而变形，角点 B 垂直向上的位移为 0.03mm，但 AB 和 BC 保持直线，试求沿 OB 的平均应变 ε_m，并求 AB、BC 两边在 B 点的角度改变。

2.4　圆形薄板的半径为 R，变形后 R 的增量为 ΔR。若 $R=80\text{mm}$，$\Delta R=3\times10^{-3}\text{mm}$，试求沿半径方向和

外圆圆周方向的平均应变。

2.5　题 2.5 图所示支架，$\theta = 45°$。在结点 A 上作用力 P。已知 AB、AC 杆的材料和截面尺寸均相同，且知横截面面积 $A = 200\text{mm}^2$，$[\sigma] = 160\text{MPa}$，试确定许可载荷 P 值。

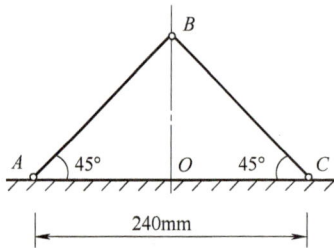

题 2.3 图

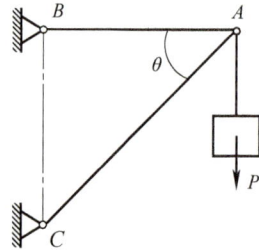

题 2.5 图

2.6　题 2.6 图所示结构中，Ⅰ、Ⅱ 两杆的横截面直径分别为 10mm 和 20mm，试求两杆内的应力。设两根横梁为刚体。

2.7　试求题 2.7 图桁架中指定杆①、②、③的横截面面积。已知 $P = 100\text{kN}$，各杆的许用应力为 $[\sigma] = 160\text{MPa}$，$[\tau] = 100\text{MPa}$。

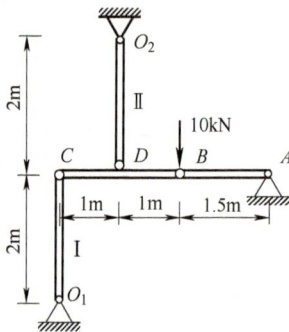

题 2.6 图

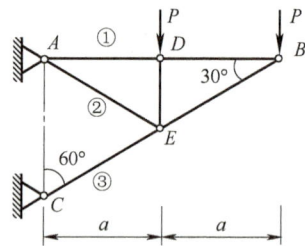

题 2.7 图

2.8　题 2.8 图所示为一悬臂结构的桁架，拉杆 AB 由钢材制成。已知其许用应力为 $[\sigma] = 170\text{MPa}$，此杆的横截面面积为 $A = 400\text{mm}^2$。试校核其强度。

2.9　题 2.9 图所示为一钢桁架，所有各杆都是由等边角钢组成。已知角钢材料为 Q235 钢，其许用应力为 $[\sigma] = 170\text{MPa}$，试为杆 AC 和杆 CD 选择所需角钢型号。

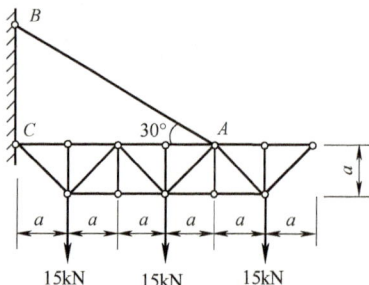

题 2.8 图

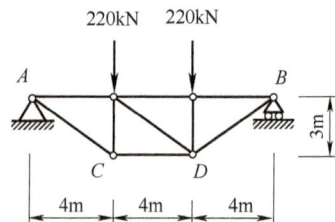

题 2.9 图

2.10　有一两端固定的水平钢丝如题 2.10 图中的虚线所示。已知钢丝横截面的直径为 $d = 1\text{mm}$，当在

钢丝中点 C 悬挂集中载荷 P 后，钢丝产生的应变达到 0.09%，钢丝的弹性模量 $E=200\text{GPa}$，试求：（1）钢丝内的应力多大？（2）钢丝在 C 点下降距离为多少？（3）此时载荷 P 的值是多少？

2.11　题 2.11 图所示简单杆系，设 AB 和 AC 的横截面直径分别为 $d_1=20\text{mm}$ 和 $d_2=24\text{mm}$，钢材的弹性模量 $E=200\text{GPa}$，载荷 $P=5\text{kN}$。试求点 A 在垂直方向的位移。

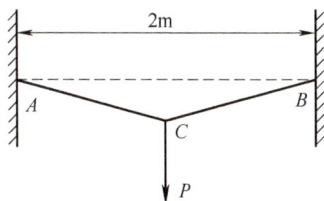
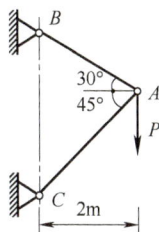

题 2.10 图　　　　　　　　　题 2.11 图

2.12　题 2.12 图所示结构中杆 I 为铜质材料，$A_1=20\text{cm}^2$，$E_1=100\text{GPa}$；杆 II 为钢质材料，$A_2=10\text{cm}^2$，$E_2=200\text{GPa}$，长度均为 $l_1=l_2=3\text{m}$。已知 $P=200\text{kN}$，横梁 AB 可视为刚体，并且可绕 O 轴转动，试求 I 、II 杆横截面上的正应力。

2.13　题 2.13 图所示阶梯钢杆，两段的横截面面积分别为 $A_1=1000\text{mm}^2$，$A_2=500\text{mm}^2$，在 $t_1=5℃$ 时将该杆的两端固定，试求当温度升高到 $t_2=25℃$ 时，在杆各段中的温度应力。已知钢材的线膨胀系数 $\alpha=12.5\times10^{-6}℃^{-1}$，钢材的弹性模量 $E=200\text{GPa}$。

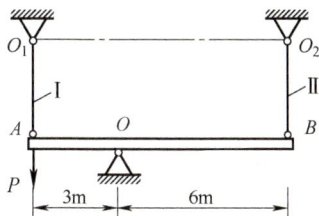
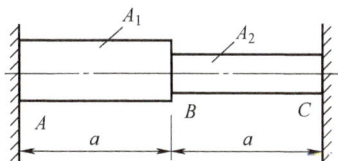

题 2.12 图　　　　　　　　　题 2.13 图

2.14　试画出题 2.14 图所示杆的轴力图。

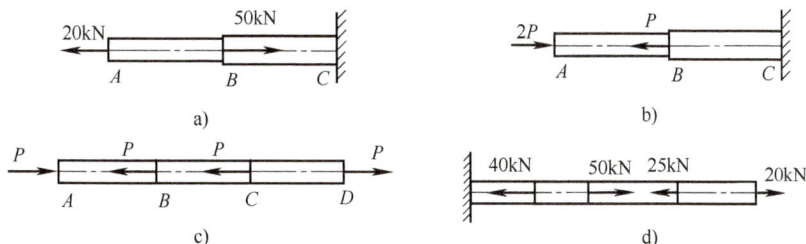

题 2.14 图

2.15　题 2.15 图所示中段开槽的板件，两端承受轴向载荷 P 作用，试计算截面 1—1 和 2—2 上的正应力。已知载荷 $P=14\text{kN}$，板宽 $b=20\text{mm}$，槽宽 $b_1=10\text{mm}$，板厚 $t=4\text{mm}$。

2.16　题 2.16 图所示的钳子，已知钳子销钉的直径 $d=5\text{mm}$，力 $P=200\text{N}$，铜丝直径 $d=5\text{mm}$，$a=30\text{mm}$，$b=150\text{mm}$，试求销钉 C 及铜丝 A 横截面上的平均剪应力。

2.17　题 2.17 图所示螺栓将拉杆与厚为 8mm 的两块盖板相连接。如果各零件材料相同，已知 $[\sigma]=80\text{MPa}$，$[\tau]=60\text{MPa}$，$[\sigma_{\text{bs}}]=160\text{MPa}$，拉杆厚为 $t=15\text{mm}$，拉力 $F=120\text{kN}$。试分别根据螺栓和拉杆的强

度设计螺栓直径及拉杆的宽度。

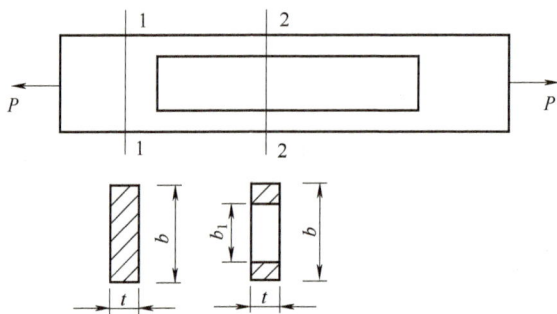

题 2.15 图

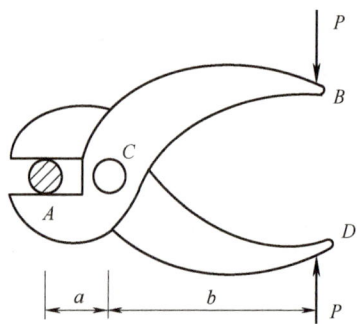

题 2.16 图

2.18 花键轴的截面尺寸如题 2.18 图所示。轴与轮毂的配合长度 $L=60$mm，靠花键轴侧面传递的力偶矩 $M=1.8$kN·m，若花键的许用挤压应力 $[\sigma_{bs}]=140$MPa，许用切应力 $[\tau]=50$MPa，试校核花键的剪切强度和挤压强度。

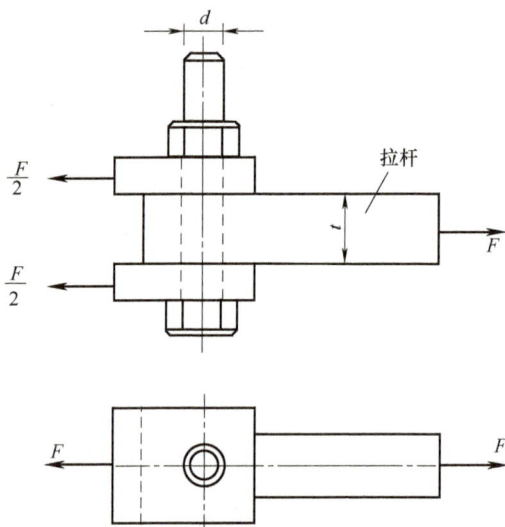

题 2.17 图

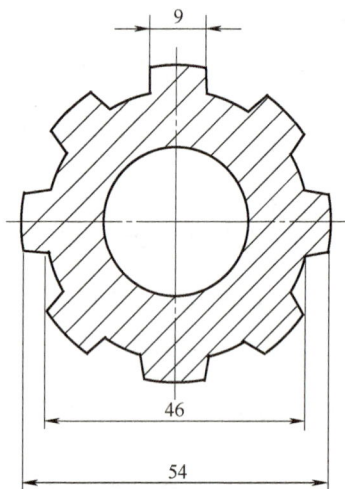

题 2.18 图

2.19 题 2.19 图所示两块钢板厚均为 $t=6$mm，用三个铆钉连接在一起，已知钢板受到拉力 $P=50$kN 作用，材料的许用应力为 $[\tau]=100$MPa，$[\sigma_{bs}]=280$MPa，试求铆钉直径 d。若利用直径 $d=12$mm 的铆钉，则铆钉数 n 应该是多少？

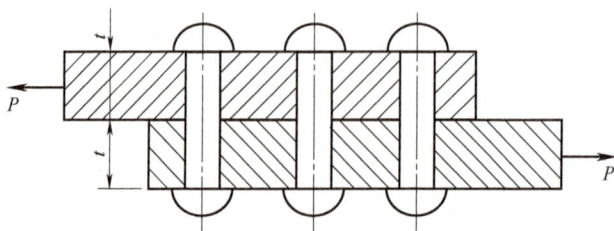

题 2.19 图

2.20　在厚度为 $t = 5\text{mm}$ 的钢板上，冲出一个形状如题 2.20 图所示的椭圆板，已知钢板抗剪强度极限为 $\tau_b = 300\text{MPa}$，试求冲压力 F。

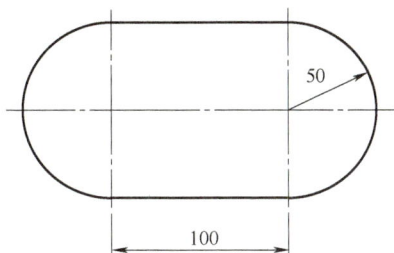

题 2.20 图

2.21　题 2.21 图所示两根矩形截面木拉杆用钢连接在一起。轴向拉力 $P = 40\text{kN}$，木杆截面宽度 $b = 200\text{mm}$，并有足够的强度，木材顺纹方向许用挤压应力为 $[\sigma_{bs}] = 8\text{MPa}$，顺纹方向许用切应力为 $[\tau] = 1\text{MPa}$，求接头处所需的尺寸和 δ。

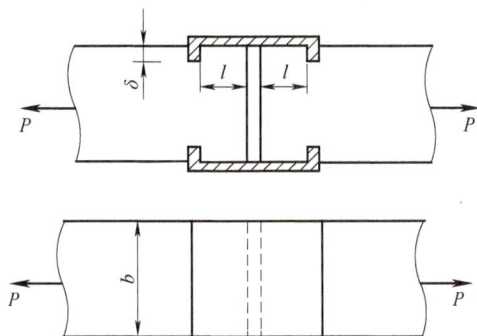

题 2.21 图

拉压杆内力

应力、拉压杆的应力及例题、圣维南原理

材料在拉伸时的力学性能

材料在压缩时的力学性能

拉压超静定及例题

温度应力、装配应力及例题

剪切和挤压的实用计算方法及例题

第 2 章习题解答

第 3 章
扭　　转

3.1　扭转的概念和实例

为了说明扭转变形的受力和变形特点，我们以汽车转向轴和旋具为例。如图 3-1a 所示汽车转向轴，上端受到由方向盘传来的力偶作用，下端则受到来自转向器的阻抗力偶作用。如图 3-1b 所示旋具在拧紧螺钉过程中的受力情况，通过手柄把力偶作用于旋具上端，下端则受到螺钉的阻抗力偶作用。这些实例都是构件两端受到一对大小相等、方向相反且作用面垂直于杆件轴线的两个力偶作用，致使构件各横截面绕轴线相对转动，这种变形称为扭转。以扭转变形为主的杆件称为轴。

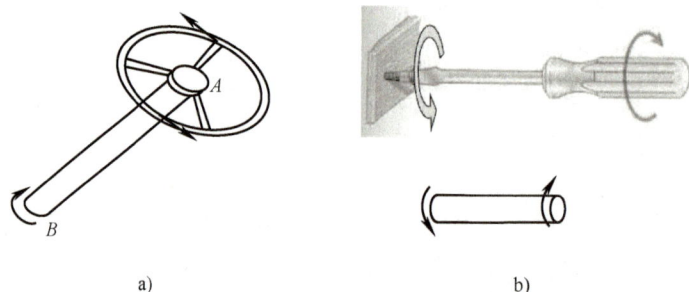

a)　　　　　　　　　　　　　b)

图　3-1

对于扭转变形，其变形特点是杆件的任意两个横截面产生相对转动。图 3-2 所示的圆轴，杆件受扭后右截面相对于左截面的转动角 φ 称为扭转角，也称为相对扭转角（扭转角都是相对的，表示一个截面相对于另一个截面转过的角度），而杆件纵向线的倾角 γ 称为剪切角（切应变）。工程实际中有许多构件，如汽车转向轴、攻丝用的丝锥、车床的光杆、搅拌机轴、汽车传动轴等，属于扭转变形。对于一些轴类构件，如电动机的主轴、水轮机主轴、机床传动轴等，除受扭转变形外还有弯曲变形，属于组合变形。

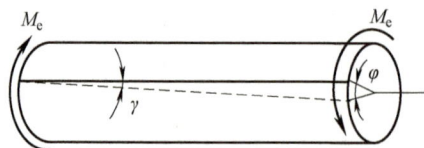

图　3-2

本章主要研究圆截面等直杆的扭转，这是工程中最常见的情况，也是扭转中最简单的问题。对于非圆截面的扭转，则只做简单介绍。

3.2 外力偶矩的计算·扭矩和扭矩图

在研究圆截面杆件扭转应力和扭转变形之前，先讨论作用于轴上的外力偶矩及横截面上的内力计算。作用于轴上的外力偶矩一般不直接给出，往往是给出轴所传递的功率及轴的转速。这时，我们可以利用功率的概念来计算外力偶矩。

图 3-3a 所示的传动轴，通过左轮输入 AB 轴的功率为 P（单位为 kW），再经右轮输送出去。左右轮通过力偶矩 M_e 作用于传动轴 AB（见图 3-3b），设传动轴的转速为 n（单位为 r/min），则 M_e 在每秒时间内完成的功应为 $\frac{2\pi n}{60} \times M_e$。因为 M_e 在每秒内所做的功也就是左右轮输入或输出的功率，因而有

$$\frac{2\pi n}{60} \times M_e = P \times 1000$$

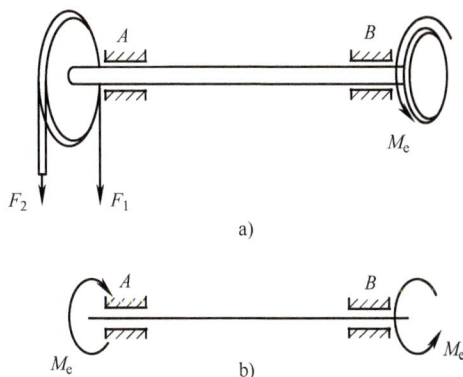

图　3-3

由此得到外力偶矩的计算公式为

$$M_e = 9549 \frac{P}{n} \tag{3-1}$$

注意，式（3-1）中功率 P 的单位为 kW，传动轴转速 n 的单位是 r/min，外力偶矩 M_e 的单位是 N·m。若轴所传递的功率 P 用马力表示，则相应的外力偶矩计算公式改写为 $M_e = 7024 \frac{P}{n}$。

例 3.1　若图 3-3 中传动轴左右轮输入输出的功率 $P = 20$kW，传动轴的转速 $n = 300$r/min，求两轮传递的外力偶矩 M_e。

解：由式（3-1），可得两轮作用的外力偶矩为

$$M_e = 9549 \frac{P}{n} = 9549 \times \frac{20}{300} \text{N·m} = 637 \text{N·m}$$

在作用于轴上的外力偶矩求出后，即可用截面法研究横截面上的内力，扭转时轴横截面上的内力偶

矩称为扭矩。和拉伸与压缩内力求解相似,用截面法求扭矩的步骤如下:(1)在欲求内力的截面处,用一个假想截面将轴截断;(2)取其中的一部分为研究对象,进行受力分析,并用内力代替丢掉部分对保留部分的作用;(3)由平衡方程求出内力。

现以图 3-4a 所示圆杆为例,并用一个截面 n—n 假想地将圆杆截断,并取部分 Ⅰ 作为研究对象(见图 3-4b),进行受力分析,其中内力偶矩 T 代表部分 Ⅱ 对部分 Ⅰ 的作用。列平衡方程,有

$$\sum M_{xi} = 0, \quad T - M_e = 0$$

解得

$$T = M_e$$

T 称为 n—n 截面上的扭矩,它是 Ⅰ、Ⅱ 两部分在 n—n 截面上相互作用的分布内力系的合力偶矩。

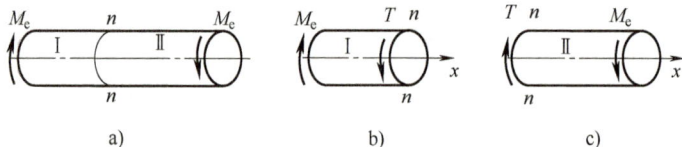

a)   b)   c)

图   3-4

如果取部分 Ⅱ 为研究对象(见图 3-4c),仍可以求得 $T = M_e$ 的结果,其方向则与用部分 Ⅰ 求出的扭矩相反。无论部分 Ⅰ 还是部分 Ⅱ 求出的扭矩 T 都是同一截面的内力,要求数值相等且符号相同。由于两个不同部分的扭矩转向必定是相反的,为了统一它们符号,这里将扭矩 T 的符号规定如下:自截面的外向法线向截面看,逆时针转动为正,顺时针转动为负。或按右手螺旋法则把 T 认为是矢量,当矢量方向与截面的外法线方向一致时,T 为正,反之为负。

当圆杆受到多个外力偶矩作用时,不同区段截面上的扭矩也将不同。与拉压问题中轴力图一样,可用图线表示各横截面的扭矩沿轴线变化的情况。以横坐标表示各横截面的位置,纵坐标表示相应的横截面的扭矩,这种图线称为扭矩图。下面用例题说明横截面上扭矩的计算和扭矩图的绘制。

例3.2 传动轴 AD 如图 3-5a 所示,受外力偶矩 M_{e1}、M_{e2}、M_{e3} 和 M_{e4} 的作用。设 $M_{e3} = M_{e1} + M_{e2} + M_{e4}$,求截面 1—1、2—2 和 3—3 上的扭矩,并画出传动轴的扭矩图。

解: 假想在截面 1—1 处将轴截断,取截面左侧为研究对象,受力如图 3-5b 所示。列平衡方程

$$\sum M_{xi} = 0, \quad T_1 - M_{e1} = 0$$

解得 $T_1 = M_{e1}$。

假想在截面 2—2 处将轴截开,取截面左侧为研究对象,受力分析如图 3-5c 所示。列平衡方程

$$\sum M_{xi} = 0, \quad T_2 - M_{e1} - M_{e2} = 0$$

解得 $T_2 = M_{e1} + M_{e2}$。

假想在截面 3—3 处将轴截开,取截面右侧为研究对象,受力分析如图 3-5d 所示。列平衡方程

$$\sum M_{xi} = 0, \quad -T_3 - M_{e4} = 0$$

解得 $T_3 = -M_{e4}$。

由各截面的扭矩值,画出该轴的扭矩图如图 3-5e 所示。

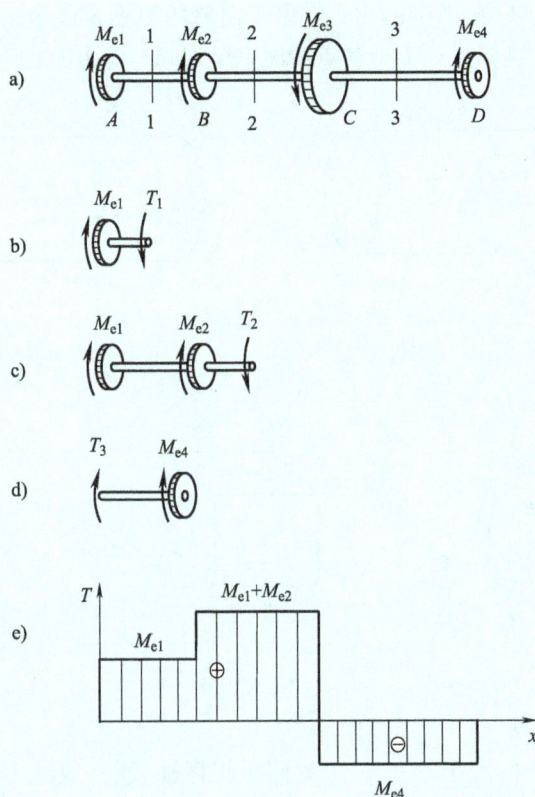

图 3-5

3.3 纯剪切

在分析圆杆扭转的应力和变形之前，我们先分析薄壁圆筒扭转时的切应力分布，并得到剪切胡克定律。

3.3.1 薄壁圆筒扭转时的切应力

图 3-6a 所示为一等厚薄壁圆筒，扭转前在圆筒表面上用圆周线和纵向线画成方格。扭转后可以看到下列现象（见图 3-6b）：

（1）在小变形情况下，所有纵向线都倾斜了一个相同的微小角度 γ，变为平行直线。

（2）所有圆周线都不同程度地绕杆轴转了一个角度，但仍保持为圆形，且仍在原来的平面内。

（3）变形前圆筒表面上的矩形网格，变形后变为平行四边形网格。

根据以上的变形现象，我们可以提出圆截面杆扭转的平面假设：变形前为平面的横截面变形后仍保持为平面，只是该平面绕轴线做定轴转动。扭转变形后由于截面 q—q 对截面 p—p 的相对转动，使方格的左、右两边发生相对错动，但圆筒沿轴线及周线的长度都没有变化。这表明，圆筒横截面和包含轴线的纵向截面上都没有正应力，只有切应力 τ。横截面上的切应

力 τ，组成与外加力偶矩 M_e 相平衡的力系。由于筒壁的厚度 δ 很小，可以认为沿筒壁厚度切应力是均匀分布的。又因在同一圆周上各点情况完全相同，应力的数值也就相同（见图 3-6c）。

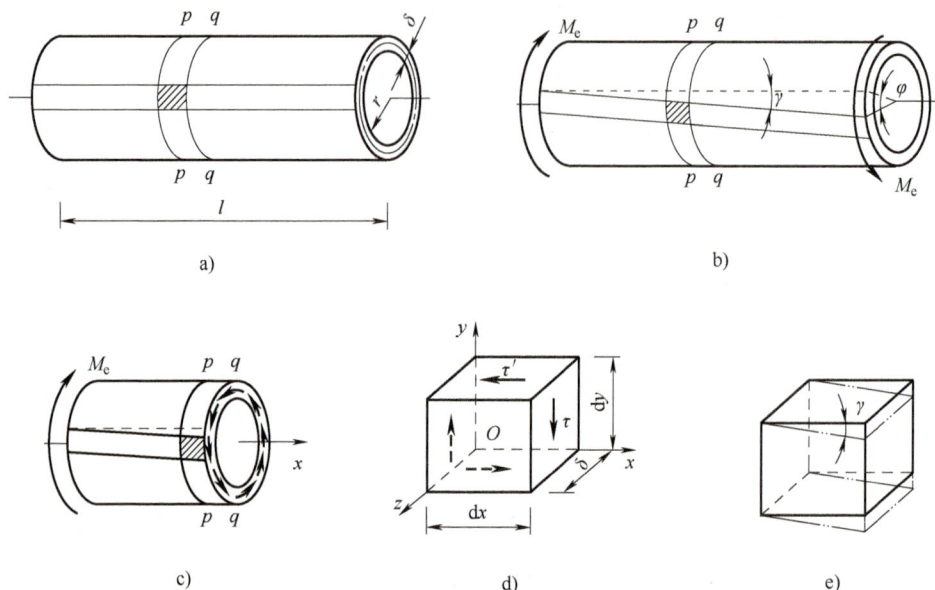

图　3-6

下面来计算切应力 τ 的大小。在 q—q 处假想将杆轴截断，取截面左半部分为研究对象，受力分析如图 3-6c 所示。列平衡方程

$$\sum M_{xi} = 0, \quad T - M_e = 0$$

式中，$T = \int_A \tau \mathrm{d}A \cdot r = \int_0^{2\pi} \tau r^2 \mathrm{d}\alpha \cdot \delta = 2\pi r^2 \delta \cdot \tau$，解得

$$\tau = \frac{M_e}{2\pi r^2 \delta} \tag{3-2}$$

3.3.2　切应力互等定理

用相邻的两个横截面和两个纵向面，从圆筒中取出一个微小的单元体，长度分别为 $\mathrm{d}x$、$\mathrm{d}y$，δ，其上的受力分布为如图 3-6d 所示。单元体的左、右两侧面是圆筒横截面的一部分，所以只有切应力而无正应力。两个面上的切应力可由式（3-2）计算，数值相等但方向相反。于是组成一个力偶矩为 $(\tau\delta\mathrm{d}y)\mathrm{d}x$ 的力偶。为了保持单元体的平衡，单元体的上、下侧面上必定有切应力，并组成力偶与力偶矩 $(\tau\delta\mathrm{d}y)\mathrm{d}x$ 相平衡。由 $\sum F_{xi} = 0$ 可知，上、下侧面上存在大小相等、方向相反的切应力 τ'，于是组成力偶矩为 $(\tau'\delta\mathrm{d}x)\mathrm{d}y$ 的力偶。于是由平衡方程 $\sum M_{zi} = 0$，得

$$(\tau'\delta\mathrm{d}x)\mathrm{d}y - (\tau\delta\mathrm{d}y)\mathrm{d}x = 0$$

即有

$$\tau = \tau' \tag{a}$$

式（a）表明，在相互垂直的两个平面上，切应力必然成对存在，且数值相等；两者都垂直

于两个平面交线，方向同时指向或背离这一交线，这就是切应力互等定理，亦称切应力双生定理，该定理具有普遍性，对正应力和切应力同时作用的单元体亦成立。

3.3.3 切应变和剪切胡克定律

在上述单元体的上、下、左、右四个侧面上，只有切应力而无正应力，这种情况称为纯剪切。纯剪切单元体左右两侧面将发生微小的相对错动（见图 3-6e），使原来互相垂直的两条棱边之间的夹角改变了一个微量 γ，这正是由式（1-3）定义的切应变。从图 3-6b 可以看出，γ 也就是薄壁圆筒表面纵向线变形后的倾角。设杆轴的长度为 l，很容易看出扭转角 φ 与切应变 γ 之间的关系为

$$\gamma = \frac{r\varphi}{l} \tag{b}$$

利用薄壁圆筒的扭转，可以实现纯剪切实验。实验结果表明，切应力低于材料的剪切比例极限时，扭转角 φ 与扭转力偶矩 M_e 成正比。利用式（b）可以推断，切应变与扭转力偶矩 M_e 也成正比。由式（3-2）可知切应力 τ 与 M_e 成正比。由此得出结论：切应力不超过材料的剪切比例极限时，切应力 τ 与切应变 γ 成正比，这就是剪切胡克定律，可以写成

$$\tau = G\gamma \tag{3-3}$$

式中，G 称为材料的剪切弹性模量（切变模量）。因切应变 γ 量纲为一，G 的量纲与 τ 相同。钢材的剪切弹性模量 G 值约为 80GPa。

至此，我们已经引用了三个弹性常数，即拉压弹性模量 E、泊松比 μ 和剪切弹性模量 G。对于各向同性材料，可以证明三个弹性常数之间存在下列关系：

$$G = \frac{E}{2(1+\mu)} \tag{3-4}$$

可见，三个弹性常数并不是独立的，只要知道其中任意两个，另一个即可由式（3-4）确定。

3.3.4 剪切应变能

对于如图 3-7a 所示的微小的单元体，三边的长分别为 dx、dy、dz，仅受切应力作用。单元体切应力达到 τ 时，其切应变为 γ。此时假设单元体的左侧面固定，则右侧面由于剪切变形向下错动的距离为 γdx。

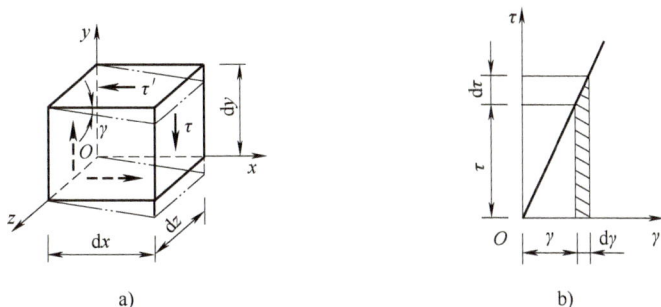

图 3-7

切应力增加 $d\tau$，切应变也相应地增加 $d\gamma$（见图 3-7b），则右侧面向下位移的增量为 $d\gamma dx$。剪力 $\tau dydz$ 在位移 $d\gamma dx$ 上完成的功应为 $\tau dydz \cdot d\gamma dx$。在切应力由零开始逐步增加到 τ（相应切应变为 γ）过程中，右侧面上剪力 $\tau dydz$ 对单元体做的总功为

$$dW = \int_0^\gamma \tau dxdz \cdot dxd\gamma = \left(\int_0^\gamma \tau \cdot d\gamma \right) dV$$

式中，$dV = dxdydz$ 是单元的体积。根据功能原理，dW 等于单元体内储存的应变能 dV_ε，故

$$dV_\varepsilon = dW = \left(\int_0^\gamma \tau \cdot d\gamma \right) dV$$

以 dV 除 dV_ε，可得单位体积的剪切应变能为

$$v_\varepsilon = \frac{dV_\varepsilon}{dV} = \int_0^\gamma \tau \cdot d\gamma \tag{3-5}$$

这表明，v_ε 等于 τ-γ 曲线下的面积，称为应变能密度。在切应力不超过材料的剪切比例极限时，切应力 τ 与切应变 γ 关系为斜直线，此时

$$v_\varepsilon = \frac{1}{2}\tau\gamma$$

由剪切胡克定律，$\tau = G\gamma$，上式可以写成

$$v_\varepsilon = \frac{1}{2}\tau\gamma = \frac{1}{2}G\gamma^2 = \frac{\tau^2}{2G} \tag{3-6}$$

3.4 圆轴扭转时的应力

分析圆轴扭转的应力，需要综合研究几何、物理和静力三方面的关系。因此，圆轴扭转时应力的计算问题实质是一个超静定问题。

为了便于观察圆轴扭转时的变形，与薄壁圆筒一样，扭转前在圆轴表面上作圆周线和纵向线（见图 3-8a）。圆轴在一对外力偶矩 M_e 作用下发生与薄壁圆筒扭转时相似的变形现象，即各圆周线绕轴线相对旋转了一个角度，但大小、形状以及相邻圆周线间的距离均不变。在小变形情况下，纵向线都倾斜了一个相同的微小角度，变为平行直线。变形前表面上的矩形网格，变形后变为平行四边形网格。

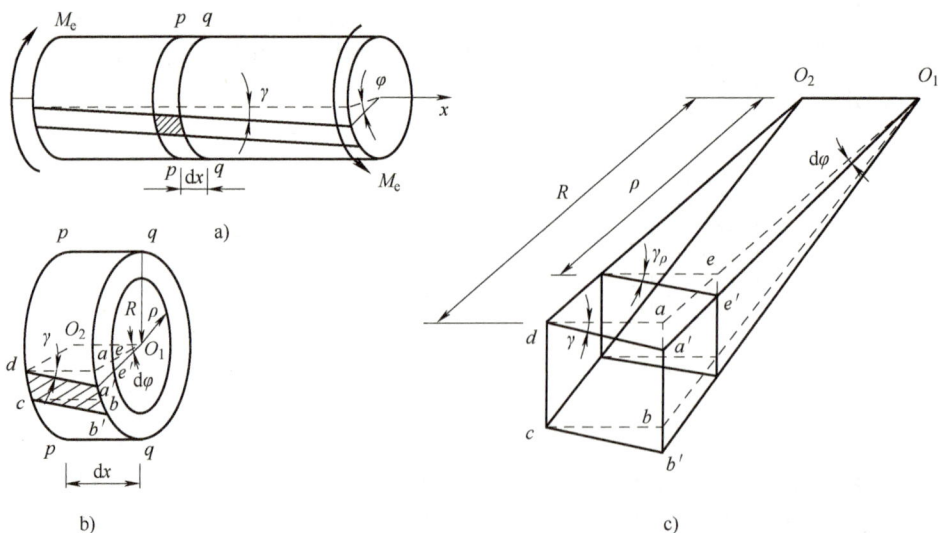

图 3-8

根据以上观察到的现象，做下述基本假设：圆轴扭转变形前原为平面的横截面，变形后仍保持为平面，形状和大小不变，且相邻两截面间的距离不变，这就是圆轴扭转的平面假设。根据这一假设，扭转变形中，圆轴横截面只是像刚性圆片一样绕杆轴转过了一个角度。由平面假设，根据几何方程、物理方程、静力关系可以推导出圆轴扭转时横截面上切应力计算公式。

1. 几何方程

在图 3-8a 中，φ 表示圆轴扭转时两端截面的相对转角，称为扭转角。扭转角一般用弧度表示。从圆轴中取出长度为 $\mathrm{d}x$ 的微段，如图 3-8b 所示。由于所截取的微段长度 $\mathrm{d}x$ 微小，故扭转所引起两端截面的相对转角 $\mathrm{d}\varphi$ 也微小。根据平面假设，截面 q—q 像刚性平面一样，相对于截面 p—p 绕轴线旋转了一个角度 $\mathrm{d}\varphi$，半径 O_1a 转到 O_1a'。于是表面的矩形 $abcd$ 其 ab 边相对于 dc 边发生了微小的错动，错动的距离为

$$\overline{aa'} = R\mathrm{d}\varphi$$

因而引起原为直角的 $\angle adc$ 角度发生改变，改变量为

$$\gamma = \frac{\overline{aa'}}{\overline{ad}} = R\frac{\mathrm{d}\varphi}{\mathrm{d}x} \tag{a}$$

式中，$\dfrac{\mathrm{d}\varphi}{\mathrm{d}x}$ 为扭转角沿杆长的变化率（或称圆轴单位长度的扭转角），可用 θ 表示，于是有 $\gamma = R\theta$。这就是圆截面边缘 d 点的切应变，由于圆轴外表面的变形程度相同，因此，a 点的切应变也为 $\gamma = R\theta$。显然，γ 发生在垂直于半径 O_1a 平面内。值得一提的是，对于一个给定的截面来说，θ 表示整个截面的扭转特性，与截面上各点位置无关。

在图 3-8b 中，分别过 da 和 cb 作通过轴线的两个截面，得到一个如图 3-8c 所示的楔形体。分析楔形体的变形。根据扭转变形的平截面假设，扭转变形后半径 O_1a 绕 O_1 点旋转角度 $\mathrm{d}\varphi$ 到 O_1a'。用相同的方法，如图 3-8c 所示，可以求得距圆心为 ρ 处的切应变

$$\gamma_\rho = \rho\frac{\mathrm{d}\varphi}{\mathrm{d}x} = \rho\theta \tag{b}$$

式（b）称为扭转变形的几何方程，表明横截面上任意一点的切应变与该点到圆心的距离 ρ 成正比。γ_ρ 也发生于垂直于半径的平面内。

2. 物理方程

以 τ_ρ 表示横截面上距圆心为 ρ 处的切应力，由剪切胡克定律可知

$$\tau_\rho = G\gamma_\rho \tag{c}$$

将式（b）代入式（c），有

$$\tau_\rho = G\rho\theta \tag{d}$$

式（d）称为物理方程。这表明，横截面上任意点的切应力 τ_ρ 与该点到圆心的距离 ρ 成正比。因为 γ_ρ 发生于垂直于半径的平面内，所以 τ_ρ 也垂直于半径。

3. 静力关系

假想把整个横截面分成无数个微小的面积 $\mathrm{d}A$，由于扭转时横截面上任一点切应力垂直于半径，每个微元面积 $\mathrm{d}A$ 上的微元内力 $\tau_\rho\mathrm{d}A$ 对圆心的力矩为 $\rho \cdot \tau_\rho\mathrm{d}A$（见图 3-9）。积分得到横截面上的内力系对圆心的合力矩，根据扭矩的定义，这个合力矩即为截面

的扭矩，即

$$T = \int_A \rho \tau_\rho \mathrm{d}A \qquad\qquad (e)$$

考虑圆轴左半部分的平衡，横截面上的扭矩 T 应与截面左侧的外力偶矩相平衡，亦即 T 可由截面左侧（或右侧）的外力偶矩来计算。将式（d）代入式（e），并注意到给定截面上的 θ 为常量，于是有

$$T = \int_A \rho \tau_\rho \mathrm{d}A = G\theta \int_A \rho^2 \mathrm{d}A \qquad\qquad (f)$$

引入 $I_\mathrm{P} = \int_A \rho^2 \mathrm{d}A$，称为截面对于圆心的极惯性矩（截面二次极矩），则有

$$\theta = \frac{T}{GI_\mathrm{P}} \qquad\qquad (3\text{-}7)$$

将求得的 θ 代入式（d），可得

$$\tau_\rho = G\rho\theta = \frac{T\rho}{I_\mathrm{P}} \qquad\qquad (3\text{-}8)$$

由式（3-8）可见，截面上各点切应力与该点到圆心的距离成正比。当 $\rho = R$ 时，切应力达到最大值，即

$$\tau_{\max} = \tau_R = \frac{TR}{I_\mathrm{P}} \qquad\qquad (g)$$

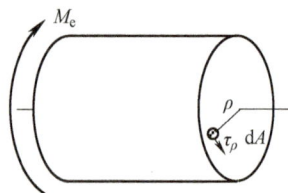

图 3-9

引入 $W_\mathrm{t} = \dfrac{I_\mathrm{P}}{R}$，称为圆轴的抗扭截面系数，式（g）可改写为

$$\tau_{\max} = \frac{T}{W_\mathrm{t}} \qquad\qquad (3\text{-}9)$$

以上各式是以平面假设为基础导出的。试验结果表明，只有对横截面不变、轴线为直线的圆杆，平面假设才是正确的。所以这些公式只适用于等直圆轴。对圆截面沿轴线变化的小锥度锥形杆，也可近似地用这些公式计算。此外，由于以上各式使用了剪切胡克定律，因而只适用于 $\tau_{\max}$ 小于剪切比例极限的情况。

对于实心圆轴，截面对于圆心的极惯性矩和抗扭截面系数分别为

$$I_\mathrm{P} = \int_A \rho^2 \mathrm{d}A = \int_0^{2\pi} \int_0^R \rho^3 \mathrm{d}\rho \mathrm{d}\theta = \frac{\pi R^4}{2} = \frac{\pi D^4}{32} \qquad\qquad (3\text{-}10)$$

$$W_\mathrm{t} = \frac{I_\mathrm{P}}{R} = \frac{\pi R^3}{2} = \frac{\pi D^3}{16} \qquad\qquad (3\text{-}11)$$

式（3-10）和式（3-11）中 D 为圆截面的直径，R 为半径。

对于空心圆轴，截面对于圆心的极惯性矩和抗扭截面系数分别为

$$I_\mathrm{P} = \int_A \rho^2 \mathrm{d}A = \int_0^{2\pi} \int_{d/2}^{D/2} \rho^3 \mathrm{d}\rho \mathrm{d}\theta = \frac{\pi}{32}(D^4 - d^4) = \frac{\pi D^4}{32}(1 - \alpha^4) \qquad (3\text{-}12)$$

$$W_\mathrm{t} = \frac{I_\mathrm{P}}{R} = \frac{\pi D^3}{16}(1 - \alpha^4) \qquad\qquad (3\text{-}13)$$

式（3-12）和式（3-13）中 D 和 d 分别为空心圆截面的外径和内径，R 为外半径，$\alpha = d/D$ 为内外径之比。

为了保证圆轴扭转时不会因强度不足而破坏，必须限制最大切应力不得超过材料的许用切应力 $[\tau]$。根据轴的受力情况或扭矩图，求出最大的扭矩 $T_{\max}$，对等截面杆，按式（3-9）求出最大切应力 $\tau_{\max}$。强度条件为

$$\tau_{\max}=\frac{T_{\max}}{W_t}\leqslant[\tau] \tag{3-14}$$

对于变截面杆，如阶梯轴、圆锥形杆等，抗扭截面系数不是常数。这时要综合考虑 T 和 W_t，寻求 $\dfrac{T}{W_t}$ 的极值，强度条件为 $\tau_{\max}=\left(\dfrac{T}{W_t}\right)_{\max}\leqslant[\tau]$。利用强度条件可以解决三个方面的问题：（1）强度校核；（2）设计截面尺寸；（3）确定许用载荷。

例 3.3　图 3-10a 所示圆杆受外力作用，已知圆杆截面 A、B、C、D 上传递功率分别为 $P_A=15\text{kW}$，$P_B=30\text{kW}$，$P_C=10\text{kW}$，$P_D=5\text{kW}$，转速为 $n=500\text{r/min}$，许用切应力 $[\tau]=40\text{MPa}$，试设计圆杆直径。

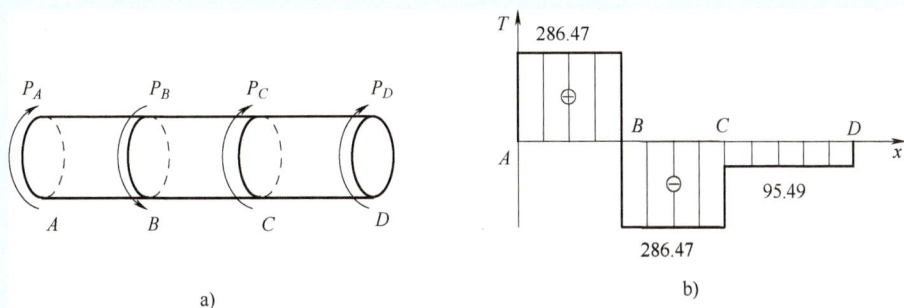

图　3-10

解： 利用式（3-1），计算作用于截面 A、B、C、D 上的外力偶矩，即

$$M_A=9549\frac{P_A}{n}=9549\times\frac{15}{500}\text{N}\cdot\text{m}=286.47\text{N}\cdot\text{m}$$

$$M_B=9549\frac{P_B}{n}=9549\times\frac{30}{500}\text{N}\cdot\text{m}=572.94\text{N}\cdot\text{m}$$

$$M_C=9549\frac{P_C}{n}=9549\times\frac{10}{500}\text{N}\cdot\text{m}=190.98\text{N}\cdot\text{m}$$

$$M_D=9549\frac{P_D}{n}=9549\times\frac{5}{500}\text{N}\cdot\text{m}=95.49\text{N}\cdot\text{m}$$

根据圆杆所受的外力偶矩，用截面法分别求出 AB、BC、CD 三段的扭矩，将扭矩沿轴线变化的情况，用扭矩图 3-10b 表示出来。从扭矩图可以看出，最大的扭矩 $T_{\max}=286.47\text{N}\cdot\text{m}$。

根据强度条件

$$\tau_{\max}=\frac{T_{\max}}{W_t}=\frac{16T_{\max}}{\pi d^3}\leqslant[\tau]$$

可计算满足扭转强度要求的圆杆直径

$$d\geqslant\sqrt[3]{\frac{16T_{\max}}{\pi[\tau]}}=\sqrt[3]{\frac{16\times286.47\text{N}\cdot\text{m}}{3.14\times40\times10^6\text{Pa}}}=33.2\times10^{-3}\text{m}=33.2\text{mm}$$

例 3.4　阶梯圆截面轴受力如图 3-11a 所示。已知轴的大端直径 $d_1=60\text{mm}$，小端直径 $d_2=40\text{mm}$，材料的许用切应力 $[\tau]=100\text{MPa}$，试校核阶梯圆截面轴的强度。

61

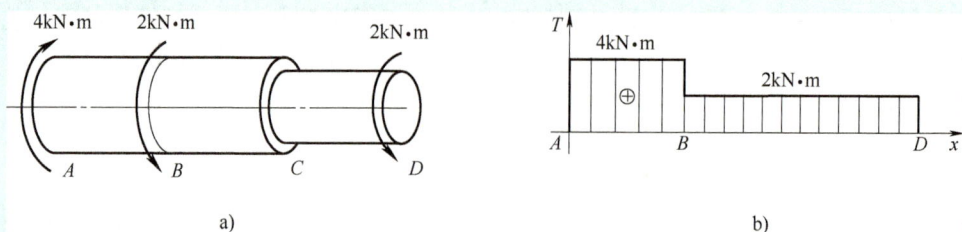

图 3-11

解： 根据阶梯圆截面轴的受力情况，用截面法求出不同截面的扭矩，并画出该圆截面轴的扭矩图如图 3-11b 所示。

根据阶梯轴的截面尺寸，阶梯轴大端和小端的抗扭截面系数分别为

$$W_{t1} = \frac{\pi d_1^3}{16} = \frac{3.14 \times 60^3 \times 10^{-9}}{16} \text{m}^3 = 42.4 \times 10^{-6} \text{m}^3$$

$$W_{t2} = \frac{\pi d_2^3}{16} = \frac{3.14 \times 40^3 \times 10^{-9}}{16} \text{m}^3 = 12.56 \times 10^{-6} \text{m}^3$$

根据阶梯圆截面轴尺寸和扭矩图，分别计算 AB、BC 和 CD 三段的切应力，即

$$\tau_1 = \frac{T_1}{W_{t1}} = \frac{4 \times 10^3 \text{N} \cdot \text{m}}{42.4 \times 10^{-6} \text{m}^3} = 94.3 \text{MPa}$$

$$\tau_2 = \frac{T_2}{W_{t1}} = \frac{2 \times 10^3 \text{N} \cdot \text{m}}{42.4 \times 10^{-6} \text{m}^3} = 47.17 \text{MPa}$$

$$\tau_3 = \frac{T_3}{W_{t2}} = \frac{2 \times 10^3 \text{N} \cdot \text{m}}{12.56 \times 10^{-6} \text{m}^3} = 159.23 \text{MPa}$$

轴的最大切应力为

$$\tau_{max} = \tau_3 = 159.23 \text{MPa} > [\tau] = 100 \text{MPa}$$

所以阶梯圆截面轴强度不足。

例 3.5 横截面面积相等的两根圆轴，一根为实心，许用切应力为 $[\tau_1] = 80 \text{MPa}$。另一根为空心，内外直径比 $\alpha = 0.6$，许用切应力为 $[\tau_2] = 50 \text{MPa}$。若仅从强度条件考虑，试问哪一根圆轴能承受较大的扭矩？

解： 设实心圆轴直径为 D_1，空心圆轴外径为 D_2。由于两根圆轴横截面面积相等，D_1 和 D_2 满足以下关系：

$$\frac{\pi D_1^2}{4} = \frac{\pi D_2^2}{4}(1 - \alpha^2)$$

将 $\alpha = 0.6$ 代入上式，解得 $D_1 = 0.8 D_2$。

当实心圆轴的最大切应力达到 $[\tau_1]$，空心圆轴的最大切应力达到 $[\tau_2]$ 时，两轴的许可扭矩分别为

$$T_1 = W_{t1}[\tau_1] = \frac{\pi D_1^3}{16}[\tau_1], \quad T_2 = W_{t2}[\tau_2] = \frac{\pi D_2^3(1 - \alpha^4)}{16}[\tau_2]$$

两轴的许可扭矩之比为

$$\frac{T_1}{T_2} = \frac{\dfrac{\pi D_1^3}{16}[\tau_1]}{\dfrac{\pi D_2^3}{16}(1 - \alpha^4)[\tau_2]} = \frac{D_1^3 \times 80}{D_2^3(1 - \alpha^4) \times 50} = \frac{8 \times 0.8^3}{5 \times (1 - 0.6^4)} = 0.9412$$

说明空心圆轴能承受较大的扭矩。

3.5 　圆轴扭转时的变形

扭转变形的特征是杆件不同横截面绕轴线产生相对转动，两个横截面绕轴线的相对转角亦即扭转角。由式（3-7），得

$$\mathrm{d}\varphi=\frac{T}{GI_{\mathrm{P}}}\mathrm{d}x \tag{a}$$

$\mathrm{d}\varphi$ 表示相距为 $\mathrm{d}x$ 的两个横截面的相对转角（见图 3-8b）。对式（a）积分，可得距离为 l 的两个横截面的相对转角为

$$\varphi=\int_{0}^{l}\frac{T}{GI_{\mathrm{P}}}\mathrm{d}x \tag{b}$$

若相距为 l 的两个横截面之间扭矩 T 不变，且圆轴为等直杆，式（b）中被积函数 $\dfrac{T}{GI_{\mathrm{P}}}$ 为常量。例如，只在等直圆杆的两端作用扭转力偶时，就是这种情况。此时式（b）化为

$$\varphi=\frac{Tl}{GI_{\mathrm{P}}} \tag{3-15}$$

式（3-15）为等直圆轴扭矩不变时，相距为 l 的两个横截面之间的扭转角计算公式。式（3-15）表明，GI_{P} 越大，则扭转角 φ 越小，所以 GI_{P} 反映了圆轴抵抗扭转变形的能力，故称 GI_{P} 为圆轴的抗扭刚度。

当轴在各段内的扭矩 T 并不相同，或者各段内的 I_{P} 不同时，如阶梯轴，则应该分段计算各段的扭转角，然后将各段轴的扭转角代数相加，得到整段轴的扭转角，即

$$\varphi=\sum\frac{T_{i}l_{i}}{GI_{\mathrm{P}i}} \tag{c}$$

轴类零件除应满足强度要求外，还要求轴不能产生过大的扭转变形。例如，若车床丝杠扭转角过大，会影响车刀进给，降低螺纹加工精度；机床的主轴，若扭转变形过大，会引起剧烈的振动，影响加工工件的质量；发动机的凸轮轴扭转角过大，会影响气阀开关时间。因此，要对轴的扭转变形有所限制。

式（3-15）表示的扭转角与轴的长度 l 有关，为了消除长度的影响，用单位长度的扭转角 θ 表示扭转变形的程度。扭转刚度条件就是限定 θ 的最大值不得超过规定的允许值 $[\theta]$，即

$$\theta_{\max}=\frac{T_{\max}}{GI_{\mathrm{P}}}\leqslant[\theta] \tag{3-16}$$

式中，许用单位长度扭转角 $[\theta]$ 的单位为 $\mathrm{rad/m}$。工程中，习惯用 $(°)/\mathrm{m}$ 作为 $[\theta]$ 单位。把式（3-16）中的弧度换算成度，得

$$\theta_{\max}=\frac{T_{\max}}{GI_{\mathrm{P}}}\times\frac{180°}{\pi}\leqslant[\theta] \tag{3-17}$$

各种轴类零件的许用单位长度扭转角 $[\theta]$ 可从机械设计手册中查找。根据这个刚度条件，即式（3-17）可以解决三方面问题：（1）校核刚度；（2）设计截面尺寸；（3）确定许可载荷。

例 3.6 汽车传动轴转动时受到的扭转力偶矩 $M_{\mathrm{e}}=1.6\mathrm{kN\cdot m}$，轴由无缝钢管制成，外径 $D=90\mathrm{mm}$，内径 $d=84\mathrm{mm}$。已知许用应力 $[\tau]=60\mathrm{MPa}$，许用单位长度扭转角 $[\theta]=0.026\mathrm{rad/m}$，材料的切变模量 $G=80\mathrm{GPa}$，试校核该轴强度和刚度。

解：轴的扭矩等于外力偶矩，即

$$T = M_e = 1.6 \text{kN} \cdot \text{m}$$

空心圆轴的抗扭截面系数 W_t 为

$$W_t = \frac{\pi D^3}{16}(1-\alpha^4) = \frac{\pi \times 0.09^3}{16} \times \left[1-\left(\frac{0.084}{0.09}\right)^4\right] \text{m}^3 = 34.5 \times 10^{-6} \text{m}^3$$

轴的最大切应力 τ_{max} 为

$$\tau_{max} = \frac{T}{W_t} = \frac{1.6 \times 10^3 \text{N} \cdot \text{m}}{34.5 \times 10^{-6} \text{m}^3} = 46.4 \text{MPa} < [\tau] = 60 \text{MPa}$$

故该轴的扭转强度足够。

轴的横截面对圆心的极惯性矩

$$I_P = \frac{\pi D^4}{32}(1-\alpha^4) = \frac{\pi \times 0.09^4}{32} \times \left[1-\left(\frac{0.084}{0.09}\right)^4\right] \text{m}^4 = 1.55 \times 10^{-6} \text{m}^4$$

有

$$\theta_{max} = \frac{T}{GI_P} = \frac{1.6 \times 10^3 \text{N} \cdot \text{m}}{80 \times 10^9 \text{Pa} \times 1.55 \times 10^{-6} \text{m}^4} = 0.0129 \text{rad/m} \leqslant [\theta] = 0.026 \text{rad/m}$$

故该轴的刚度足够。

例 3.7　阶梯圆轴受力如图 3-12a 所示。轴大端直径 $D=60$mm，小端直径 $d=30$mm，材料的剪切弹性模量 $G=80$GPa，材料的许用单位长度扭转角 $[\theta]=1(°)/$m。试：（1）校核该轴刚度；（2）求 A 截面相对于 C 截面的扭转角。

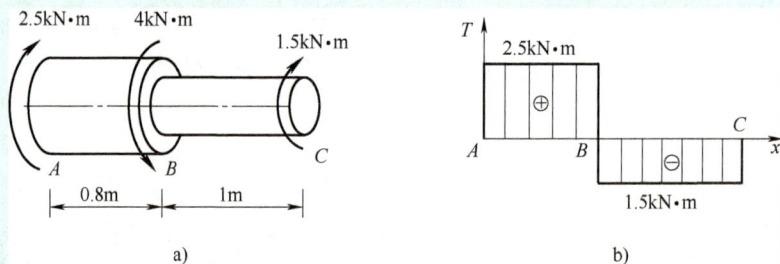

图　3-12

解：（1）根据轴的受力情况，画出轴的扭矩图如图 3-12b 所示。轴的大端和小端抗扭截面系数分别为

$$I_{P1} = \frac{\pi D^4}{32} = \frac{3.14 \times 60^4 \times 10^{-12}}{32} \text{m}^4 = 1.27 \times 10^{-6} \text{m}^4$$

$$I_{P2} = \frac{\pi d^4}{32} = \frac{3.14 \times 30^4 \times 10^{-12}}{32} \text{m}^4 = 0.08 \times 10^{-6} \text{m}^4$$

轴的大端和小端单位长度的扭转角分别为

$$\theta_1 = \frac{T_1}{GI_{P1}} \times \frac{180°}{\pi} = \frac{2.5 \times 10^3 \text{N} \cdot \text{m}}{80 \times 10^9 \text{Pa} \times 1.27 \times 10^{-6} \text{m}^4} \times \frac{180°}{3.14} = 1.4(°)/\text{m}$$

$$\theta_2 = \frac{|T_2|}{GI_{P2}} \times \frac{180°}{\pi} = \frac{1.5 \times 10^3 \text{N} \cdot \text{m}}{80 \times 10^9 \text{Pa} \times 0.08 \times 10^{-6} \text{m}^4} \times \frac{180°}{3.14} = 1.35(°)/\text{m}$$

故最大单位长度的扭转角为

$$\theta_{max} = \theta_1 = 1.4(°)/\text{m} > [\theta] = 1(°)/\text{m}$$

说明该轴刚度不足。

（2）A 截面相对于 C 截面的扭转角为

$$\varphi_{AC}=\varphi_{AB}+\varphi_{BC}=\frac{T_1 l_1}{GI_{P1}}+\frac{T_2 l_2}{GI_{P2}}=\frac{1}{G}\left(\frac{T_1 l_1}{I_{P1}}+\frac{T_2 l_2}{T_{P2}}\right)$$

$$=\frac{1}{80\times10^9\text{Pa}}\times\left(\frac{2.5\times10^3\text{N}\cdot\text{m}\times0.8\text{m}}{1.27\times10^{-6}\text{m}^4}-\frac{1.5\times10^3\text{N}\cdot\text{m}\times1\text{m}}{0.08\times10^{-6}\text{m}^4}\right)=-0.215\text{rad}$$

3.6　圆柱形螺旋弹簧的应力和变形

圆柱形螺旋弹簧在工程中应用极广。它可用于缓冲减振，如火车和汽车轮轴的支承弹簧；又可用于控制机械运动，如凸轮机构的压紧弹簧、内燃机的气阀弹簧等；也可用于测量力的大小，如弹簧秤中的弹簧。

螺旋弹簧丝的轴线是一条空间螺旋线（见图 3-13a），其应力和变形的精确分析比较复杂。但当螺旋角 α 很小，例如当 $\alpha<5°$ 时，便可忽略 α 的影响，近似地认为簧丝横截面与弹簧轴线在同一平面内。一般将这种弹簧称为密圈螺旋弹簧。此外，当簧丝横截面的直径 d 远小于弹簧圈的平均直径 D 时，还可略去簧丝曲率的影响，近似地用直圆杆公式计算。

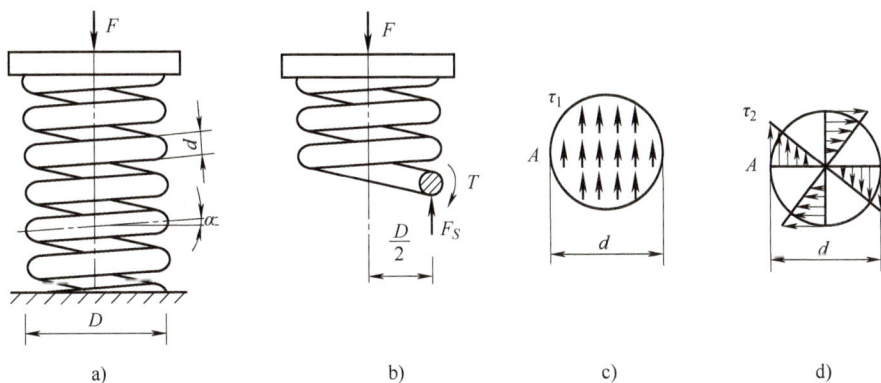

图　3-13

3.6.1　簧丝横截面上的应力

以簧丝的任意横截面切断弹簧，取上面部分作为研究对象，受力分析如图 3-13b 所示。由平衡方程有

$$\left.\begin{array}{l}F_S=F\\[2mm]T=\dfrac{FD}{2}\end{array}\right\}\tag{a}$$

式中，F_S 为簧丝横截面上的剪力；T 为横截面上的扭矩。

剪力 F_S 产生的切应力 τ_1 按实用计算方法可认为均匀分布于横截面上（见图 3-13c），即

$$\tau_1=\frac{F_S}{A}=\frac{4F}{\pi d^2}\tag{b}$$

扭矩 T 产生的切应力 τ_2 可认为与等直圆轴扭转时横截面上切应力分布状况相同（见

图 3-13d)，其最大值为

$$\tau_{2\max} = \frac{T}{W_t} = \frac{8FD}{\pi d^3} \tag{c}$$

簧丝横截面上任意点的总应力，应是剪切和扭转两种切应力矢量和。在靠近轴线的内侧点 A 处，总应力达到最大值，且

$$\tau_{\max} = \tau_1 + \tau_{2\max} = \frac{4F}{\pi d^2} + \frac{8FD}{\pi d^3} = \frac{8FD}{\pi d^3}\left(\frac{d}{2D} + 1\right) \tag{d}$$

当 $\dfrac{D}{d} \geqslant 10$ 时，$\dfrac{d}{2D}$ 与 1 相比不超过 5%，显然可以忽略。这样，式（d）可简化为

$$\tau_{\max} = \frac{8FD}{\pi d^3} \tag{3-18}$$

当 $\dfrac{D}{d}$ 较小，即簧丝曲率较大时，自然会引起较大的误差。此外，认为剪切引起的切应力 τ_1 "均匀分布"于横截面上也是一个假定。在考虑了簧丝曲率和 τ_1 并非均匀分布这两个因素后，求得计算最大切应力的修正公式为

$$\tau_{\max} = \left(\frac{4c-1}{4c-4} + \frac{0.615}{c}\right)\frac{8FD}{\pi d^3} = k\frac{8FD}{\pi d^3} \tag{3-19}$$

式中，

$$c = \frac{D}{d}, \quad k = \frac{4c-1}{4c-4} + \frac{0.615}{c} \tag{e}$$

c 称为弹簧指数；k 是一个修正因数，称为曲度因数。表 3-1 中的 k 值就是根据式（e）算出的。从表中数值可以看出，c 越小则 k 越大。

表 3-1　螺旋弹簧的曲度因数 k

c	4	4.5	5	5.5	6	6.5	7	7.5	8	8.5	9	9.5	10	12	14
k	1.40	1.35	1.31	1.28	1.25	1.23	1.21	1.20	1.18	1.17	1.16	1.15	1.14	1.12	1.10

簧丝的强度条件是

$$\tau_{\max} \leqslant [\tau] \tag{f}$$

式中，$\tau_{\max}$ 是最大切应力；$[\tau]$ 是材料的许用切应力。弹簧材料一般是弹簧钢，其许用切应力 $[\tau]$ 的值颇高。

3.6.2　弹簧的变形

弹簧在轴向压力（或拉力）作用下，轴线方向的总缩短（或伸长）量为 λ 就是弹簧的变形，如图 3-14a 所示。

在弹性范围内，压力 F 与变形 λ 成正比，即 F 与 λ 的关系是一条斜直线，如图 3-14b 所示。当外力从零增加到最终值时，力做的功等于斜直线下的面积，即

$$W = \frac{1}{2}F\lambda \tag{g}$$

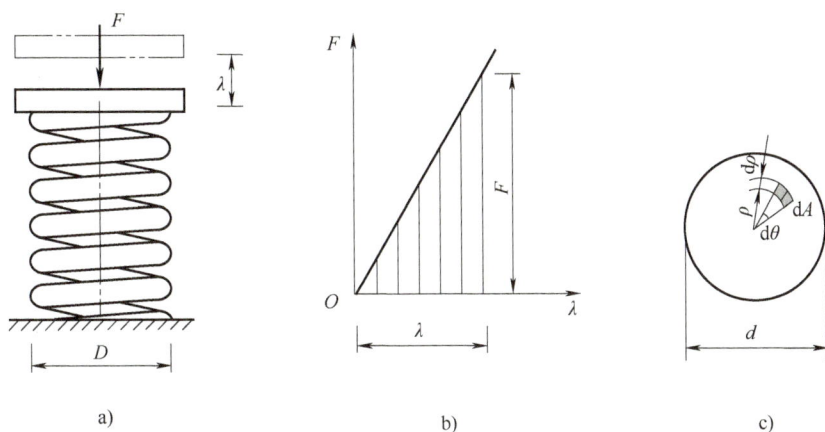

图　3-14

现计算储存于弹簧内的应变能。在簧丝横截面上，距圆心为 ρ 的任意点（见图 3-14c）的扭转切应力为

$$\tau_\rho = \frac{T\rho}{I_P} = \frac{\frac{1}{2}FD\rho}{\frac{\pi d^4}{32}} = \frac{16FD\rho}{\pi d^4}$$

根据应变能的计算公式，单位体积的应变能是

$$v_\varepsilon = \frac{\tau_\rho^2}{2G} = \frac{128F^2D^2\rho^2}{G\pi^2 d^8} \tag{h}$$

弹簧的应变能为

$$V_\varepsilon = \int_V v_\varepsilon \mathrm{d}V \tag{i}$$

式中，V 为弹簧的体积。若以 $\mathrm{d}A$ 表示簧丝横截面的微分面积，$\mathrm{d}s$ 表示沿簧丝轴线的微分长度，则 $\mathrm{d}V = \mathrm{d}A \cdot \mathrm{d}s = \rho\mathrm{d}\theta\mathrm{d}\rho\mathrm{d}s$。若弹簧的有效圈数为 n，则 $l = n\pi D$。将式（h）代入式（i）得

$$V_\varepsilon = \int_V v_\varepsilon \mathrm{d}V = \frac{128F^2D^2}{G\pi^2 d^8}\int_0^{2\pi}\int_0^{\frac{d}{2}}\rho^3\mathrm{d}\theta\mathrm{d}\rho\int_0^{n\pi D}\mathrm{d}s = \frac{4F^2D^3 n}{Gd^4} \tag{j}$$

外力完成的功应等于储存于弹簧内的应变能，即 $W = V_\varepsilon$，于是

$$\frac{1}{2}F\lambda = \frac{4F^2D^3 n}{Gd^4}$$

由此得到

$$\lambda = \frac{8FD^3 n}{Gd^4} = \frac{64FR^3 n}{Gd^4} \tag{3-20}$$

式中，$R = \dfrac{D}{2}$ 是弹簧圈的平均半径。引用记号

$$C=\frac{Gd^4}{8D^3n}=\frac{Gd^4}{64R^3n} \qquad (3\text{-}21)$$

则式（3-20）可写为

$$\lambda=\frac{F}{C} \qquad (3\text{-}22)$$

C 越大则 λ 越小，所以 C 代表弹簧抵抗变形的能力，称为弹簧刚度。

例 3.8 某柴油机的气阀弹簧，簧圈平均半径 $R=59.5$mm，簧丝直径 $d=14$mm，有效圈数 $n=5$。簧丝材料 $[\tau]=350$MPa，$G=80$GPa。弹簧工作时总压缩变形（包括预压变形）$\lambda=55$mm。试校核弹簧的强度。

解： 由式（3-20）求出弹簧所受压力 F 为

$$F=\frac{\lambda Gd^4}{64R^3n}=\frac{(55\times10^{-3})\times(80\times10^9)\times(14\times10^{-3})^4}{64\times(59.5\times10^{-3})^3\times5}N=2510N$$

由 R 及 d 求出

$$c=\frac{D}{d}=\frac{2R}{d}=\frac{2(59.5\times10^{-3})}{14\times10^{-3}}=8.5$$

查表 3-1 得到弹簧的曲度因数 k 的值为 1.17，故

$$\tau_{max}=k\frac{8FD}{\pi d^3}=1.17\times\frac{8\times2510N\times59.5\times2\times10^{-3}m}{\pi\times(14\times10^{-3}m)^3}=325MPa<[\tau]=350MPa$$

故弹簧满足强度要求。

3.7 非圆截面杆扭转的概念

以上各节讨论了等直圆截面杆的扭转，但有些受扭杆件的横截面并非圆形。例如，农业机械中有时采用方形截面作为传动轴。又如曲轴的曲柄承受扭转，而其横截面是矩形的。

取横截面为矩形的杆，在其侧面上画出纵向线和横向周界线（见图 3-15a），扭转变形后发现横向周界线已变为空间曲线（见图 3-15b），这表明变形后的横截面已不再保持为平面，这种现象称为翘曲。所以，平面假设对非圆截面杆件的扭转已不适用。

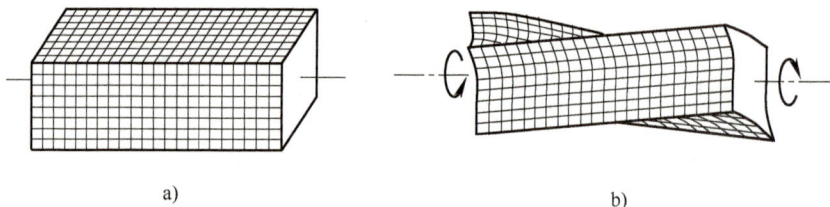

a)   b)

图 3-15

非圆截面杆件的扭转可分为自由扭转和约束扭转。等直杆两端受扭转力偶作用且翘曲不受任何限制时，属于自由扭转。这种情况下杆件各横截面的翘曲程度相同，纵向线段的长度无变化，故横截面上没有正应力而只有切应力，如图 3-16a 所示工字钢的自由扭转。若由于约束条件或受力条件的限制，杆件各横截面的翘曲程度不同，势必会引起相邻两横截面间纵向线段的长度改变。于是横截面上除了切应力还有正应力，这种情况称

为约束扭转（图 3-16b）。

可以证明，杆件扭转时，横截面上边缘各点的切应力都与截面边界相切。因为，边缘各点的切应力如不与边界相切，如图 3-17 所示的切应力 τ，这种切应力总可分解为边界切线方向的分量 τ_t 和法线方向的分量 τ_n。根据切应力互等定理，杆件自由表面上必存在与 τ_n 相等的切应力 τ_n'。但自由表面是外表面，外表面上不会存在内力的分布集度，故不可能存在切应力 τ_n'，即 $\tau_n' = \tau_n = 0$。这样，在边缘各点上，就只能存在沿边界切线方向的切应力 τ_t。在横截面的凸角处（见图 3-18），如果有切应力，当然可以把它分解为沿 ac 边和 ab 边法线的分量 τ_1 和 τ_2，仿照上面的方法同样可以证明，τ_1 和 τ_2 皆应等于零，故截面凸角处的切应力等于零。

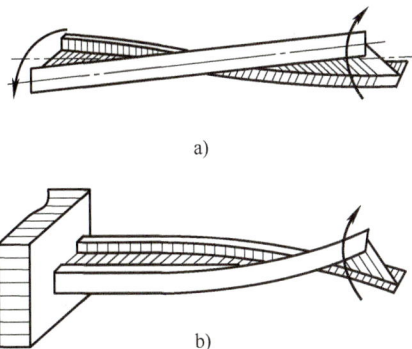

图　3-16

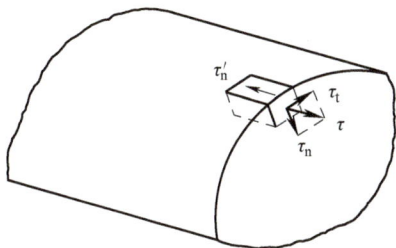

图　3-17

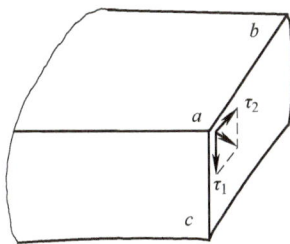

图　3-18

像工字钢、槽钢等薄壁杆件，约束扭转时横截面上的正应力往往相当大，但 些实体杆件，如横截面为矩形或椭圆形的杆件，因约束扭转而引起的正应力很小，与自由扭转并无太大差别，这时可以仅考虑切应力，不考虑正应力的影响。

对于矩形截面的自由扭转，一般在弹性力学中讨论。这里我们直接引用弹性力学的一些结果，并只限于矩形截面的扭转情况。这时，横截面上切应力分布大致如图 3-19a 所示。边缘各点的切应力形成与各边相切的环流。最大切应力发生在矩形长边的中点处，且按下列公式计算：

$$\tau_{max} = \frac{T}{\alpha h b^2} \tag{3-23}$$

式中，h 为矩形长边边长；b 为短边边长；α 为一个与比值 h/b 有关的系数，其数值见表 3-2。短边中点的切应力 τ_1 是短边上的最大切应力，并按下列公式计算：

$$\tau_1 = \nu \tau_{max} \tag{3-24}$$

式中，τ_{max} 是长边中点的最大切应力。系数 ν 及下式中的 β 均为与比值 h/b 有关的系数，已列入表 3-2 中。杆件两端横截面的相对扭转角 φ 的计算公式是

$$\varphi = \frac{Tl}{G\beta h b^3} = \frac{Tl}{GI_t} \tag{3-25}$$

式中，

$$GI_t = G\beta h b^3$$

也称为杆件的抗扭刚度。

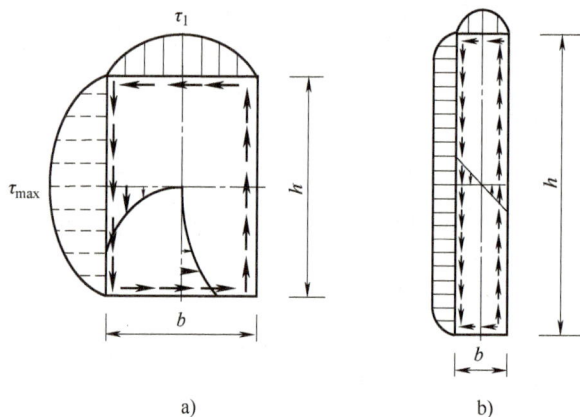

图 3-19

表 3-2   矩形截面杆扭转时的系数 α、β 和 ν

h/b	1.0	1.2	1.5	2.0	2.5	3.0	4.0	6.0	8.0	10.0	∞
α	0.208	0.219	0.231	0.246	0.258	0.267	0.282	0.299	0.307	0.313	0.333
β	0.141	0.166	0.196	0.229	0.249	0.263	0.281	0.299	0.307	0.313	0.333
ν	1.000	0.930	0.858	0.796	0.767	0.753	0.745	0.743	0.743	0.743	0.743

特别地，当 $\dfrac{h}{b}>10$ 时，截面成为狭长矩形，这时 $\alpha=\beta\approx\dfrac{1}{3}$。如以 δ 表示狭长矩形的短边长度，则式（3-23）和式（3-25）简化为

$$\left.\begin{aligned}\tau_{max}&=\frac{T}{\frac{1}{3}h\delta^2}\\[2mm]\varphi&=\frac{Tl}{G\cdot\frac{1}{3}h\delta^3}\end{aligned}\right\}\tag{3-26}$$

在狭长矩形截面上，扭转切应力的变化规律大致如图 3-19b 所示。虽然最大切应力在长边的中点，但沿长边各点的切应力实际上变化不大，接近相等，只在靠近短边角点处才迅速减小为零。

思 考 题

一、填空题

1. 凡以扭转变形为主要变形的构件称为_____。

2. 功率一定时，轴所承受的外力偶矩 M_e 与其转速 n 成_____比。

3. 已知圆轴扭转时，传递的功率为 $P=15\text{kW}$，转速为 $n=150\text{r/min}$，则相应的外力偶矩 $M_e=$_____。

4. 在受扭转圆轴的横截面上，其扭矩的大小等于该截面一侧（左侧或右侧）轴段上所有外力偶矩的_____；在扭转杆上作用集中外力偶的地方，所对应的扭矩图要发生_____，_____值的大小和杆件上集中外力偶之矩相同。

5. 圆轴扭转时横截面上任意一点处的切应力与该点到圆心间的距离成_____。

6. 当切应力不超过材料的_____时，切应力与切应变成正比例关系，这就是_____。

7. _____称为材料的截面抗扭刚度。

8. 试观察圆轴的扭转变形，位于同一截面上不同点的变形大小与到圆轴轴线的距离有关，横截面上任意点的切应变与该点到圆心的距离成_____，截面边缘上各点的变形为最_____，而圆心的变形为_____；距圆心等距离的各点其切应变必然_____。

9. 从观察受扭转圆轴横截面的大小、形状及相互之间的轴向间距不改变这一现象，可以看出轴的横截面上无_____力。

10. 圆轴扭转时，横截面上内力系合成的结果是力偶，力偶作用面垂直于轴线，相应的横截面上各点的切应力应垂直于_____，切应力的大小沿半径呈_____规律分布，横截面内同一圆周上各点的切应力大小是_____的。

11. 横截面面积相等的实心轴和空心轴相比，虽然材料相同，但_____轴的抗扭承载能力（抗扭刚度）要强些。

二、判断题（对论述正确的在括号内画√，错误的画×）

1. 圆轴扭转时，各横截面绕其轴线发生相对转动。　　　　　　　　　　　　　（　）

2. 只要在杆件的两端作用两个大小相等、方向相反的外力偶，杆件就会发生扭转变形。（　）

3. 传递一定功率的传动轴的转速越高，其横截面上所受的扭矩也就越大。　　　（　）

4. 受扭杆件横截面上扭矩的大小，不仅与杆件所受外力偶矩大小有关，而且与杆件横截面的形状、尺寸也有关。　　　　　　　　　　　　　　　　　　　　　　　　　　　　（　）

5. 扭矩就是受扭杆件某一横截面左、右两部分在该横截面上相互作用的分布内力系合力偶矩。（　）

6. 只要知道了作用在受扭杆件某横截面以左部分或以右部分所有外力偶矩的代数和，就可以确定该横截面上的扭矩。　　　　　　　　　　　　　　　　　　　　　　　　　　　　（　）

7. 扭矩的正负号可按如下方法来规定：运用右手螺旋法则，四指表示扭矩的转向，当拇指指向与截面外法线方向相同时规定扭矩为正；反之，规定扭矩为负。　　　　　　　　　　　（　）

8. 一空心圆轴在产生扭转变形时，其危险截面外缘处具有全轴的最大切应力，而危险截面内缘处的切应力为零。　　　　　　　　　　　　　　　　　　　　　　　　　　　　　（　）

9. 粗细和长短相同的两圆轴，一为钢轴，另一为铝轴，当受到相同的外力偶作用产生弹性扭转变形时，其横截面上最大切应力是相同的。　　　　　　　　　　　　　　　　　　（　）

10. 实心轴和空心轴的材料、长度相同，在扭转强度相等的情况下，空心轴的重量轻，故采用空心轴合理。空心轴壁厚越薄，材料的利用率越高。但空心轴壁太薄容易产生局部皱折，使承载能力显著降低。　　　　　　　　　　　　　　　　　　　　　　　　　　　　（　）

11. 圆轴横截面上的扭矩为 T，按强度条件计算得直径为 d，若该横截面上的扭矩变为 $0.5T$，则按强度条件可算得相应的直径为 $0.5d$。　　　　　　　　　　　　　　　　　　（　）

12. 只要是圆轴扭转变形，就可以用公式 $\tau = \dfrac{T\rho}{I_p}$ 计算其横截面上任一点切应力。（　）

13. 直径相同的两根实心轴，横截面上的扭矩也相等，当两轴的材料不同时，其单位长度扭转角也不同。　　　　　　　　　　　　　　　　　　　　　　　　　　　　　　（　）

14. 实心圆轴材料和所承受的载荷情况都不改变，若使轴的直径增大一倍，则其单位长度扭转角将减小为原来的1/16。　　　　　　　　　　　　　　　　　　　　　　　　　　　（　）

15. 两根实心圆轴在产生扭转变形时，其材料、直径及所受外力偶之矩均相同，但由于两轴的长度不同，所以短轴的单位长度扭转角要大一些。　　　　　　　　　　　　　　　　（　）

16. 薄壁圆筒扭转时，其横截面上切应力均匀分布，方向垂直于半径。　　　　　（　　）

17. 空心圆截面的外径为 D，内径为 d，则抗扭截面系数为 $W_t = \dfrac{\pi D^3}{16} - \dfrac{\pi d^3}{16}$。　　（　　）

18. 低碳钢圆轴扭转破坏是沿横截面剪断。　　　　　　　　　　　　　　　　（　　）

三、单项选择题

1. 汽车传动主轴所传递的功率不变，当轴的转速降低为原来的 1/2 时，轴所受的外力偶矩较之转速降低前将（　　）。

（A）增大一倍　　　　（B）增大三倍　　　　（C）减小一半　　　　（D）不改变

2. 左端固定的等直圆杆 AB 在外力偶作用下发生扭转变形，如图 3-20 所示，根据已知各处的外力偶矩大小，可知固定端截面 A 上的扭矩 T 应为（　　）。

（A）0　　　　　　（B）7.5kN·m　　　　（C）2.5kN·m　　　　（D）−2.5kN·m

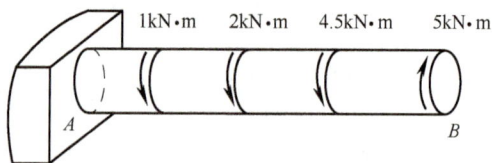

图　3-20

3. 某圆轴扭转如图 3-21 所示，其扭矩图应是（　　）。

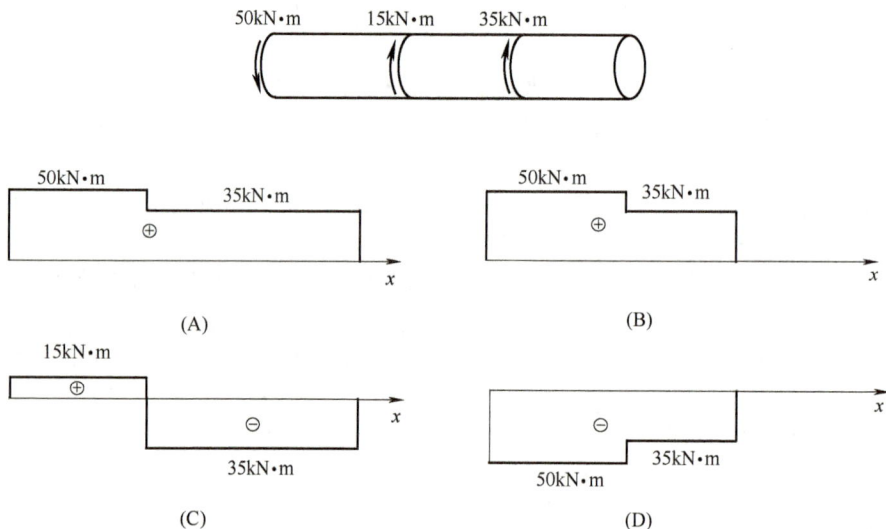

图　3-21

4. 传动轴上主动轮的外力偶矩为 m_1，从动轮的外力偶矩为 m_2、m_3，而且 $m_1 = m_2 + m_3$。开始将主动轮安装在两从动轮中间，随后使主动轮和一从动轮位置调换，这样变动的结果会使传动轴内的最大扭矩（　　）。

（A）减小　　　　　（B）增大　　　　　（C）不变　　　　　（D）变为零

5. 空心圆轴扭转时横截面上的切应力分布如图 3-22 所示，其中正确的分布是（　　）。

6. 实心圆轴受扭，当轴的直径 d 减小一半时，其扭转角 φ 则为原来轴扭转角的（　　）。

（A）2 倍　　　　　（B）4 倍　　　　　（C）8 倍　　　　　（D）16 倍

7. 圆轴受扭如图 3-23 所示，已知截面上 A 点的切应力为 5MPa，则 B 点的切应力为（　　）。

（A）5MPa　　　　（B）10MPa　　　　（C）15MPa　　　　（D）0

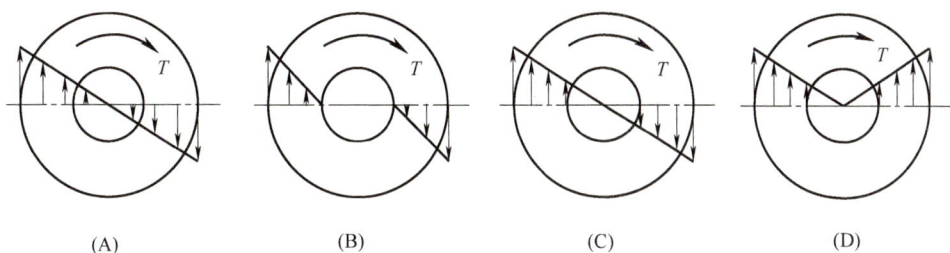

（A）　　　　　　　　（B）　　　　　　　　（C）　　　　　　　　（D）

图　3-22

8. 切应力互等定理与剪切胡克定律的正确适用范围是（　　　）。

（A）都只在比例极限范围内成立

（B）超过比例极限时都成立

（C）剪切胡克定律在比例极限范围内成立，切应力互等定理不受比例极限限制

（D）切应力互等定理在比例极限范围内成立，剪切胡克定律不受比例极限限制

9. 圆轴单位长度扭转角 φ' 与（　　　）无关。

（A）扭矩大小　　　　　　　　　　（B）杆长

（C）材料　　　　　　　　　　　　（D）截面几何性质

10. 为提高碳钢圆轴的扭转刚度，下列措施中最有效的是（　　　）。

（A）减小轴的长度　　　　　　　　（B）改用高强度结构钢

（C）提高轴表面的粗糙度　　　　　（D）增加轴的直径

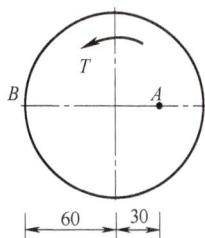

图　3-23

习　题

3.1　发电量为 15000kW 的水轮机主轴，其截面为空心圆形，外径 $D=550\text{mm}$，内径 $d=300\text{mm}$，轴的正常转速 $n=250\text{r/min}$，材料的许用切应力 $[\tau]=50\text{MPa}$，试校核轮机主轴的强度。

3.2　横截面相等的两根圆轴，一根为实心圆轴，许用切应力 $[\tau_1]=80\text{MPa}$，另一根为空心圆轴，内外直径比 $\alpha=0.6$，许用切应力 $[\tau_2]=50\text{MPa}$，若仅从强度条件考虑，哪一根圆轴能承受较大的扭矩。

3.3　如题 3.3 图所示，圆轴受扭转变形，已知圆轴材料的剪切弹性模量 $G=80\text{GPa}$，$M_A=500\text{N}\cdot\text{m}$，$M_B=1000\text{N}\cdot\text{m}$，$M_C=200\text{N}\cdot\text{m}$，$M_D=300\text{N}\cdot\text{m}$，许用切应力 $[\tau]=50\text{MPa}$，许用单位长度扭转角 $[\varphi']=1°/\text{m}$。试：（1）画扭矩图；（2）分别根据轴的强度和刚度条件设计轴的直径。

3.4　题 3.4 图所示为直径 $d=80\text{mm}$ 的传动轴，轴的材料剪切弹性模量 $G=79\text{GPa}$，已知作用在轴上的外力偶矩为 $M_1=1000\text{N}\cdot\text{m}$，$M_2=600\text{N}\cdot\text{m}$，$M_3=200\text{N}\cdot\text{m}$，$M_4=200\text{N}\cdot\text{m}$，试：（1）画出该传动轴的扭矩图；（2）计算各段轴内的最大切应力以及该轴的总的扭转角；（3）若外力偶矩 M_1、M_2 的位置互换，问轴的直径是否可以减小？如减小，则减小多少？

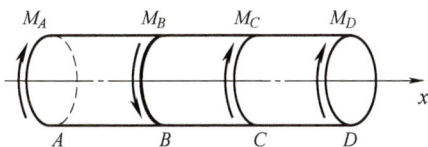

题 3.3 图

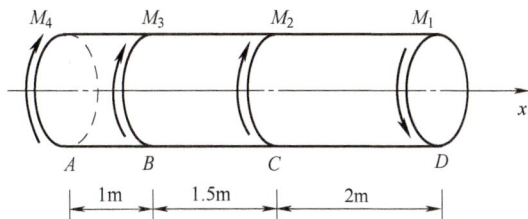

题 3.4 图

3.5 有一空心圆轴，已知内、外直径之比 $d/D = 0.8$，两端横截面上所受的外力偶矩为 $M_e = 2\text{kN} \cdot \text{m}$，材料的剪切弹性模量 $G = 80\text{GPa}$，许用切应力 $[\tau] = 50\text{MPa}$，许用单位扭转角 $[\varphi'] = 0.25(°)/\text{m}$。试分别按轴的强度和刚度条件设计空心圆轴的内、外直径。

3.6 阶梯圆轴受力如题 3.6 图所示。已知该轴大端直径为 $D = 60\text{mm}$，小端直径为 $d = 30\text{mm}$，材料的切变模量为 $G = 80\text{GPa}$，材料的许用单位扭转角为 $[\varphi'] = 1(°)/\text{m}$。试：（1）校核轴的刚度；（2）求 A 截面相对于 C 截面的扭转角。

3.7 题 3.7 图所示的钻头横截面直径为 20mm，在顶部受均匀的阻抗扭矩 $\overline{M}(\text{N} \cdot \text{m}/\text{m})$ 的作用，许用切应力 $[\tau] = 70\text{MPa}$。试：（1）求许可的外力偶矩 M_e；（2）若 $G = 80\text{GPa}$，求上端对下端的相对扭转角。

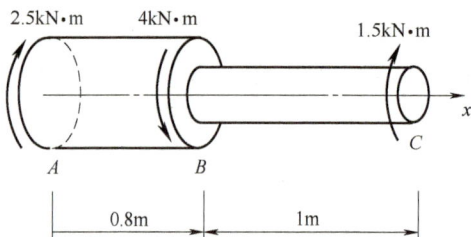

题 3.6 图

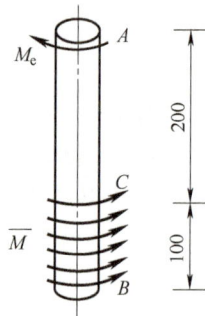

题 3.7 图

3.8 题 3.8 图所示 AB 和 CD 两杆的尺寸相同。AB 为钢杆，CD 为铝杆，两种材料的切变模量之比为 3∶1。若不计 BE 和 ED 两杆的变形，试问 F 力的影响将以怎样比例分配于 AB 和 CD 两杆？

3.9 题 3.9 图所示两端固定的受扭阶梯形圆轴，其中间段的直径为两边的两倍，各段材料相同，切变模量为 G，试求支座反力偶矩。

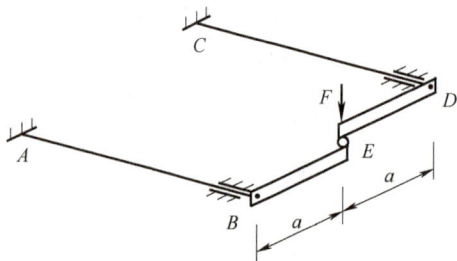

题 3.8 图

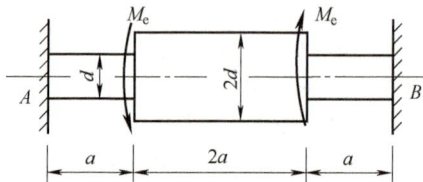

题 3.9 图

切应力
互等定理

等直圆轴扭转
时切应力计算
公式的推导

等直圆轴扭转
时的变形、刚度
条件及例题

非圆截面杆件
扭转时的应力、
变形及例题

第 3 章习题解答

4.1 弯曲的概念和实例

工程中经常遇到像桥式起重机的大梁（见图 4-1a）、摇臂钻床横梁（见图 4-1b）、火车轮轴（见图 4-1c）、镗刀杆（见图 4-1d）这样的杆件。作用于这些杆件上的外力垂直于轴线，使杆件的轴线由直线变为曲线，这种变形叫作弯曲变形。凡是以弯曲为主要变形的杆件称为梁。梁是一类常见的构件，在各类工程中都占有重要的地位。

a)

b)

c)

d)

图　4-1

工程问题中，绝大多数受弯杆件的横截面都有一个对称轴，因而整个杆件存在一个包含轴线的纵向对称面。前面提到的桥式起重机的大梁、火车轮轴、镗刀杆等都符合这种情况。当梁上的外力都在梁的纵向对称面内时，梁的轴线将在此对称面内弯成曲线，这是弯曲问题中最常见的情况，称为对称弯曲（亦称平面弯曲），如图 4-2 所示。所以对称弯曲为"三面合一"的弯曲，即载荷作用面、纵向对称面和梁变形以后的轴线所在平面是"三面合一"

的。本章只讨论杆件弯曲时横截面的内力。

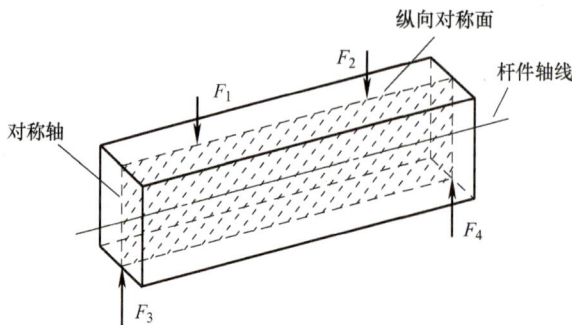

图　4-2

4.2　受弯杆件的简化

处于对称弯曲下的等截面直梁，由于外力全部作用在梁纵向对称面内，因此，梁的计算简图中可不必画出梁的实际形状和尺寸，而用梁的轴线来表示。梁的支座和载荷有多种情况，一般要对支座和载荷进行简化，才能得到梁的计算简图。下面就对支座和载荷的简化分别进行讨论。

4.2.1　支座的几种基本形式

梁的支座按其对梁的在载荷作用平面的约束情况，通常简化为三种基本形式。

1. 固定铰支座

固定铰支座的简化形式如图 4-3a 所示。这种支座限制梁在支座处沿平面内任意方向的移动，而并不限制梁绕铰中心转动。因此，固定铰支座可简化为水平和铅垂两个方向的约束，相应地就有两个约束力，即水平方向的约束力 F_{Ax} 和铅垂方向的约束力 F_{Ay}。例如止推滚子轴承、桥梁下的固定支座、凹形垫板支座等，均可简化为固定铰支座。

2. 可动铰支座

可动铰支座的简化形式如图 4-3b 所示。这种支座只限制梁在支座处沿铅垂方向的移动。因此，活动铰支座可简化为铅垂方向的约束，相应地只有一个约束力，即铅垂方向的约束力 F_{Ay}。例如滚珠轴承、桥梁下的辊轴支座、凸形垫板支座等，均可简化为可动铰支座。

3. 固定支座

固定支座的简化形式如图 4-3c 所示。这种支座既限制梁在支座处沿平面内任意方向的移动，又限制梁绕铰中心的转动。因此，在平面力系下固定支座可简化为可简化为水平和铅垂两个方向移动约束和绕铰中心转动方向的约束，

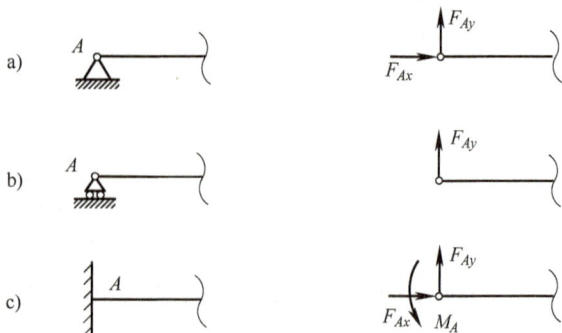

图　4-3

相应地就有三个约束力，即水平方向的约束力 F_{Ax}、铅垂方向的约束力 F_{Ay}，以及绕铰中心转动约束力偶 M_A，其方向和转向可先进行假定。例如阳台固定端的支座、电线杆地面的支座和止推轴承等都可简化为固定支座。

4.2.2 载荷的简化

在前面提到的一些实例中，如火车车厢对轮轴的压力、工件对镗刀杆的切削力、轴承对轴的约束力等，其分布在物体表面上的面积远小于物体任何一个方向的尺寸。因此，可以认为力是作用在梁的一个点上，称为集中力。图 4-4 中 F 就是集中力，集中力的单位是 N 或 kN。如果载荷作用在梁上的面积相对较大，如桥式起重机的大梁自重，称为分布力。分布力可分为均匀分布力和非均匀分布力。图 4-4 中 q 就是分布力，分布力的单位是 N/m 或 kN/m。当梁的某一小段内受到力偶作用时，可简化为作用在某一截面上的力偶，称为集中力偶。图 4-4 中 M_e 就是集中力偶，集中力偶的单位是 N·m 或 kN·m。

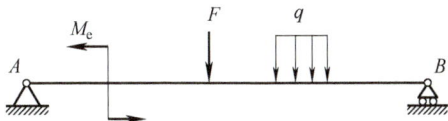

图 4-4

4.2.3 静定梁的基本形式

经过对支座及载荷的简化，最后得到梁的计算简图。在计算简图中，梁用轴线表示，并将简化后的支座和载荷在图中画出。图 4-5a 中，梁的一端为固定铰支座，另一端为可动铰支座，这样的梁称为简支梁。图 4-5b 中，一端（或两端）伸出支座之外的简支梁，称为外伸梁。图 4-5c 中，梁的一端为固定端，另一端为自由端的梁，这样的梁称为悬臂梁。

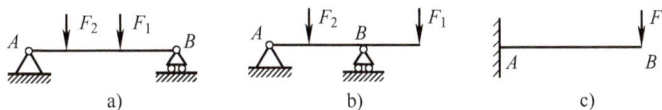

图 4-5

上面提到的三种形式的静定梁，梁的计算简图确定后，支座反力均可由静定平衡方程确定。有时为了工程上的需要，对梁设置较多的支座。这时，梁的约束力数目多于独立的平衡方程的数目，仅用静定平衡方程就无法确定其所有的约束力，这种梁称为超静定梁，如图 4-6 所示。超静定梁的解法还必须考虑梁的变形协调条件和物理方程，才能确定梁的全部约束力。关于这方面的内容，将在第 6 章中进行介绍。

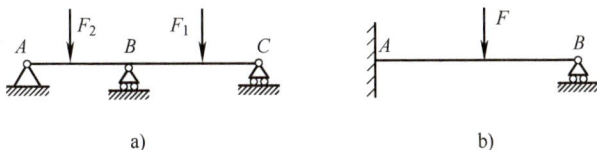

图 4-6

4.3 剪力和弯矩

根据梁的平衡方程，可以求出静定梁在载荷作用下的支座反力。于是作用在梁上的外力皆为已知量，由此利用截面法可求出梁各截面上的内力。在对称弯曲下，梁的横截面上一般有两种力：一种是与截面相切的内力，称为剪力；另一种是在纵向对称面内的内力偶矩，称为弯矩。下面以图 4-7a 所示的简支梁为例，图中 F_1、F_2、F_3 为已知作用于梁上的载荷，F_{RA}、F_{RB} 为两端的支座反力。为了计算截面 m—m 截面上的内力，沿 m—m 截面假想地把梁截断，并以左半部分为研究对象。由于整个梁处于平衡状态，所以梁的左半部分也应处于平衡状态。梁的左半部分受力分析如图 4-7b 所示。图中 F_S 称为横截面 m—m 上的剪力，M 称为横截面 m—m 上的弯矩。列平衡方程

$$\sum F_y = 0, \quad -F_S + F_{RA} - F_1 = 0$$

解得

$$F_S = F_{RA} - F_1 \tag{a}$$

$$\sum M_O(F) = 0, \quad M - F_{RA}x + F_1(x-a) = 0$$

解得

$$M = F_{RA}x - F_1(x-a) \tag{b}$$

上面求得的 F_S 和 M 同为梁横截面 m—m 处的内力，它们都是由梁段的平衡方程来确定的。

从式（a）和式（b）可以看出，剪力 F_S 数值上等于截面 m—m 以左所有外力在梁轴线的垂线上投影的代数和，向上的外力引起横截面上剪力为正，向下的外力引起横截面上剪力为负；弯矩 M 等于截面 m—m 以左所有外力对截面形心的力矩的代数和，向上的外力引起的横截面的弯矩为正，向下的外力引起的横截面弯矩为负。所以，横截面的剪力和弯矩可用截面 m—m 左侧的外力来计算。

如以右半部分为研究对象（见图 4-7c），用相同的方法也可求得截面 m—m 上的剪力 F_S 和弯矩 M。

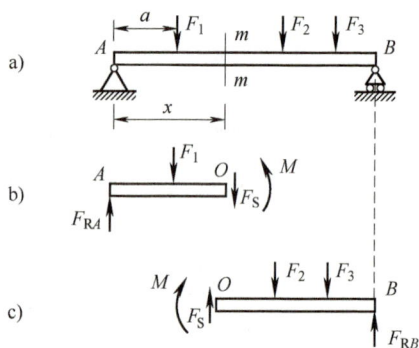

图 4-7

剪力 F_S 数值上等于截面 m—m 右半部分所有外力在梁轴线的垂线上的投影的代数和，向下的外力引起的横截面上剪力为正，向上的外力引起的横截面上剪力为负。弯矩 M 等于截面 m—m 右半部分所有外力对截面形心的力矩的代数和，所有对截面形心有产生逆时针转动趋势的外力或外力偶引起的弯矩为正，有顺时针转动趋势的外力或外力偶引起的弯矩为负。因为剪力和弯矩是梁的左、右两部分在截面 m—m 上相互作用的内力，所以梁的右半部分作用于左半部分的剪力 F_S 和弯矩 M，必然在数值上等于梁的左半部分作用于右半部分的剪力 F_S 和弯矩 M，但方向相反。

为了使上述两种算法得到的同一截面的剪力和弯矩，不仅数值相同而且符号也一致，把剪力和弯矩的符号与梁的变形联系起来，规定如下：在横截面处截取任一微段，如果两边的剪力使得微段产生左端向上而右端向下的相对错动时，该截面处的剪力为正（见图 4-8a），

反之为负（见图 4-8b）。也就是说，截面处于保留部分的左侧时，以剪力向上为正；或截面处于保留部分的右侧时，以剪力向下为正。在横截面处截取任一微段，如果两边的弯矩使得微段产生向下凸的变形，即该段的下半部纵向受拉时，该截面处的弯矩为正。也就是说，截面处于保留部分的左侧时，以顺时针转向为正；或截面处于保留部分的右侧时，以逆时针转向为正（见图 4-8c），反之为负（见图 4-8d）。

剪力的符号规定可简单总结为"左上右下"为正，反之为负。弯矩的符号规定可简单总结为"下凸上凹"为正，反之为负。

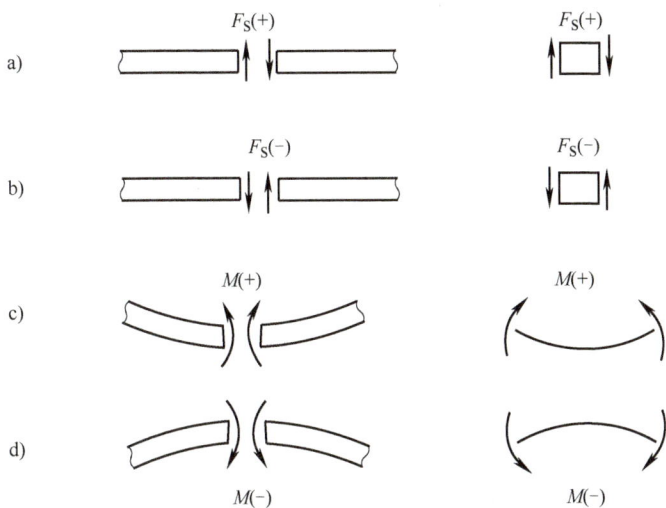

图 4-8

例 4.1 外伸梁的尺寸及梁上载荷如图 4-9a 所示，试用截面法计算截面 1—1 和截面 2—2 的剪力和弯矩。

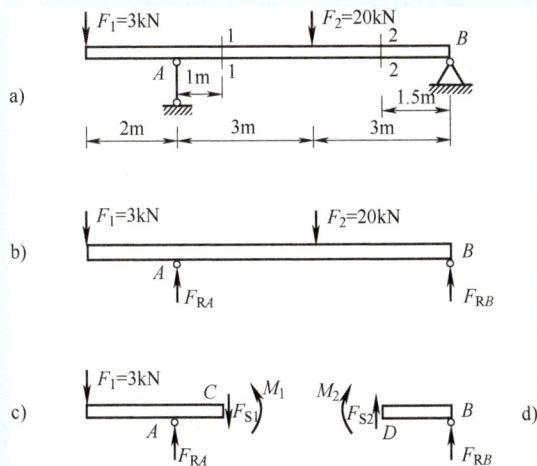

图 4-9

解：首先求出支座反力。以整体梁为研究对象，受力分析如图 4-9b 所示，列平衡方程

$$\sum M_B(F) = 0, \quad F_1 \times 8m + F_2 \times 3m - F_{RA} \times 6m = 0$$

$$\sum M_A(F) = 0, \quad F_1 \times 2m - F_2 \times 3m + F_{RB} \times 6m = 0$$

解得

$$F_{RA} = 14kN, \quad F_{RB} = 9kN$$

计算截面 1—1 上的内力。假想用 1—1 截面将梁截开，取左段梁为研究对象，受力分析如图 4-9c 所示（内力的方向均按符号规定的正方向标出）。列平衡方程

$$\sum F_y = 0, \quad F_{RA} - F_1 - F_{S1} = 0$$

$$\sum M_C(F) = 0, \quad F_1 \times 3m + M_1 - F_{RA} \times 1m = 0$$

解得

$$F_{S1} = F_{RA} - F_1 = 11kN, \quad M_1 = F_{RA} \times 1m - F_1 \times 3m = 5kN \cdot m$$

计算截面 2—2 上的内力。假想用 2—2 截面将梁截开，取右段梁为研究对象，受力分析如图 4-9d 所示（内力的方向仍按符号规定的正方向标出）。列平衡方程

$$\sum F_y = 0, \quad F_{S2} + F_{RB} = 0$$

$$\sum M_D(F) = 0, \quad F_{RB} \times 1.5m - M_2 = 0$$

解得

$$F_{S2} = -F_{RB} = -9kN, \quad M_2 = F_{RB} \times 1.5m = 13.5kN \cdot m$$

4.4 剪力方程和弯矩方程·剪力图和弯矩图

一般情况下，梁横截面的剪力和弯矩随横截面位置不同而变化。若以横坐标 x 表示横截面沿梁轴线上的位置，则各横截面上的剪力和弯矩皆可表示为横截面位置坐标 x 的函数，称这种函数关系为剪力方程和弯矩方程。一般用 $F_S = F_S(x)$ 和 $M = M(x)$ 来表示。

与绘制轴力图和扭矩图一样，也可用图线表示梁的各截面的剪力 F_S 和弯矩 M 沿梁的轴线变化规律，这种表示剪力和弯矩随横截面位置变化规律的图形称为剪力图和弯矩图。根据剪力方程和弯矩方程可分别绘制出剪力图和弯矩图。相比轴力图和扭矩图，剪力图和弯矩图绘制往往更难掌握，主要是因为剪力和弯矩变化规律更为复杂。一般要在绘制剪力图和弯矩图之前，分段列出剪力和弯矩方程，然后再根据剪力和弯矩方程，画出剪力图和弯矩图。下面用例题来说明。

例 4.2 悬臂梁 AB 受力如图 4-10a 所示，试画出梁的剪力图和弯矩图。

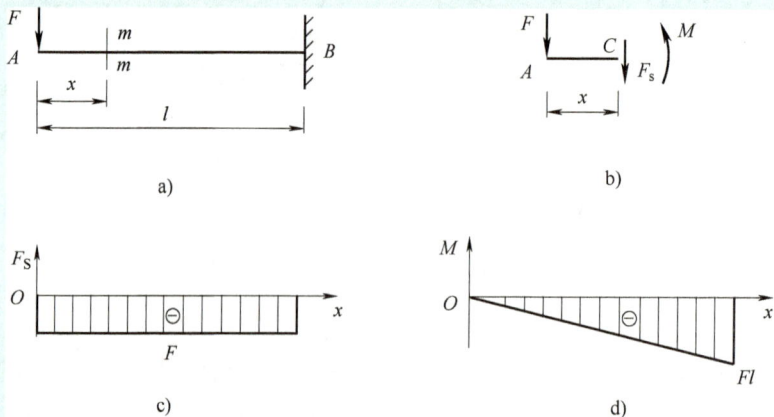

图 4-10

解：取距左端为 x 的任意横截面 m—m，假想地用该截面将梁截断，取左半部分为研究对象，受力分析如图 4-10b 所示。列平衡方程

$$\sum F_y = 0, \qquad -F_S(x) - F = 0$$

$$\sum M_C(F) = 0, \qquad M(x) + Fx = 0$$

由平衡方程求得截面 m—m 上的剪力和弯矩分别为

$$F_S(x) = -F \qquad (0 < x < l)$$

$$M(x) = -Fx \qquad (0 \leqslant x < l)$$

根据上面的剪力方程和弯矩方程，可分别画出剪力图和弯矩图如图 4-10c、d 所示。

例 4.3 简支梁 AB 受力如图 4-11a 所示，试画出梁的剪力图和弯矩图。

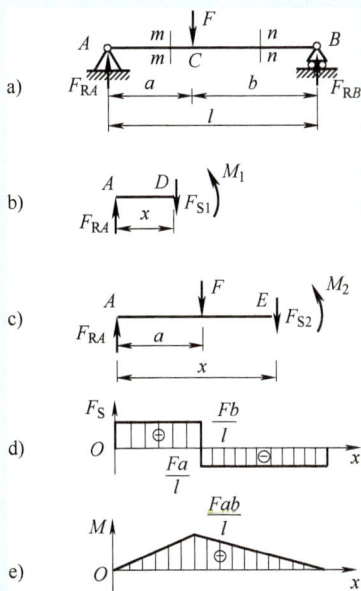

图 4-11

解：计算支座反力。选 AB 梁为研究对象，受力分析如图 4-11a 所示。列平衡方程

$$\sum M_B(F) = 0, \quad Fb - F_{RA}l = 0$$

$$\sum M_A(F) = 0, \quad F_{RB}l - Fa = 0$$

解得

$$F_{RA} = \frac{Fb}{l}, \quad F_{RB} = \frac{Fa}{l}$$

计算 AC 段的剪力方程和弯矩方程。以 m—m 截面假想地将梁截断，取 AD 段为研究对象，其受力分析如图 4-11b 所示。列平衡方程

$$\sum F_y = 0, \qquad F_{RA} - F_{S1}(x) = 0$$

$$\sum M_D(F) = 0, \qquad M_1(x) - F_{RA}x = 0$$

解得

$$F_{S1}(x) = F_{RA} = \frac{Fb}{l} \qquad (0 < x < a)$$

$$M_1 \ (x) = F_{RA}x = \frac{Fb}{l}x \qquad\qquad (0 \leqslant x \leqslant a)$$

再计算 CB 段的剪力方程和弯矩方程。以 n—n 截面假想地将梁截断，取 AE 段为研究对象，其受力分析如图 4-11c 所示。列平衡方程

$$\sum F_y = 0, \qquad F_{RA} - F - F_{S2}(x) = 0$$

$$\sum M_E(F) = 0, \quad M_2(x) + F(x-a) - F_{RA}x = 0$$

解得

$$F_{S2}(x) = F_{RA} - F = -\frac{Fa}{l} \qquad\qquad (a < x < l)$$

$$M_2(x) = F_{RA}x - F(x-a) = \frac{Fa}{l}(l-x) \qquad (a \leqslant x \leqslant l)$$

最后，根据各段的剪力方程和弯矩方程，分别画出剪力图和弯矩图如图 4-11d、e 所示。

例 4.4 在均匀分布载荷作用下的悬壁梁如图 4-12a 所示，试作梁的剪力图和弯矩图。

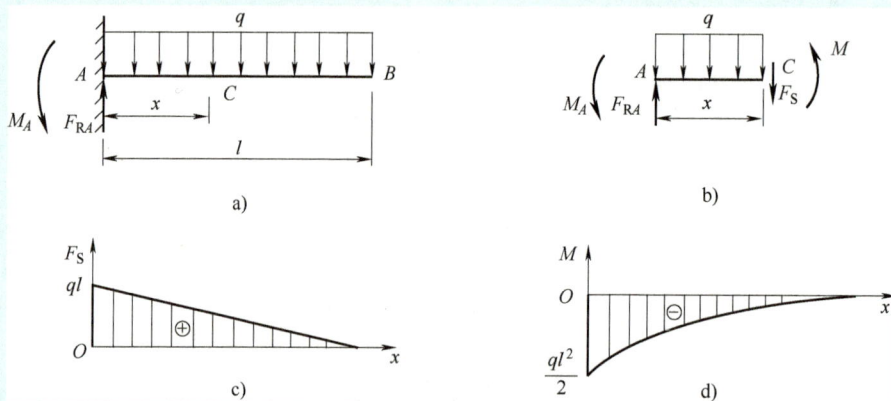

图 4-12

解：求支座反力。选取整体为研究对象，受力如图 4-12a 所示。列平衡方程

$$\sum F_y = 0, \qquad F_{RA} - ql = 0$$

$$\sum M_A(F) = 0, \quad M_A - ql \cdot \frac{l}{2} = 0$$

解得

$$F_{RA} = ql, \quad M_A = \frac{ql^2}{2}$$

求剪力方程和弯矩方程。距离左端面为 x 的 C 处假想地用一个截面将梁截断，取 AC 段为研究对象，受力如图 4-12b 所示。列平衡方程

$$\sum F_y = 0, \qquad F_{RA} - qx - F_S(x) = 0$$

$$\sum M_C(F) = 0, \quad M(x) - F_{RA}x + M_A + qx \cdot \frac{x}{2} = 0$$

解得

$$F_S(x) = F_{RA} - qx = q(l-x) \qquad\qquad (0 < x < l)$$

$$M(x) = F_{RA}x - M_A - qx \cdot \frac{x}{2} = -\frac{q(l-x)^2}{2} \qquad (0 \leqslant x \leqslant l)$$

根据上面求得的剪力方程和弯矩方程，分别画出悬臂梁的剪力图和弯矩图如图 4-12c、d 所示。

例 4.5 图 4-13a 所示外伸梁 AD，受力 $q = 4\text{kN/m}$、$P = 2\text{kN}$、$M = 6\text{kN} \cdot \text{m}$ 作用。试画出该梁剪力图和弯矩图，并求 F_{smax} 和 M_{max}。

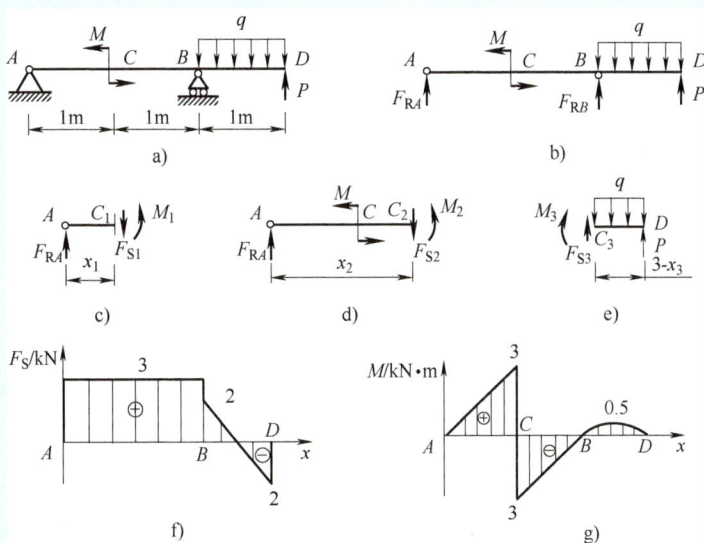

图　4-13

解：求支座反力。研究梁 AD，受力如图 4-13b 所示，列平衡方程

$$\sum F_y = 0, \qquad F_{RA} + F_{RB} + P - q \times 1\text{m} = 0$$

$$\sum M_A(F) = 0, \qquad F_{RB} \times 2\text{m} + P \times 3\text{m} + M - q \times 1\text{m} \times 2.5\text{m} = 0$$

解得

$$F_{RA} = 3\text{kN}, \ F_{RB} = -1\text{kN}$$

分别计算各段的剪力方程和弯矩方程。在 AC 段内用一个距离 A 端为 x_1 的截面假想把梁截断，并选取 AC_1 段为研究对象，受力如图 4-13c 所示，列平衡方程

$$\sum F_y = 0, \qquad F_{RA} - F_{S1}(x_1) = 0$$

$$\sum M_{C_1}(F) = 0, \qquad M_1(x_1) - F_{RA}x_1 = 0$$

解得

$$F_{S1}(x_1) = F_{RA} = 3\text{kN} \qquad (0 < x_1 \leqslant 1)$$

$$M_1(x_1) = F_{RA}x_1 = 3x_1 \qquad (0 \leqslant x_1 < 1)$$

在 CB 段内用一个距离 A 端为 x_2 的截面假想把梁截断，并选取 AC_2 段为研究对象，受力如图 4-13d 所示，列平衡方程

$$\sum F_y = 0, \qquad F_{RA} - F_{S2}(x_2) = 0$$

$$\sum M_{C_2}(F) = 0, \qquad M_2(x_2) + M - F_{RA}x_2 = 0$$

解得

$$F_{S2}(x_2) = F_{RA} = 3kN \qquad (1 \leqslant x_2 < 2)$$

$$M_2(x_2) = F_{RA}x_2 - 6 = 3x_2 - 6 \qquad (1 < x_2 \leqslant 2)$$

在 BD 段内用一个距离 A 端为 x_3 的截面假想把梁截断，并选取 C_3D 段为研究对象，受力如图 4-13e 所示，列平衡方程

$$\sum F_y = 0, \qquad P + F_{S3}(x_3) - q(3m - x_3) = 0$$

$$\sum M_{C_3}(F) = 0, \quad P(3m - x_3) - M_3(x_3) - \frac{q}{2}(3m - x_3)^2 = 0$$

解得

$$F_{S3}(x_3) = 10 - 4x_3 \qquad (2 < x_2 < 3)$$

$$M_3(x_3) = -2x_3^2 + 10x_3 - 12 \qquad (2 \leqslant x_3 \leqslant 3)$$

然后根据剪力方程和弯矩方程分区段绘制剪力图和弯矩图，如图 4-13f、g 所示。由剪力图和弯矩图可知，最大剪力 $F_{Smax} = 3kN$，最大弯矩 $M_{max} = 3kN \cdot m$。

例 4.6 图 4-14a 所示外伸梁承受均布载荷 q 作用，试问当 a 取何值时，梁在均布载荷 q 作用下产生的弯矩最小？

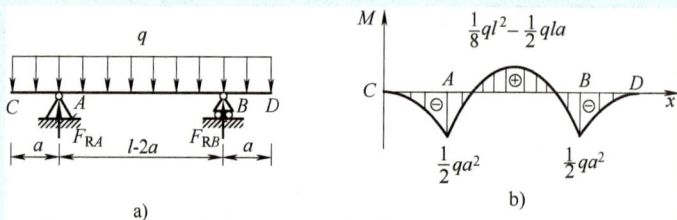

图 4-14

解：求支座反力。研究梁 CD，受力如图 4-14a 所示，由对称性可得支座反力为

$$F_{RA} = F_{RB} = \frac{ql}{2}$$

分别计算各段的弯矩方程，对于 CA 段，弯矩方程为

$$M_1(x) = -\frac{1}{2}qx^2 \qquad (0 \leqslant x \leqslant a)$$

对于 AB 段，弯矩方程为

$$M_2(x) = F_{RA}(x-a) - \frac{1}{2}qx^2 = \frac{ql}{2}(x-a) - \frac{1}{2}qx^2 \qquad (a \leqslant x \leqslant l-a)$$

根据上面求出的 CA 和 AB 段的弯矩方程，可知 CA 和 AB 段的弯矩是坐标 x 的二次函数，所以弯矩图都是二次抛物线。根据对称性可知 CA 和 BD 段的弯矩是对称分布的。作梁 CD 的弯矩图如图 4-14b 所示。

由弯矩图可知，梁在均布载荷 q 作用下产生的最大正弯矩为 $\frac{1}{8}ql^2 - \frac{1}{2}qla$，产生的最大负弯矩为 $-\frac{1}{2}qa^2$。

梁在均布载荷 q 作用下产生弯矩最小，此时梁内最大正弯矩和最大负弯矩绝对值应相等，即

$$\frac{1}{8}ql^2 - \frac{1}{2}qla = \frac{1}{2}qa^2$$

解得

$$a = \frac{\sqrt{2}-1}{2}l = 0.207l$$

4.5 载荷集度·剪力和弯矩之间的关系

我们已学习了通过计算剪力方程和弯矩方程画剪力图和弯矩图的方法。这是画剪力图和弯矩图的基本方法。对于受力情况相对复杂，内力计算分段较多的情况，此时剪力和弯矩方程要分段计算，再分段画出剪力图和弯矩图，这种画内力图方法显得相对烦琐。下面我们可以学习另一种相对简便的方法，这种方法利用载荷集度、剪力和弯矩的微分关系，分段直接画出梁的内力图。

轴线为直线的梁如图 4-15a 所示，以 A 点为坐标原点，轴线 AB 为 x 轴，y 轴向上为正。梁上分布载荷的集度 $q(x)$ 是 x 的连续函数，且规定 $q(x)$ 向上为正。从梁中取出长为 dx 的微段，并放大为图 4-15b。微段内分布载荷的集度 $q(x)$ 可以认为是一个常数，微段左侧截面上的剪力和弯矩分别为 $F_S(x)$ 和 $M(x)$，微段右侧截面上的剪力和弯矩分别为 $F_S(x+dx)$ 和 $M(x+dx)$，均以正值进行假定。由于 $F_S(x+dx) \approx F_S(x) + dF_S(x)$，$M(x+dx) \approx M(x) + dM(x)$，微段受力分析如图 4-15b 所示。

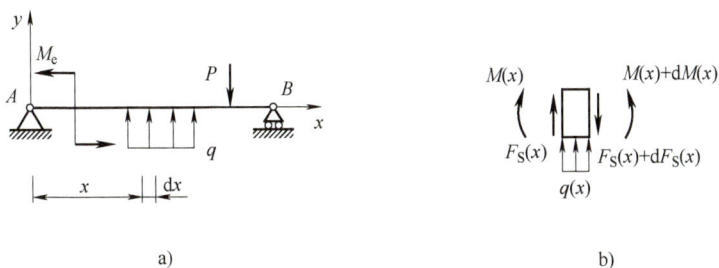

图　4-15

列平衡方程

$$\sum F_y = 0, \qquad F_S(x) + q(x)dx - F_S(x) - dF_S(x) = 0$$

$$\sum M_C(F) = 0, \quad M(x) + dM(x) - M(x) - F_S(x)dx - q(x)dx \cdot \frac{dx}{2} = 0$$

略去第二项的高阶小量，即 $q(x)dx \cdot \dfrac{dx}{2} = 0$，整理后得出

$$\frac{dF_S(x)}{dx} = q(x) \tag{4-1}$$

$$\frac{dM(x)}{dx} = F_S(x) \tag{4-2}$$

式（4-1）和式（4-2）是直梁微段的平衡方程，将式（4-2）代入式（4-1），可得

$$\frac{d^2 M(x)}{dx^2} = q(x) \tag{4-3}$$

根据上述导数关系，容易得出下面推论。这些推论对绘制或校核剪力图和弯矩图是非常有帮助的。

（1）若 $q(x) = 0$，则 $F_S(x) =$ 常量，$M(x)$ 是 x 的一次函数，说明剪力图为水平直线，

弯矩图为一斜直线，斜率等于剪力。

（2）若 $q(x)=$ 常量，则 $F_S(x)$ 是 x 的一次函数，$M(x)$ 是 x 的二次函数，说明剪力图为一斜直线，弯矩图为二次曲线。弯矩图的凸向取决于分布载荷的方向，当分布载荷 $q(x)$ 向下时，即 $q(x)<0$，则 $\dfrac{\mathrm{d}^2M(x)}{\mathrm{d}x^2}=q(x)<0$，弯矩图为向上凸的曲线；反之，当分布载荷 $q(x)$ 向上时，即 $q(x)>0$，弯矩图为向下凸曲线。

（3）当 $\dfrac{\mathrm{d}M(x)}{\mathrm{d}x}=F_S(x)=0$，则 $M(x)$ 在此处有极值。

（4）集中力作用的截面处，剪力有一突然变化，其突变值等于集中力的值，弯矩图有一转折。集中力偶作用的截面处，弯矩图有一突然变化，其突变值等于集中力偶矩的值，剪力图无变化。

为了表征梁上载荷对应的剪力图和弯矩图特征，我们用表 4-1 进行说明。从表 4-1 很容易看出，不同载荷情况下的剪力图和弯矩图的变化规律。

表 4-1　梁上外力对应的剪力图和弯矩图的特征

梁上的外力情况	剪力图	弯矩图
 无外力	$\dfrac{\mathrm{d}F_S(x)}{\mathrm{d}x}=q(x)=0$ 水平线	$\dfrac{\mathrm{d}M(x)}{\mathrm{d}x}=F_S(x)=$ 常量 斜直线
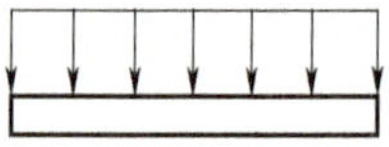 $q(x)<0$	$\dfrac{\mathrm{d}F_S(x)}{\mathrm{d}x}=q(x)<0$ 斜直线	$\dfrac{\mathrm{d}^2M(x)}{\mathrm{d}x^2}<0$ 向上凸的二次曲线
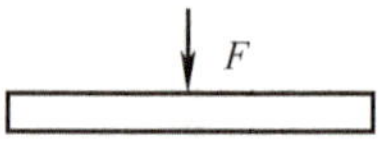 集中力 F	F 作用处发生突变，突变值等于 F	F 作用处发生转折
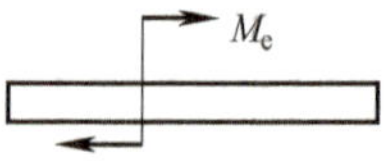 集中力偶 M_e	M_e 作用处无变化	M_e 作用处发生突变，突变值等于 M_e

例 4.7　已知梁的弯矩图如图 4-16a 所示，试根据载荷集度、剪力和弯矩间的关系画出剪力图，并确定其载荷图。

解：根据弯矩图中 AC 段的弯矩为斜直线，该直线的斜率为 1，可知 AC 段的剪力为 1kN。再根据弯矩图中 CD 段的弯矩为斜直线，该直线的斜率为 -1，可知 CD 段的剪力为 -1kN。最后，根据弯矩图中 DB 段的弯矩为水平直线，该水平直线的斜率为 0，可知 DB 段的剪力为 0。这样，可画出该梁的剪力图如图 4-16b 所示。

剪力图中 AC、CD、DB 三段的剪力均为水平直线，该水平直线的斜率为 0，可知 AC、CD、DB 三段的载荷集度均为 0。这样，可画出该梁的载荷图如图 4-16c 所示。

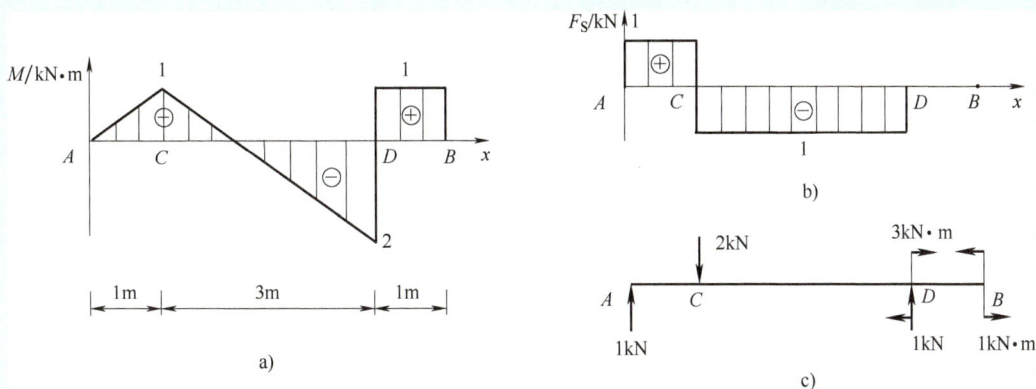

图 4-16

4.6 平面曲杆的弯曲内力

前面我们分析了直梁的弯曲内力。工程中有些构件，如活塞环、链环、拱等，其轴线是一平面曲线，且都有一纵向对称面。这种轴线为平面曲线的杆件称为平面曲杆或平面曲梁。这一节主要对平面曲杆的弯曲内力进行分析。当荷载作用于纵向对称面内时，曲杆将发生弯曲变形。这时横截面的内力一般包括轴力 F_N、剪力 F_S 和弯矩 M。现以半圆曲杆为例，说明曲杆的内力计算。

例 4.8 圆弧形曲杆受力如图 4-17a 所示。已知曲杆轴线的半径为 R，试写出任意横截面 C 上的剪力、弯矩和轴力的表达式（表示成 θ 角的函数），并作此曲杆的剪力图、弯矩图和轴力图。

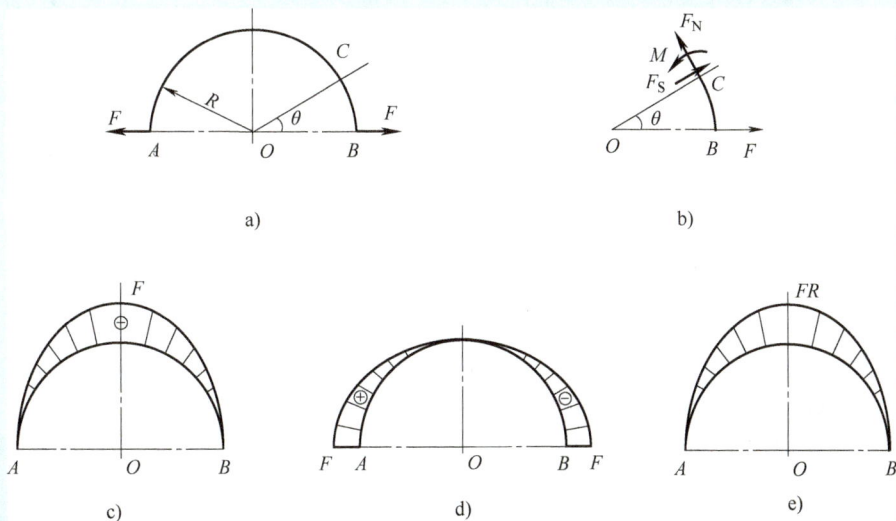

图 4-17

解：用截面将圆弧形曲杆沿 C 截面截断，取 BC 段为研究对象，受力如图 4-17b 所示，列平衡方程

$$\sum F_n = 0, \qquad F_N - F\sin\theta = 0$$

$$\sum F_t = 0, \qquad F_S + F\cos\theta = 0$$

$$\sum M_C(F) = 0, \qquad M + FR\sin\theta = 0$$

解得

$$F_N = F\sin\theta, \quad F_S = -F\cos\theta, \quad M = -FR\sin\theta$$

由这些方程，可分别画出平面曲杆的轴力图、剪力图和弯矩图，如图 4-17c～e 所示。作这些内力图时，将内力画在轴线的法线方向。轴力图和剪力图可以画在轴线的任意一侧并标明正负号，弯矩图一般画在杆件受压的一侧。

符号规定：轴力 F_N 以引起拉伸变形为正；剪力 F_S 对所考虑的一段曲杆任意点取矩，若力矩转向为顺时针，则剪力为正；弯矩 M 使轴线曲率增加的弯矩为正。

思 考 题

一、填空题

1. 梁产生弯曲变形时的受力，是梁在过轴线的平面内受到外力偶的作用或者受到和梁轴线相_____的外力的作用。

2. 以弯曲变形为主要变形的构件称为_____。

3. 车床上的三爪卡盘将工件夹紧之后，工件夹紧部分对卡盘既不能有相对移动，也不能有相对转动，这种形式的支座可简化为_____支座。

4. 梁弯曲时，其横截面上的剪力作用线必然_____于横截面。

5. 在一般情况下，平面弯曲梁的横截面上存在两种内力，即_____，相应的应力也有两种，即_____。

6. 若在梁的横截面上，只有弯矩而无剪力，则称此情况为_____。

7. 当简支梁只受集中力和集中力偶作用时，则最大剪力发生在_____。

8. 同一根梁采用不同坐标系（如右手坐标系与左手坐标系）时，则对指定截面求得的剪力和弯矩将_____；两种坐标系下所得的剪力方程和弯矩方程形式_____；由剪力方程和弯矩方程画出的剪力图和弯矩图_____。

9. 外伸梁长为 l，承受可移动荷载 F 作用如图 4-18 所示，若 F 与 l 均为已知，为减小梁的最大弯矩，则外伸端长度 $a =$_____。

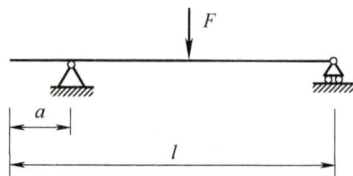

图 4-18

二、判断题（对论述正确的在括号内画√，错误的画×）

1. 在集中力作用处，剪力值发生突变，其突变的值等于此集中力；而弯矩图在此处发生转折。（　　）

2. 在集中力偶作用处，剪力值不变；而弯矩图发生突变，其突变的值等于此集中力偶矩。（　　）

3. 中性轴是通过截面形心，且与截面对称轴垂直的形心主轴。（　　）

4. 以弯曲为主要变形的杆件，只要外力均作用在过轴线纵向平面内，则可能发生平面弯曲。（　　）

5. 正方形截面梁，当外力作用在通过梁轴线的任一纵向平面内时梁都将发生平面弯曲。（　　）

6. 梁横截面上的剪力，在数值上等于作用在此截面任一侧（左侧或右侧）梁上所有外力的代数和。
（　　）

7. 用截面法确定梁横截面的剪力或弯矩时，若分别取截面以左或以右为研究对象，则所得到的剪力或弯矩的符号通常是相反的。（　　）

8. 简支梁若仅作用一个集中力 P，则梁的最大剪力值不会超过 P 值。（　　）

9. 在梁上作用的向下的均布荷载，即 q 为负值，则梁内的剪力 $F_S(x)$ 也必为负值。（　　）

10. 在梁上某一段内的分布荷载方向向下，这说明弯矩图曲线向上凸，其弯矩值必为正值。（　　）

11. 梁的弯矩图上某一点的弯矩值为零，该点所对应的剪力图上的剪力值也一定为零。　　　（　　　）

12. 在梁上的剪力为零的地方，所对应的弯矩图的斜率也为零；反过来，若梁的弯矩图斜率为零，则所对应的梁上的剪力也为零。　　　（　　　）

13. 承受均布荷载的悬臂梁，其弯矩图为一条向上凸的二次抛物线，此曲线的顶点一定是在位于悬臂梁的自由端所对应的点处。　　　（　　　）

14. 从左向右检查所绘剪力图的正误时，可以看出，凡集中力作用处，剪力图发生突变，突变值的大小与方向和集中力相同，若集中力向上，则剪力图向上突变，突变的值为集中力大小。　　　（　　　）

15. 在梁上集中力偶作用处，其弯矩图有突变，而所对应的剪力图为水平线，并由正值变为负值或由负值变为正值，但其绝对值是相同的。　　　（　　　）

三、单项选择题

1. 平面弯曲变形的特征是（　　　）。

（A）弯曲时横截面仍保持为平面

（B）横向荷载均作用在同一平面内

（C）弯曲变形后的轴线是一条平面曲线

（D）弯曲变形后的轴线与荷载作用面同在一个平面内

2. 如图 4-19 所示的四种情况中，截面上弯矩 M 为正，剪力 F_S 为负的是（　　　）。

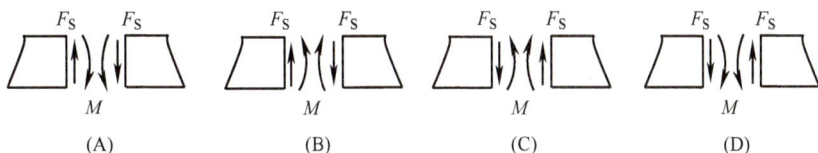

图　4-19

3. 下面说法正确的是（　　　）。

（A）集中力作用处，剪力和弯矩值都有突变

（B）集中力偶作用处，剪力图不光滑，弯矩图有突变

（C）集中力偶作用处，剪力和弯矩值都有突变

（D）集中力作用处，剪力有突变，弯矩图不光滑

4. 工程实际中产生弯曲变形的杆件，如火车机车轮轴、房屋建筑的楼板主梁，在得到计算简图时，需将其支承方式简化为（　　　）。

（A）简支梁　　　　　　　　　　　　（B）轮轴为外伸梁，楼板主梁为简支梁

（C）外伸梁　　　　　　　　　　　　（D）轮轴为简支梁，楼板主梁为外伸梁

5. 用平面将梁截为左、右两段，在同一截面上的剪力、弯矩数值是相等的，按静力学作用与反作用公理，其符号是相反的，而按变形规定，则剪力、弯矩的符号（　　　）。

（A）仍是相反的　　　　　　　　　　（B）是剪力相反，弯矩一致

（C）总是一致　　　　　　　　　　　（D）是剪力一致，弯矩相反

6. 列出梁 AE（见图 4-20）各梁段的剪力方程和弯矩方程，其分段要求应是分为（　　　）。

（A）AC 和 CE 段　　　　　　　　　（B）AC、CD 和 DE 段

（C）AB、BD 和 DE 段　　　　　　（D）AB、BC、CD 和 DE 段

7. 分析外伸梁 AC（见图 4-21）的内力时，所得的结果错误的是（　　　）。

（A）AB 段剪力为负值，BC 段剪力为正值　　（B）$F_{Smax} = 2qa$

（C）除 A、C 两端点外，各段的弯矩均为负值　　（D）$\left| M_{max} \right| = 4qa^2$

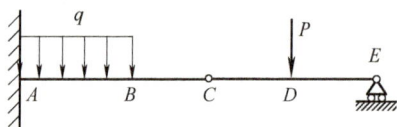

图 4-20

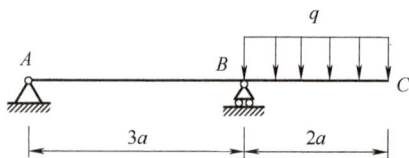

图 4-21

8. 在梁的集中力作用处，其左、右两侧无限接近的横截面上的弯矩特点是（   ）。

（A）相同

（B）数值相等，符号相反

（C）不相同

（D）符号一致，数值不相等

9. 由梁上荷载、剪力图和弯矩图三者间的关系，可概括出一些结论，正确的是（   ）。

（A）集中力作用处，$M(x)$ 图发生转折；集中力偶作用处，$F_S(x)$ 图连续

（B）集中力作用处，$M(x)$ 图连续；集中力偶作用处，$F_S(x)$ 图不连续

（C）集中力偶作用处，$F_S(x)$ 图会有变化

（D）集中力偶作用处，所对应的 $M(x)$ 图在此处的左、右斜率将发生突变

10. 如将图 4-22 所示的力 F 平移到梁 AD 的 C 截面上，则梁上的 $|M|_{max}$ 与 $|F_S|_{max}$（   ）。

（A）前者不变，后者改变

（B）两者都改变

（C）前者改变，后者不变

（D）两者都不变

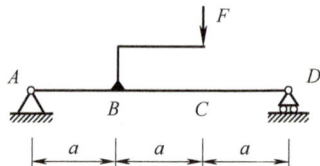

图 4-22

11. 由一简支梁的弯矩图（见图 4-23）得出梁在左、中、右三段上的剪力大小和正负依次是（   ）。

（A）20kN、0、-10kN

（B）10kN、0、-20kN

（C）-10kN、0、20kN

（D）-20kN、0、10kN

12. 有一承受分布荷载的简支梁，该梁在所取的坐标系 Bxy（见图 4-24）中，弯矩 $M(x)$、剪力 $F_S(x)$ 和荷载集度 q 之间的微分关系为（   ）。

（A）$\dfrac{\mathrm{d}F_S(x)}{\mathrm{d}x}=q,\ \dfrac{\mathrm{d}M(x)}{\mathrm{d}x}=F_S(x)$

（B）$\dfrac{\mathrm{d}F_S(x)}{\mathrm{d}x}=-q,\ \dfrac{\mathrm{d}M(x)}{\mathrm{d}x}=-F_S(x)$

（C）$\dfrac{\mathrm{d}F_S(x)}{\mathrm{d}x}=-q,\ \dfrac{\mathrm{d}M(x)}{\mathrm{d}x}=F_S(x)$

（D）$\dfrac{\mathrm{d}F_S(x)}{\mathrm{d}x}=q,\ \dfrac{\mathrm{d}M(x)}{\mathrm{d}x}=-F_S(x)$

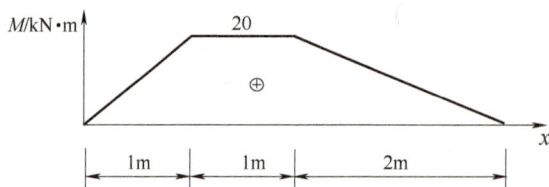

图 4-23

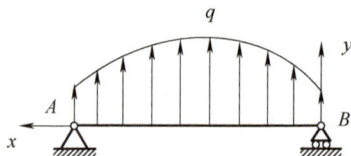

图 4-24

13. 梁在某一段内作用有向下的分布力时，则该段内弯矩图是一条（   ）。

（A）上凸曲线

（B）下凸曲线

（C）带有拐点的心曲线

（D）斜直线

14. 梁在集中力偶作用的截面处，它的内力图为（   ）。

（A）剪力图有突变，弯矩图无变化

（B）剪力图有突变，弯矩图有转折

（C）弯矩图有突变，剪力图无变化　　　　（D）弯矩图有突变，剪力图有转折

15. 若梁的剪力图和弯矩图如图 4-25 所示，则该图表明（　　）。

（A）*AB* 段有均布荷载，*BC* 段无荷载

（B）*AB* 段无荷载，*B* 截面处有向上集中力，*BC* 段有向上的均布荷载

（C）*AB* 段无荷载，*B* 截面处有向下集中力，*BC* 段有向上的均布荷载

（D）*AB* 段无荷载，*B* 截面处有顺时针的集中力偶，*BC* 段有向上的均布荷载

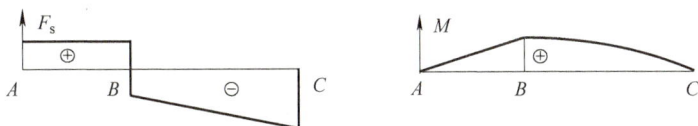

图　4-25

16. 如图 4-26 所示悬臂梁上作用集中力 *F* 和集中力偶 *M*，若将 *M* 在梁上移动时（　　）。

（A）对剪力图的形状、大小均无影响

（B）对弯矩图的形状无影响，只对其大小有影响

（C）对剪力图、弯矩图的形状及大小均有影响

（D）对剪力图、弯矩图的形状及大小均无影响

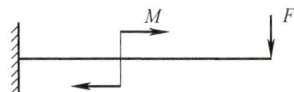

图　4-26

习　题

4.1　请写出题 4.1 图所示梁的剪力方程和弯矩方程，并画出剪力图和弯矩图，并说明最大弯矩的位置和大小。

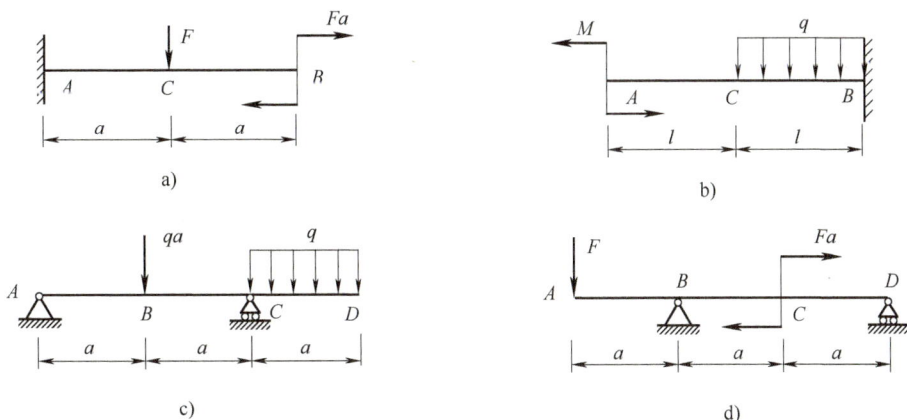

题 4.1 图

4.2　试计算题 4.2 图所示各梁中截面 1—1、2—2、3—3 上的剪力和弯矩。这些截面无限接近于截面 *C* 或截面 *D*。设 *F*、*q*、*a* 均为已知。

4.3　写出题 4.3 图所示的剪力方程和弯矩方程，并画出其剪力图和弯矩图。

4.4　题 4.4 图所示外伸梁 *AD*，受到外荷载 $q=4kN/m$、$F=2kN$、$M=6kN\cdot m$ 作用。试画出该梁的剪力图和弯矩图，并问 F_{Smax} 和 M_{max} 是多少？

4.5　试用剪力、弯矩与荷载集度间的微分关系画出题 4.5 图所示各梁的剪力图和弯矩图。

4.6　题 4.6 图所示梁，承受均布荷载 *q*，试问当 *a* 取何值时，梁的最大弯矩为最小？

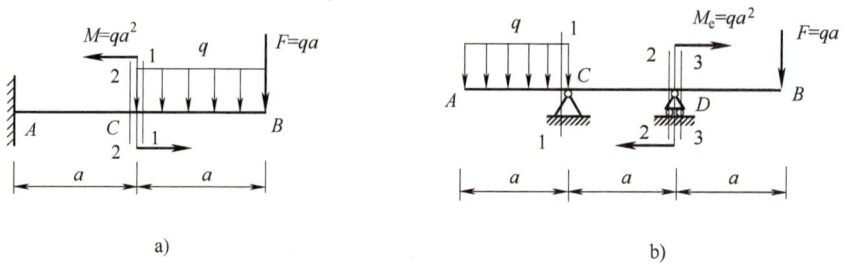

a)   b)

题 4.2 图

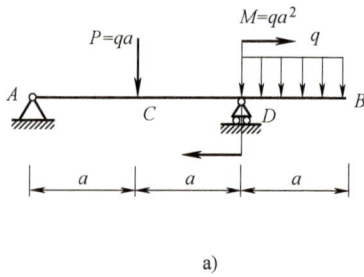

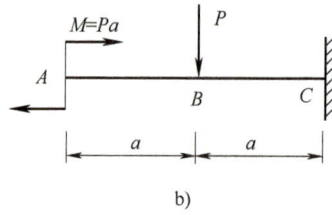

a)   b)

题 4.3 图   题 4.4 图

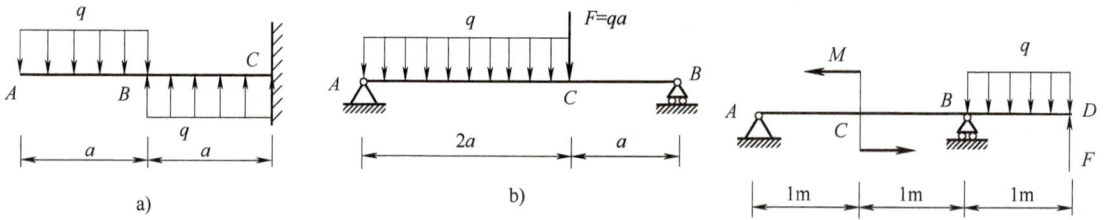

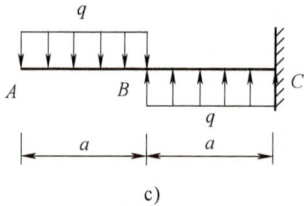

a)

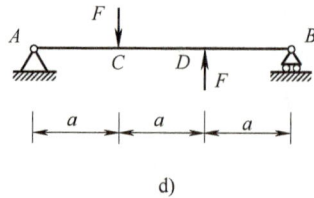

b)

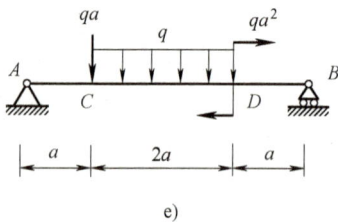

c)

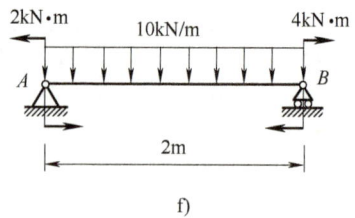

d)

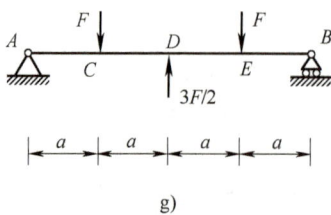

e)

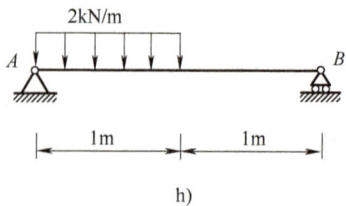

f)

g)   h)

题 4.5 图

4.7　题 4.7 图所示简支梁上的分布荷载按抛物线规律变化，其方程为

$$q(x) = \frac{4q_0 x}{l}\left(1 - \frac{x}{l}\right)$$

试作剪力图和弯矩图。

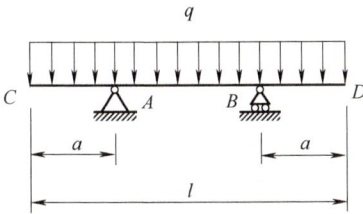

题 4.6 图

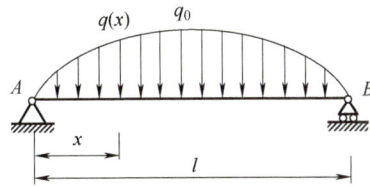

题 4.7 图

4.8　试画出题 4.8 图所示各铰接多跨静定梁的剪力图和弯矩图。

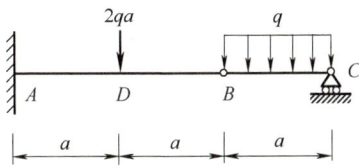

a)

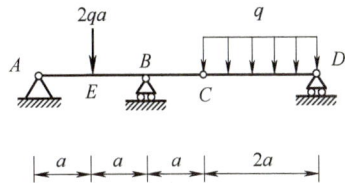

b)

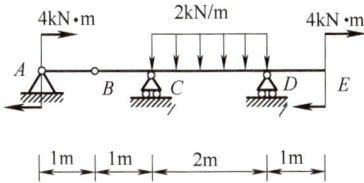

c)

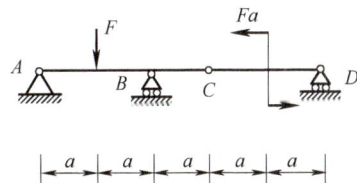

d)

题 4.8 图

4.9　自由端在梁左方的悬臂梁，沿其全长度受分布荷载作用。梁的弯矩方程为 $M(x) = ax^3 + bx^2 + c$。其中，a、b 和 c 为有量纲的常数，x 坐标原点在梁的自由端。试求分布荷载的集度，并指出常数的力学含义。

4.10　用叠加法画出题 4.10 图所示各梁的弯矩图。

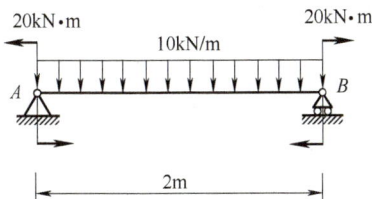

a)

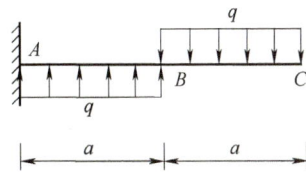

b)

题 4.10 图

4.11　试根据 M、F_s 和 q 之间的微分关系，指出并改正题 4.11 图 a、b 梁的剪力图和弯矩图的错误。

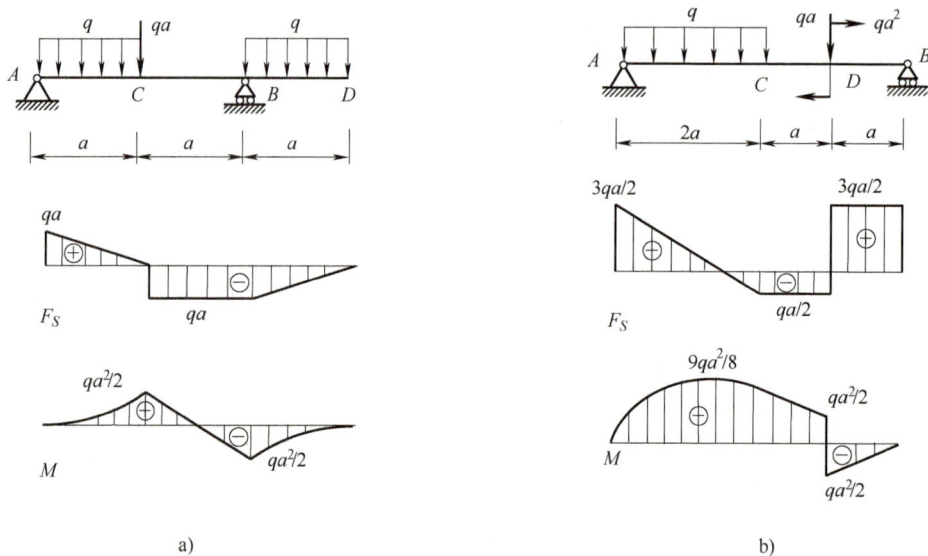

a)   b)

题 4.11 图

4.12　画出题 4.12 图所示平面刚架的剪力图、弯矩图和轴力图。

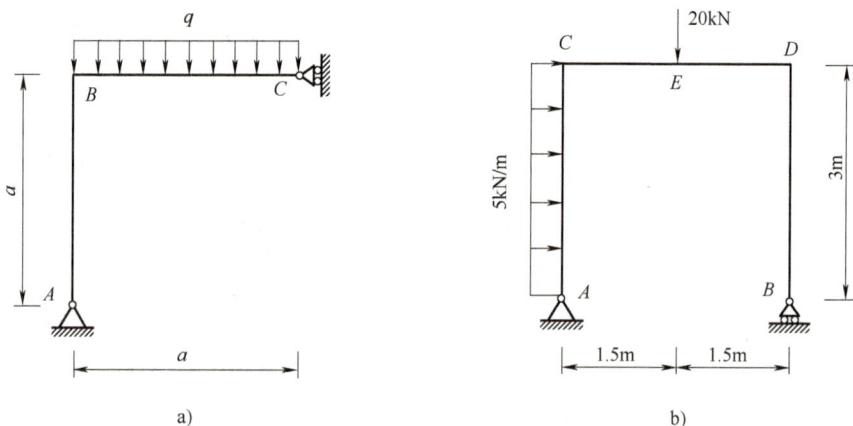

a)   b)

题 4.12 图

4.13　写出题 4.13 图所示曲杆的轴力、剪力和弯矩的方程。设曲杆的轴线为圆形。

4.14　写出题 4.14 图所示曲杆的轴力、剪力和弯矩方程，并作弯矩图。设曲杆的轴线为半圆形。

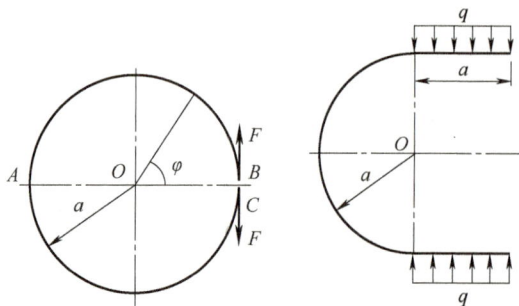

题 4.13 图　　题 4.14 图

▶ 简易方法求梁横截面上的剪力和弯矩

▶ 剪力方程和弯矩方程、剪力图和弯矩图及例题

▶ 第 4 章习题解答

第 5 章
弯 曲 应 力

5.1 概述

第 4 章我们详细讨论了梁弯曲时的内力计算。本章我们主要分析梁弯曲时横截面上内力的分布规律。一般地,梁弯曲时横截面同时存在剪力和弯矩,与此相应的截面上任一点处既有切应力也有正应力。正应力 σ 只与弯矩 M 有关,切应力 τ 只与剪力 F_S 有关。本章主要研究正应力 σ 和切应力 τ 的大小和分布规律。

对于如图 5-1a 所示的简支梁,两个外力对称地作用于梁的纵向对称平面内。其计算简图、剪力图和弯矩图分别如图 5-1b、c、d 所示。从图中可以看出,在 AC 和 DB 两段内,梁横截面既有剪力又有弯矩,这种情况称为横力弯曲。而在 CD 段内,梁横截面上剪力等于零,弯矩为常量,这种情况称为纯弯曲。

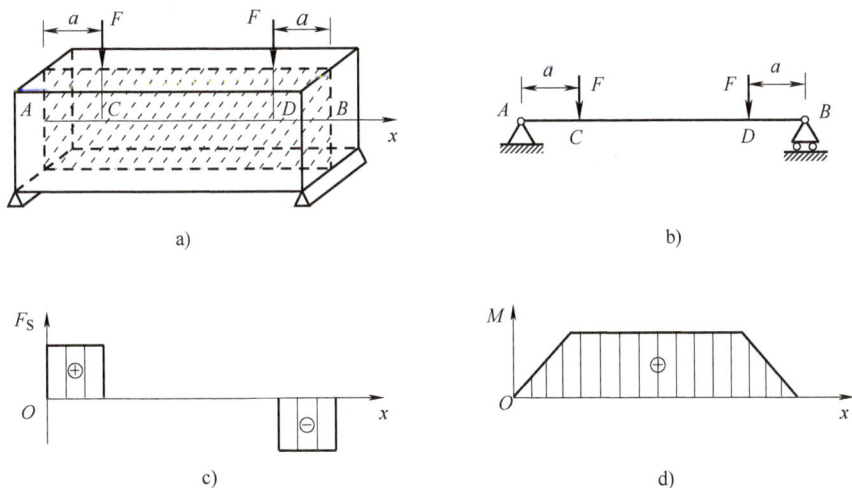

图　5-1

纯弯曲容易在材料试验机上实现,且用于观察变形规律。下面分析纯弯曲时的变形。在纯弯曲实验之前,我们在试件的前后表面上均匀地画上纵向线(水平线)和横向线(铅垂线),如图 5-2a 所示。加载后观察这些线的变化,可以发现,纵向线(aa、bb)变形后弯成弧线,两条横向线 mm 和 nn 相对转动一个角度后变为 $m'm'$、$n'n'$,仍保持为直线,且它们仍然和变形后的弧线 $\overparen{a'a'}$ 和 $\overparen{b'b'}$ 垂直,如图 5-2b 所示。根据这个实验结果,我们可以由表及里地进行推理，得到纯弯曲的平面假设：原来为直线的横向线变形后仍保持为直线，则变形前原为平面的横截面变形后仍保持为平面，并仍然垂直于变形后的梁轴线，这就是纯弯曲变形的平面假设。

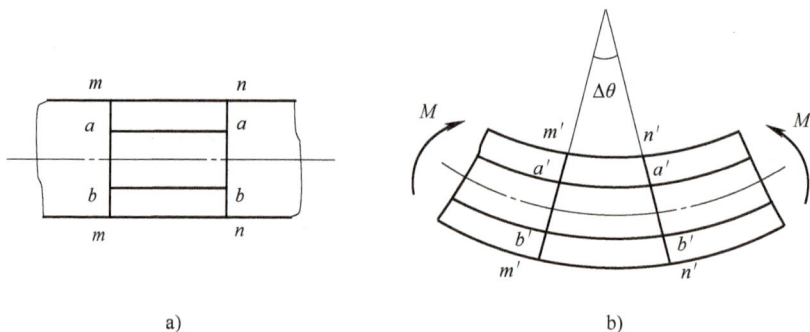

图 5-2

假设梁由平行于轴线的众多纵向纤维所组成。发生弯曲变形后，例如发生图5-3所示的向下凸的弯曲，必然会引起靠近底部的纤维伸长，靠近顶部的纤维缩短。因为横截面仍保持为平面，所以沿截面高度方向，由底部纤维的伸长过渡到顶部的纤维缩短是逐渐连续变化的，中间必定存在一个既不会伸长也不会缩短的纤维层。这一层称为中性层，它是梁上拉伸与压缩区域的分界面。中性层与横截面的交线称为中性轴。中性层上、下两侧的纤维，如一侧伸长则另一层必定为缩短，这就形成横截面沿中性轴的轻微转动。由于梁上的载荷全部作用于梁的纵向对称面内，梁的整体变形应对称于纵向对称面，这就使得中性轴与纵向对称面垂直。对于平面弯曲，截面的一对形心主轴之一必为某一平面弯曲的中性轴。

在纯弯曲变形中，由于梁的上、下表面没有横向载荷，可认为不同层的纤维之间并无相互挤压作用。我们可以提出两个假设：（1）平面假设；（2）纵向纤维间无正应力。根据这两个假设得到的弯曲正应力的计算结果，在长期的工程实践中，符合实际情况，并已为实践所验证。而且，在纯弯曲的情况下，与弹性理论的结果相一致。

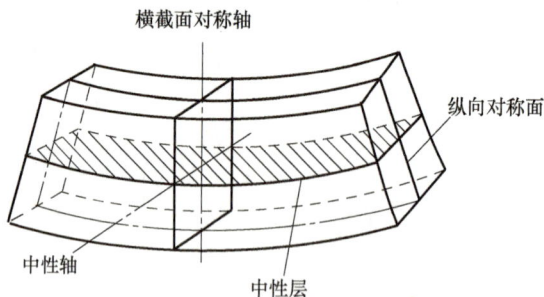

图 5-3

5.2 纯弯曲

设在梁的纵向对称面内，作用大小相等、方向相反的力偶，构成纯弯曲。纯弯曲时梁的横截面没有剪力，因而只有与弯矩有关的正应力。像研究扭转一样，纯弯曲正应力公式推导也需要同时考虑几何关系、物理关系和静力平衡关系，因此，纯弯曲梁的正应力计算也是一个超静定问题。

1. 几何关系

弯曲变形前和变形后梁的微段 dx 如图 5-4a、b 所示。我们分析离中性层 OO 轴距离为 y 的纤维 bb 的线应变。由图 5-4b 可知，假设变形后中性层的弧 $O'O'$ 曲率半径为 ρ，弧长为 $\widehat{O'O'} = \rho d\theta$。离中心轴的距离为 y 的弧 $b'b'$ 的曲率半径为 $\rho+y$，弧长为 $\widehat{b'b'} = (\rho+y)d\theta$。由图 5-4a 可以看出，变形前纤维 bb 的长度为 $\overline{bb} = dx = \overline{OO}$。因为变形前后中性层内纤维 OO 的长度不变，因而有

$$\overline{bb} = dx = \overline{OO} = \widehat{O'O'} = \rho d\theta$$

根据线应变的定义，可求得纤维 bb 的线应变为

$$\varepsilon = \frac{\widehat{b'b'} - \overline{bb}}{\overline{bb}} = \frac{(\rho+y)d\theta - \rho d\theta}{\rho d\theta} = \frac{y}{\rho} \tag{a}$$

当 d$x \to 0$ 时，纤维 bb 的线应变就可以代表横截面上 b 点的线应变。

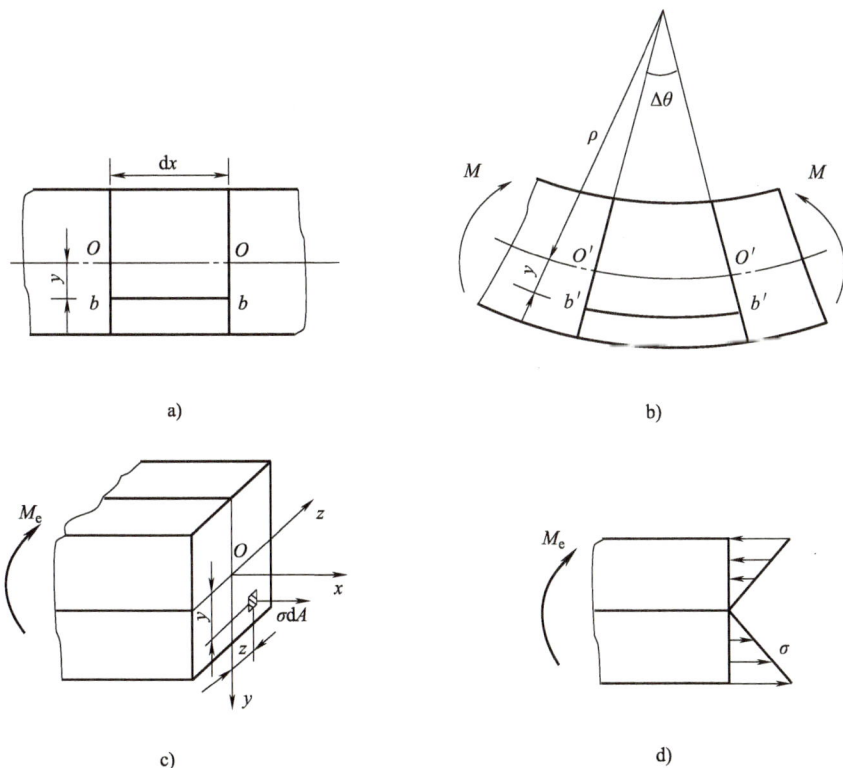

图　5-4

2. 物理关系

因为纵向纤维之间无正应力，每一纤维都处于单向拉伸或压缩。当应力小于比例极限时，由胡克定律有

$$\sigma = E\varepsilon = E\frac{y}{\rho} \tag{b}$$

3. 静力平衡关系

横截面上有正应力 σ，微面积 $\mathrm{d}A$ 的微内力为 $\sigma\mathrm{d}A$。这些微内力组成垂直于横截面的空间平行力系（见图 5-4c）。按静力学空间平行力系的简化方法，可将这一力系简化成三个内力分量，即平行于 x 轴的轴力 F_{N}，以及分别对 y 轴和 z 轴的力偶矩 M_y 和 M_z，即

$$F_{\mathrm{N}} = \int_A \sigma\mathrm{d}A, \quad M_y = \int_A z\sigma\mathrm{d}A, \quad M_z = \int_A y\sigma\mathrm{d}A$$

横截面上的内力应与左侧的外力平衡。在纯弯曲的情况下，截面左侧的外力只有对 z 轴的力偶 M_e。由于内、外力必须满足平衡方程，故有

$$F_{\mathrm{N}} = \int_A \sigma\mathrm{d}A = 0 \tag{c}$$

$$M_y = \int_A z\sigma\mathrm{d}A = 0 \tag{d}$$

这样，横截面上的内力系最终只归结为一个力偶矩 M_z，也就是弯矩 M，即

$$M_z = M = \int_A y\sigma\mathrm{d}A \tag{e}$$

根据平衡方程，弯矩 M 与外力偶矩 M_e 大小相等，方向相反。

下面对式（c）、式（d）和式（e）进一步讨论，将式（b）代入式（c），得

$$F_{\mathrm{N}} = \int_A \sigma\mathrm{d}A = \frac{E}{\rho}\int_A y\mathrm{d}A = 0 \tag{f}$$

故有 $\int_A y\mathrm{d}A = 0$，即横截面对 z 轴的静矩等于零，即 z 轴（中性轴）应通过截面的形心。对于矩形横截面，z 轴将横截面分成上下两个等面积部分。

将式（b）代入式（d），得

$$M_y = \int_A z\sigma\mathrm{d}A = \frac{E}{\rho}\int_A yz\mathrm{d}A = 0 \tag{g}$$

式中，积分 $\int_A yz\mathrm{d}A = I_{yz}$ 是横截面对 y 轴和 z 轴的惯性积。由于 y 轴是横截面的对称轴，必然有 $I_{yz} = 0$。所以式（d）自然满足。

将式（b）代入式（e），得

$$M_z = M = \int_A y\sigma\mathrm{d}A = \frac{E}{\rho}\int_A y^2\mathrm{d}A \tag{h}$$

引入 $I_z = \int_A y^2\mathrm{d}A$，称为横截面对 z 轴（中性轴）的惯性矩。于是，式（h）可以改写为

$$\frac{1}{\rho} = \frac{M}{EI_z} \tag{5-1}$$

式中，$\dfrac{1}{\rho}$ 是梁轴线变形后的曲率。式（5-1）表明，EI_z 越大，则曲率 $\dfrac{1}{\rho}$ 越小，故 EI_z 称为梁的抗弯刚度。将式（5-1）代入式（b），可得

$$\sigma = \frac{My}{I_z} \tag{5-2}$$

式（5-2）就是纯弯曲时正应力的计算公式。此式表明：横截面上各点正应力沿截面高度按

线性规律变化，沿截面宽度均匀分布，中性轴上各点的正应力为零，如图 5-4d 所示。截面的上、下边缘上各点正应力为最大，最大值为 $\sigma_{\max} = \dfrac{M y_{\max}}{I_z}$。对于图 5-4c 所示的坐标系，在弯矩为正的情况下，y 为正时 σ 为正（拉应力），y 为负时 σ 为负（压应力）。一点的正应力是拉应力还是压应力，也可由弯曲变形的凸向直接判断，而无须借助坐标 y 的正负号。以中性层为界，梁在凸出的一侧受拉，凹入的一侧受压。此时，只需将一点到中性轴的垂直距离代入式（5-2）计算即可。

5.3　横力弯曲时的正应力

式（5-2）是纯弯曲情况下，在第 5.1 节提出的两个基本假设基础上导出的。工程实际中常见的弯曲问题多为横力弯曲。这时，梁的横截面上既有正应力又有切应力。由于切应力的存在，横截面不再保持为平面。同时，横力弯曲情况，往往也不能保证纵向纤维之间没有相互挤压后正应力。例如，悬臂梁作用均布载荷时（见图 4-12a），纵向纤维间就存在相互挤压的正应力。虽然横力弯曲和纯弯曲存在这些差异，但弹性力学理论结果表明，对于矩形截面梁，只要当梁的跨度远大于梁的高度（如 $l/h>5$）时，仍可用式（5-2）来计算横力弯曲时横截面正应力，由此引起的误差能够达到工程所需要的精度要求。

对于横力弯曲，由于弯矩随轴线位置而变化。弯曲正应力的最大值发生在弯矩最大的截面处，最大的正应力为

$$\sigma_{\max} = \frac{M_{\max} y_{\max}}{I_z} \tag{5-3}$$

引入记号 $W_z = \dfrac{I_z}{y_{\max}}$，称为抗弯截面系数，则有

$$\sigma_{\max} = \frac{M_{\max}}{W_z} \tag{5-4}$$

对于矩形截面，$W_z = \dfrac{I_z}{y_{\max}} = \dfrac{bh^3/12}{h/2} = \dfrac{bh^2}{6}$；而对于圆形截面，$W_z = \dfrac{I_z}{y_{\max}} = \dfrac{\pi d^4/64}{d/2} = \dfrac{\pi d^3}{32}$。

弯曲正应力的强度条件是：梁的最大弯曲正应力不得超过材料的许用弯曲正应力，即

$$\sigma_{\max} = \frac{M_{\max}}{W_z} \leqslant [\sigma] \tag{5-5}$$

利用这个强度条件可解决三方面问题，即校核强度、设计截面尺寸和确定许可载荷。对拉压等强度材料（如碳素钢），截面一般设计成对称的，截面上最大拉、压应力数值相等，只要最大正应力绝对值不超过许用正应力即可。对拉压强度不等的材料（如铸铁），则需保证最大拉、压应力都不超过各自的许用拉、压应力，即

$$\sigma_{\mathrm{t}} = \frac{M y_{\mathrm{t}}}{I_z} \leqslant [\sigma_{\mathrm{t}}], \quad \sigma_{\mathrm{c}} = \frac{M y_{\mathrm{c}}}{I_z} \leqslant [\sigma_{\mathrm{c}}]$$

例 5.1　简支梁受力如图 5-5a 所示。已知梁的横截面为圆形，直径为 $d = 40\text{mm}$，试求 1—1 截面上 a、b 两点的正应力，以及梁的最大正应力。

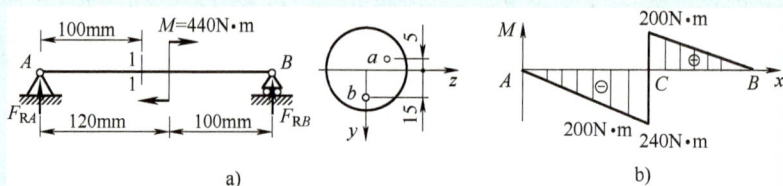

图 5-5

解： 求支座反力。研究梁 AB，受力分析如图 5-5a 所示，列平衡方程

$$\sum F_y = 0, \qquad F_{RA} + F_{RB} = 0$$

$$\sum M_A(F) = 0, \qquad F_{RB} \times 0.22\text{m} - 440\text{N} \cdot \text{m} = 0$$

解得

$$F_{RA} = -2\text{kN}, \quad F_{RB} = 2\text{kN}$$

分段绘制梁的弯矩图，如图 5-5b 所示。由图可知 1—1 截面的弯矩为 $M_1 = -200\text{N} \cdot \text{m}$，梁的最大弯矩

为 $|M_{max}| = 240\text{N} \cdot \text{m}$。梁截面为圆形，截面对中性轴的惯性矩为 $I_z = \dfrac{\pi d^4}{64} = \dfrac{\pi \times 40^4}{64}\text{mm}^4 = 12.56 \times 10^{-8}\text{m}^4$。

利用式（5-2），1—1 截面上 a、b 两点的正应力分别为

$$\sigma_a = \frac{M_1}{I_z}y_a = \frac{-200\text{N} \cdot \text{m}}{12.56 \times 10^{-8}\text{m}^4} \times (-5 \times 10^{-3}\text{m}) = 7.96\text{MPa}$$

$$\sigma_b = \frac{M_1}{I_z}y_b = \frac{-200\text{N} \cdot \text{m}}{12.56 \times 10^{-8}\text{m}^4} \times 15 \times 10^{-3}\text{m} = -23.87\text{MPa}$$

梁的最大正应力为

$$\sigma_{max} = \frac{M_{max}}{I_z} \times \frac{d}{2} = \frac{240\text{N} \cdot \text{m}}{12.56 \times 10^{-8}\text{m}^4} \times \frac{40 \times 10^{-3}}{2}\text{m} = 40.9\text{MPa}$$

例 5.2 T 形截面铸铁悬臂梁 AB，受力如图 5-6a 所示。已知材料的弯曲许用拉应力为 $[\sigma_t] = 40\text{MPa}$，弯曲许用压应力为 $[\sigma_c] = 80\text{MPa}$，且知截面对形心轴的惯性矩为 $I_z = 10000\text{cm}^4$，上、下边缘到中性轴的距离分别为 $y_1 = 10\text{cm}$，$y_2 = 15\text{cm}$，试按强度条件确定梁的许可载荷 P 的大小。

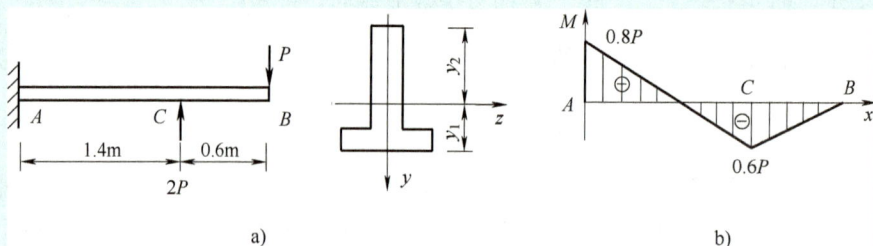

图 5-6

解： 假设已知力 P，则梁 AB 的弯矩图如图 5-6b 所示。弯矩图中出现两个正负弯矩较大的值。

先分析截面 A，因为 $M_A = 0.8P \geq 0$，中性轴 z 的下侧受拉，上侧受压。截面 A 最大拉应力为

$$\sigma_{tmax} = \frac{M_A y_1}{I_z} = \frac{0.8P \times 10 \times 10^{-2}}{10000 \times 10^{-8}} = 800P \leq [\sigma_t]$$

解得

$$P \leqslant \frac{[\sigma_t]}{800} = \frac{40 \times 10^6}{800}N = 50kN$$

截面 A 最大压应力为

$$\sigma_{cmax} = \frac{M_A y_2}{I_z} = \frac{0.8P \times 15 \times 10^{-2}}{10000 \times 10^{-8}} = 1200P \leqslant [\sigma_c]$$

解得

$$P \leqslant \frac{[\sigma_c]}{1200} = \frac{80 \times 10^6}{1200}N = 66.67kN$$

再分析截面 C,因为 $M_C = -0.6P \leqslant 0$,中性轴 z 的上侧受拉,下侧受压。截面 C 最大拉应力为

$$\sigma_{tmax} = \left| \frac{M_C y_2}{I_z} \right| = \frac{0.6P \times 15 \times 10^{-2}}{10000 \times 10^{-8}} = 900P \leqslant [\sigma_t]$$

解得

$$P \leqslant \frac{[\sigma_t]}{900} = \frac{40 \times 10^6}{900}N = 44.44kN$$

截面 C 最大压应力为

$$\sigma_{cmax} = \left| \frac{M_C y_1}{I_z} \right| = \frac{0.6P \times 10 \times 10^{-2}}{10000 \times 10^{-8}} = 600P \leqslant [\sigma_c]$$

解得

$$P \leqslant \frac{[\sigma_c]}{600} = \frac{80 \times 10^6}{600}N = 133.3kN$$

综合考虑截面 A 和截面 C 的拉伸和压缩强度,取 $P \leqslant 44.44kN$,才能满足上面所有的强度条件。

例 5.3 图 5-7a 所示的矩形截面木梁 AC 受均布载荷作用。已知 $q = 20kN/m$,$h/b = 2$,$[\tau] = 1MPa$,$[\sigma] = 9MPa$,试设计梁截面尺寸。

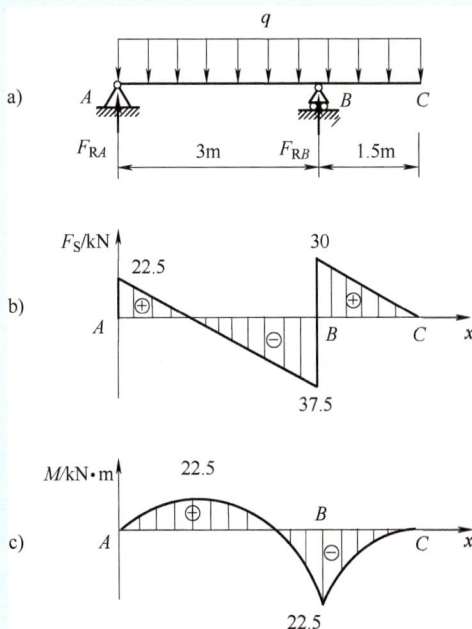

图 5-7

解：求支座反力。研究梁 AC，受力分析如图 5-7a 所示，列平衡方程

$$\sum F_y = 0, \qquad F_{RA} + F_{RB} - q \times 4.5\text{m} = 0$$

$$\sum M_A(F) = 0, \qquad F_{RB} \times 3\text{m} - q \times 4.5\text{m} \times 2.25\text{m} = 0$$

解得两支座反力为

$$F_{RA} = 22.5\text{kN}, \quad F_{RB} = 67.5\text{kN}$$

分区段绘制梁的剪力图和弯矩图，分别如图 5-7b、c 所示。

由两个内力图可知，梁的最大剪力和最大弯矩分别为 $F_{S\max} = 37.5\text{kN}$，$M_{\max} = 22.5\text{kN·m}$。

根据切应力和正应力的强度条件分别计算梁横截面的尺寸。梁的切应力强度条件为

$$\tau_{\max} = \frac{3F_{S\max}}{2bh} = \frac{3F_{S\max}}{4b^2} \leqslant [\tau]$$

解得

$$b \geqslant \sqrt{\frac{3F_{S\max}}{4[\tau]}} = \sqrt{\frac{3 \times 37.5 \times 10^3 \text{N}}{4 \times 1 \times 10^6 \text{Pa}}} = 0.167\text{m}$$

梁的正应力强度条件为

$$\sigma_{\max} = \frac{M_{\max}}{W_z} = \frac{M_{\max}}{bh^2/6} = \frac{3M_{\max}}{2b^3} \leqslant [\sigma]$$

解得

$$b \geqslant \sqrt[3]{\frac{3M_{\max}}{2[\sigma]}} = \sqrt[3]{\frac{3 \times 22.5 \times 10^3 \text{N·m}}{2 \times 9 \times 10^6 \text{Pa}}} = 0.155\text{m}$$

要同时保证满足切应力和正应力的强度条件，梁的横截面尺寸取为

$$b \geqslant 167\text{mm}, \quad h = 2b \geqslant 334\text{mm}$$

例 5.4 图 5-8 所示为一承受纯弯曲的铸铁梁，其截面为 T 形，材料的许用拉应力和许用压应力之比为 $[\sigma_t]/[\sigma_c] = 1/4$。求水平翼板的合理宽度 b。

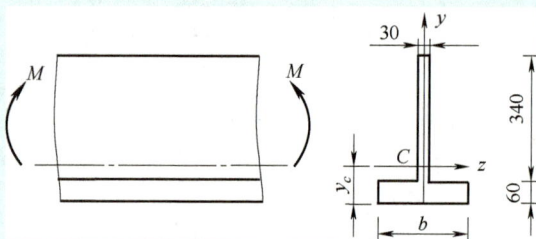

图　5-8

解：取直角坐标系如图 5-8 所示。根据梁承受的外力偶转向，可知中性轴 z 下侧受拉，上侧受压，其最大拉应力和最大压应力及其强度条件分别为

$$\sigma_{t\max} = \frac{My_C}{I_z} \leqslant [\sigma_t] \tag{i}$$

$$\sigma_{c\max} = \frac{M(400 - y_C)}{I_z} \leqslant [\sigma_c] \tag{j}$$

为了使材料的特性得到充分利用，最合理的设计是受拉侧和受压侧的最大应力之比等于或接近拉伸和压缩的许用应力之比。将式（i）和式（j）两式相除，可得

$$\frac{\sigma_{\text{tmax}}}{\sigma_{\text{cmax}}} = \frac{My_C}{I_z} \bigg/ \frac{M(400-y_C)}{I_z} = \frac{y_C}{400-y_C} = \frac{[\sigma_t]}{[\sigma_c]}$$

解得

$$y_C = 80\text{mm}$$

根据截面形心的计算公式，截面形心坐标为

$$y_C = \frac{A_1y_1 + A_2y_2}{A_1+A_2} = \frac{b\times 60\text{mm}\times 30\text{mm} + 30\text{mm}\times 340\text{mm}\times 230\text{mm}}{b\times 60\text{mm} + 30\text{mm}\times 340\text{mm}} = 80\text{mm}$$

解得水平翼板的合理宽度 $b = 510\text{mm}$。

5.4　弯曲切应力

在横力弯曲的情况下，梁横截面上既有弯矩，又有剪力。因此，横截面上既有正应力，又有切应力。根据梁横截面的形状，下面分几种情况讨论弯曲切应力。

1. 矩形截面梁

先研究矩形截面梁横截面上的切应力。图 5-9a 所示为一矩形截面梁，在任意横向载荷作用下发生平面弯曲。在计算横截面上切应力时做两个基本假设：（1）横截面上各点的切应力方向都平行于横截面上的剪力 F_S；（2）切应力沿宽度方向均匀分布。在截面高度 h 远大于宽度 b 的情况下，在上述假设基础上得到的解，与弹性理论得到的精确解相比有足够的精确度。按照这个假设，梁的任意横截面（例如图 5-9a 所示截面 aa）上，距离中性轴为 y 的横线上，各点的切应力 τ 都相等，且都平行于 F_S，如图 5-9b 所示。通过上述分析，我们可以得到这样的结论：在横力弯曲时，梁横截面的切应力与坐标 z 无关，只可能和坐标 y 相关。正是这些不同高度微面积 $\text{d}A$ 上的微剪力 $\tau\text{d}A$ 的合成，形成横截面上的剪力。为了求得距离中性轴为 y 处的切应力，我们先假想地用两个横截面 a—a 和 b—b 将梁截断，从而取出长为 $\text{d}x$ 的微段（见图 5-9a）。根据前面的分析，我们可以画出该段的内力分布如图 5-9c 所示。截面 a—a 和 b—b 上作用的正应力沿高度方向线性分布，切应力沿高度方向的变化规律还有待于进一步确定。要确定距离中性轴为 y 处的切应力，我们可以用一个距离中性层为 y 的平面 cd 假想地将微段截断，分析截面 cd 以下部分的受力。由前面分析我们知道，微段侧面上距离中性轴 y 处作用有沿宽度方向均布分布的切应力 τ，根据切应力互等定理，可知截面 cd 也应作用切应力 $\tau' = \tau$。τ' 和 τ 一样，沿宽度均匀分布，方向如图 5-10a 所示。截面 cd 以下部分（脱离体）的受力分析如图 5-10b 所示。F_{N1} 是左侧面 acc_1a_1 的微内力 $\sigma\text{d}A$ 组成的内力系的合力，F_{N2} 是右侧面 bdd_1b_1 的微内力 $(\sigma+\text{d}\sigma)\text{d}A$ 组成的内力系的合力，$\text{d}F_S$ 是截面 cdd_1c_1 上微内力 $\tau'\text{d}A$ 组成的内力系的合力。由于截面 cdd_1c_1 上切应力沿宽度方向均匀分布，且长度为 $\text{d}x$，可以认为 τ' 在截面 cdd_1c_1 上是常量，故有 $\text{d}F_S = \tau'b\text{d}x$。

由静力平衡关系 $\sum F_x = 0$，可得

$$F_{N2} - F_{N1} - \text{d}F_S = 0 \tag{a}$$

如图 5-10b 所示，左、右两侧面的内力系的合力可分别表示为

$$F_{N1} = \int_{A^*} \sigma\text{d}A = \int_{A^*} \frac{My_1}{I_z}\text{d}A = \frac{M}{I_z}S_z^* \tag{b}$$

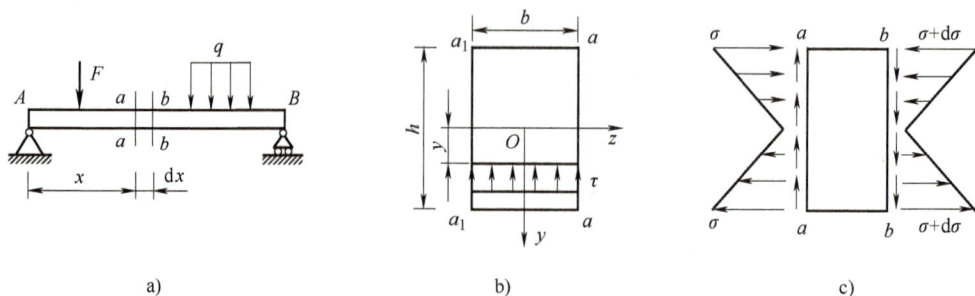

图 5-9

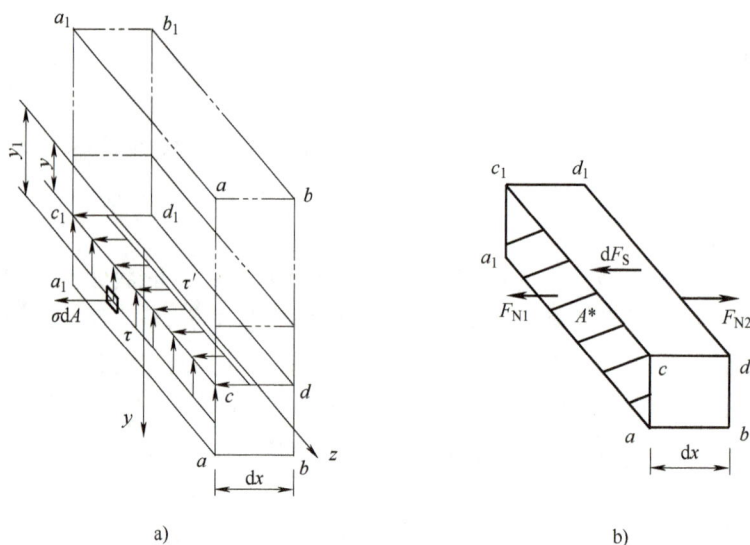

图 5-10

$$F_{N2} = \int_{A^*} (\sigma + d\sigma)\, dA = \int_{A^*} \frac{(M+dM)y_1}{I_z}\, dA = \frac{M+dM}{I_z} S_z^* \tag{c}$$

式（b）、式（c）中的 $S_z^* = \int_{A^*} y_1\, dA$ 为脱离体侧面面积 A^* 对截面中性轴（z 轴）的静矩，也称为面积矩。

将式（b）、式（c）代入式（a），可得

$$dF_S = \frac{dM}{I_z} S_z^* \tag{d}$$

将 $dF_S = \tau' b\, dx$ 代入式（d），可得截面 cdd_1c_1 上的切应力

$$\tau' = \frac{dM}{dx}\frac{S_z^*}{I_z b} \tag{e}$$

由式（4-2），有 $\dfrac{dM}{dx} = F_S$，则式（e）可简写为

$$\tau' = \frac{F_S S_z^*}{I_z b}$$

根据切应力互等定理，可知横截面的横线 cc_1 上的切应力为

$$\tau = \tau' = \frac{F_S S_z^*}{I_z b} \tag{5-6}$$

对于矩形截面，侧面面积 A^* 对截面中性轴的静矩为

$$S_z^* = \int_{A^*} y_1 \mathrm{d}A = \int_y^{h/2} y_1 b \mathrm{d}y_1 = \frac{b}{2}\left(\frac{h^2}{4}-y^2\right)$$

这样，矩形截面上距中性轴 y 处各点的切应力可表示为

$$\tau = \frac{F_S}{2I_z}\left(\frac{h^2}{4}-y^2\right) \tag{5-7}$$

式（5-7）表明，矩形截面梁横截面上切应力 τ 沿截面高度方向按抛物线规律变化，沿截面宽度均匀分布。当 $y=\pm h/2$ 时，$\tau=0$。这表明在截面上、下边缘各点处切应力等于零。随着离中性轴的距离 y 减小，τ 逐渐增大。当 $y=0$ 时，τ 取最大值，即中性轴上各点的切应力为最大，最大值为

$$\tau = \frac{F_S h^2}{8I_z} \tag{f}$$

将 $I_z = \frac{bh^3}{12}$ 代入式（f），最大切应力为

$$\tau = \frac{3}{2}\frac{F_S}{bh} \tag{5-8}$$

可见，矩形截面梁的最大切应力为平均切应力的 1.5 倍。需要说明的是，平均切应力并不具有实际的物理意义，只是为了研究方便所人为规定的值。

2. 工字形截面梁

首先分析工字形（见图 5-11a）截面梁腹板上的切应力。关于工字形截面梁腹板上切应力的分布，由于腹板为狭长矩形，所以有关矩形截面的两个假设仍然成立，切应力的计算公式仍可表示为

$$\tau = \frac{F_S S_z^*}{I_z b_0}$$

式中，b_0 为腹板宽度。

为计算腹板上距中性轴为 y 处各点的切应力，则需要计算图 5-11a 中阴影部分的面积对中性轴的静矩，即

图　5-11

$$S_z^* = b\left(\frac{h}{2}-\frac{h_0}{2}\right)\left[\frac{h_0}{2}+\frac{1}{2}\left(\frac{h}{2}-\frac{h_0}{2}\right)\right] + b_0\left(\frac{h_0}{2}-y\right)\left[y+\frac{1}{2}\left(\frac{h_0}{2}-y\right)\right]$$

$$= \frac{b}{8}(h^2-h_0^2) + \frac{b_0}{2}\left(\frac{h_0^2}{4}-y^2\right)$$

于是，腹板上距中性轴为 y 处各点的切应力为

$$\tau = \frac{F_S}{I_z b_0}\left[\frac{b}{8}(h^2-h_0^2) + \frac{b_0}{2}\left(\frac{h_0^2}{4}-y^2\right)\right] \tag{5-9}$$

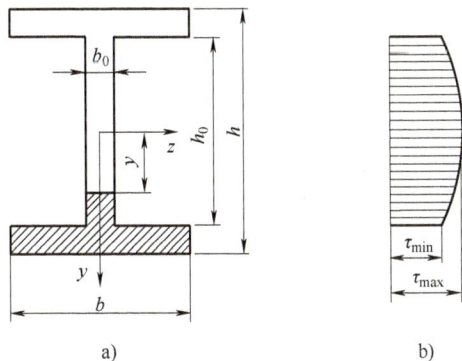

可见，沿腹板高度，切应力也是按抛物线规律分布（见图 5-11b）。以 $y=0$ 和 $y=\pm h_0/2$ 分别代入式（5-9），求得腹板上的最大和最小切应力分别为

$$\tau_{max} = \frac{F_S}{I_z b_0}\left[\frac{bh^2}{8} - (b-b_0)\frac{h_0^2}{8}\right] \qquad (g)$$

$$\tau_{min} = \frac{F_S}{I_z b_0}\left[\frac{bh^2}{8} - \frac{bh_0^2}{8}\right] \qquad (h)$$

比较式（g）、式（h）可以看出，由于腹板的宽度 b_0 远小于翼缘的宽度 b，因此，τ_{max} 和 τ_{min} 实际上相差不大。因此，可以认为腹板上切应力大致呈均匀分布。腹板上的总剪力 F_{S1}，等于图 5-11b 中应力分布图的面积乘以腹板的宽度 b_0。计算结果表明，F_{S1} 等于（0.95~0.97）F_S。可见，横截面上的剪力 F_S 的绝大部分由腹板承担。既然腹板几乎承担了截面上的全部剪力，而且腹板上的切应力又接近于均匀分布，因此，腹板内的切应力可近似表示为

$$\tau = \frac{F_S}{b_0 h_0} \qquad (5-10)$$

工字形截面梁翼缘上，由于翼缘的上、下表面的各点处无切应力，而翼缘又很薄，因此，翼缘上平行于 F_S 的切应力很小，在强度计算时，通常可以不必考虑。此外，翼缘上还有平行于翼缘宽度 b 的切应力分量。它与腹板内的切应力比较，一般也是次要的。如需计算，可参考相关书籍。

同时也要注意到，工字梁翼缘的全部面积都离中性轴较远，每一点的正应力都较大，所以翼缘负担了截面上大部分弯矩。

3. 薄壁圆环形截面梁

图 5-12a 为一薄壁圆环形截面。环壁厚度为 δ，环的平均半径为 r_0。由于 δ 与 r_0 相比很小，故可假设：

（1）横截面上切应力的大小沿壁厚无变化；

（2）切应力的方向与圆周相切，如图 5-12a 所示。

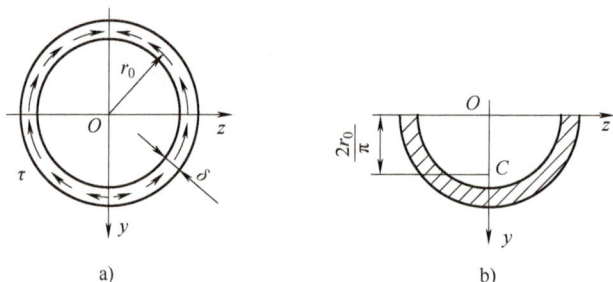

图　5-12

由于假设（1）与矩形截面的假设相似，因此，通过相似的推导，可得到横截面上任一点处的切应力计算公式形式上与式（5-6）相同。由对称性关系可知，横截面与 y 轴相交的各点处的切应力为零，y 轴两侧各点处的切应力对称于 y 轴。下面只讨论横截面上的最大切应力。

对于薄壁圆环形截面，其 τ_{max} 仍发生在中性轴上。在求中性轴的切应力时，只需计算半圆环截面（见图 5-12b）对中性轴 z 的静矩。设截面的形心为 C，则形心 C 的 y 坐标为

$$y_C = \frac{2}{3\pi r_0}\left(3r_0^2 + \frac{\delta^2}{4}\right) \approx \frac{2r_0}{\pi}$$

半圆环截面对中性轴的静矩为

$$S_z^* = \pi r_0 \delta y_C \approx 2r_0^2 \delta$$

由附录 II 可查得环形截面对中性轴的惯性矩为

$$I_z = \pi r_0^3 \delta$$

于是，得

$$\tau_{\max} = \frac{F_S S_z^*}{I_z b_0} = \frac{F_S \cdot 2r_0^2 \delta}{\pi r_0^3 \delta \cdot 2\delta} = 2\frac{F_S}{A} \tag{5-11}$$

式中，$A = \frac{\pi}{4}\left[(2r_0+\delta)^2 - (2r_0-\delta)^2\right] = 2\pi r_0 \delta$ 为圆环形截面的面积。可见，薄壁圆环形截面梁的最大切应力是平均切应力的 2 倍。

上述对薄壁圆环形截面所做的两个假设，同样适用于其他形式具有纵向对称轴的薄壁截面。因此，也可以仿照上述方法计算其横截面上的最大切应力。

4. 圆形截面梁

图 5-13a 为一圆形截面，圆的平均半径为 r。

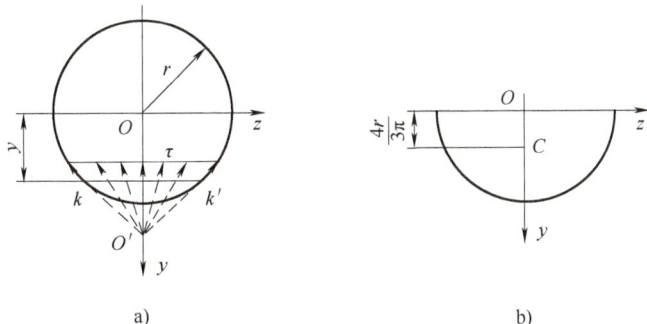

图 5-13

由切应力互等定理可知，在截面边缘上各点切应力 τ 的方向必与圆周相切，这样，在圆截面的水平弦线 kk' 的两个端点上，与圆周相切的切应力作用线相交于 y 轴的 O' 点（见图5-13a）。而在与对称轴 y 相交的各点处，由于剪力、截面形状和材料物性均对称于 y 轴，因此，其切应力必沿 y 方向。为此，可以假设：

（1）沿距中性轴为 y 的水平弦线 kk' 上各点处切应力的作用线都通过 O' 点；

（2）水平弦线 kk' 上各点切应力的垂直分量 τ_y 是相等的，于是对 τ_y 来说，就与矩形截面所做的假设完全相同，所以可用式（5-6）来计算，即

$$\tau_y = \frac{F_S S_z^*}{I_z b} \tag{i}$$

式中，b 为 kk' 弦的长度；S_z^* 为圆截面在水平弦线 kk' 以下部分面积对中性轴的静矩。在中性轴上，切应力达到最大值，且各点的切应力都沿 y 方向。此时，式（i）中 $b = 2r$，$I_z = \frac{\pi r^4}{4}$。

S_z^* 为半圆面积（见图 5-13b）对中性轴 z 的静矩。由于半圆的形心 C 到 z 轴的距离为 $\frac{4r}{3\pi}$，半

圆面积为 $\frac{1}{2}\pi r^2$，可得到静矩 S_z^* 为

$$S_z^* = \frac{1}{2}\pi r^2 \cdot \frac{4r}{3\pi} = \frac{2}{3}r^3 \tag{j}$$

将式（j）代入式（i），并注意到 $b=2r$，$I_z = \frac{\pi r^4}{4}$，最后可得

$$\tau_{max} = \frac{4}{3}\frac{F_S}{A} \tag{5-12}$$

式中，$A = \pi r^2$ 是圆截面的面积。可见对于圆截面梁最大切应力是平均切应力的 $\frac{4}{3}$ 倍。

现在讨论弯曲切应力的强度校核。一般地说，在剪力最大的截面的中性轴上，出现最大切应力，最大切应力为

$$\tau_{max} = \frac{F_{Smax}S_{zmax}^*}{I_z b} \tag{5-13}$$

式中，S_{zmax}^* 是中性轴以下（或以上）部分截面对中性轴的静矩。中性轴上各点的正应力等于零，只有切应力，所以是纯剪切应力状态。弯曲切应力的强度条件是：梁的最大弯曲切应力不得超过材料的许用弯曲切应力，即

$$\tau_{max} \leqslant [\tau] \tag{5-14}$$

利用这个强度条件可解决三方面问题，即校核强度、设计截面尺寸和确定许可载荷。

对于细长梁，弯曲正应力是强度的主要控制因素，一般只要满足弯曲正应力强度条件也能满足切应力的强度要求。只有在某些情况下，要进行梁的弯曲切应力强度校核：（1）梁的跨度较小，或在支座附近作用较大的载荷，以致梁的弯矩较小而剪力颇大；（2）铆接或焊接的工字梁，如腹板较薄而截面高度颇大，以致厚度与高度的比值小于型钢的相应比值，这时，对腹板应进行切应力校核；（3）经焊接、铆接或胶合而成的梁，对焊缝、铆钉或胶合面等，一般应进行剪切强度校核。

例 5.5 图 5-14 所示矩形截面梁，已知梁的跨度 l、宽度 b、高度 h，自由端受集中力 F 作用。试求梁内最大正应力及最大切应力，并比较两者的大小。

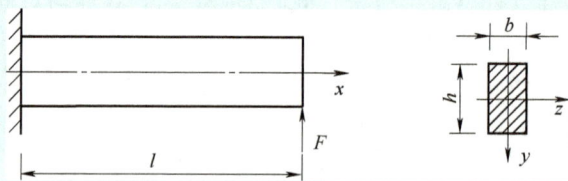

图 5-14

解：取直角坐标系如图 5-14 所示。最大弯矩发生在固定端截面，最大弯矩 $M_{max} = Fl$。梁上各截面的剪力均为 $F_S = F$。最大正应力产生于固定端截面的上、下缘。由式（5-4）有

$$\sigma_{max} = \frac{M}{W_z} = \frac{Fl}{bh^2/6} = \frac{6Fl}{bh^2} \tag{k}$$

最大切应力产生于各截面的中性轴处。由式（5-8）有

$$\tau_{\max}=\frac{3}{2}\frac{F}{A}=\frac{3}{2}\frac{F}{bh} \tag{1}$$

两者之比为

$$\frac{\tau_{\max}}{\sigma_{\max}}=\frac{\dfrac{3F}{2bh}}{\dfrac{6Fl}{bh^2}}=\frac{h}{4l} \tag{m}$$

由式（m）可以看出，当 $l>5h$ 时，$\tau_{\max}<0.05\sigma_{\max}$，最大切应力值不足最大正应力的 5%，相对较小，一般可以忽略。如将梁改为圆形，其直径为 d，则 $W_z=\dfrac{\pi d^3}{32}$，$A=\dfrac{\pi d^2}{4}$，于是

$$\frac{\tau_{\max}}{\sigma_{\max}}=\frac{\dfrac{4}{3}\dfrac{4F}{\pi d^2}}{\dfrac{32Fl}{\pi d^3}}=\frac{d}{6l} \tag{n}$$

由式（n）可以看出，当 $l>5h$ 时，$\tau_{\max}<0.033\sigma_{\max}$。更多的计算表明，在一般的细长非薄壁截面梁中，最大正应力与最大切应力比值的数量级大致与梁的长高比相同。

例 5.6　工字形截面梁受力如图 5-15a 所示，材料的许用应力 $[\sigma]=160\mathrm{MPa}$，$[\tau]=100\mathrm{MPa}$。试选择适当的工字钢型号。

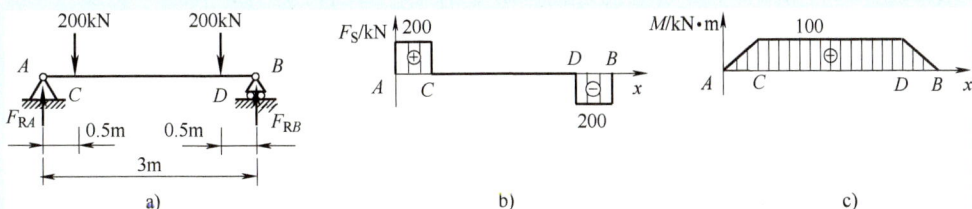

图　5-15

解：先求梁的支座反力。根据对称性，可知梁两端的支座反力均为

$$F_{RA}=F_{RB}=200\mathrm{kN}$$

画出梁的剪力图和弯矩图，如图 5-15b、c 所示。根据弯曲正应力的强度条件选择截面。由式（5-5）有

$$\sigma_{\max}=\frac{M_{\max}}{W_z}\leqslant[\sigma]$$

所以

$$W_z\geqslant\frac{M_{\max}}{[\sigma]}=\frac{100\times10^3\mathrm{N\cdot m}}{160\times10^6\mathrm{Pa}}=625\times10^{-6}\mathrm{m}^3=626\mathrm{cm}^3$$

查附录Ⅲ热轧型钢表，选 32a 工字钢，$W_z=692\mathrm{cm}^3$。

下面校核弯曲切应力的强度条件，由附录Ⅲ热轧型钢表查得 32a 工字钢 $I_z/S_z^*=27.5\mathrm{cm}$，工字钢腹板的宽度 $b=0.95\mathrm{cm}$。由式（5-13）有

$$\tau_{\max}=\frac{F_{S\max}S_z^*}{I_z b}=\frac{200\times10^3\mathrm{N}}{27.5\times10^{-2}\mathrm{m}\times0.95\times10^{-2}\mathrm{m}}=76.6\mathrm{MPa}<[\tau]$$

因此，要同时满足正应力和切应力的强度条件，应选用型号为 32a 的工字钢。

5.5 提高弯曲强度的措施

如何以较少的材料消耗，使得梁的承载能力和强度要求得到充分保障，这是提高设计的合理性的基本要求。采用哪些措施来提高弯曲强度，是这一节讨论的主要问题。

前一节曾指出，弯曲正应力是控制梁强度的主要因素。所以，分析提高弯曲强度的措施，应该从弯曲正应力的强度条件入手。弯曲正应力的强度条件为

$$\sigma_{max} = \frac{M_{max}}{W_z} \leqslant [\sigma] \qquad (a)$$

式（a）往往是设计梁的主要依据。为了提高梁的弯曲强度，我们可从两个方面来考虑。一方面是合理安排梁的受力情况，以降低 M_{max} 的数值；另一方面则是采用合理截面形状，以提高 W_z 的数值。下面分几点进行讨论。

1. 合理安排梁的受力情况

改善梁的受力情况，尽量减小梁内的最大弯矩 M_{max}。根据弯曲正应力的强度条件，最大应力 σ_{max} 随 M_{max} 减小而减小，强度条件更容易得到满足，相对地提高了梁的强度。如图 5-16a 所示的简支梁，如果在梁 AB 上增加附梁 CD，如图 5-16b 所示，改变了梁 AB 的受力情况，两种受力不同的梁的弯矩图分别如图 5-16c、d 所示。从两种弯矩图可以看出，通过增加附梁，梁内的最大弯矩可以减小一半。也就是说，增加附梁时载荷可提高 2 倍。

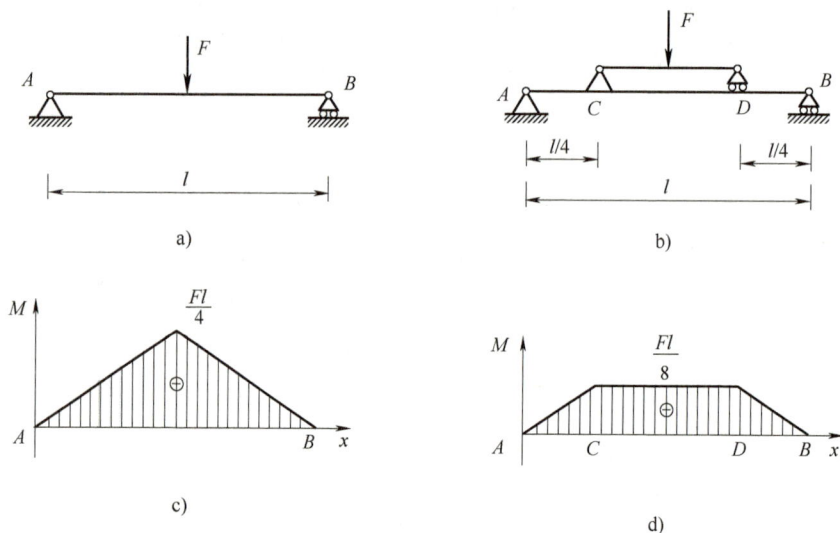

图 5-16

也可以合理布置梁的支座减小梁内的最大弯矩。如图 5-17a 所示均布载荷作用的简支梁，梁的弯矩图如图 5-17c 所示。梁的最大弯矩为

$$M_{max} = \frac{ql^2}{8} = 0.125ql^2$$

若将两端支座各向内移动 0.2l（图 5-17b），梁的弯矩图如图 5-17d 所示。梁的最大弯矩为

$$M_{max} = \frac{ql^2}{40} = 0.025ql^2$$

该弯矩只及前者的 $\frac{1}{5}$。也就是说，按图 5-17b 布置支座，载荷可提高 4 倍。

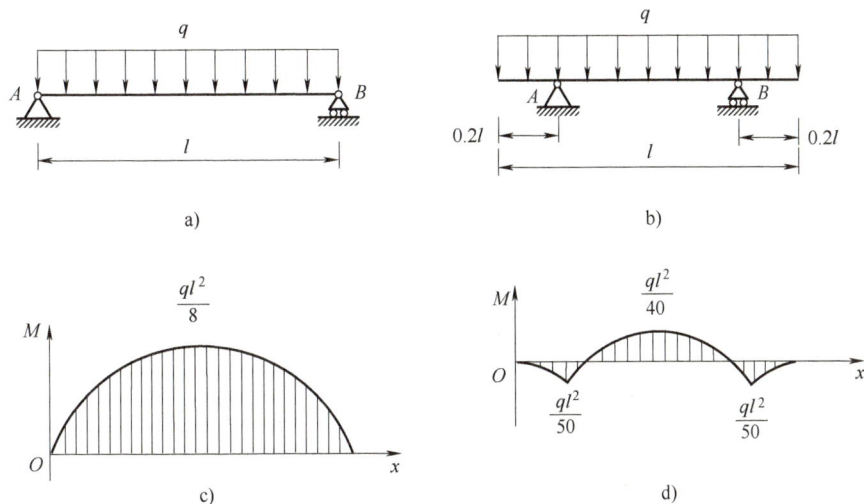

图　5-17

2. 梁的合理截面

若把梁弯曲正应力强度条件改为

$$M_{max} \leq [\sigma] W_z \qquad (b)$$

可见，梁可承受的最大弯矩 M_{max} 与抗弯截面系数成正比。为了提高弯曲强度，应在相同横截面面积的情况下尽可能提高抗弯截面系数。例如，截面高度 h 大于宽度 b 的矩形截面梁，如把截面竖放（见图 5-18a），其抗弯截面系数为 $W_{z1} = \frac{1}{6}bh^2$。如把截面平放（见图 5-18b），其抗弯截面系数为 $W_{z2} = \frac{1}{6}hb^2$。两者之比是 $\frac{W_{z1}}{W_{z2}} = \frac{h}{b} > 1$，所以竖放比平放具有更高的抗弯截面系数，所以房屋和桥梁等建筑物中的矩形截面梁，一般都是竖放的。

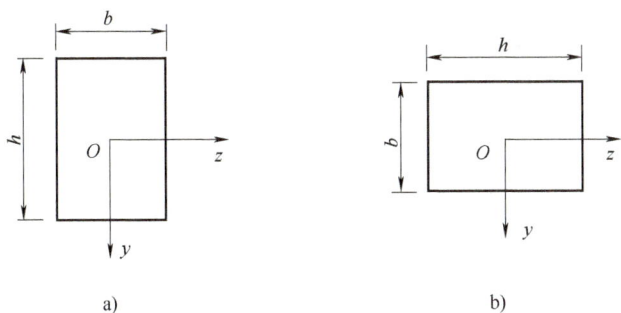

图　5-18

工程中常见的梁的截面包括圆形截面、矩形截面、空心圆截面、槽形截面和工字形截面等。在截面积相同的情况下，不同截面形状的抗弯截面系数 W_z 并不相同。一般可用 W_z/A 来衡量截面形状的合理性和经济性，理想的截面应使比值 W_z/A 较大。表 5-1 中列出了几种常见截面的 W_z/A 的值，可以看出，圆截面最不经济，矩形截面和空心圆截面较圆截面经济，而槽形截面和工字形截面最为经济合理。所以桥式起重机的大梁以及其他钢结构中的抗弯构件，经常采用槽形截面和工字形截面。这可以从梁横截面上正应力的分布规律来说明。弯曲时，梁横截面上的点离中性轴越远，正应力越大。为了充分利用材料，应尽可能地把材料放置到离中性轴较远处。圆形截面在中性轴附近聚集了较多的材料，致使这部分材料的性能未能得到充分发挥，如改成空心截面，可使圆截面上离中性轴附近的较多材料移除，从而提高了截面形状的经济性。在自然界，许多农作物（如秸秆）是空心的圆截面，可提高植物的抗倒伏的性能。竹子是空心的，比树木的抗风能力强。

表 5-1　几种截面的 W_z 与 A 的比值

截面名称	圆形	矩形	空心圆	槽形	工字形
截面形状			内径$d=0.8h$		
$\dfrac{W_z}{A}$	0.125h	0.167h	0.205h	(0.27-0.31)h	(0.27-0.31)h
经济性	最不经济	较经济	较经济	最经济	最经济

　　合理设计截面形状时，还需要考虑材料的特性。对于拉压等强度材料（如碳钢），宜采用关于中性轴对称的截面，如圆形（实心或空心）、矩形、槽形、工字形和箱型截面形状。这样可使截面上、下边缘处的最大拉应力和最大压应力数值相等，且同时接近许用应力。但对于抗压强度高于抗拉强度的材料，例如铸铁，则最好使用中性轴偏于受拉一侧的截面。例如图 5-19 所示的一些截面。对于这类截面，最理想的偏心程度 y_1/y_2 应为

$$\frac{\sigma_{tmax}}{\sigma_{cmax}}=\frac{M_{max}y_1}{I_z}\bigg/\frac{M_{max}y_2}{I_z}=\frac{y_1}{y_2}=\frac{[\sigma_t]}{[\sigma_c]}$$

式中，$[\sigma_t]$ 和 $[\sigma_c]$ 分别为材料的许用拉应力和许用压应力。应尽可能使梁内的最大弯曲拉应力和最大压应力都同时达到或接近各自的许用应力，这样可充分利用材料的强度。

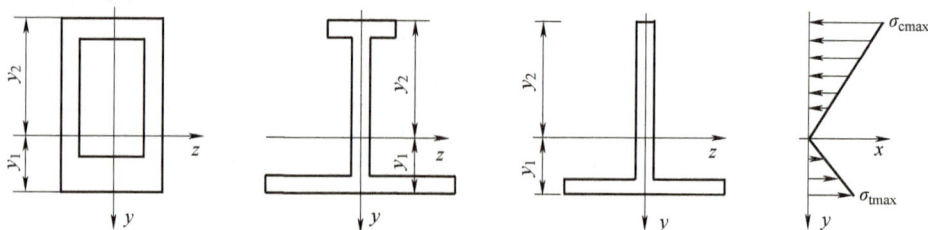

图　5-19

3. 采用变截面梁或等强度梁

　　对于等截面梁，抗弯截面系数 W_z 等于常数，但梁各截面上的弯矩却随截面的位置是变化的。在式（a）所示的弯曲正应力强度条件中，最大正应力发生在弯矩最大的横截面上距中性轴最远的各点处。而当最大弯矩截面上最大正应力达到材料的许用应力时，其余各横截面上的最大正应力均小于材料的许用应力，材料并未得到充分利用。为了节省材料，减轻自重，可设计梁的横截面尺寸随弯矩的变化而变化。在弯矩较大处采用较大截面，而在弯矩较

小处采用较小截面。这种截面尺寸沿截面位置变化的梁，称为变截面梁。若使梁各横截面上的最大正应力都相等，并均同时达到材料的许用应力，则称等强度梁。假设梁弯曲时在任意截面上的弯矩为 $M(x)$，而截面的抗弯截面系数为 $W_z(x)$。根据等强度梁的定义，应有

$$\sigma_{\max} = \frac{M(x)}{W_z(x)} = [\sigma] \qquad (c)$$

式（c）也可以写为

$$W_z(x) = \frac{M(x)}{[\sigma]} \qquad (5\text{-}15)$$

式（5-15）就是等强度梁抗弯截面系数随梁轴线的变化规律。

若图 5-20a 所示的梁为等强度简支梁，梁的横截面为矩形，且设截面高度 $h =$ 常数。梁 AC 段的弯矩 $M(x) = \frac{F}{2}x$。根据式（5-15），可求得梁的 AC 段宽度 b 随轴线的变化规律 $b = b(x)$，即

$$W_z(x) = \frac{b(x)h^2}{6} = \frac{M(x)}{[\sigma]} = \frac{Fx}{2[\sigma]} \quad \left(0 \leqslant x \leqslant \frac{l}{2}\right)$$

解得

$$b(x) = \frac{3F}{[\sigma]\,h^2}x \qquad (d)$$

由式（d）可见，梁的宽度随 x 增大而增大，两者成正比。根据对称性，可知梁 CB 段的宽度和 AC 段对称，如图 5-20b 所示。但按式（d）设计梁的宽度，在梁的两端，梁的宽度等于零，这显然不能满足切应力强度要求。此时，需要根据切应力强度要求确定支座附近的截面的宽度。设支座附近截面所需要的最小宽度为 $b_{\min}$（见图 5-20c），根据剪切的强度要求，即

$$\tau_{\max} = \frac{3}{2}\frac{F_{\mathrm{Smax}}}{A} = \frac{3}{4}\frac{F}{b_{\min}h} = [\tau]$$

由此可解得

$$b_{\min} = \frac{3F}{4h[\tau]} \qquad (e)$$

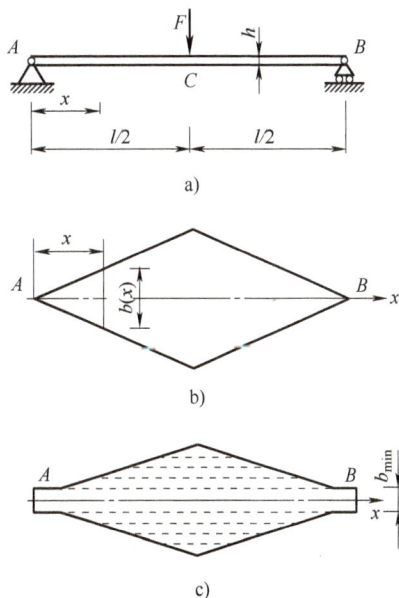

图　5-20

若假想上述等强度矩形截面梁的截面宽度 b 为常数，而高度 h 随 x 是变化的，即 $h = h(x)$。根据等强度梁的定义，可得

$$W_z(x) = \frac{bh^2(x)}{6} = \frac{M(x)}{[\sigma]} = \frac{Fx}{2[\sigma]}$$

解得

$$h(x) = \sqrt{\frac{3Fx}{b[\sigma]}} \qquad (f)$$

设支座附近截面所需要的最小高度 $h_{\min}$，根据剪切的强度要求，即

$$\tau_{\max} = \frac{3}{2}\frac{F_{\mathrm{Smax}}}{A} = \frac{3}{4}\frac{F}{bh_{\min}} = [\tau]$$

由此可解得

$$h_{\min}=\frac{3F}{4b[\tau]} \tag{g}$$

考虑到加工方便及结构要求，工程中常采用鱼腹式和阶梯式等变截面梁来代替理论上的等强度梁，如图 5-21 所示。

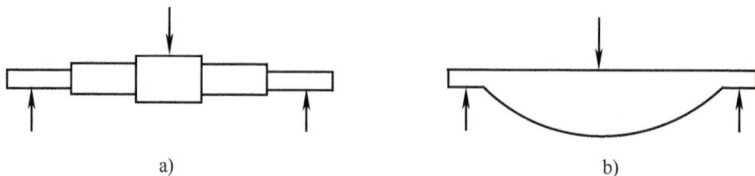

a)

b)

图 5-21

思 考 题

一、填空题

1. 梁在纯弯曲时，其横截面仍保持为平面，且与变形后的梁轴线相＿＿＿＿＿；各横截面上的剪力等于＿＿＿＿＿，而弯矩为常量。

2. 梁发生平面弯曲时，其横截面绕＿＿＿＿＿旋转。

3. 梁在弯曲时的中性轴，就是梁的＿＿＿＿＿与横截面的交线，它必然通过其横截面上的＿＿＿＿＿那一点。

4. 梁弯曲时，其横截面的＿＿＿＿＿按直线规律变化，中性轴上各点的正应力等于＿＿＿＿＿，而距中性轴越＿＿＿＿＿（填"远"或"近"）正应力越大。以中性层为界，靠＿＿＿＿＿边的一侧纵向纤维受压力作用，而靠＿＿＿＿＿边的一侧纵向纤维受拉应力作用。

5. 对于横截面高宽度比 $h:b=2$ 的矩形截面梁，当截面竖放时和横放时的抗弯能力（抗弯截面系数）之比为＿＿＿＿＿。

6. 面积相等的圆形、矩形和工字形截面的抗弯截面系数分别为 $W_圆$、$W_矩$ 和 $W_工$，比较其值的大小，其结论应是 $W_圆$ 比 $W_矩$＿＿＿＿＿，$W_工$ 比 $W_矩$＿＿＿＿＿。（填"大"或"小"）

7. 由弯曲正应力强度条件可知，设法降低梁内的最大弯矩，并尽可能提高截面的＿＿＿＿＿系数，即可提高梁的承载能力。

8. 工程上用的鱼腹梁、阶梯轴等，其截面尺寸随弯矩大小而变，这种截面变化的梁，往往就是近似的＿＿＿＿＿梁。

9. 等截面梁内的最大正应力总是出现在最大＿＿＿＿＿所在的横截面上。

10. 若变截面梁的每一横截面上的最大正应力等于材料的许用应力，则称这种梁为＿＿＿＿＿。

二、判断题（对论述正确的在括号内画√，错误的画×）

1. 静矩是对一定的轴而言的，同一截面对不同的坐标轴，静矩是不相同的，并且它们可以为正，可以为负，亦可以为零。（　　）

2. 截面对某一轴的静矩为零，则该轴一定通过截面的形心，反之亦然。（　　）

3. 截面对任意一对正交轴的惯性矩之和，等于该截面对此两轴交点的极惯性矩，即 $I_y+I_z=I_P$。（　　）

4. 同一截面对于不同的坐标轴惯性矩是不同的，但它们的值恒为正。（　　）

5. 组合截面对任一轴的惯性矩等于其各部分面积对同一轴惯性矩之和。（　　）

6. 惯性半径是一个与截面形状、尺寸、材料的特性及外力有关的量。（　　）

7. 平面图形对于其形心主轴的静矩和惯性积均为零，但极惯性矩和惯性矩一定不为零。　　（　　）

8. 有对称轴的截面其形心必在此对称轴上，故该对称轴就是形心主轴。　　（　　）

9. 梁平面弯曲时，各截面绕其中性轴 z 发生相对转动。　　（　　）

10. 梁弯曲变形时，其中性层的曲率半径 ρ 与 EI_z 成正比。　　（　　）

11. 纯弯曲时，梁的正应力沿截面高度是线性分布的，即离中性轴越远，其值越大；而沿截面宽度是均匀分布的。　　（　　）

三、单项选择题

1. 梁纯弯曲变形后，其横截面始终保持为平面，且垂直于变形后的梁轴线，横截面只是绕（　　）转过了一个微小的角度。

（A）梁的轴线　　　　　　　　　　（B）梁轴线的曲线率中心

（C）中性轴　　　　　　　　　　　（D）横截面自身的轮廓线

2. 梁在纯弯曲时，其横截面的正应力变化规律与纵向纤维应变的变化规律是（　　）的。

（A）相同　　　　（B）相反　　　　（C）相似　　　　（D）完全无联系

3. 梁在平面弯曲时，其中性轴与梁的纵向对称面是相互（　　）的。

（A）平行　　　　（B）垂直　　　　（C）成任意夹角　　　　（D）无法确定

4. 梁在纯弯曲时，横截面上由微内力组成的一个垂直于横截面的（　　），最终可简化为弯矩。

（A）平面平行力系　　（B）空间平行力系　　（C）平面力偶系　　（D）空间力偶系

5. 梁弯曲时，横截面上离中性轴距离相同的各点处正应力是（　　）的。

（A）相同　　　　　　　　　　　　（B）随截面形状的不同而不同

（C）不相同　　　　　　　　　　　（D）有的地方相同，而有的地方不同

6. 图 5-22 所示截面的面积为 A，形心位置为 C，x_1 轴平行于 x_2 轴，已知截面对 x_1 轴的惯性矩为 I_{x1}，则截面对于 x_2 轴的惯性矩为（　　）。

（A）$I_{x2}=I_{x1}+(a+b)^2A$

（B）$I_{x2}=I_{x1}+(a^2+b^2)A$

（C）$I_{x2}=I_{x1}+(a^2-b^2)A$

（D）$I_{x2}=I_{x1}+(b^2-a^2)A$

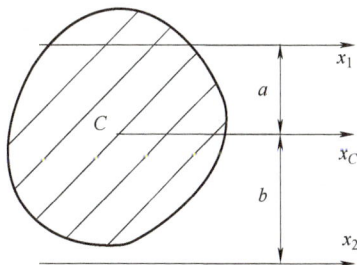
图 5-22

7. 外径为 D、内径为 d 的空心梁，其抗弯截面系数是（　　）。

（A）$W_z=\dfrac{\pi}{64}(D^4-d^4)$　　　　（B）$W_z=\dfrac{\pi D^3}{32}\left(1-\dfrac{d^4}{D^4}\right)$

（C）$W_z=\dfrac{\pi}{32}(D^3-d^3)$　　　　（D）$W_z=\dfrac{\pi}{64}(D^3+d^3)$

8. 矩形截面梁，若截面的高度和宽度都增加一倍，则其强度将提高到原来的（　　）倍。

（A）2　　　　　（B）4　　　　　（C）8　　　　　（D）16

9. 梁在横向力作用下发生平面弯曲时，横截面上（　　）。

（A）σ_{max}点的竖向切应力一定为零，τ_{max}点的正应力不一定为零

（B）σ_{max}点的竖向切应力一定为零，τ_{max}点的正应力也一定为零

（C）σ_{max}点的竖向切应力不一定为零，τ_{max}点的正应力一定为零

（D）σ_{max}点的竖向切应力不一定为零，τ_{max}点的正应力也不一定为零

10. 等强度梁各个截面上的（　　）。

（A）最大正应力相等　　　　　　　（B）最大正应力都等于许用正应力 $[\sigma]$

（C）最大切应力相等　　　　　　　（D）最大切应力都等于许用切应力 $[\tau]$

习 题

5.1 题 5.1 图所示梁，承受均布载荷 q，试问当 a 取何值时，梁的最大弯矩为最小？（提示：最大正弯矩等于最大负弯矩的绝对值。）

5.2 简支梁受力如题 5.2 图所示，梁的横截面为圆形。已知直径 $d=40\text{mm}$，试求 1—1 截面上 A、B 两点的正应力，以及该梁的最大正应力。

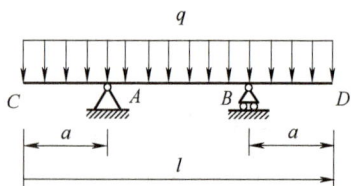

题 5.1 图

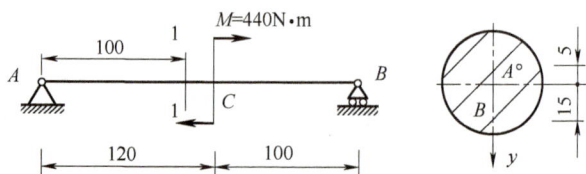

题 5.2 图

5.3 将厚度 $\delta=2\text{mm}$ 的弹簧钢片卷成直径 $D=800\text{mm}$ 的圆形，如题 5.3 图所示。若此时弹簧钢片内的应力仍保持在弹性范围以内，且已知材料的弹性模量 $E=206\text{GPa}$，求钢片内的最大正应力。

5.4 20a 工字钢梁的支承和受力情况如题 5.4 图所示。材料的许用应力为 $[\sigma]=160\text{MPa}$，试求许可载荷 P。

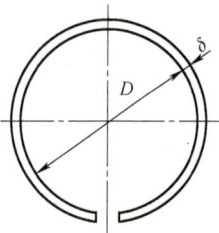

题 5.3 图

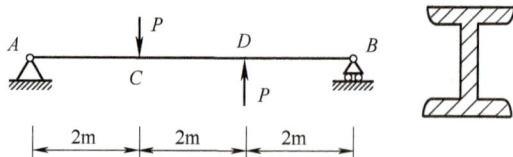

题 5.4 图

5.5 题 5.5 图所示为一承受纯弯曲的铸铁梁，其截面为⊥形，材料的许用拉应力和许用压应力之比为 $[\sigma_t]/[\sigma_c]=1/4$。求水平翼板的合理宽度 b。

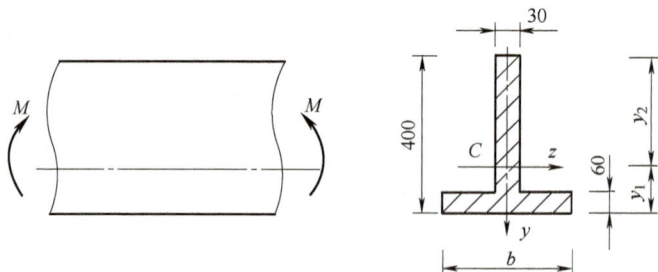

题 5.5 图

5.6 T 形截面铸铁梁如题 5.6 图所示，已知 $F_1=9\text{kN}$，$F_2=4\text{kN}$。$[\sigma_t]=30\text{MPa}$，$[\sigma_c]=90\text{MPa}$。试校核该梁的强度。

5.7 题 5.7 图所示梁 AD 为 10 号工字钢，B 点由钢制圆杆 BC 悬挂，已知圆杆直径 $d=20\text{mm}$，梁和杆的许用应力为 $[\sigma]=160\text{MPa}$，试求许可均布载荷 q。

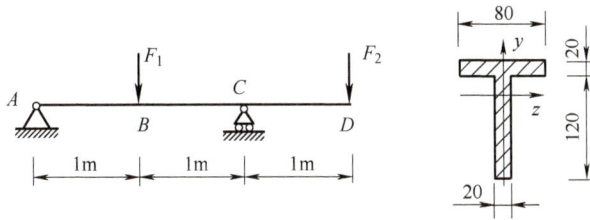

题 5.6 图

5.8 题 5.8 图所示为左端固定，右端用螺栓连接的悬臂梁（加螺栓后，上下梁可近似地视为整体），梁上作用均布载荷。已知 $l = 2$m，$a = 80$mm，$b = 100$mm，$q = 2$kN/m，螺栓的许用剪应力为 $[\tau] = 80$MPa，试求螺栓的直径（不考虑上下梁间摩擦）。

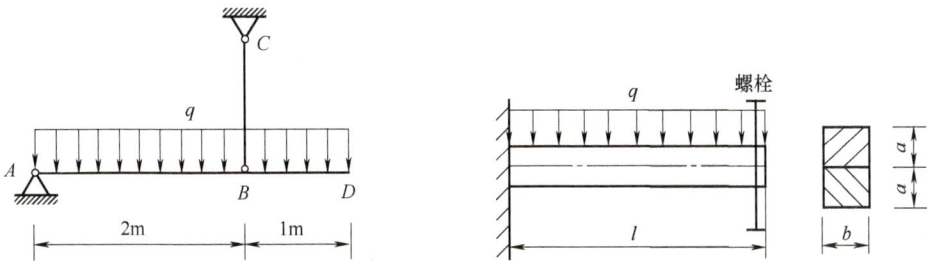

题 5.7 图

题 5.8 图

5.9 简支梁的跨中受集中载荷 F 作用，如图题 5.9 图所示。此梁若分别采用截面面积相等的实心和空心圆截面，且 $d_1 = 40$mm，$d_2 / D_2 = \alpha = 3/5$。试分别计算它们的最大正应力，空心截面比实心截面最大正应力减小了百分之几?

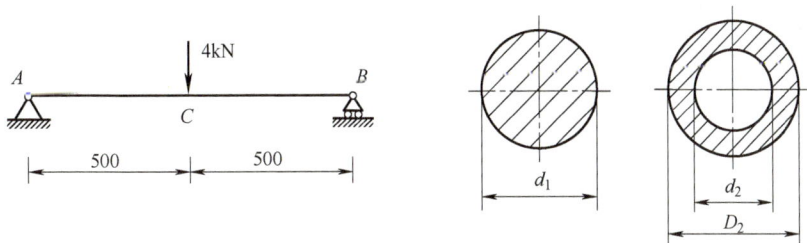

题 5.9 图

5.10 题 5.10 图所示 20 号槽钢受纯弯曲变形时，测出 A、B 两点间长度的改变为 $\Delta l = 27 \times 10^{-3}$mm，材料的弹性模量 $E = 200$GPa，试求梁截面上的弯矩 M。

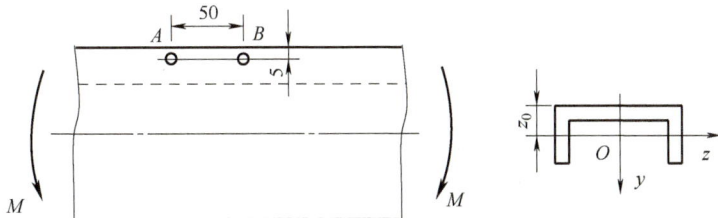

题 5.10 图

5.11 题 5.11 图所示简支梁 AB，当集中载荷 F 直接作用于 AB 中点时，梁横截面上的最大正应力超过许用值 30%。为消除此过载现象，设置了副梁 CD，试求所需副梁的最小跨度 a。

5.12 如题 5.12 图所示，起重机重 $W = 50$kN，行走于两根工字钢所组成的简支梁上。起重机的起重量

$F=10$kN，梁材料的许用应力 $[\sigma]=160$MPa，设全部载荷平均分配在两根梁上，试确定起重机对梁最不利位置，并选择工字钢的型号（不考虑梁的自重）。

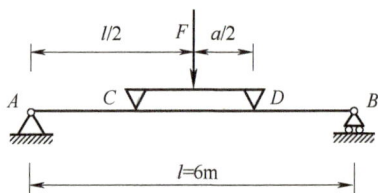

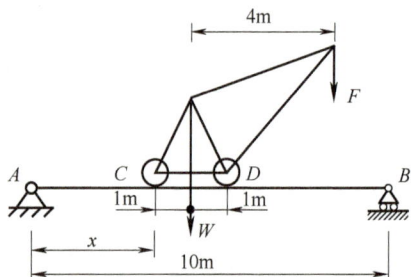

题 5.11 图 题 5.12 图

5.13 如题 5.13 图所示某钢筋放置在地面上，以力 F 将钢筋提起。若钢筋单位长度的重量为 q，当 $b=3a$ 时，试求所需的力 F。

5.14 如题 5.14 图所示的变截面简支梁 AB，梁直径 d 随 x 而变化，当梁中点作用集中力 F 时，求使梁成为等强度梁时的直径 $d(x)$。

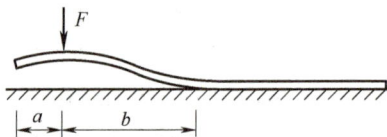

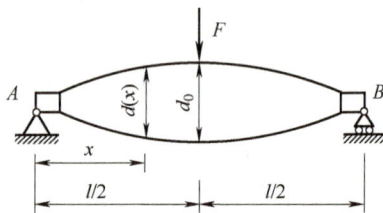

题 5.13 图 题 5.14 图

5.15 如题 5.15 图所示的简支梁 AB，跨度 $l=10.5$m，由 45a 工字钢制成，$[\sigma]=140$MPa，$[\tau]=75$MPa。试计算是否能起重 $F=70$kN 的重物？若不能，则在上下翼缘各加焊截面为 $100\text{mm}\times100\text{mm}$ 的钢板，试校核其强度并确定钢板的最小长度。已知梁上电动葫芦自重 $W=15$kN，梁的自重不计，工字钢的 $I_z=3.224\times10^4\text{cm}^4$，$W_z=1430\text{cm}^3$，$I_z/S_z^*=38.6$cm，腹板宽度 $b=1.15$cm。

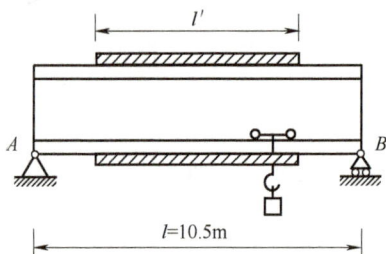

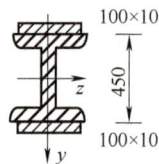

题 5.15 图

▶️纯弯曲时正应力 ▶️弯曲切应力计算 ▶️提高梁弯曲强度的 ▶️第 5 章习题解答
计算公式的推导 公式的推导及例题 措施及例题

6

第 6 章
弯 曲 变 形

6.1　工程实际中的弯曲变形

上一章我们分析了梁的弯曲强度问题，这一章我们主要讨论弯曲刚度。在一般工程计算中，要求弯曲构件不仅要满足强度要求，还要求满足刚度要求，即要求弯曲变形控制在一定的许可范围内。例如图 6-1a 所示的机械齿轮轴，如果弯曲变形过大，将影响齿轮的啮合和轴承的配合，加剧齿轮和轴承的磨损，引起振动和噪声。例如图 6-1b 所示车床车削细长工件时，假如工件弯曲变形过大，则切削后的工件可能形成喇叭状而影响工件的加工质量。再如摇臂钻床，如果立柱和摇臂的弯曲刚度不足，钻孔时发生弯曲变形过大，则可能使加工出的工件达不到垂直度要求。再以吊车梁为例，当变形过大，将使梁上的小车行走困难，出现爬坡现象，还会引起严重的振动。所以，我们应该将梁的弯曲变形控制在一个允许值的范围。如果梁的弯曲变形超过允许值，即使变形仍在弹性范围，可被认为梁已经产生刚度失效。

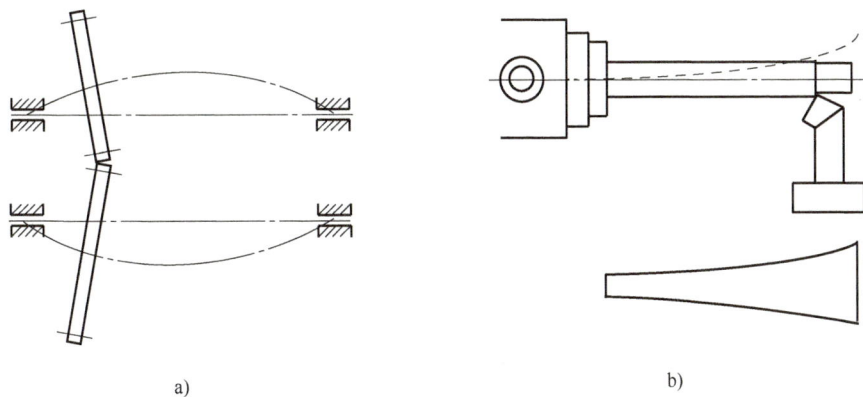

a)　　　　　　　　　　　　　　　　b)

图　6-1

工程中一般是限制弯曲变形，但也有一些利用弯曲变形以达到某种要求的特殊情况。例如汽车钢板弹簧要求有较大的变形，以减缓车辆受到路面不平而造成的冲击和振动。弓箭和跳水平台，也要求弯曲变形大一些，这样弯曲变形能够存储更多的能量，让射出的弓箭和起跳的运动员获得更大的初始动能，增大弓箭威力和杀伤效力，增加运动员弹跳高度便于更好完成跳水动作。

119

6.2 挠曲线近似微分方程

在对称弯曲的情况下，梁弯曲变形后轴线变成一条光滑的曲线，这条曲线称为挠曲线。建立如图 6-2 所示的坐标系，其中以变形前梁的轴线为 x 轴，代表横截面的位置；垂直向上的轴为 w 轴，代表坐标为 x 的横截面形心沿铅垂方向的位移，称为挠度。从图 6-2 可看出，挠度 w 随着 x 的变化而变化，可表示为 x 的一种函数关系，这种函数关系称为挠曲线方程。挠曲线方程可写为

$$w = w(x) \qquad (6\text{-}1)$$

弯曲变形中，梁的横截面相对其原来的位置转过的角度称为横截面的转角，用 θ 表示。根据平面假设，梁上任意横截面在梁弯曲变形过程中始终和轴线（挠曲线）垂直，因此截面转角 θ 就是 w 轴与挠曲线法线的夹角，它也等于 x 轴与挠曲线切线间的夹角，即 $\tan\theta = \dfrac{\mathrm{d}w}{\mathrm{d}x}$，则 θ 可表示为

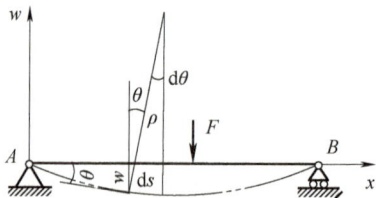

图　6-2

$$\theta = \arctan \frac{\mathrm{d}w}{\mathrm{d}x} \qquad (6\text{-}2)$$

挠度和转角是度量弯曲变形的两个基本物理量。在坐标系中，向上的挠度和逆时针的转角为正，反之为负。

对于跨度远大于截面高度的梁（$l \gg h$），忽略剪切变形的影响，类似纯弯曲时弯矩和曲率间的关系，可得到横力弯曲时挠曲线上任意一点的曲率和通过该点的横截面的弯矩之间的关系为

$$\frac{1}{\rho(x)} = \frac{|M(x)|}{EI_z} \qquad (a)$$

式（a）称为横力弯曲变形的基本方程。分析变形前梁的轴线上微分线段 $\mathrm{d}x$，变形后变成微分弧段 $\mathrm{d}s$。$\mathrm{d}s$ 两端法线的交点即为曲率中心，由此确定了曲率半径 ρ。由图 6-2 可知

$$|\mathrm{d}s| = \rho(x)|\mathrm{d}\theta|, \quad \frac{1}{\rho(x)} = \left|\frac{\mathrm{d}\theta}{\mathrm{d}s}\right| \qquad (b)$$

式（a）和式（b）中取绝对值是因未考虑弯矩 $M(x)$ 和 $\dfrac{\mathrm{d}\theta}{\mathrm{d}s}$ 的正负号。将式（a）代入式（b），可得

$$\left|\frac{\mathrm{d}\theta}{\mathrm{d}s}\right| = \frac{|M(x)|}{EI_z} \qquad (c)$$

由于 $\dfrac{\mathrm{d}\theta}{\mathrm{d}s} = \dfrac{\mathrm{d}\theta}{\mathrm{d}x} \cdot \dfrac{\mathrm{d}x}{\mathrm{d}s} = \dfrac{\mathrm{d}}{\mathrm{d}x}\left(\arctan\dfrac{\mathrm{d}w}{\mathrm{d}x}\right)\dfrac{\mathrm{d}x}{\mathrm{d}s}$，同时根据数学知识可知 $\dfrac{\mathrm{d}}{\mathrm{d}x}\left(\arctan\dfrac{\mathrm{d}w}{\mathrm{d}x}\right) = \dfrac{\dfrac{\mathrm{d}^2 w}{\mathrm{d}x^2}}{1 + \left(\dfrac{\mathrm{d}w}{\mathrm{d}x}\right)^2}$，并注

意到 $\mathrm{d}s = \sqrt{1 + \left(\dfrac{\mathrm{d}w}{\mathrm{d}x}\right)^2}\,\mathrm{d}x$，可得

$$\frac{\mathrm{d}\theta}{\mathrm{d}s}=\frac{\dfrac{\mathrm{d}^2w}{\mathrm{d}x^2}}{\left[1+\left(\dfrac{\mathrm{d}w}{\mathrm{d}x}\right)^2\right]^{\frac{3}{2}}} \tag{d}$$

将式（d）代入式（c），可得

$$\frac{\left|\dfrac{\mathrm{d}^2w}{\mathrm{d}x^2}\right|}{\left[1+\left(\dfrac{\mathrm{d}w}{\mathrm{d}x}\right)^2\right]^{\frac{3}{2}}}=\frac{|M(x)|}{EI_z} \tag{e}$$

若弯矩为正，则挠曲线向下凸，也就是图 6-2 所表示的情况。此时，$\dfrac{\mathrm{d}^2w}{\mathrm{d}x^2}$ 也大于零。反之，若弯矩为负，则挠曲线向上凸，此时，$\dfrac{\mathrm{d}^2w}{\mathrm{d}x^2}$ 也小于零。可见，式（e）中 $\dfrac{\mathrm{d}^2w}{\mathrm{d}x^2}$ 和 $M(x)$ 有相同的正负号。将正负号考虑在内，式（e）可写为

$$\frac{\dfrac{\mathrm{d}^2w}{\mathrm{d}x^2}}{\left[1+\left(\dfrac{\mathrm{d}w}{\mathrm{d}x}\right)^2\right]^{\frac{3}{2}}}=\frac{M(x)}{EI_z} \tag{6-3}$$

式（6-3）就是梁弯曲时挠曲线微分方程，适用于弯曲变形的任意情况，它是非线性的。

为了求解的方便，在小变形的情况下，可将方程（6-3）进行线性化处理。在工程实际问题中，梁的挠度一般都远小于梁的跨度。因此，挠曲线 $w=w(x)$ 是一条非常平坦的曲线，转角 θ 也是一个非常小的角度，于是式（6-2）可写为

$$\theta\approx\tan\theta=\frac{\mathrm{d}w}{\mathrm{d}x}=w'(x) \tag{6-4}$$

由于 $\dfrac{\mathrm{d}w}{\mathrm{d}x}$ 很小，在式（6-3）中 $\left(\dfrac{\mathrm{d}w}{\mathrm{d}x}\right)^2$ 与 1 相比很小，忽略这个高阶小量，可得

$$\frac{\mathrm{d}^2w}{\mathrm{d}x^2}=\frac{M(x)}{EI_z} \tag{6-5}$$

式（6-5）就是梁弯曲时挠曲线近似微分方程，它是一个线性方程。这里所说的"近似"的含义主要包含以下几个方面的原因：一是式（6-3）中忽略了 $\left(\dfrac{\mathrm{d}w}{\mathrm{d}x}\right)^2$ 这项高阶小量，二是式（a）是在忽略了剪切变形的影响条件下成立的，三是式（6-4）中 $\theta\approx\tan\theta$ 也是一种近似。对式（6-5）直接进行积分，并利用边界条件和连续光滑条件可求得梁的挠度和转角，即可确定梁的变形。这就是建立梁的挠曲线微分方程的意义。

6.3　积分法求弯曲变形

上一节我们建立了梁弯曲时的挠曲线近似微分方程，本节主要讨论用积分法求梁弯曲时的挠度和转角。挠曲线近似微分方程为

$$\frac{d^2w}{dx^2}=\frac{M(x)}{EI_z}$$

积分一次得到转角方程

$$\theta=\frac{dw}{dx}=\int\frac{M}{EI_z}dx+C \qquad (a)$$

再积分一次得挠度方程

$$w=\iint\left(\frac{M}{EI_z}dx\right)dx+Cx+D \qquad (b)$$

式中，C、D 为积分常数。对于等截面梁，抗弯刚度 EI_z 为常数，积分时可提到积分号外面。如果在建立梁的弯矩方程时不需要分段，则挠曲线近似微分方程仅有一个。用积分法求变形时只有两个积分常数，这两个积分常数一般仅根据梁支座处的约束条件就可确定。如果作用在梁上的载荷不连续，梁的弯矩方程需要分段列出，各段梁的挠曲线近似微分方程必须分段列出。对各段梁的挠曲线近似微分方程积分时，均将出现两个积分常数。为了确定这些积分常数，除需利用支座处的约束条件外，还需要利用相邻两段梁在交界处的连续光滑条件。例如，左右两段梁在交界处的截面上具有相同的挠度和相同的转角。不论是支座处的约束条件还是相邻两段梁在交界处的连续光滑条件，均发生在各段挠曲线的边界处，故均称为边界条件，也即弯曲位移中的变形相容方程。边界条件的分析在下面的例题中再进行具体讨论。

例 6.1 如图 6-3 所示的悬臂梁 AB，在自由端受集中力 F 的作用。梁的跨度为 l，抗弯刚度 EI_z 为常数。试计算梁的挠曲线方程和转角方程，并计算梁的最大转角 θ_{max} 和最大挠度 w_{max}。

解：建立如图 6-3 所示坐标系 Oxw，任意截面上的弯矩为

$$M(x)=F(l-x)$$

由式（6-5），建立挠曲线近似微分方程

$$EI_z\frac{d^2w}{dx^2}=M(x)=F(l-x)$$

积分得

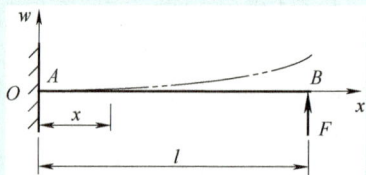
图 6-3

$$EI_zw'=F\left(lx-\frac{x^2}{2}\right)+C \qquad (c)$$

$$EI_zw=F\left(\frac{lx^2}{2}-\frac{x^3}{6}\right)+Cx+D \qquad (d)$$

梁的左端固定，固定端的约束条件是：$w|_{x=0}=0$，$w'|_{x=0}=0$。利用这两个边界条件代入式（c）和式（d），很容易确定积分常数，即 $C=0$，$D=0$。

将积分常数代入式（c）和式（d）后，可分别得到挠度方程和转角方程，分别写为

$$\theta=w'=\frac{F}{EI_z}\left(lx-\frac{x^2}{2}\right)=\frac{F}{2EI_z}[l^2-(l-x)^2] \qquad (e)$$

$$w=\frac{F}{EI_z}\left(\frac{lx^2}{2}-\frac{x^3}{6}\right) \qquad (f)$$

根据弯曲变形的连续性，梁的最大转角和最大挠度均发生在自由端。将 $x=l$ 代入式（e）和式（f），可得梁的最大转角和最大挠度分别为

$$\theta_{max}=\theta|_{x=l}=\frac{Fl^2}{2EI_z}$$

$$w_{max}=w\Big|_{x=l}=\frac{Fl^3}{3EI_z}$$

θ_{max}为正，表示自由端的转角是逆时针的；w_{max}为正，表示自由端的挠度向上。

例 6.2　如图 6-4 所示简支梁，受均布载荷 q 作用。梁的跨度为 l，抗弯刚度 EI_z 为常数。试计算梁的最大转角 $|\theta|_{max}$ 和最大挠度 $|w|_{max}$。

图　6-4

解： 建立如图 6-4 所示的坐标系 Oxw，计算简支梁支座的约束力，写出弯矩方程为

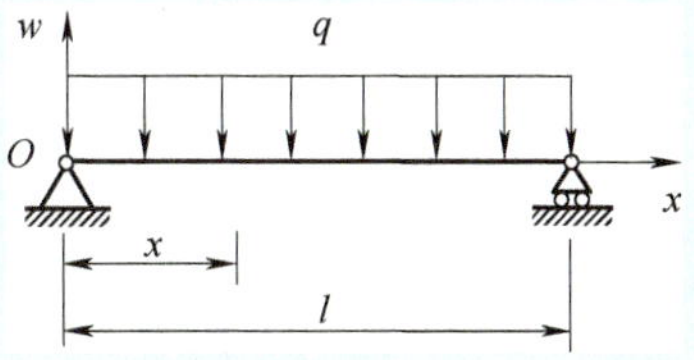

$$M(x)=\frac{ql}{2}x-\frac{1}{2}qx^2$$

由式（6-5）可建立挠曲线近似微分方程

$$EI_z\frac{d^2w}{dx^2}=M(x)=\frac{ql}{2}x-\frac{1}{2}qx^2$$

积分得

$$EI_zw'=\frac{ql}{4}x^2-\frac{1}{6}qx^3+C \tag{g}$$

$$EI_zw=\frac{ql}{12}x^3-\frac{1}{24}qx^4+Cx+D \tag{h}$$

梁的左右两端分别为固定铰支座和活动铰支座，挠度为零，即 $w\big|_{x=0}=0$，$w\big|_{x=l}=0$。利用这两个边界条件代入式（h），确定积分常数，即 $C=-\frac{ql^3}{24}$，$D=0$。

将积分常数代入式（g）和式（h），可分别得到挠度方程和转角方程，分别写为

$$\theta=\frac{dw}{dx}=\frac{q}{EI_z}\left(\frac{l}{4}x^2-\frac{1}{6}x^3-\frac{l^3}{24}\right)$$

$$w=\frac{q}{EI_z}\left(\frac{l}{12}x^3-\frac{1}{24}x^4-\frac{l^3}{24}x\right)$$

梁的最大转角发生在梁的两端，而最大挠度发生在跨中。最大转角和最大挠度的值分别为

$$|\theta|_{max}=|\theta|_{x=0}=|\theta|_{x=l}=\frac{ql^3}{24EI_z}$$

$$|w|_{max}=|w|_{x=\frac{l}{2}}=\frac{5ql^4}{384EI_z}$$

梁的左端的转角为负，说明转角为顺时针的；梁的右端转角为正，说明转角为逆时针的。跨中挠度为负，说明挠度向下。

例 6.3　如图 6-5 所示的简支梁 AB，在 C 处受集中力 F 作用。梁的跨度为 l，抗弯刚度 EI_z 为常数。试计算梁的最大转角和最大挠度。

图　6-5

解： 计算支座反力。选梁 AB 为研究对象，受力分析如图 6-5 所示。列平衡方程

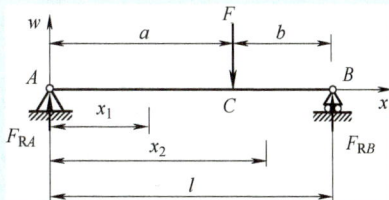

$$\sum M_B(F)=0,\qquad -F_{RA}l+Fb=0$$

$$\sum M_A(F)=0,\qquad F_{RB}l-Fa=0$$

解得

$$F_{RA} = \frac{Fb}{l}, \quad F_{RB} = \frac{Fa}{l}$$

建立如图 6-5 所示的坐标系，分别列出 AC 和 CB 两段的弯矩方程

AC 段：
$$M(x_1) = \frac{Fb}{l}x_1 \qquad (0 \leqslant x_1 \leqslant a)$$

CB 段：
$$M(x_2) = \frac{Fb}{l}x_2 - F(x_2 - a) \qquad (a \leqslant x_2 \leqslant l)$$

由于 AC 段和 CB 段的弯矩不同，挠曲线近似微分方程也就不同，所以应分成两段建立挠曲线近似微分方程并分别进行积分。在 CB 段内积分时，对含有 $(x_2 - a)$ 的项积分时要以 $(x_2 - a)$ 为整体进行积分，这可使确定积分常数的运算得到简化。积分结果如表 6-1 所示。

表 6-1

AC 段 $(0 \leqslant x_1 \leqslant a)$		CB 段 $(a \leqslant x_2 \leqslant l)$	
$EI_z w_1'' = \dfrac{Fb}{l}x_1$		$EI_z w_2'' = \dfrac{Fb}{l}x_2 - F(x_2 - a)$	
$EI_z w_1' = \dfrac{Fb}{2l}x_1^2 + C_1$	(i)	$EI_z w_2' = \dfrac{Fb}{2l}x_2^2 - \dfrac{F}{2}(x_2 - a)^2 + C_2$	(k)
$EI_z w_1 = \dfrac{Fb}{6l}x_1^3 + C_1 x_1 + D_1$	(j)	$EI_z w_2 = \dfrac{Fb}{6l}x_2^3 - \dfrac{F}{6}(x_2 - a)^3 + C_2 x_2 + D_2$	(l)

积分后出现的四个积分常数，需要利用支座处约束条件以及连续光滑性条件来确定。其中支座 A、C 的约束条件为 $w_1 \big|_{x_1 = 0} = 0$，$w_2 \big|_{x_2 = l} = 0$。在 AC 段和 CB 段的交界面 C 处，挠曲线连续而光滑，连续光滑性条件为 $w_1 \big|_{x_1 = a} = w_2 \big|_{x_2 = a}$，$w_1' \big|_{x_1 = a} = w_2' \big|_{x_2 = a}$。将式（i）、式（j）、式（k）和式（l）代入以上四个边界条件中，可得四个方程，联立求解这四个方程可得四个积分常数，即

$$C_1 = C_2 = -\frac{Fb}{6l}(l^2 - b^2), \quad D_1 = D_2 = 0$$

将所求得的四个积分常数代回式（i）、式（j）、式（k）和式（l）中，可得两段由于弯曲变形产生的转角和挠度分别如表 6-2 所示。

表 6-2

AC 段 $(0 \leqslant x_1 \leqslant a)$		CB 段 $(a \leqslant x_2 \leqslant l)$	
$EI_z w_1' = -\dfrac{Fb}{6l}(l^2 - b^2 - 3x_1^2)$	(m)	$EI_z w_2' = -\dfrac{Fb}{6l}\left[(l^2 - b^2 - 3x_2^2) + \dfrac{3l}{b}(x_2 - a)^2 \right]$	(o)
$EI_z w_1 = -\dfrac{Fbx_1}{6l}(l^2 - b^2 - x_1^2)$	(n)	$EI_z w_2 = -\dfrac{Fb}{6l}\left[(l^2 - b^2 - 3x_2^2)x_2 + \dfrac{l}{b}(x_2 - a)^3 \right]$	(p)

最大转角发生在 A 端或 B 端截面上，它们分别可表示为

$$\theta_A = \theta_1 \big|_{x_1 = 0} = -\frac{Fab(l + b)}{6EI_z l} \tag{q}$$

$$\theta_B = \theta_2 \big|_{x_2 = l} = \frac{Fab(l + a)}{6EI_z l} \tag{r}$$

当 $a > b$ 时，θ_B 为最大转角。

最大挠度发生在较长的梁段 AC 段内，具体位置应由方程 $\dfrac{\mathrm{d}w_1}{\mathrm{d}x_1} = 0$ 确定。

$$\frac{dw_1}{dx_1}=-\frac{Fb}{6EI_zl}(l^2-b^2-3x_0^2)=0$$

解得

$$x_0=\sqrt{\frac{l^2-b^2}{3}} \tag{s}$$

式中，x_0 即为挠度为最大值的截面的横坐标。将 $x_0=\sqrt{\frac{l^2-b^2}{3}}$ 代入式（n），求得最大挠度为

$$w_{max}=w_1\mid_{x_1=x_0}=-\frac{Fb}{9\sqrt{3}EI_zl}\sqrt{(l^2-b^2)^3} \tag{t}$$

讨论：

1）当集中力作用于跨度中点时，$a=b=l/2$，由式（s）得 $x_0=l/2$，即最大挠度发生于跨度中点，这也可由挠曲线的对称性直接看出。将 $b=l/2$ 代入式（t），可得跨度中点最大挠度 $w_{max}=\frac{Fl^3}{48EI_z}$。

2）当集中力 F 无限接近于右端支座时，$b\ll l$，由式（s）得 $x_0\to\frac{l}{\sqrt{3}}=0.577l$，由式（t）可得最大挠度为 $w_{max}=-\frac{Fbl^2}{9\sqrt{3}EI_z}$。这说明最大挠度仍发生在跨度中点附近，也就是说挠度为最大值的截面总是靠近距度中点，所以可以用跨度中点的挠度近似地代替最大挠度。在式（n）中令 $x_1=l/2$，求出跨度中点的挠度为

$$w_{l/2}=-\frac{Fb}{48EI_z}(3l^2-4b^2) \tag{u}$$

在上述极端情况下，集中力 F 无限接近于右端支座时，由式（u）可得跨度中点的挠度为

$$w_{l/2}\approx-\frac{Fb}{48EI_z}\times3l^2=-\frac{Fbl^2}{16EI_z}$$

这时用跨度中点挠度 $w_{l/2}$ 代替最大挠度 w_{max} 所引起的误差为

$$\frac{w_{max}-w_{l/2}}{w_{max}}=2.65\%$$

可见在简支梁中，只要挠曲线无拐点，总可用跨度中点的挠度代替梁的最大挠度。采用这种近似方法计算得到的最大挠度，与梁的实际最大挠度相差并不会太大。

例 6.4　外伸梁尺寸如图 6-6 所示，在 C 处受集中力 F 作用。梁的抗弯刚度 EI_z 为常数，试用积分法求梁挠曲线方程和转角方程，并求 A 截面转角和 C 截面挠度。

解：求支座反力。选 AC 梁研究，受力分析如图 6-6 所示，列平衡方程

$$\sum F_y=0,\qquad F_{RA}+F_{RB}-F=0$$

$$\sum M_A(F)=0,\quad F_{RB}\cdot l-F\cdot1.5l=0$$

解得：$F_{RA}=-0.5F$，$F_{RB}=1.5F$。

图 6-6

分段列出梁的弯矩方程

AB 段：

$$M_1=-\frac{1}{2}Fx_1\qquad(0\leqslant x_1\leqslant l)$$

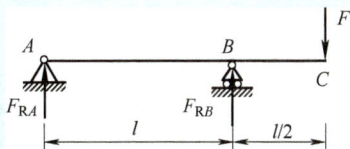

BC 段：
$$M_2 = -F\left(\frac{3}{2}l - x_2\right) \qquad \left(l \leqslant x_2 \leqslant \frac{3}{2}l\right)$$

分段列出挠曲线近似微分方程，分段进行积分，可得两段包括积分常数的转角和挠度表达式，积分结果如表 6-3 所示。

表　6-3

AB 段（$0 \leqslant x_1 \leqslant l$）	BC 段$\left(l \leqslant x_2 \leqslant \frac{3}{2}l\right)$
$EI_z w_1'' = -\dfrac{Fx_1}{2}$	$EI_z w_2'' = -F\left(\dfrac{3}{2}l - x_2\right)$
$EI_z w_1' = -\dfrac{F}{4}x_1^2 + C_1$	$EI_z w_2' = -F\left(\dfrac{3}{2}lx_2 - \dfrac{x_2^2}{2}\right) + C_2$
$EI_z w_1 = -\dfrac{F}{12}x_1^3 + C_1 x_1 + D_1$	$EI_z w_2 = -F\left(\dfrac{3}{4}lx_2^2 - \dfrac{1}{6}x_2^3\right) + C_2 x_2 + D_2$

积分后出现四个积分常数，需要四个条件来确定。其中支座的约束条件为 $w_1\big|_{x_1=0}=0$，$w_2\big|_{x_2=l}=0$。在 AB 和 BC 两段的交界截面 B 处，连续光滑条件为 $w_1\big|_{x_1=l}=w_2\big|_{x_2=l}$，$\theta_1\big|_{x_1=l}=\theta_2\big|_{x_2=l}$。利用以上四个边界条件可解得 $C_1 = \dfrac{Fl^2}{12EI}$，$C_2 = \dfrac{5Fl^2}{6EI}$，$D_1 = 0$，$D_2 = \dfrac{-Fl^3}{4EI}$。

将所求得的四个积分常数分别代回到转角和挠度表达式，可分别得到两段由于弯曲变形产生的转角和挠度方程如表 6-4 所示。

表　6-4

AB 段（$0 \leqslant x_1 \leqslant l$）	BC 段$\left(l \leqslant x_2 \leqslant \frac{3}{2}l\right)$
$EI_z w_1' = -\dfrac{F}{4}x_1^2 + \dfrac{Fl^2}{12}$	$EI_z w_2' = -F\left(\dfrac{3}{2}lx_2 - \dfrac{1}{2}x_2^2\right) + \dfrac{Fl^2}{3}$
$EI_z w_1 = -\dfrac{F}{12}x_1^3 + \dfrac{Fl^2}{12}x_1$	$EI_z w_2 = -F\left(\dfrac{3}{4}lx_2^2 - \dfrac{1}{6}x_2^3\right) + \dfrac{5Fl^2}{6}x_2 - \dfrac{Fl^3}{4EI}$

由此可知 A 截面转角和 C 截面挠度分别为
$$\theta_A = w_1'\big|_{x_1=0} = \frac{Fl^2}{12EI} \text{（逆时针方向）}, \quad w_C = w_2\big|_{x_2=\frac{3}{2}l} = \frac{-Fl^3}{8EI} \text{（向下）}。$$

从上面的例子可以看出，当梁承受载荷较为复杂时，列弯矩方程时分段较多，分段积分得到的积分常数也较多。在确定积分常数较冗繁的情况下，积分法就显得过于累赘。这时，我们可以采用另一种求变形的简便方法，这种方法称为叠加法。积分法最终可以求得梁上每一个截面上的转角和挠度，得到转角和挠度的普遍方程。但工程实际中，可能只需要确定某些特定截面的转角和挠度，而并不需要求得转角和挠度的普遍方程，这时也可采用叠加法计算弯曲变形。

6.4　叠加法求弯曲变形

梁变形的叠加原理：当梁内应力不超过比例极限时，挠度和转角都是载荷的线性函数。梁上受到多个载荷作用时，其中某一截面的挠度和转角，等于每个载荷单独作用时该截面的挠度或转角的代数和，这就是梁弯曲变形的叠加原理。例如，两种载荷 F、q 各自单独作用时的弯矩分别为 $M_F(x)$ 和 $M_q(x)$，叠加 $M_F(x)$ 和 $M_q(x)$ 就是两种载荷共同作用时的弯矩 $M(x)$，即

$$M(x) = M_F(x) + M_q(x) \qquad (a)$$

设 F、q 各自单独作用下的挠度分别为 w_F 和 w_q，根据式（6-5），有

$$EI_z \frac{\mathrm{d}^2 w_F}{\mathrm{d}x^2} = M_F(x) \,,\quad EI_z \frac{\mathrm{d}^2 w_q}{\mathrm{d}x^2} = M_q(x) \qquad (b)$$

若 F 和 q 共同作用下的挠度为 w，根据式（6-5），有

$$EI_z \frac{\mathrm{d}^2 w}{\mathrm{d}x^2} = M(x) \qquad (c)$$

将式（a）、式（b）代入式（c），得

$$EI_z \frac{\mathrm{d}^2 w}{\mathrm{d}x^2} = M_F(x) + M_q(x) = EI_z \frac{\mathrm{d}^2 w_F}{\mathrm{d}x^2} + EI_z \frac{\mathrm{d}^2 w_q}{\mathrm{d}x^2} = EI_z \frac{\mathrm{d}^2(w_F + w_q)}{\mathrm{d}x^2}$$

从上面分析可以看出，在 F 和 q 共同作用下的挠度 w，等于两个载荷单独作用时的挠度 w_F 和 w_q 的代数和，即 $w = w_F + w_q$。这一结论显然可以推广到多于两个载荷的情况，即梁上同时作用 n 个载荷时，可分别求出每一个载荷单独引起的挠度，然后把每个载荷单独作用时的挠度代数相加，即可得到 n 个载荷共同作用时的挠度，即 $w = \sum_{i=1}^{n} w_{F_i}$，这就是计算弯曲变形的叠加法。

例 6.5　悬臂梁 AB 的受力如图 6-7 所示，求 θ_B 和 w_B。设抗弯刚度 EI_z 为常数。

解： 由梁变形的叠加原理，F 和 q 共同作用下引起的变形等于由 F 和 q 分别单独作用产生变形的代数和。

由附录Ⅳ可查得，悬臂梁 AB 只在集中力 F 单独作用，B 端的转角和挠度分别为

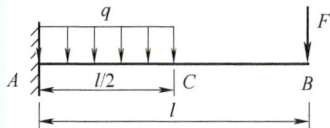
图　6-7

$$(\theta_B)_F = -\frac{Fl^2}{2EI_z}$$

$$(w_B)_F = -\frac{Fl^3}{3EI_z}$$

由附录Ⅳ可查得，悬臂梁 AB 在分布载荷 q 单独作用下，截面 C 的转角和挠度分别为

$$(\theta_C)_q = -\frac{q(l/2)^3}{6EI_z} = -\frac{ql^3}{48EI_z}$$

$$(w_C)_q = -\frac{q(l/2)^4}{8EI_z} = -\frac{ql^4}{128EI_z}$$

悬臂梁 AB 只在分布载荷 q 单独作用下，梁段 CB 不受任何载荷作用，它仅随 AC 段的变形做刚性转动，因而

$$(\theta_B)_q = -\frac{ql^3}{48EI_z}$$

$$(w_B)_q = (w_C)_q + (\theta_C)_q \cdot \frac{l}{2} = -\frac{7ql^4}{384EI_z}$$

在两种载荷 F 和 q 共同作用下，端点 B 的转角和挠度分别为

$$\theta_B = (\theta_B)_F + (\theta_B)_q = -\frac{Fl^2}{2EI_z} - \frac{ql^3}{48EI_z}$$

$$w_B = (w_B)_F + (w_B)_q = -\frac{Fl^3}{3EI_z} - \frac{7ql^4}{384EI_z}$$

例 6.6 图 6-8 所示简支梁长为 b 的一段上作用均布载荷，试求跨度中点 C 的挠度。设 $b<l/2$，EI_z 为常数。

解： 在距 B 端为 x 处取一微段 dx，其上作用的力为 $q dx$。$q dx$ 可视为集中力。由附录Ⅳ可查得，距 B 端为 x 的集中力 $q dx$，在跨度中点 C 产生的挠度为 $dw_C = -\frac{q dx \cdot x}{48EI_z}(3l^2-4x^2)$。

由叠加原理，梁在均布载荷 q 作用下跨度中点 C 产生的挠度为

$$w_C = \int_0^b -\frac{qx(3l^2-4x^2)}{48EI_z}dx = -\frac{qb^2}{48EI_z}\left(\frac{3}{2}l^2-b^2\right)$$

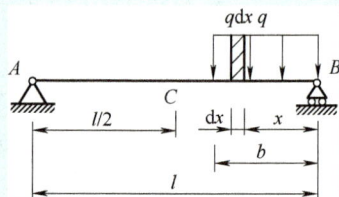

图　6-8

例 6.7 如图 6-9 所示的外伸梁，受均布载荷 q 和 F 的共同作用，梁用 28a 工字钢制成，其弹性模量 $E=2\times10^5$MPa，$I_z=7114$cm^4，$F=20$kN，$q=10$kN/m，试求自由端的挠度 w_C。

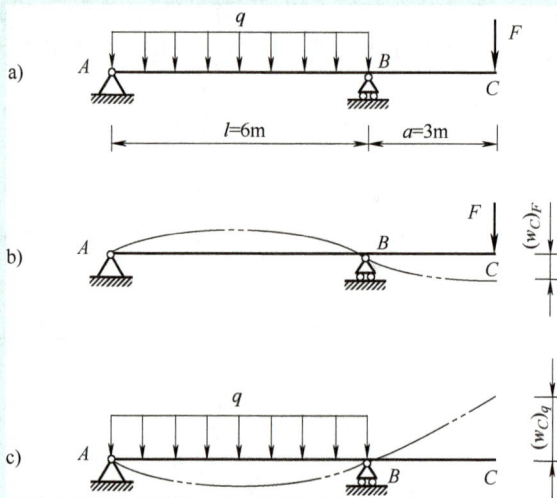

图　6-9

解： 在集中力 F 作用下，C 端的挠度为

$$(w_C)_F = -\frac{Fa^2}{3EI_z}(l+a)$$

在均布载荷 q 作用下，C 端的挠度为

$$(w_C)_q = (\theta_B)_q \cdot a = \frac{ql^3 a}{24EI_z}$$

在两种载荷的共同作用下，C 端的挠度是以上两种挠度的代数和，即

$$w_C = (w_C)_F + (w_C)_q = -\frac{Fa^2}{3EI_z}(l+a) + \frac{ql^3 a}{24EI_z}$$

$$= -\frac{20\times10^3\times3^2\times(6+3)}{3\times2\times10^5\times10^6\times7114\times10^{-8}}\text{m} + \frac{10\times10^3\times6^3\times3}{24\times2\times10^5\times10^6\times7114\times10^{-8}}\text{m}$$

$$= -0.019\text{m}$$

例6.8 图 6-10a 所示木梁的右端由钢拉杆支承。已知梁的横截面为边长 $a = 200\text{mm}$ 的正方形，均布载荷集度 $q = 40\text{kN/m}$，弹性模量 $E_1 = 10\text{GPa}$，钢拉杆的横截面面积 $A = 250\text{mm}^2$，弹性模量 $E_2 = 210\text{GPa}$，试求拉杆的伸长量及梁跨中点 D 处沿铅垂方向的位移。

解： 静力学分析，求出 A 点的支座反力及拉杆 BC 所受的力。选择梁 AB 为研究对象，受力分析如图 6-10b 所示，列静力平衡方程

$$\sum F_y = 0, \qquad F_{Ay} + F_B - 2q = 0$$

$$\sum M_A(F) = 0, \qquad 2F_B - 2q \times 1 = 0$$

解得

$$F_{Ay} = 40\text{kN}, \quad F_B = 40\text{kN}$$

图 6-10

本题既可用积分法，也可用叠加法求图示梁 D 截面的挠度。拉杆 BC 的伸长为

$$\Delta l = \frac{F_N l}{EA} = \frac{F_B l}{E_2 A} = \frac{40 \times 10^3 \text{N} \times 3\text{m}}{210 \times 10^9 \text{Pa} \times 250 \times 10^{-6} \text{m}^2} = 2.29 \times 10^{-3}\text{m} = 2.29\text{mm}$$

梁 AB 的弯矩方程为

$$M(x) = -\frac{q}{2}x^2 + R_{Ay}x = -20x^2 + 40x$$

挠曲线的近似微分方程

$$w'' = \frac{M(x)}{E_1 I_z} = \frac{(-20x^2 + 40x) \times 10^3}{10 \times 10^9 \times \frac{0.2^4}{12}} = \frac{3 \times 10^{-2}}{40}(-20x^2 + 40x)$$

积分得

$$\theta = w' = \frac{3 \times 10^{-2}}{40}\left(-\frac{20}{3}x^3 + 20x^2\right) + C$$

$$w = \frac{3 \times 10^{-2}}{40}\left(-\frac{20}{12}x^4 + \frac{20}{3}x^3\right) + Cx + D$$

边界条件：当 $x = 0$ 时，$y = 0$；当 $x = 2\text{m}$ 时，$w = -\Delta l = -2.29 \times 10^{-3}\text{m}$。利用边界条件，可确定两个积分常数 $C = -11.145 \times 10^{-3}$，$D = 0$。再将所得积分常数代回挠曲线方程得

$$w = \frac{3}{40} \times 10^{-2}\left(-\frac{20}{12}x^4 + \frac{20}{3}x^3\right) - 11.145 \times 10^{-3}x$$

当 $x = 1\text{m}$ 时，可得到梁跨中点 D 处沿铅垂方向的位移为

$$w = -7.395 \times 10^{-3}\text{m} = -7.395\text{mm}$$

本题也可以应用叠加法求解。梁的变形由两部分构成：首先可不考虑杆 BC 的变形，把梁 AB 认为是两端简支的梁，受均布载荷 q 作用在跨度中点产生挠度；然后再考虑杆 BC 的变形，把梁 AB 认为是刚性梁，由于支座 B 的位移而在跨度中点产生位移。两端简支的梁受均布载荷 q 作用在跨度中点产生的挠度为

$$w_1 = \frac{5q \times 2^4}{384E_1 I} = \frac{12 \times 5 \times 40 \times 10^3 \text{N/m} \times 2^4 \text{m}^4}{384 \times 10 \times 10^9 \text{Pa} \times 0.2^4 \text{m}^4} = 6.25\text{mm}$$

考虑杆 BC 的变形产生支座 B 的位移而在跨度中点产生位移为 $w_2 = \frac{1}{2}\Delta l = 1.145\text{mm}$。故 AB 梁中点的位移为 $w = w_1 + w_2 = 7.395\text{mm}$。

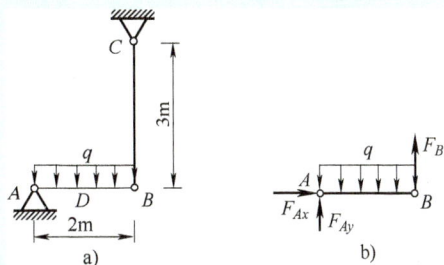

如果梁的约束力只用静力平衡方程即可确定，则这种梁称为静定梁。有些梁的约束力仅通过平衡方程不能全部求出，而必须通过增加方程（如变形协调方程和物理方程）才可以，这种梁称为超静定梁。例如在车削细长工件时，为了减小变形，提高工件加工精度，可在工件的右端安装尾顶针。把卡盘简化为固定支座，尾顶针简化为铰支座，切削力为集中力 F，可得到如图 6-11a 所示的计算简图。可以看出，梁两端的支座共有四个约束力，而独立的平衡方程只有三个。这三个平衡方程不足以解出全部的四个未知约束力，这是一个超静定梁。

对于超静定梁，主要从三个方面进行求解，分别是静力平衡方程、变形协调方程和物理方程。以梁为研究对象，受力分析如图 6-11a 所示，列静力平衡方程

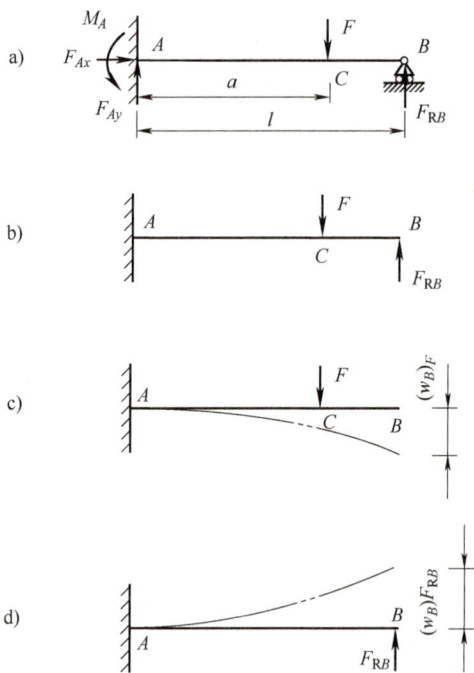

图 6-11

$$\sum F_x = 0, \qquad F_{Ax} = 0 \qquad (a)$$

$$\sum F_y = 0, \qquad F_{Ay} + F_{RB} - F = 0 \qquad (b)$$

$$\sum M_A(F) = 0, \qquad M_A + F_{RB}l - Fa = 0 \qquad (c)$$

设想解除支座 B 的约束，并用约束力 F_{RB} 代替它。这样就把原来的超静定梁形式上转化为如图 6-11b 所示的静定梁。这种解除超静定梁的某些约束后得到的静定结构，称为原超静定梁的基本静定系（简称静定基），在静定基上加上外载荷以及多余约束力的系统称为超静定梁的相当系统。图 6-11b 所示的静定梁就是图 6-11a 所示超静定梁的相当系统。若以 $(w_B)_F$ 和 $(w_B)_{F_{RB}}$ 分别表示载荷 F 和 F_{RB} 各自单独作用时 B 端的挠度（见图 6-11c、d），根据叠加原理，在载荷 F 和 F_{RB} 共同作用下，B 端的挠度应为 $(w_B)_F$ 和 $(w_B)_{F_{RB}}$ 的代数和。由于 B 端实际上为铰支座，可得变形协调方程为

$$(w_B)_F + (w_B)_{F_{RB}} = 0 \qquad (d)$$

查附录Ⅳ，可得物理方程为

$$(w_B)_F = -\frac{Fa^2}{6EI_z}(3l-a), \quad (w_B)_{F_{RB}} = \frac{F_{RB}l^3}{3EI_z} \qquad (e)$$

将式（d）代入式（e），可解出

$$F_{RB} = \frac{F}{2}\left(3\frac{a^2}{l^2} - \frac{a^3}{l^3}\right)$$

解出 F_{RB} 以后，原来的超静定梁就相当于在已知载荷 F 和 F_{RB} 共同作用下的静定梁。将 F_{RB} 代入式（b）和式（c），可分别求得 A 处的约束力为

$$F_{Ax} = 0, \quad F_{Ay} = \frac{F}{2}\left(2 - 3\frac{a^2}{l^2} + \frac{a^3}{l^3}\right)$$

$$M_A = -Fa + F_{RB}l = -\frac{Fl}{2}\left(2\,\frac{a}{l} - 3\,\frac{a^2}{l^2} + \frac{a^3}{l^3}\right)$$

例 6.9　试求图 6-12a 所示超静定梁 B 处的支座反力，梁的抗弯刚度 EI_z 为常数。

解：解除支座 B 的约束，取而代之用约束力表示，如图 6-12b 所示。图 6-12b 可表示为图 6-12c 与图 6-12d 叠加，图 6-12c 与图 6-12d 的结果可查表得出。

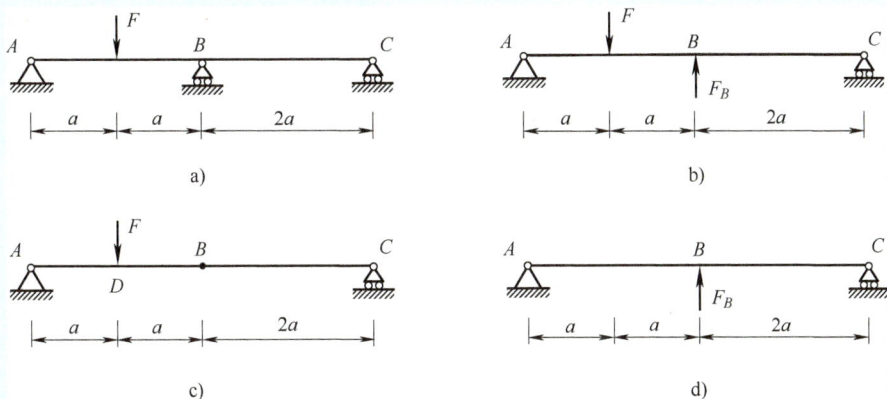

图　6-12

对于图 6-12c，查附录Ⅳ，可得 DC 段的挠曲线方程为

$$w = -\frac{F \times 3a}{6EI_z \times 4a}\left[\frac{4}{3}(x-a)^3 + (16a^2 - 9a^2)x - x^3\right]$$

当 $x = 2a$ 时，B 的挠度为

$$w_{B1} = -\frac{11Fa^3}{12EI_z} \tag{f}$$

对于图 6-12d，查附录Ⅳ，可得 B 的挠度为

$$w_{B2} = -\frac{F_B \times (4a)^3}{48EI_z} = \frac{4F_B a^3}{3EI_z} \tag{g}$$

由于 B 端实际上为铰支座，可得变形协调方程为

$$w_B = w_{B1} + w_{B2} \tag{h}$$

将式（f）和式（g）代入式（h），解得 $F_B = \frac{11}{16}F$。

6.6　提高弯曲刚度的措施

从挠曲线近似微分方程及其积分可以看出，弯曲变形与弯矩大小、跨度长短、支座条件、梁截面的惯性矩 I_z、材料的弹性模量 E 有关。所以要提高弯曲刚度，就应该综合考虑以上各因素。

6.6.1　改善结构形式和载荷作用方式（减小弯矩）

弯矩是引起弯曲变形的主要因素，所以，减小弯矩也就相当于提高弯曲刚度。例如胶带轮采用卸荷装置，如图 6-13 所示。通常带轮轴段为悬臂结构，受力容易变形，易造成轴上零部件工作失常。带轮通过滚动轴承装在卸荷套的外圆上，将带拉力传递到箱体。采用卸荷装置来减小弯曲变形，消除它对传动轴弯曲变形的影响。又如铸件进行人工时效⊖时，按图 6-14a 方式堆放，比按图 6-14b 方式堆放更合理。因为按前一种方式堆放时，铸件内弯矩较小，弯曲变形也小。

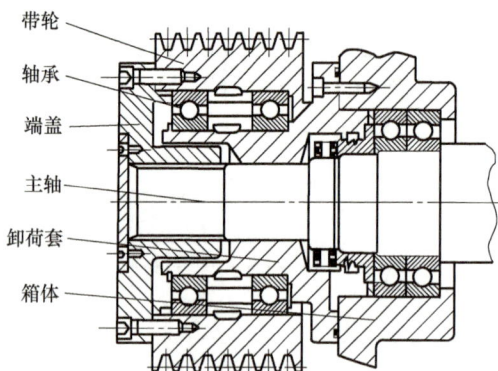

图 6-13

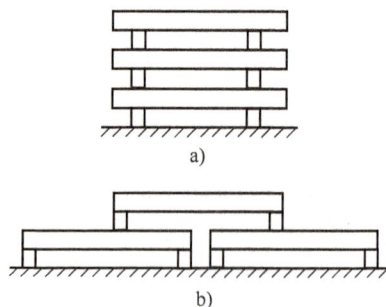

图 6-14

在结构允许的条件下，应使轴上的齿轮、带轮等尽可能地靠近支座，以减小传动力对轴弯曲变形的影响。将集中力分散成分布力，也可以取得减小弯矩降低弯曲变形的效果。例如悬臂梁在自由端受集中力 F 时，最大挠度值为 $w_{max} = \dfrac{Fl^3}{3EI_z}$（查附录Ⅳ）。如将集中力 F 代以大小相等的均布力，即 $ql = F$，则此时最大挠度值为 $w_{max} = \dfrac{Fl^3}{8EI_z}$，仅为集中力 F 作用时的 37.5%。

减小跨度也是减小弯曲变形的有效方法。从附录Ⅳ可以看出，在集中力偶作用下，挠度与跨度 l 的二次方成正比；在集中力作用下，挠度与跨度 l 的三次方成正比；在均布载荷作用下，挠度与跨度 l 的四次方成正比。如跨度缩短一半，则挠度分别减小为原来的 1/4、1/8 和 1/16，刚度的提高是非常显著的。例如车削细长工件时，除采用尾顶针外，有时还可采用中心架或跟刀架，以减小工件的变形，提高加工精度和光洁度（见图 6-15）。镗刀在工件上镗孔时，如果镗刀杆悬深长度过长，可在适当位置增加辅助支撑或用后立

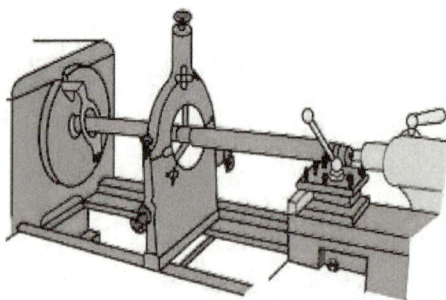

图 6-15

柱支撑，以减小镗刀杆的变形，提高加工精度（见图 6-16）。对较长的传动轴，可采用三支承以提高轴的刚度。应该指出，为提高细长工件、镗刀杆和传动轴的弯曲刚度而增加支承，都将使这些杆件由原来的静定杆件变为超静定杆件。

⊖ 人工时效是指将铸件加热到室温以上的适当温度，使其发生相变，从而改变其机械性能和加工性能的过程。

图 6-16

6.6.2 选择合理的截面形状

不同形状的截面，尽管面积相等，但惯性矩却不一定相等。在选择截面形状时，我们尽可能在相同截面面积的条件下，增大截面的惯性矩，使 $\dfrac{I_z}{A}$ 尽可能大。例如，工字形、箱形、槽形、T 形截面都比面积相等的矩形或圆形截面有更大的惯性矩。所以起重机的梁一般采用工字形或箱形截面；机器的箱体通常采用加筋的办法提高箱壁的抗弯刚度，却不采用增加壁厚的办法。一般地，增大截面惯性矩也可以提高梁的抗弯强度。但在强度问题中，更准确地说，只需提高弯矩较大的局部范围内的抗弯截面系数。而弯曲变形是由积分法得到的，与全长内各部分的刚度都有关系，往往要考虑提高全长范围内的弯曲刚度。

弯曲变形还与材料的弹性模量 E 有关。模量 E 越大，梁的抗弯刚度 EI_z 越大，弯曲变形越小。由于各种钢材的弹性模量 E 相差不大，所以为提高梁的弯曲刚度而采用高强度钢材，预期效果不明显，反而会加幅增加成本，不建议采用。

思 考 题

一、填空题

1. 在平面弯曲的情况下，梁变形后的轴线将成为一条连续而光滑的平面曲线，此曲线被称为_____。梁在平面弯曲变形时的转角，实际上是指梁的横截面绕其_____这条线所转动的角度，它近似地等于挠曲线方程 $w=f(x)$ 对 x 的_____。

2. 横截面的形心在垂直梁轴线方向的线位移称为该截面的_____，横截面绕中性轴转动的角位移称为该截面的_____；挠曲线上任意一点处切线的斜率，等于该点处横截面的_____。

3. 根据_____，可以确定梁的挠度和转角的积分常数。

4. 梁弯曲时的挠度和转角的符号，按所选的坐标轴而定，与 w 轴的正向一致时其挠度为正，若这时挠曲线的斜率为正，则该处截面的转角就为_____。

5. 梁的挠曲线近似微分方程确立了梁的挠曲线近似微分方程的_____与弯矩、抗弯刚度之间的关系。梁弯曲时，如果梁的抗弯刚度越大，则梁的曲率越_____，说明梁越不容易变形。

6. 用积分法求梁的变形在确定积分常数时，应根据梁的_____条件和变形连续条件来确定积分常数。

7. 由梁在单独载荷作用下的变形公式可知，变形和载荷的关系是_____的，故可用叠加原理求梁的变形。

8. 在集中力作用下的梁，变形后的最大挠度与梁的_____的三次方成正比。

9. 均布载荷作用下的简支梁，在梁长 l 变为原来的 $l/2$ 时，其最大挠度将变为原来_____。

10. 一跨长为 L、抗弯刚度为 EI 的简支梁在中点处作用一个力偶 M，则其中点的挠度值为_____。

二、判断题（对论述正确的在括号内画√，错误的画×）

1. 梁弯曲变形时，其中性层的曲率半径 ρ 与 EI_z 成正比。　　　　　　　　　　（　　）

2. 纯弯曲时，梁的正应力沿截面高度是线性分布的，即离中性轴越远，其值越大；而沿截面宽度是均匀分布的。　　　　　　　　　　　　　　　　　　　　　　　　　　　　　　（　　）

3. 计算梁弯曲变形时，允许应用叠加法的条件是变形必须是载荷的线性齐次函数。　（　　）

4. 叠加法只适用求梁的变形问题，不适用求其他力学量。　　　　　　　　　　　（　　）

三、单项选择题

1. 弯曲变形时产生最大挠度的截面，其转角也是最大的，这种情况对于（　　）是成立。

(A) 任何梁都　　　　　　　　　　　(B) 任何梁都不

(C) 等截面梁　　　　　　　　　　　(D) 只受一个集中力作用的悬臂梁。

2. 用积分法求一悬臂梁（见图 6-17）的变形时，确定积分常数所用到的边界条件是（　　）。

(A) $x=0$，$w=0$；$x=l$，$w=0$　　　　(B) $x=0$，$\theta=0$；$x=l$，$\theta=0$

(C) $x=0$，$w=0$；$x=0$，$\theta=0$　　　　(D) $x=0$，$\theta=0$；$x=l$，$w=0$

3. 设图 6-18 所示简支梁的挠曲线方程为 $EIw=\iint M(x)\mathrm{d}x\mathrm{d}x+Cx+D$，则积分常数是（　　）。

(A) $C=0$，$D=0$　　　　　　　　(B) $C=0$，$D\neq 0$

(C) $C\neq 0$，$D=0$　　　　　　　　(D) $C\neq 0$，$D\neq 0$

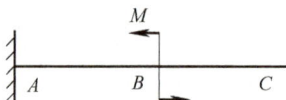

图 6-17

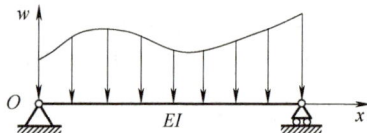

图 6-18

4. 如图 6-19 所示悬臂梁，在截面 B、C 上承受两个大小相等方向相反的力偶作用。其截面 B 的（　　）。

(A) 挠度为零，转角不为零

(B) 挠度不为零，转角为零

(C) 挠度和转角均不为零

(D) 挠度和转角均为零

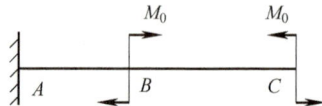

图 6-19

5. 在下面这些关于梁的弯矩与变形间的关系的说法中，正确的是（　　）。

(A) 弯矩为正的截面转角为正　　　　(B) 弯矩最大的截面挠度最大

(C) 弯矩突变的截面转角也有突变　　(D) 弯矩为零的截面曲率必为零

6. 已知图 6-20a 所示梁中点挠度为 $\dfrac{5ql^4}{384EI_z}$，则图 6-20b 所示梁中点挠度为（　　）。

(A) $\dfrac{5q_0l^4}{384EI_z}$　　　(B) $\dfrac{5q_0l^4}{768EI_z}$　　　(C) $\dfrac{5q_0l^4}{192EI_z}$　　　(D) $\dfrac{5q_0l^4}{48EI_z}$

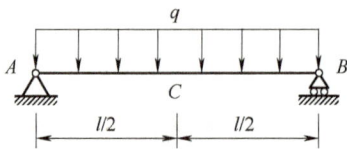

a)

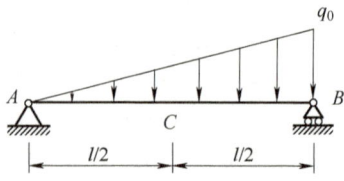

b)

图　6-20

7. 一端固定的板条，横截面为矩形，在自由端上的力偶 M 作用下，弯成了如图 6-21 所示的 1/4 圆弧。假如板条始终处于线弹性阶段，此时如用 $\sigma = \dfrac{My}{I_z}$ 计算应力，用 $w'' = \dfrac{M}{EI_z}$ 计算变形，则得到的（　　）。

（A）应力正确，变形错误

（B）应力错误，变形正确

（C）应力和变形都正确

（D）应力和变形都错误

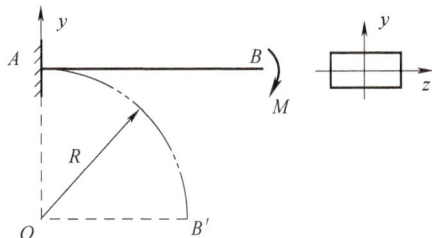

图　6-21

8. 高宽比 $h/b = 2$ 的矩形截面梁，若将梁的横截面由竖放改为平放，其他条件不变，则梁的最大挠度和最大正应力分别为原来的（　　）倍。

（A）2 和 2　　　　　　　　　　　（B）4 和 2

（C）4 和 4　　　　　　　　　　　（D）8 和 4

9. 在等直梁的最大弯矩所在截面附近，局部加大横截面尺寸（　　）。

（A）仅对提高梁强度有效　　　　（B）仅对提高梁刚度有效

（C）对提高梁强度和刚度都有效　　（D）对提高梁强度和刚度都无效

10. 梁的变形叠加原理适用的条件是：梁的变形必须是载荷的线性齐次函数，要符合此条件必须满足（　　）要求。

（A）梁的变形是小变形

（B）梁的变形是弹性变形

（C）梁的变形是小变形，且梁内的正应力不超过弹性极限

（D）梁的变形是小变形，且梁内的正应力不超过比例极限

11. 将外伸梁上的集中力 P 由 D 点平移到 C 点，并以等效力系替换原力对梁的作用（见图 6-22），在前后两种情况下，外伸梁一些截面的挠度和转角之间有关系（　　）。

（A）A 点转角、B 点挠度、C 点转角和 D 点挠度均不发生改变

（B）A 点转角、B 点挠度、C 点转角和 D 点挠度均发生变化

（C）A 点转角和 B 点挠度不改变、C 点转角和 D 点挠度发生变化

（D）A 点转角、B 点挠度和 C 点转角部改变和 D 点挠度发生变化

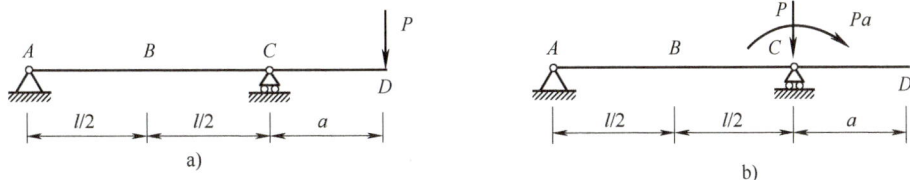

图　6-22

12. 在实际工程中，对铸件进行人工时效时，可按照图 6-23 所示的方式堆放，从减小铸件弯曲变形的角度考虑，采用（　　）。

（A）三种方式堆放都合理　　　　（B）图 6-23a 方式堆放合理

（C）图 6-23b 方式堆放合理　　　（D）图 6-23c 方式堆放合理

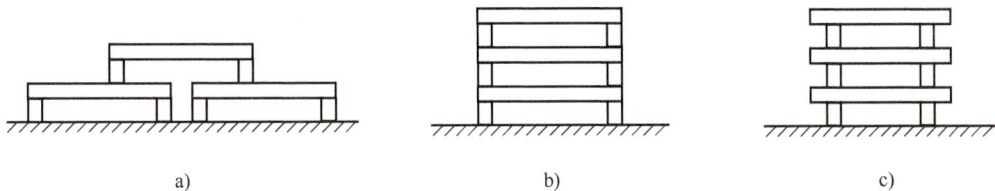

图　6-23

6.1　试用积分法求题 6.1 图所示梁的挠曲线方程和转角方程，设梁的抗弯刚度 EI_z 为常数。

6.2　用积分法求简支梁在题 6.2 图所示载荷作用下跨度中点的挠度，这里梁的抗弯刚度 EI_z 为常数。

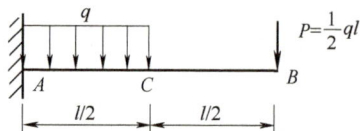

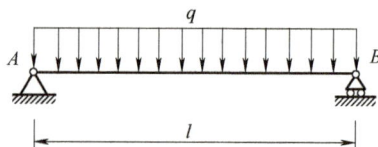

题 6.1 图　　　　　　　　　　　　　　题 6.2 图

6.3　用积分法求题 6.3 图所示变截面梁的挠曲线方程、端截面转角和最大挠度。已知梁 AC 段的抗弯刚度为 EI_z，CB 段的抗弯刚度为 $2EI_z$。

6.4　用积分法求题 6.4 图所示梁的挠曲线方程和转角方程，并求出 C 截面转角和挠度。梁的抗弯刚度 EI_z 为常量。

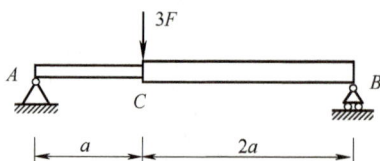

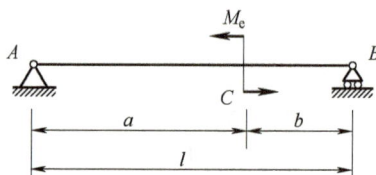

题 6.3 图　　　　　　　　　　　　　　题 6.4 图

6.5　用积分法求题 6.5 图所示梁的转角方程和挠曲线方程，求该梁上的最大转角和最大挠度。梁的抗弯刚度 EI_z 为常量。

6.6　题 6.6 图所示水平悬臂梁 EI_z = 常量，在固定端下面有一曲面 $y=-Ax^3$（A 为常数），欲使梁变形后恰好与该曲面密合而曲面不受压力，试问：梁上应加载什么载荷？确定载荷的数值和方向。

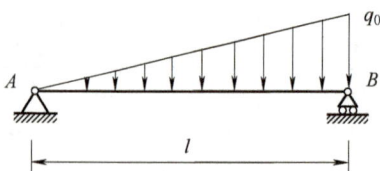

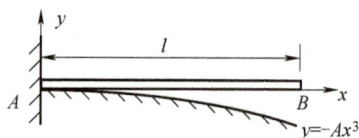

题 6.5 图　　　　　　　　　　　　　　题 6.6 图

6.7　已知 C 点的竖直位移为 $\dfrac{qa^4}{8EI_z}+\dfrac{qa^3l}{6EI_z}$，试用叠加法求题 6.7 图所示梁 B 截面的转角。

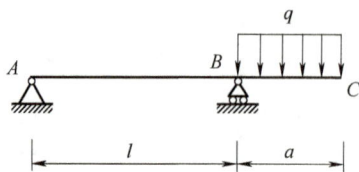

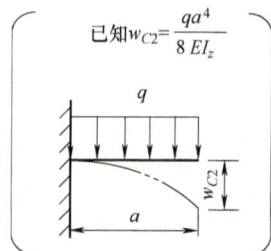

已知 $w_{C2}=\dfrac{qa^4}{8EI_z}$

题 6.7 图

6.8 用叠加法求题 6.8 图所示外伸梁外伸端的挠度和转角。

6.9 题 6.9 图所示变截面梁。已知 AB 段跨度为 l_1，抗弯刚度为 EI_{z1}。BC 段跨度为 l_2，抗弯刚度为 EI_{z2}，试求自由端的挠度和转角。

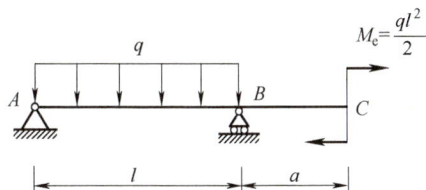

题 6.8 图

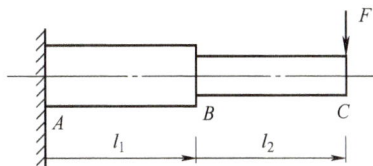

题 6.9 图

6.10 用叠加法求题 6.10 图所示梁跨中 C 截面的挠度 w_C。梁的抗弯刚度 EI_z 为常量。

6.11 题 6.11 图所示悬臂梁 AB 通过斜拉杆 BC 加强。AB 梁的跨度为 l，抗弯刚度为 EI_z。斜拉杆与梁夹角为 $45°$，抗拉刚度为 EA，且 $I_z = \dfrac{1}{3}Al^2$，试求 AB 梁受均布载荷 q 作用时拉杆所受轴力。

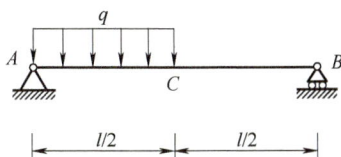

题 6.10 图

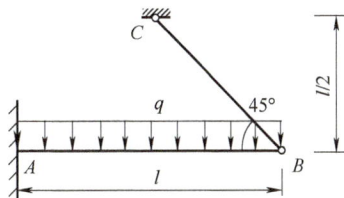

题 6.11 图

6.12 等强度梁如题 6.12 图所示，设 F、a、b、h 及弹性模量 E 均为已知。试求梁的最大挠度。

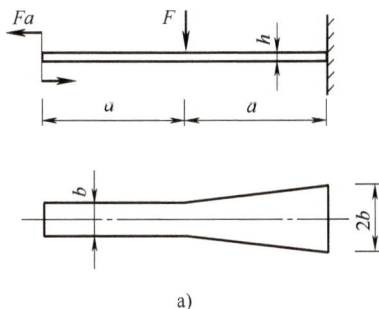

a)

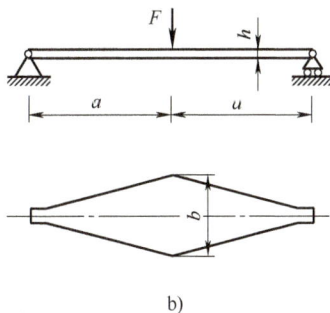

b)

题 6.12 图

6.13 图 6.13 所示的变截面梁，其中 AD、EB 段的抗弯刚度为 EI_z，DE 段的抗弯刚度为 $2EI_z$。试求跨度中点 C 的挠度。

6.14 题 6.14 图所示重量为 W 的等直梁 AC，放置在水平刚性平面上。在梁端 A 施加铅垂向上的集中力 $F = W/3$ 后，部分梁段离开台面。假设梁的长度为 l，梁的抗弯刚度 EI_z 为常量，试求 A 端的挠度和梁的最大弯矩。

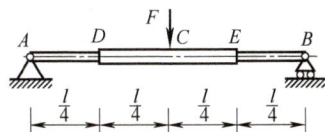

题 6.13 图

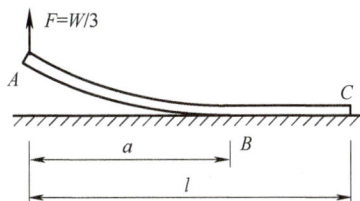

题 6.14 图

6.15 题 6.15 图所示三支座等截面梁，由于制造误差，轴承有高低。设 EI_z、δ 和 l 均为已知，试用叠加法计算题 6.15 图 a、b 所示两种情况的最大弯矩。

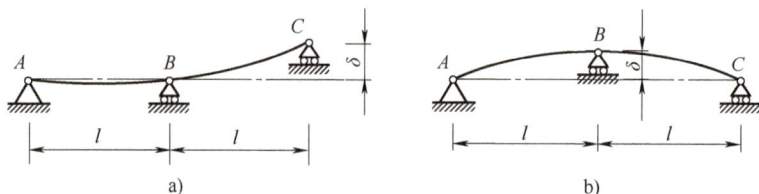

题 6.15 图

6.16 题 6.16 图所示，两梁抗弯刚度均为 EI_z，悬臂梁 DB 在自由端用一个小球和简支梁 AC 的二跨度中点无间隙接触。悬臂梁自由端 B 施加铅垂向下的集中力 F，试求支座 C 处的约束力。

6.17 题 6.17 图所示结构，未加载前铰支 C 存在误差 δ，梁为工字钢截面，已知 $I_z = 216 \times 10^6 \, \text{mm}^4$，材料的弹性模量 $E = 200\text{GPa}$。求要使 A、B、C 三处各承受外载的 1/3 时的误差 δ。

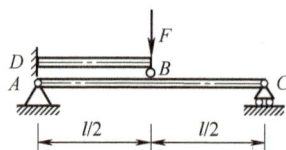

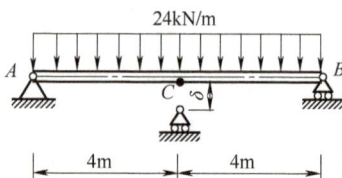

题 6.16 图   题 6.17 图

6.18 题 6.18 图所示结构，两梁在无外载荷作用时刚好接触。两梁具有相同的抗弯刚度 EI，当 C 点作用集中力 F 时，求支座 A、D 处的约束力。

6.19 单位重度为 q、长度为 l、抗弯刚度为 EI_z 的均匀长杆在刚性水平面上，长为 a 的一段杆 CD 伸出水平面如题 6.19 图所示，试求该杆从水平面隆起部分的长度 b。

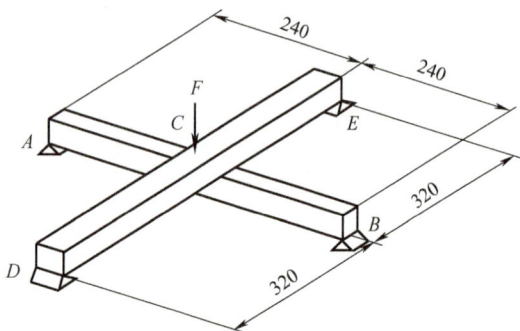

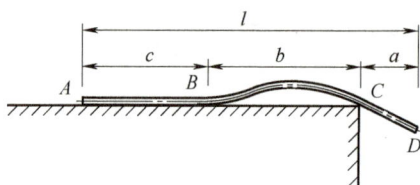

题 6.18 图   题 6.19 图

积分法求弯曲   叠加法求梁的   简单超静定   第6章习题解答
变形及例题   变形及例题   梁及例题

7

第 7 章
应力状态和强度理论

7.1 应力状态概述

前面分析了杆件的基本变形，拉压杆横截面上正应力为 $\sigma = \dfrac{F}{A}$，剪切时横截面上切应力为 $\tau = \dfrac{F_s}{A}$，杆件扭转时横截面上切应力 $\tau = \dfrac{T\rho}{I_P}$，杆件弯曲时横截面上正应力 $\sigma = \dfrac{My}{I_z}$，横截面上切应力 $\tau = \dfrac{F_s S_z^*}{I_z b}$。就一点而言，通过这一点的截面可以有不同方位，而截面上的应力又随截面方位而变化。例如图 7-1a 所示的拉杆，过 C 点作两个截面 m—m 和 n—n。截面 m—m 是横截面，其上只有正应力 σ，如图 7-1b 所示。截面 n—n 是斜截面，其上有正应力 σ_α 和切应力 τ_α，如图 7-1c 所示，可以表示为

$$\sigma_\alpha = \upsilon \cos^2\alpha, \quad \tau_\alpha = \frac{1}{2}\sigma\sin 2\alpha \tag{a}$$

由式（a）容易看出，斜截面方位角 α 不同，则截面上的应力也就不同。以上分析表明，同一点不同方向面上的应力是不相同的。过同一点不同方向面上应力的集合，称为这一点的应力状态。

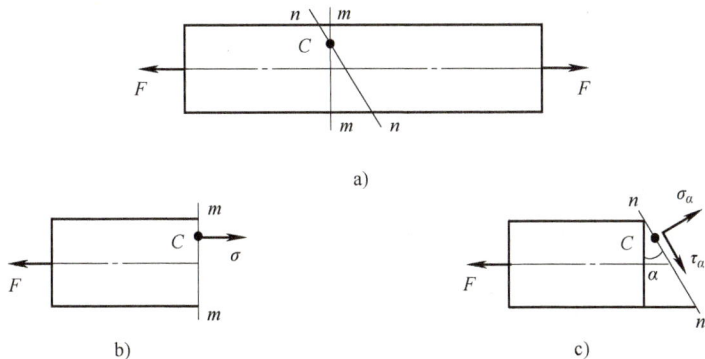

图　7-1

为了描述杆件内部某点的应力状态，一般围绕该点用六个假想截面"割取"一个微小的平行六面体，这个平行六面体相邻的两个平面相互垂直，也称为单元体。单元体是分析一

139

点应力状态的基本方法。对于图 7-1b 所示的截面的应力，可用图 7-2a 所示单元体应力状态表示，由于前、后面上的应力为 0，也可用平面图形表示，如图 7-2b 所示。而对于 7-1c 所示的截面的应力，可用图 7-2c 所示单元体应力状态表示。

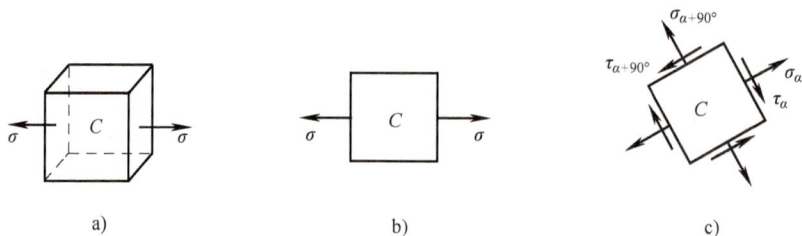

图 7-2

再比如，如图 7-3a 所示的圆轴，在一对外力偶矩 M_e 作用下发生扭转变形。通过第 3 章对扭转的学习，我们知道横截面上的切应力为 $\tau = \dfrac{T\rho}{I_P}$。假设横截面上一点处的切应力为 τ，其应力状态如图 7-3b 所示。利用截面法，可得方位角为 α 的斜截面（见图 7-3c）上的正应力和切应力分别为

$$\sigma_\alpha = -\tau\sin2\alpha, \quad \tau_\alpha = \tau\cos2\alpha$$

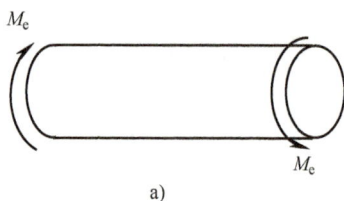

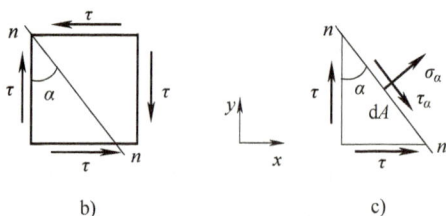

证明： 用截面 n—n 假想将单元体截开，取微小三角形（其实是微小三棱柱）为研究对象。不妨假设斜截面的面积为 dA，截开的横截面和水平面的面积分别为 $dA\cos\alpha$ 和 $dA\sin\alpha$，由微小三角形的平衡方程有

$$\sum F_x = 0, \quad \sigma_\alpha dA\cos\alpha + \tau_\alpha dA\sin\alpha + \tau dA\sin\alpha = 0$$

$$\sum F_y = 0, \quad \sigma_\alpha dA\sin\alpha - \tau_\alpha dA\cos\alpha + \tau dA\cos\alpha = 0$$

联立求解，可得

$$\sigma_\alpha = -\tau\sin2\alpha, \quad \tau_\alpha = \tau\cos2\alpha$$

图 7-3

受力构件内某一点在各个截面上的应力各不相同，一点的应力状态是一点所有截面应力的集合，也可称为一点应力的全貌。研究通过一点的不同截面上的应力变化情况，就是应力分析的内容。要了解一点全部的应力情况，必须研究该点在所有截面上的应力情况，找出它们的变化规律，从而求出最大正应力及其所在平面，或最大切应力及其所在平面，为强度设计提供依据。其次，一些构件的破坏现象，也需通过应力状态分析，才能解释其原因。如低碳钢拉伸时表面出现明显的与轴线成 45°滑移线，再如铸铁压缩和扭转时，试件的破坏都发生在与横截面成 45°的斜面上，这些破坏现象都与斜截面上的应力有密切关系。

在图 7-2b 中，单元体的三个相互垂直的面上都无切应力，这种切应力等于零的平面称为主平面。主平面上的正应力称为主应力。根据弹性力学的研究，任何应力状态，总可以找到三对互相垂直的平面，在这些面上只有正应力而切应力等于零。一个受力构件任意一点也皆可找到三个相互垂直的主平面，因而每一点都有三个主应力。三个主应力中只有一个主应力不为零，称为单向应力状态。例如简单轴向拉伸（或压缩）变形就是单向应力状态，单向应力状态又称为简单应力状态。若三个主应力中只有两个主应力不为零，称为二向应力状

态。例如杆件纯扭转时就是二向应力状态，二向应力状态又称为平面应力状态。若三个主应力皆不为零，称为三向应力状态。例如置于水中的小球受静水压力时就是三向应力状态，三向应力状态又称为空间应力状态。二向应力状态和三向应力状态也统称为复杂应力状态。

7.2　二向和三向应力状态实例

作为二向应力状态的实例，我们研究如图 7-4a 所示锅炉的应力状态。锅炉形状为一薄壁圆筒，壁厚为 δ，内径为 D，且 $\delta < \dfrac{D}{20}$。若封闭的薄壁圆筒所受内压强为 p，我们可以分析薄壁圆筒内任意一点的应力状态为二向应力状态，如图 7-4a 所示。其中水平方向的正应力为 σ'，铅垂方向的正应力为 σ''。前表面是外表面，其上应力分量为 0。在均匀内压强作用下，锅炉会发生均匀膨胀，相邻截面不会发生相对错动，截面上不会存在切应力，因此应力 σ' 和 σ'' 是两个主应力，为二向应力状态。下面通过平衡方程得到两个主应力计算公式。

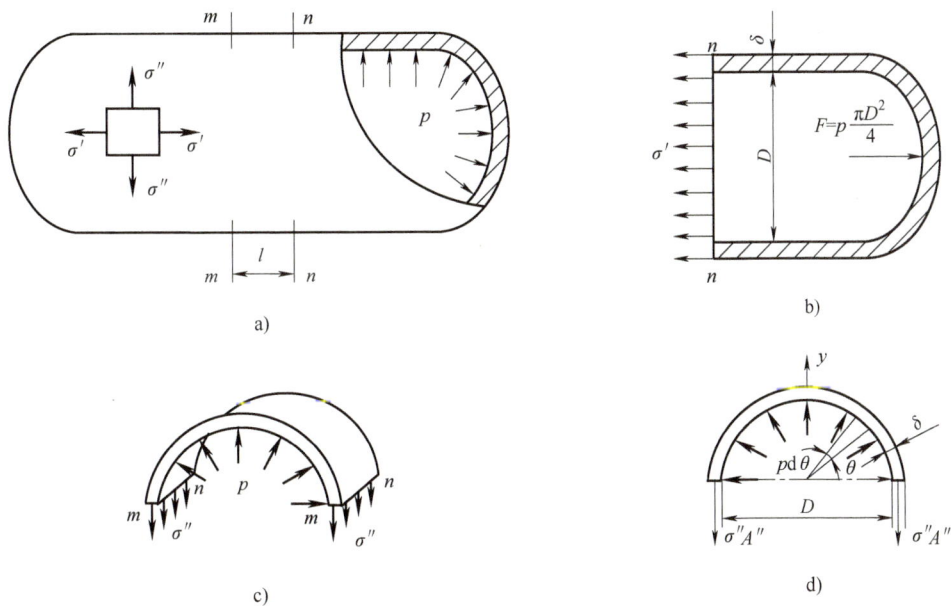

图　7-4

取 n—n 截面的右半部分为研究对象，受力分析如图 7-4b 所示。薄壁圆筒所受内压为 p，作用于筒底的总压力为

$$F = p \cdot \frac{\pi D^2}{4} \tag{a}$$

设圆筒横截面上应力 σ'，根据研究对象的静力平衡条件 $\sum F_x = 0$，有

$$F - \sigma' A' = 0 \tag{b}$$

式中，A' 为薄壁圆筒横截面面积，$A' = \pi D \delta$，将式（a）代入式（b），可得

$$\sigma' = \frac{F}{A'} = \frac{p \cdot \dfrac{\pi D^2}{4}}{\pi D \delta} = \frac{pD}{4\delta} \tag{7-1}$$

用相距为 l 的两个横截面和包含直径的纵向水平面，从圆筒中截取一部分（见图 7-4c）。若假设筒壁的纵向截面上应力 σ'' 是均匀分布的，则根据研究对象的平衡条件 $\sum F_y = 0$，有

$$F_y - 2\sigma''A'' = 0 \tag{c}$$

式中，A'' 为截取部分的纵向水平截面面积，$A'' = \delta l$。为了计算由于内压力 p 而在截取部分（见图 7-4c）上产生的 y 方向的合力 F_y，可将图 7-4c 简化为图 7-4d，则 F_y 可表示为

$$F_y = \int_0^\pi pl\frac{D}{2}\mathrm{d}\theta\sin\theta = plD \tag{d}$$

积分结果表明，截出部分的内表面在纵向水平面上的投影面积 lD 与 p 的乘积，就等于内压作用于截出段内表面上的合力。将式（d）代入式（c），可得

$$\sigma'' = \frac{F_y}{2\delta l} = \frac{plD}{2\delta l} = \frac{pD}{2\delta} \tag{7-2}$$

由式（7-1）和式（7-2）可以看出，纵向截面上的应力 σ'' 是横截面上应力 σ' 的两倍。

σ' 作用的截面就是直杆拉伸的横截面，该横截面上没有切应力。又因为内压 p 是轴对称载荷，所以在 σ'' 作用的纵向水平截面上也没有切应力。这样，通过壁内任意点的纵横两截面皆为主平面，即 σ' 和 σ'' 皆为主应力。此外，在图 7-4a 所示的单元体的第三个方向上，有作用于内壁的内压 p 和作用于外壁的大气压，它们都远小于 σ' 和 σ''，可以认为等于零，于是得到了二向应力状态，它在两个方向上均受拉应力作用。

再如图 7-5a、b 所示杆件的扭转和弯曲变形，最大应力往往发生在构件的外边缘。构件表面一般为自由表面，自由表面上的正应力和切应力均为零。因此，自由表面对应其中的一个主平面，且该主平面上的主应力等于零。扭转和弯曲变形的杆件外边缘取出的单元体应力状态可分别用图 7-5c、d 表示，它们均属于二向应力状态。

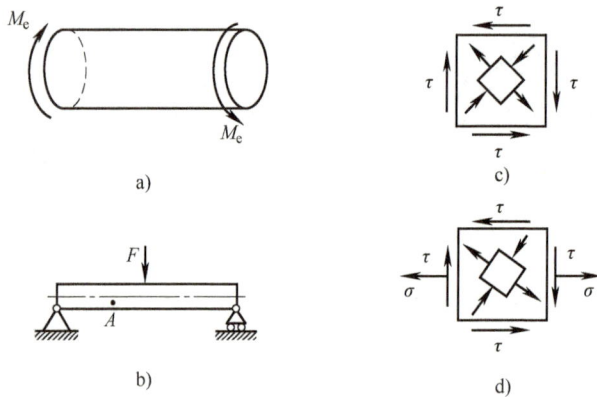

图　7-5

在滚珠轴承中，滚珠与外圈接触点处的应力状态，可作为三向应力状态的一个典型实例。在外圈中围绕接触点 A（见图 7-6a），以垂直和平行于压力 F 的平面截取单元体，如图 7-6b 所示。在滚珠与外圈的接触面上，有接触应力 σ_3。由于 σ_3 的作用，单元体将向前后、左右膨胀，引起周围材料对它的约束应力 σ_2 和 σ_1。因为所截取的每两个相邻的截面不存在相对错动，所以三个相互垂直的面上均没有切应力，所取单元体的三个相互垂直的面皆为主平面，三个主平面上均受压应力作用，接触点处于三向应力状态。与此相似，桥式起重

机大梁两端的滚动轮与轨道的接触点，火车车轮与钢轨的接触点，也都是处于三向应力状态。镦粗、挤压、轧制也均为三向压应力状态。

在研究任意一点的应力状态时，通常用 σ_1、σ_2 和 σ_3 代表该点的三个主应力，并以 σ_1 代表代数值最大的主应力，σ_3 代表代数值最小的主应力。一般三个主应力大小排列次序为 $\sigma_1 \geq \sigma_2 \geq \sigma_3$。

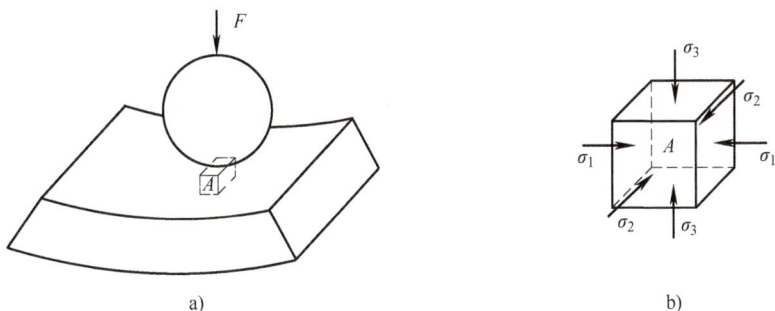

图 7-6

例 7.1 图 7-7a 所示的圆球形容器的壁厚为 δ，内径为 D，内压为 p，试求容器壁内任意一点的三个主应力。

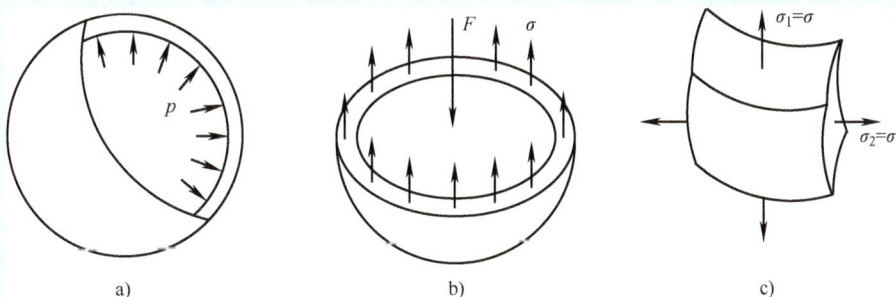

图 7-7

解： 假想用一个通过直径的平面截开容器，取容器的下半部分为研究对象，受力分析如图 7-7b 所示。半球上内压力的合力 F，等于半球在直径平面上的投影面积与内压 p 的乘积，即

$$F = p\frac{\pi D^2}{4}$$

容器截面上的内力（由于薄壁圆球，认为 σ 在截面上均匀分布）为

$$F_N = \sigma\pi D\delta$$

而静力平衡条件，可知 $F = F_N$，求出

$$\sigma_1 = \sigma = \frac{pD}{4\delta}$$

由容器和受力的对称性可知，包含直径的任意截面上皆无切应力，且正应力都等于 σ（见图 7-7c），故

$$\sigma_2 = \sigma = \frac{pD}{4\delta}$$

忽略半径方向的应力，则 $\sigma_3 = 0$。这是一个二向应力状态，且 $\sigma_1 = \sigma_2 = \dfrac{pD}{4\delta}$，$\sigma_3 = 0$。

7.3 二向应力状态——解析法

在上一节讨论了薄壁圆筒受内压 p，筒壁上任一点以横向和纵向截取的单元体（见图 7-4a），单元体各面皆为主平面，应力皆为主应力。但在其他情况就不一定如此，如圆杆扭转时，横截面上除圆心外，任一点皆有切应力（见图 7-5c）。可见，对于这些点，横截面不是它的主平面。横力弯曲时也是这样，梁的横截面上除上、下边缘和中性轴上的点外，任一点上不但有正应力还有切应力。所以横截面不是这些点的主平面，横截面上正应力也不是这些点的主应力。对于平面应力状态，已知通过一点的两互相垂直平面的应力，如何才能确定通过这点的其他截面上的应力，从而确定主应力和主平面？对于图 7-8a 所示的单元体，已知 σ_x、σ_y、τ_{xy} 和 τ_{yx}，其他各应力分量均为零，这种应力状态称为平面应力状态，可用图 7-8b 的平面图形来表示。取平行于 z 轴的斜截面，其外法线 n 与 x 轴正向的夹角为 α，计算该斜截面上的正应力 σ_α 和切应力 τ_α。

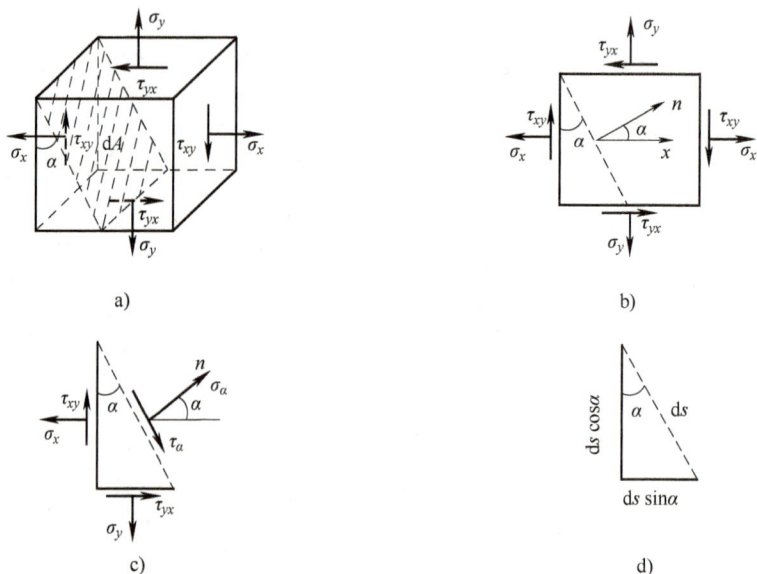

图 7-8

在图 7-8a 或图 7-8b 中，σ_x 和 τ_{xy} 表示外法线与 x 轴平行的面（可称为 x 面）上的正应力和切应力；σ_y 和 τ_{yx} 表示外法线与 y 轴平行的面（可称为 y 面）上的正应力和切应力。事实上，这里的 σ_x、σ_y 分别是 σ_{xx} 和 σ_{yy} 的一种缩写记法。应力分量 σ_{xx} 和 τ_{xy} 中的第一个角标 x 表示应力作用平面为 x 面，第二个角标则表示应力分量的方向。同理，应力分量 σ_{yy} 和 τ_{yx} 中的第一个角标 y 表示应力作用平面为 y 面，第二个角标则表示应力分量的方向。关于应力的符号规定为：正应力以拉应力为正，以压应力为负；切应力对单元体内任意一点的矩为顺时针转向为正，逆时针为负。按照这一规定，图 7-8a 中，应力 σ_x、σ_y 和 τ_{xy} 皆为正，而 τ_{yx} 为负。

用一个外法线与 x 轴间夹角为 α 的斜面截取单元体，取其左半部分为研究对象，受力分析如图 7-8c 所示。对于转角 α 的符号，规定由 x 轴正向逆时针转向外法线 n 时，α 为正。对

于图 7-8b 所示的转角 α，按转角的符号规定为正。由平衡方程，可得

$$\sum F_x = 0, \quad \sigma_\alpha \mathrm{d}A\cos\alpha + \tau_\alpha \mathrm{d}A\sin\alpha - \sigma_x \mathrm{d}A\cos\alpha + \tau_{yx}\mathrm{d}A\sin\alpha = 0$$

$$\sum F_y = 0, \quad \sigma_\alpha \mathrm{d}A\sin\alpha - \tau_\alpha \mathrm{d}A\cos\alpha - \sigma_y \mathrm{d}A\sin\alpha + \tau_{xy}\mathrm{d}A\cos\alpha = 0$$

根据切应力互等定理，有 $\tau_{xy} = \tau_{yx}$。联立求解，可得

$$\sigma_\alpha = \frac{\sigma_x + \sigma_y}{2} + \frac{\sigma_x - \sigma_y}{2}\cos2\alpha - \tau_{xy}\sin2\alpha \tag{7-3}$$

$$\tau_\alpha = \frac{\sigma_x - \sigma_y}{2}\sin2\alpha + \tau_{xy}\cos2\alpha \tag{7-4}$$

式（7-3）和式（7-4）就是平面应力状态下任意斜截面上应力的计算公式，可知斜截面上的正应力 σ_α 和切应力 τ_α 随 α 角的改变而改变，即 σ_α 和 τ_α 都是 α 的函数。利用式（7-3）和（7-4）便可确定正应力和切应力的极值，并确定它们所在平面的方位。

正应力 σ_α 的极值可以用 σ_α 对 α 求导，并令导数等于零求解。将式（7-3）对 α 求导，得

$$\frac{\mathrm{d}\sigma_\alpha}{\mathrm{d}\alpha} = -(\sigma_x - \sigma_y)\sin2\alpha - 2\tau_{xy}\cos2\alpha \tag{a}$$

设当 $\alpha = \alpha_0$ 时，$\dfrac{\mathrm{d}\sigma_\alpha}{\mathrm{d}\alpha} = 0$，即

$$(\sigma_x - \sigma_y)\sin2\alpha_0 + 2\tau_{xy}\cos2\alpha_0 = 0 \tag{b}$$

由此得出

$$\tan2\alpha_0 = -\frac{2\tau_{xy}}{\sigma_x - \sigma_y} \tag{7-5}$$

由式（7-5）可以求出相差 90° 的两个角度 α_0，它们确定两个相互垂直的平面，其中一个是最大正应力所在的平面，另一个是最小正应力所在的平面。比较式（7-4）和式（b），可见这两个平面上切应力为零。因为切应力为零的平面是主平面，主平面上的正应力是主应力，所以最大和最小正应力就是三个主应力中的两个。另外一个主应力为 0，因为研究的对象是二向应力状态。三个主应力按照代数值进行排列。由式（7-5）可知

$$\cos2\alpha_0 = \pm\frac{1}{\sqrt{1+\tan^2 2\alpha_0}}, \quad \sin2\alpha_0 = \pm\frac{\tan2\alpha_0}{\sqrt{1+\tan^2 2\alpha_0}} \tag{c}$$

将式（c）代入式（7-3），可得最大及最小正应力分别为

$$\left.\begin{array}{c}\sigma_{\max}\\\sigma_{\min}\end{array}\right\} = \frac{\sigma_x + \sigma_y}{2} \pm \sqrt{\left(\frac{\sigma_x - \sigma_y}{2}\right)^2 + \tau_{xy}^2} \tag{7-6}$$

如约定用 σ_x 表示 σ_x 和 σ_y 两个正应力中代数值较大的一个，即 $\sigma_x \geqslant \sigma_y$，则式（7-5）确定的两个角度 α_0 中，若将其中一个角度 α_{01} 限定在 $\left(-\dfrac{\pi}{4}, \dfrac{\pi}{4}\right)$ 之间，并取另一个角度为 $\alpha_{02} = \alpha_{01} + \dfrac{\pi}{2}$，则绝对值较小的那个角度确定了 $\sigma_{\max}$ 所在的平面。

同理，计算切应力 τ_α 的极值可以用 τ_α 对 α 求导，并令导数等于零求解。将式（7-4）对 α 求导，得

$$\frac{\mathrm{d}\tau_\alpha}{\mathrm{d}\alpha} = (\sigma_x - \sigma_y)\cos 2\alpha - 2\tau_{xy}\sin 2\alpha \qquad (\text{d})$$

设当 $\alpha = \alpha_1$ 时，$\dfrac{\mathrm{d}\tau_\alpha}{\mathrm{d}\alpha} = 0$，即

$$(\sigma_x - \sigma_y)\cos 2\alpha_1 - 2\tau_{xy}\sin 2\alpha_1 = 0$$

由此得出

$$\tan 2\alpha_1 = \frac{\sigma_x - \sigma_y}{2\tau_{xy}} \qquad (7\text{-}7)$$

由式（7-7）可以求出相差 $90°$ 的两个角度 α_1，它们确定两个相互垂直的平面，其中一个是最大切应力所在的平面，另一个是最小切应力所在的平面。由式（7-7）可知

$$\cos 2\alpha_1 = \pm\frac{1}{\sqrt{1+\tan^2 2\alpha_1}}, \quad \sin 2\alpha_1 = \pm\frac{\tan 2\alpha_1}{\sqrt{1+\tan^2 2\alpha_1}} \qquad (\text{e})$$

将式（e）代入式（7-4），求得最大和最小切应力分别为

$$\left.\begin{array}{r}\tau_{\max} \\ \tau_{\min}\end{array}\right\} = \pm\sqrt{\left(\frac{\sigma_x - \sigma_y}{2}\right)^2 + \tau_{xy}^2} \qquad (7\text{-}8)$$

比较式（7-5）和式（7-7）可见

$$\tan 2\alpha_0 = -\frac{1}{\tan 2\alpha_1} = \tan\left(2\alpha_1 - \frac{\pi}{2}\right), \quad \alpha_1 = \alpha_0 + \frac{\pi}{4}$$

即最大和最小切应力所在平面与主平面的夹角为 $45°$。由式（7-6）可见 $\sigma_{\max} + \sigma_{\min} = \sigma_x + \sigma_y$，即最大和最小正应力之和与单元体 x 面和 y 面上正应力之和相等。

例 7.2　处于平面应力状态的单元体各面上的应力如图 7-9 所示。已知 $\sigma_x = 20\text{MPa}$，$\sigma_y = -10\text{MPa}$，$\tau_{xy} = 20\text{MPa}$，求：(1) $\sigma_{\max}$ 和 $\sigma_{\min}$；(2) 主应力作用面的方位角；(3) 求 $\tau_{\max}$ 和 $\tau_{\min}$。

解：(1) 将 $\sigma_x = 20\text{MPa}$，$\sigma_y = -10\text{MPa}$，$\tau_{xy} = 20\text{MPa}$ 代入式（7-6），可得最大和最小正应力分别为

$$\sigma_{\max} = \frac{\sigma_x + \sigma_y}{2} + \sqrt{\left(\frac{\sigma_x - \sigma_y}{2}\right)^2 + \tau_{xy}^2}$$

$$= \frac{20-10}{2}\text{MPa} + \sqrt{\left(\frac{20+10}{2}\right)^2 + 20^2}\,\text{MPa} = 30\text{MPa}$$

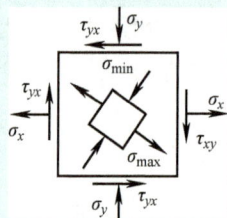

图　7-9

$$\sigma_{\max} = \frac{\sigma_x + \sigma_y}{2} - \sqrt{\left(\frac{\sigma_x - \sigma_y}{2}\right)^2 + \tau_{xy}^2}$$

$$= \frac{20-10}{2}\text{MPa} - \sqrt{\left(\frac{20+10}{2}\right)^2 + 20^2}\,\text{MPa} = -20\text{MPa}$$

(2) 由式（7-5）可知，主应力作用面的方位角为

$$\tan 2\alpha_0 = -\frac{2\tau_{xy}}{\sigma_x - \sigma_y} = -\frac{2\times 20}{20+10} = -\frac{4}{3}$$

$$\alpha_0 = -26.57° \text{ 或 } \alpha_0 = 63.43°$$

因为 $\sigma_x \geqslant \sigma_y$，则式（7-5）确定的两个角度 α_0 中，其中一个角度 $-26.57°$ 限定在 $\left(-\dfrac{\pi}{4}, \dfrac{\pi}{4}\right)$ 之间，另一个角度 $63.43°$，则绝对值较小的角度确定了 $\sigma_{\max}$ 所在平面，即 $\alpha_0 = -26.57°$ 为 $\sigma_{\max}$ 所在的平面，如图 7-9 所示。

（3）由式（7-8），切应力的最大值和最小值分别为

$$\tau_{max} = \sqrt{\left(\frac{\sigma_x - \sigma_y}{2}\right)^2 + \tau_{xy}^2} = \sqrt{\left(\frac{20+10}{2}\right)^2 + 20^2}\,\text{MPa} = 25\text{MPa}$$

$$\tau_{min} = -\sqrt{\left(\frac{\sigma_x - \sigma_y}{2}\right)^2 + \tau_{xy}^2} = -\sqrt{\left(\frac{20+10}{2}\right)^2 + 20^2}\,\text{MPa} = -25\text{MPa}$$

7.4 二向应力状态——图解法

根据 7.4 节可知，在二向应力状态下斜截面上的正应力和切应力的计算公式分别为

$$\sigma_\alpha = \frac{\sigma_x + \sigma_y}{2} + \frac{\sigma_x - \sigma_y}{2}\cos2\alpha - \tau_{xy}\sin2\alpha$$

$$\tau_\alpha = \frac{\sigma_x - \sigma_y}{2}\sin2\alpha + \tau_{xy}\cos2\alpha$$

以上两式平方然后再相加，可得

$$\left(\sigma_\alpha - \frac{\sigma_x + \sigma_y}{2}\right)^2 + \tau_\alpha^2 = \left(\frac{\sigma_x - \sigma_y}{2}\right)^2 + \tau_{xy}^2 \tag{a}$$

式（a）是一个以 σ_α 和 τ_α 为变量的圆周方程。若以 σ_α 为横坐标、τ_α 为纵坐标，则式（a）为以 $\left(\frac{\sigma_x + \sigma_y}{2}, 0\right)$ 为圆心、$\sqrt{\left(\frac{\sigma_x - \sigma_y}{2}\right)^2 + \tau_{xy}^2}$ 为半径的圆，这一圆周称为应力圆。

现以图 7-10a 所示的二向应力状态为例说明应力圆的作法。按一定的比例尺量取横坐标 $\overline{OA} = \sigma_x$，纵坐标 $\overline{AD} = \tau_{xy}$，确定 D 点。量取横坐标 $\overline{OB} = \sigma_y$，纵坐标 $\overline{BD'} = \tau_{yx}$，确定 D' 点。注意，按照切应力的符号规定，$\tau_{yx} = -\tau_{xy}$。连接 D 和 D' 两点，与横坐标 σ 轴的交点为 C 点。以 C 点为圆心、$\overline{CD}$ 为半径作圆，这个圆就是上面提到的应力圆。该应力圆是由德国学者莫尔（O. Mohr）于 1882 年首先提出的。

可以证明，单元体内任一斜截面都对应着应力圆上的一点，该斜截面上的正应力都分别对应着应力圆上这一点的横坐标和纵坐标，它们之间是一一对应的。其对应的规则是：基准相同，转向一致，倍角关系。例如，由 x 轴正向到任意斜截面外法线 n 的夹角为逆时针的 α 角，在应力圆上，应从 D 点（它代表以 x 轴正向为外法线的面上的应力）也按逆时针方向转到 E 点，且使 DE 弧所对应的圆心角为 2α（见图 7-10b），则 E 点的坐标就代表以 n 为外法线方向斜截面上的应力。这是因为 E 点的坐标

$$\begin{aligned}
\overline{OF} &= \overline{OC} + \overline{CF} = \overline{OC} + \overline{CE}\cos(2\alpha + 2\alpha_0) \\
&= \overline{OC} + \overline{CE}\cos2\alpha\cos2\alpha_0 - \overline{CE}\sin2\alpha\sin2\alpha_0 \\
&= \overline{OC} + \overline{CD}\cos2\alpha\cos2\alpha_0 - \overline{CD}\sin2\alpha\sin2\alpha_0 \\
&= \overline{OC} + \overline{CA}\cos2\alpha - \overline{AD}\sin2\alpha OC \\
&= \frac{\sigma_x + \sigma_y}{2} + \frac{\sigma_x - \sigma_y}{2}\cos2\alpha - \tau_{xy}\sin2\alpha
\end{aligned} \tag{b}$$

$$\overline{EF}=\overline{CE}\sin(2\alpha+2\alpha_0)=\overline{CE}\sin2\alpha_0\cos2\alpha+\overline{CE}\cos2\alpha_0\sin2\alpha$$

$$=\overline{CD}\sin2\alpha_0\cos2\alpha+\overline{CD}\cos2\alpha_0\sin2\alpha$$

$$=\overline{CA}\sin2\alpha+\overline{AD}\cos2\alpha$$

$$=\frac{\sigma_x-\sigma_y}{2}\sin2\alpha+\tau_{xy}\cos2\alpha \tag{c}$$

可见，$\overline{OF}=\sigma_\alpha$，$\overline{EF}=\tau_\alpha$，即 E 点的坐标值代表了法线倾角为 α 的斜截面上的应力。

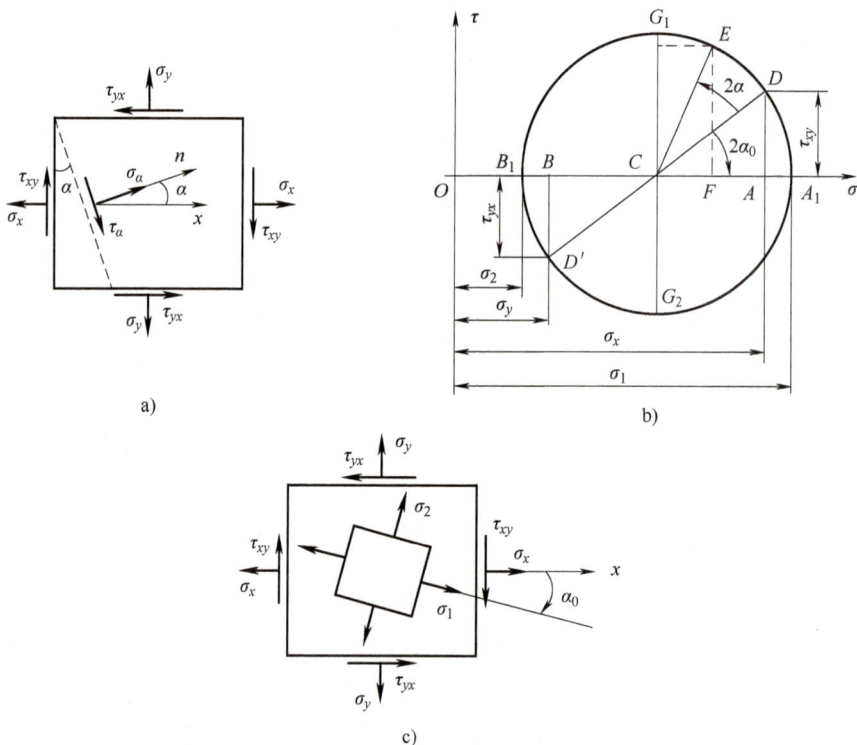

图　7-10

利用应力圆可以确定主应力的数值和主平面的方位。A_1 和 B_1 点分别代表最大和最小主应力，即

$$\sigma_{\max}=\overline{OA_1}=\overline{OC}+\overline{CA_1}=\frac{\sigma_x+\sigma_y}{2}+\sqrt{\left(\frac{\sigma_x-\sigma_y}{2}\right)^2+\tau_{xy}^2} \tag{d}$$

$$\sigma_{\min}=\overline{OB_1}=\overline{OC}-\overline{CB_1}=\frac{\sigma_x+\sigma_y}{2}-\sqrt{\left(\frac{\sigma_x-\sigma_y}{2}\right)^2+\tau_{xy}^2} \tag{e}$$

式（d）和式（e）与式（7-6）一致。在应力圆上由 D 点（它代表以 x 轴正向为外法线的面上的应力）到 A_1 点所对应的圆心角为顺时针的 $2\alpha_0$，在单元体中由 x 轴也按顺时针转 α_0 角，这就确定了最大主应力所在平面的法线位置（见图 7-10c）。按照关于 α 的符号规定，顺时针的 α_0 是负的，$\tan2\alpha_0$ 应取负值，即

$$\tan2\alpha_0=-\frac{\overline{AD}}{\overline{CA}}=-\frac{2\tau_{xy}}{\sigma_x-\sigma_y} \tag{f}$$

式（f）与式（7-5）一致。利用应力圆可方便地确定最大、最小切应力，它们对应着应力圆上的 G_1 和 G_2 两点。因为 $\overline{CG_1}$ 和 $\overline{CG_2}$ 都是应力圆的半径，故有

$$\left.\begin{array}{r}\tau_{\max}\\[2pt]\tau_{\min}\end{array}\right\}=\pm\sqrt{\left(\frac{\sigma_x-\sigma_y}{2}\right)^2+\tau_{xy}^2} \qquad (\text{g})$$

式（g）与式（7-8）一致。又因为应力圆的半径也等于 $\dfrac{\sigma_1-\sigma_2}{2}$，故最大、最小切应力又可写成

$$\left.\begin{array}{r}\tau_{\max}\\[2pt]\tau_{\min}\end{array}\right\}=\pm\frac{\sigma_1-\sigma_2}{2} \qquad (7\text{-}9)$$

需要说明的是，若图 7-10b 应力圆的 B 点在纵坐标轴的左侧，则三个主应力中的 $\sigma_2=0$，B 点的横坐标为 σ_3，上式中的 σ_2 应改为 σ_3。

例 7.3　图 7-11a 所示单元体。已知 $\sigma_x=80\text{MPa}$，$\sigma_y=-40\text{MPa}$，$\tau_{xy}=-60\text{MPa}$，$\tau_{yx}=60\text{MPa}$。试用应力圆求主应力，并确定主平面的位置。

解：选定比例尺，以 $\sigma_x=80\text{MPa}$，$\tau_{xy}=-60\text{MPa}$ 为坐标确定 D 点。同理，以 $\sigma_y=-40\text{MPa}$，$\tau_{yx}=60\text{MPa}$ 确定 D' 点。连接点 D、D'，与横坐标轴交点为 C 点。以 C 点为圆心，$\overline{CD}$ 为半径作应力圆，如图 7-11b 所示。从图 7-11b 可直接量出两个主应力，$\sigma_1=\overline{OA_1}=105\text{MPa}$，$\sigma_3=\overline{OB_1}=-65\text{MPa}$。在这里另一个主应力 $\sigma_2=0$。在应力圆上由 D 点到 A_1 点为逆时针方向，且 $\angle DCA_1=2\alpha_0=45°$。所以，在单元体内中从 x 以逆时针方向量取 $\alpha_0=22.5°$，确定 σ_1 所在主平面的法线，如图 7-11a 所示。

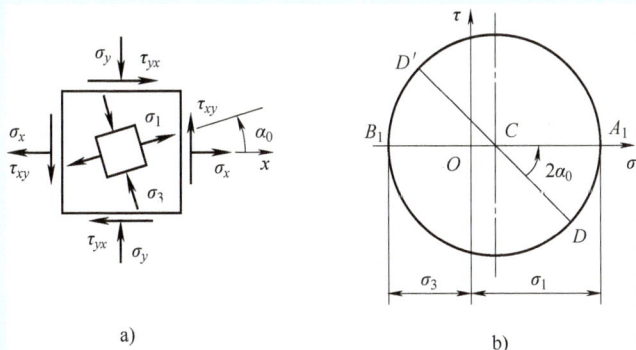

图　7-11

例 7.4　单元体各面的应力如图 7-12a 所示（应力单位为 MPa），试用解析法和图解法求指定截面上的正应力和切应力。

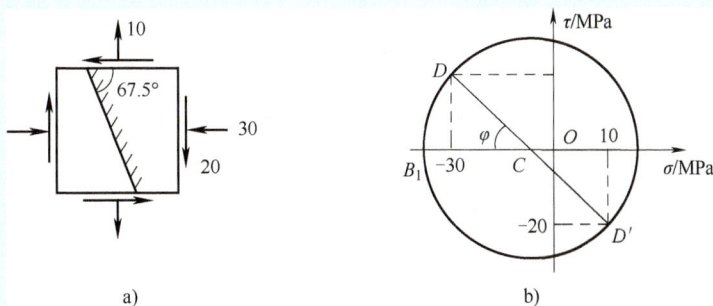

图　7-12

解：应用解析法求指定截面的正应力和切应力。因为 $\sigma_x = -30\text{MPa}$，$\sigma_y = 10\text{MPa}$，$\tau_{xy} = 20\text{MPa}$，$\alpha = 202.5°$，α 是从 x 轴正向的外法线向指定截面的外法线逆时针方向转了 $202.5°$ 得到的。分别代入式（7-3）和式（7-4），可得

$$\sigma_\alpha = \frac{\sigma_x + \sigma_y}{2} + \frac{\sigma_x - \sigma_y}{2}\cos2\alpha - \tau_{xy}\sin2\alpha$$

$$= \left(\frac{-30+10}{2} + \frac{-30-10}{2}\cos405° - 20\sin405°\right)\text{MPa} = -38.3\text{MPa}$$

$$\tau_\alpha = \frac{\sigma_x - \sigma_y}{2}\sin2\alpha + \tau_{xy}\cos2\alpha = \left(\frac{-30-10}{2}\sin405° + 20\cos405°\right)\text{MPa} = 0\text{MPa}$$

应用图解法求指定截面的正应力和切应力。按选定的比例尺，以 $\sigma_x = -30\text{MPa}$，$\tau_{xy} = 20\text{MPa}$ 为坐标确定 D 点。同理，以 $\sigma_y = 10\text{MPa}$，$\tau_{yx} = -20\text{MPa}$ 为坐标确定 D' 点。连接点 D、D'，与横坐标轴交点为 C 点。以 C 点为圆心，$\overline{CD}$ 为半径作应力圆，如图 7-12b 所示。由图可知圆心坐标为 $C(-10,0)$，半径为 $R = \overline{CD} = 20\sqrt{2}$，$\tan\varphi = 20/20 = 1$，即 $\varphi = 45°$。

以 C 为圆心，将 D 点绕着圆心逆时针方向转过 $2\alpha = 2\times202.5° = 405°$ 后到达 B_1 点，B_1 点坐标即为指定截面上的正应力和切应力。由图 7-12b 可知，指定截面上的正应力 $\sigma_\alpha = (-10-20\sqrt{2})\text{MPa} = -38.3\text{MPa}$，切应力为 $\tau_\alpha = 0\text{MPa}$。

例 7.5 单元体各面的应力如图 7-13a 所示（应力单位为 MPa），试用图解法求：（1）主应力大小和主平面位置；（2）在单元体上画出主平面位置和主应力方向；（3）最大切应力。

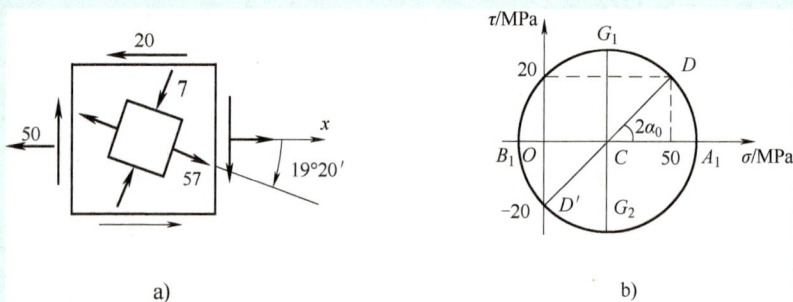

图 7-13

解：（1）从单元体应力状态可知 $\sigma_x = 50\text{MPa}$，$\sigma_y = 0\text{MPa}$，$\tau_{xy} = 20\text{MPa}$，$\tau_{yx} = -20\text{MPa}$。按选定的比例尺，以 $\sigma_x = 50\text{MPa}$，$\tau_{xy} = 20\text{MPa}$ 为坐标确定 D 点。同理，以 $\sigma_y = 0\text{MPa}$，$\tau_{yx} = -20\text{MPa}$ 为坐标确定 D' 点。连接点 D、D'，与横坐标轴交点为 C 点。以 C 点为圆心，$\overline{CD}$ 为半径作应力圆，如图 7-13b 所示。圆心坐标 $C(25,0)$，半径 $R = \overline{CD} = 5\sqrt{41}$，$\tan2\alpha_0 = 20/25 = 0.8$，即 $2\alpha_0 = 38°40'$。而应力圆与横坐标的交点 A_1、B_1，两点的横坐标为两个主应力，它们分别为 $\sigma_1 = \overline{OA_1} = (25+5\sqrt{41})\text{MPa} = 57\text{MPa}$，$\sigma_2 = \overline{OB_1} = (25-5\sqrt{41})\text{MPa} = -7\text{MPa}$。最大主应力 σ_1 所在截面外法线方向与 x 轴正向夹角为 $\alpha_0 = -38°40'/2 = -19°20'$，最小主应力 σ_3 所在截面外法线与 x 轴正向夹角为 $\alpha_0 = 70°40'$。

（2）主平面位置和主应力方向如图 7-13a 所示。

（3）应力圆上 G_1 和 G_2 两点纵坐标分别是最大切应力和最小切应力，其最大切应力为

$$\tau_{max} = R = 5\sqrt{41}\text{MPa} = 32\text{MPa}$$

7.5　三向应力状态

前面分析了平面应力状态，其应力分量在一般情况下最多只有三个，即 σ_x、σ_y、$\tau_{xy}=$ $-\tau_{yx}$。只要这些应力分量已知，则单元体内任意斜截面上的应力都可以通过解析法或图解法确定。但对于空间应力状态，应力分量在一般情况下最多有六个，即 σ_x、σ_y、σ_z、$\tau_{xy}=$ $-\tau_{yx}$、$\tau_{yz}=-\tau_{zy}$、$\tau_{zx}=-\tau_{xz}$。只要这些应力分量已知，则单元体内任意斜截面应力都可以通过分析确定，但分析过程较平面应力状态要复杂得多。为了方便分析，我们只讨论三个主应力已知时任意斜截面的应力计算。

如图 7-14a 所示的三向应力状态，已知三个主应力 σ_1、σ_2、σ_3。任意斜截面的外法线方向为 $\boldsymbol{n}=(l,m,n)$，其中 l、m、n 分别为斜截面外法线 $\boldsymbol{n}$ 与三个坐标轴正向夹角的余弦。它们应满足以下关系：

$$l^2+m^2+n^2=1 \tag{a}$$

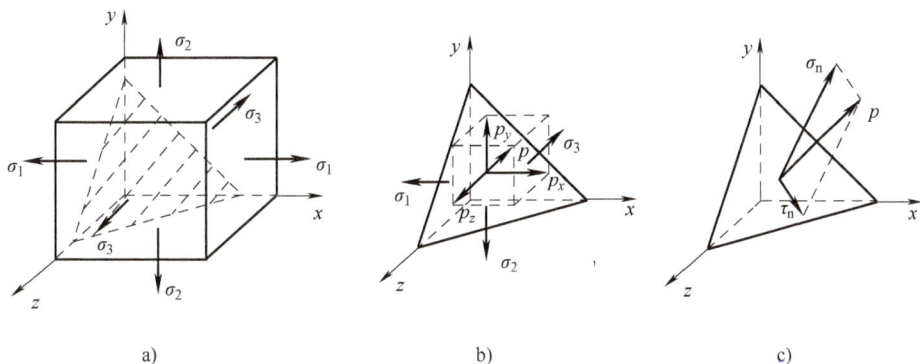

图　7-14

下面分析斜截面的正应力 σ_n 和切应力 τ_n。以外法线为 $\boldsymbol{n}$ 的斜面假想地将四面体截开，以三棱锥体为研究对象，受力分析如图 7-14b 所示。图中 p_x、p_y、p_z 分别为斜截面上应力矢量 $\boldsymbol{p}$ 沿三个坐标轴上的投影。若假设斜截面面积为 $\mathrm{d}A$，则三个坐标面的面积分别 $l\mathrm{d}A$、$m\mathrm{d}A$ 和 $n\mathrm{d}A$，列平衡方程

$$\sum F_x=0, \qquad p_x\mathrm{d}A-\sigma_1\cdot l\mathrm{d}A=0$$

$$\sum F_y=0, \qquad p_y\mathrm{d}A-\sigma_2\cdot m\mathrm{d}A=0$$

$$\sum F_z=0, \qquad p_z\mathrm{d}A-\sigma_3\cdot n\mathrm{d}A=0$$

解得

$$p_x=\sigma_1 l, \; p_y=\sigma_2 m, \; p_z=\sigma_3 n \tag{b}$$

斜截面的应力矢量大小为

$$p=\sqrt{p_x^2+p_y^2+p_z^2}=\sqrt{(\sigma_1 l)^2+(\sigma_2 m)^2+(\sigma_3 n)^2} \tag{c}$$

还可以把斜截面的应力矢量分解为与斜截面垂直的正应力 σ_n 和与斜截面相切的切应力 τ_n（见图 7-14c），显然有

$$p^2=\sigma_n^2+\tau_n^2 \tag{d}$$

如把 σ_n 看作是应力矢量 p 在斜截面法线上的投影，由合力投影定理，可知

$$\sigma_n=p_x l+p_y m+p_z n=\sigma_1 l^2+\sigma_2 m^2+\sigma_3 n^2 \tag{e}$$

把式（c）代入式（d），有

$$\tau_n^2=p^2-\sigma_n^2=\sigma_1^2 l^2+\sigma_2^2 m^2+\sigma_3^2 n^2-\sigma_n^2 \tag{f}$$

把式（a）、式（e）和式（f）看成含有 l^2、m^2、n^2 的联立方程组，从中可以解出 l^2、m^2、n^2，即

$$\left.\begin{array}{l} l^2=\dfrac{\tau_n^2+(\sigma_n-\sigma_2)(\sigma_n-\sigma_3)}{(\sigma_1-\sigma_2)(\sigma_1-\sigma_3)} \\[3mm] m^2=\dfrac{\tau_n^2+(\sigma_n-\sigma_3)(\sigma_n-\sigma_1)}{(\sigma_2-\sigma_3)(\sigma_2-\sigma_1)} \\[3mm] n^2=\dfrac{\tau_n^2+(\sigma_n-\sigma_1)(\sigma_n-\sigma_2)}{(\sigma_3-\sigma_1)(\sigma_3-\sigma_2)} \end{array}\right\} \tag{g}$$

再将式（g）略做变化，可得

$$\left.\begin{array}{l} \left(\sigma_n-\dfrac{\sigma_2+\sigma_3}{2}\right)^2+\tau_n^2=\left(\dfrac{\sigma_2-\sigma_3}{2}\right)^2+l^2(\sigma_1-\sigma_2)(\sigma_1-\sigma_3) \\[3mm] \left(\sigma_n-\dfrac{\sigma_3+\sigma_1}{2}\right)^2+\tau_n^2=\left(\dfrac{\sigma_3-\sigma_1}{2}\right)^2+m^2(\sigma_2-\sigma_3)(\sigma_2-\sigma_1) \\[3mm] \left(\sigma_n-\dfrac{\sigma_1+\sigma_2}{2}\right)^2+\tau_n^2=\left(\dfrac{\sigma_1-\sigma_2}{2}\right)^2+n^2(\sigma_3-\sigma_1)(\sigma_3-\sigma_2) \end{array}\right\} \tag{h}$$

如果约定 $\sigma_1>\sigma_2>\sigma_3$，且因 $l^2\geqslant0$，则有 $l^2(\sigma_1-\sigma_2)(\sigma_1-\sigma_3)\geqslant0$，式（h）中第一式所确定的圆周半径，大于和它同心的圆

$$\left(\sigma_n-\dfrac{\sigma_2+\sigma_3}{2}\right)^2+\tau_n^2=\left(\dfrac{\sigma_2-\sigma_3}{2}\right)^2$$

的半径。这样，在图 7-15 中，由式（h）中第一式所确定的圆在圆 B_1C_1 之外。同理，第二式表示的圆周在圆周 A_1B_1 之内，第三式表示的圆周在圆周 A_1C_1 之外。因而上述三个圆周的交点 D，亦即斜面上的应力，应在图 7-15 中阴影线区域之内。

阴影线区域内（见图 7-15），任何点的横坐标都小于 A_1 点的横坐标，并大于 B_1 点的横坐标。任意纵坐标都小于 G_1 点的纵坐标，于是得正应力和切应力的极值分别为

$$\sigma_{max}=\sigma_1,\ \sigma_{min}=\sigma_3,\ \tau_{max}=\dfrac{\sigma_1-\sigma_3}{2} \tag{7-10}$$

若所取斜截面平行于 σ_2，则 $m=0$。这时 $\sigma_n=\sigma_1 l^2+\sigma_3 n^2$，$\tau_n^2=\sigma_1^2 l^2+\sigma_3^2 n^2-\sigma_n^2$，即 σ_n、τ_n 与 σ_2 无关，只受 σ_1 和 σ_3 的影响。这时，式（h）中第二式所表示的圆变为圆 A_1B_1。这表明，在这类斜截面上

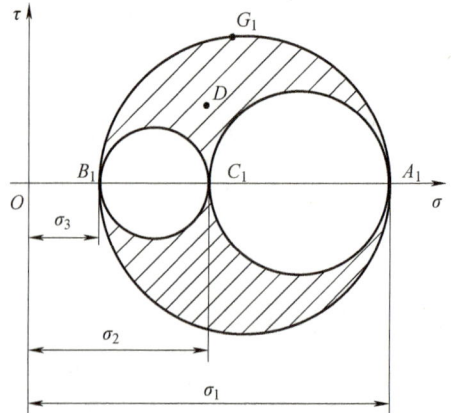

图　7-15

的应力由 σ_1 和 σ_3 所确定的应力圆来表示。$\tau_{\max}$ 所在平面就是这类斜截面中的一个，其法线与 σ_1 所在平面的法线成 45°。同理，平行于 σ_1 的截面上的应力与 σ_1 无关，这类斜截面上的应力分别由 σ_2 和 σ_3 所确定的应力圆 B_1C_1 来表示。平行于 σ_3 的截面上的应力与 σ_3 无关，这类斜截面上的应力分别由 σ_1 和 σ_2 所确定的应力圆 A_1C_1 来表示。

如将二向应力状态看作三向应力状态的特殊情况，当 $\sigma_1 > \sigma_2 > 0$，$\sigma_3 = 0$ 时，由式（7-10）可知

$$\tau_{\max} = \frac{\sigma_1}{2} \tag{i}$$

这里所求得的最大切应力，显然大于式（7-9）所得的

$$\tau_{\max} = \frac{\sigma_1 - \sigma_2}{2}$$

这是因为在式（7-9）所得的最大切应力只考虑了平行于 σ_3 的各截面，在这类截面中的最大切应力为 $\tau_{\max} = \dfrac{\sigma_1 - \sigma_2}{2}$。但如果再考虑平行于 σ_2 的那些截面，就得到由式（i）所表示的最大切应力。

7.6　位移和应变分量

位移指由于外部因素如载荷或温度变化，物体内部各点空间位置的变化。如果各点的位移完全相同，物体发生刚性平移。如果各点的位移不同，但各点间的相对距离保持不变，物体发生刚性转动。对于刚体位移，物体内部各点位置变化，但仍保持初始状态的相对位置不变。如果各点（或部分点）间相对位置发生变化，则物体发生变形。由于物体变形而产生的位移称为变形位移。物体受力后各点都要发生位移，位移一般分为两部分，一部分是与物体变形相应的位移，称为相对位移；另一部分是与物体变形无关的位移，称为刚性位移。一般地，物体内各点的位移完全确定时，则应变分量亦已完全确定。但当应变分量完全确定时，位移分量则不能完全确定，这是由于此物体的位移除了包含纯变形位移外，还有可能包含有刚性位移。如果是物体内各点位移和应变都发生在同一个平面（例如 x-y 平面）的情况，如 z 方向的线应变等于零，以及 y-z 平面和 x-z 平面内切应变均为零，即 $\varepsilon_z = 0$，$\gamma_{yz} = \gamma_{zx} = 0$ 的情形，则称为平面应变问题。本节主要分析 x-y 平面内的位移和应变之间的关系。

设物体内平行于 x 轴、长为 $\mathrm{d}x$ 的微分线段 MN，变形后位移到 $M'N'$。物体内平行于 y 轴、长为 $\mathrm{d}y$ 的微分线段 ML，变形后位移到 $M'L'$（见图 7-16）。已知 M 点的坐标为 (x,y)，N 点的坐标为 $(x+\mathrm{d}x,y)$，L 点的坐标为 $(x,y+\mathrm{d}y)$。假设 M 点的位移为 (u,v)，其中 $u = u(x,y)$，$v = v(x,y)$，则 N 点的位移 $u(x+\mathrm{d}x,y) = u(x,y) + \dfrac{\partial u}{\partial x}\mathrm{d}x$，$v(x+\mathrm{d}x,y) = v(x,y) + \dfrac{\partial v}{\partial x}\mathrm{d}x$。

而 L 点的位移为 $u(x,y+\mathrm{d}y) = u(x,y) + \dfrac{\partial u}{\partial y}\mathrm{d}y$，$v(x,y+\mathrm{d}y) = v(x,y) + \dfrac{\partial v}{\partial y}\mathrm{d}y$。

由图 7-16 可知，$M'N'$ 的长度为

$$\overline{M'N'} = \mathrm{d}x + u + \frac{\partial u}{\partial x}\mathrm{d}x - u = \mathrm{d}x + \frac{\partial u}{\partial x}\mathrm{d}x$$

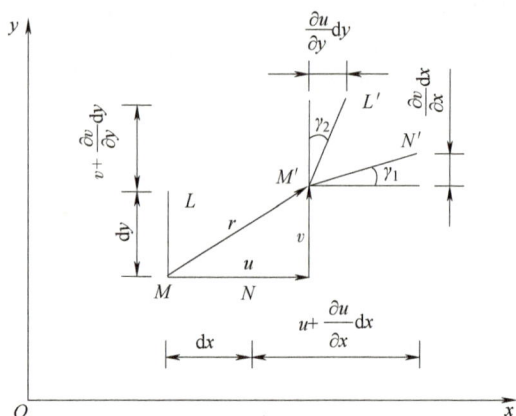

图 7-16

故 x 轴方向的线应变为

$$\varepsilon_x = \frac{\overline{M'N'} - \overline{MN}}{\overline{MN}} = \frac{dx + \frac{\partial u}{\partial x}dx - dx}{dx} = \frac{\partial u}{\partial x} \quad (a)$$

$M'L'$的长度为

$$\overline{M'L'} = dy + v + \frac{\partial v}{\partial y}dy - v = dy + \frac{\partial v}{\partial y}dy$$

故 y 轴上的线应变为

$$\varepsilon_y = \frac{\overline{M'L'} - \overline{ML}}{\overline{ML}} = \frac{dy + \frac{\partial v}{\partial y}dy - dy}{dy} = \frac{\partial v}{\partial y} \quad (b)$$

$M'N'$对其原位置 MN 的倾角 γ_1 为

$$\gamma_1 = \tan\gamma_1 = \frac{\frac{\partial v}{\partial x}dx}{dx + \frac{\partial u}{\partial x}dx} = \frac{\frac{\partial v}{\partial x}}{1 + \frac{\partial u}{\partial x}}$$

在小变形情况下，分母中的 $\frac{\partial u}{\partial x} = \varepsilon_x$ 与 1 相比，是个小量，可以略去不计。于是有

$$\gamma_1 = \frac{\partial v}{\partial x}$$

同理，$M'L'$对其原位置 ML 的倾角 γ_2 为

$$\gamma_2 = \frac{\partial u}{\partial y}$$

按照式（1-3）给出的切应变的定义，有

$$\gamma_{xy} = \frac{\pi}{2} - \angle N'M'L' = \gamma_1 + \gamma_2 = \frac{\partial v}{\partial x} + \frac{\partial u}{\partial y} \quad (c)$$

规定：使直角 $\angle LMN$ 减小的切应变为正。

综合式（a）~式（c），我们求得了 x-y 平面内，位移和应变的关系为

$$\varepsilon_x = \frac{\partial u}{\partial x}, \quad \varepsilon_y = \frac{\partial v}{\partial y}, \quad \gamma_{xy} = \frac{\partial v}{\partial x} + \frac{\partial u}{\partial y} \tag{7-11}$$

式（7-11）就是我们在弹性力学中常说的几何方程。

7.7 广义胡克定律

在第 2 章中讨论拉伸或压缩时，实验结果表明，当拉伸应力不超过材料拉压比例极限时，正应力与线应变关系是

$$\sigma = E\varepsilon \quad \text{或} \quad \varepsilon = \frac{\sigma}{E} \tag{a}$$

式（a）就是拉压胡克定律。此外，轴向的变形还将引起横向尺寸的变化，横向应变 ε' 可表示为

$$\varepsilon' = -\mu\varepsilon = -\mu\frac{\sigma}{E} \tag{b}$$

在第 3 章中讨论圆杆扭转时，同时根据实验结果，当扭转切应力不超过材料的剪切比例极限时，切应力和切应变之间关系是

$$\tau = G\gamma \quad \text{或} \quad \gamma = \frac{\tau}{G} \tag{c}$$

式（c）就是剪切胡克定律。这两个胡克定律式（a）和式（c）均是在简单应力状态下应力和应变之间的关系。对于复杂应力状态，我们可以利用叠加原理，得到复杂应力状态下应力和应变之间的关系。这种在复杂应力状态下的应力应变关系称为广义胡克定律。

下面以平面应力状态为例，说明平面应力状态下的广义胡克定律。图 7-17a 应力状态加上图 7-17b 应力状态得到图 7-17c 所示的平面应力状态，前两个应力状态均为简单拉伸的情况，可以利用式（a）和式（b）分别得到两个方向的线应变，然后在两个方向分别进行叠加，得到图 7-17c 所示的两个方向的应变。

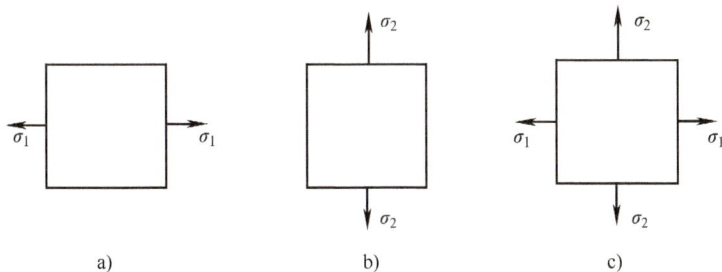

图　7-17

只在 σ_1 的作用（见图 7-17a）下，两个方向的线应变分别为

$$\varepsilon_1' = \frac{\sigma_1}{E}, \quad \varepsilon_2' = -\mu\frac{\sigma_1}{E}$$

只在 σ_2 的作用（见图 7-17b）下，两个方向的线应变分别为

$$\varepsilon_1'' = -\mu\frac{\sigma_2}{E}, \quad \varepsilon_2'' = \frac{\sigma_2}{E}$$

根据叠加原理，可得在 σ_1 和 σ_2 共同作用下，两个方向的线应变分别为

$$\left.\begin{aligned} \varepsilon_1 = \varepsilon_1' + \varepsilon_1'' = \frac{1}{E}(\sigma_1 - \mu\sigma_2) \\ \varepsilon_2 = \varepsilon_2' + \varepsilon_2'' = \frac{1}{E}(\sigma_2 - \mu\sigma_1) \end{aligned}\right\} \tag{7-12}$$

式（7-12）就是二向应力状态下用主应力表示的广义胡克定律。将二向应力状态进行推广，可得三向应力状态下用主应力表示的广义胡克定律为

$$\left.\begin{aligned} \varepsilon_1 = \frac{1}{E}\left[\sigma_1 - \mu(\sigma_2 + \sigma_3)\right] \\ \varepsilon_2 = \frac{1}{E}\left[\sigma_2 - \mu(\sigma_3 + \sigma_1)\right] \\ \varepsilon_3 = \frac{1}{E}\left[\sigma_3 - \mu(\sigma_1 + \sigma_2)\right] \end{aligned}\right\} \tag{7-13}$$

在一般空间应力状态下，描述一点的应力状态共需要 9 个应力分量，如图 7-18 所示。考虑到切应力互等定理，τ_{xy} 和 τ_{yx}、τ_{yz} 和 τ_{zy}、τ_{zx} 和 τ_{xz} 都分别数值相等。这样，原来的 9 个应力分量中独立的就只有 6 个。对于各向同性材料，3 个线应变分量只与 3 个正应力分量相关，3 个切应变分量只与 3 个切应力分量相关。当变形在线弹性范围内时，3 个线应变分量与 3 个正应力分量之间关系，可以仿照式（7-13），只需将其中的下标"1、2、3"改写为"x、y、z"。3 个切应力分量与 3 个切应变分量之间的关系可以仿照式（c），它们之间互不耦合，即 γ_{xy} 只与 τ_{xy} 相关，γ_{yz} 只与 τ_{yz} 相关，γ_{zx} 只与 τ_{zx} 相关。因此，在一般空间应力状态下，应力与应变之间关系可描述为

$$\left.\begin{aligned} \varepsilon_x = \frac{1}{E}\left[\sigma_x - \mu(\sigma_y + \sigma_z)\right] \\ \varepsilon_y = \frac{1}{E}\left[\sigma_y - \mu(\sigma_z + \sigma_x)\right] \\ \varepsilon_z = \frac{1}{E}\left[\sigma_z - \mu(\sigma_x + \sigma_y)\right] \\ \gamma_{xy} = \frac{\tau_{xy}}{G}, \gamma_{yz} = \frac{\tau_{yz}}{G}, \gamma_{zx} = \frac{\tau_{zx}}{G} \end{aligned}\right\} \tag{7-14}$$

式（7-14）即为一般空间应力状态下的广义胡克定律。对于平面应力情况，有 $\sigma_z = \tau_{zx} = \tau_{yz} = 0$，则式（7-14）可简化为

$$\left.\begin{aligned} \varepsilon_x = \frac{1}{E}(\sigma_x - \mu\sigma_y) \\ \varepsilon_y = \frac{1}{E}(\sigma_y - \mu\sigma_x) \\ \gamma_{xy} = \frac{\tau_{xy}}{G} \end{aligned}\right\} \tag{7-15}$$

式（7-15）即为一般平面应力状态下的广义胡克定律。

现在讨论各向同性材料的体积应变 θ。如图 7-19 所示单元体，该单元体为主单元体。作用在面上的三个主应力分别为 σ_1、σ_2 和 σ_3。假设变形前单元体的边长分别为 $\mathrm{d}x$、$\mathrm{d}y$ 和 $\mathrm{d}z$，单元体的体积为

$$\mathrm{d}V = \mathrm{d}x\mathrm{d}y\mathrm{d}z$$

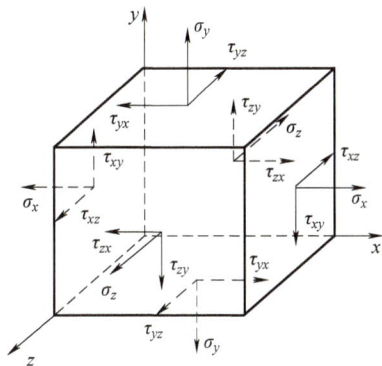

图 7-18

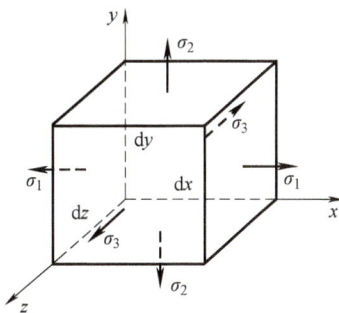

图 7-19

变形后单元体边长度分别为

$$\mathrm{d}x' = \mathrm{d}x + \varepsilon_1 \mathrm{d}x = (1+\varepsilon_1)\mathrm{d}x$$
$$\mathrm{d}y' = \mathrm{d}y + \varepsilon_2 \mathrm{d}y = (1+\varepsilon_2)\mathrm{d}y$$
$$\mathrm{d}z' = \mathrm{d}z + \varepsilon_3 \mathrm{d}z = (1+\varepsilon_3)\mathrm{d}z$$

于是变形后单元体的体积为

$$\mathrm{d}V' = \mathrm{d}x'\mathrm{d}y'\mathrm{d}z' = (1+\varepsilon_1)\mathrm{d}x(1+\varepsilon_2)\mathrm{d}y(1+\varepsilon_3)\mathrm{d}z$$
$$= (1+\varepsilon_1)(1+\varepsilon_2)(1+\varepsilon_3)\mathrm{d}x\mathrm{d}y\mathrm{d}z \approx (1+\varepsilon_1+\varepsilon_2+\varepsilon_3)\mathrm{d}V$$

单位体积的体积改变为

$$\theta = \frac{\mathrm{d}V'-\mathrm{d}V}{\mathrm{d}V} = \varepsilon_1 + \varepsilon_2 + \varepsilon_3 \tag{d}$$

式中，θ 也称为体积应变。将式（7-13）代入式（d），整理后可得

$$\theta = \varepsilon_1 + \varepsilon_2 + \varepsilon_3 = \frac{1-2\mu}{E}(\sigma_1+\sigma_2+\sigma_3) \tag{7-16}$$

式（7-16）可以改写为

$$\theta = \frac{3(1-2\mu)}{E} \cdot \frac{\sigma_1+\sigma_2+\sigma_3}{3} = \frac{\sigma_\mathrm{m}}{K} \tag{7-17}$$

其中

$$\sigma_\mathrm{m} = \frac{\sigma_1+\sigma_2+\sigma_3}{3}, \quad K = \frac{E}{3(1-2\mu)} \tag{e}$$

K 称为体积弹性模量，σ_m 是三个主应力的平均值。式（7-16）和式（7-17）表明，体积应变 θ 只与三个主应力之和有关，至于三个主应力之间的比例，对 θ 并无影响。所以，无论是作用三个不相等的主应力，还是都代以它们的平均应力 σ_m，单位体积的体积改变仍然相同。式（7-17）还表明，体积应力 θ 与平均应力 σ_m 成正比，此即体积胡克定律。

例 7.6 图 7-20a 所示为一钢质圆杆，直径 $D=20\text{mm}$，弹性模量 $E=210\text{GPa}$，泊松比 $\mu=0.28$，已知 A 点与水平线成 $60°$ 方向上的正应变为 $\varepsilon_{60°}=2.4\times10^{-5}$，试求载荷 P。

解：A 点应力状态可用图 7-20b 所示单元体表示。杆件拉伸横截面的正应力为 $\sigma=\dfrac{P}{A}$，斜截面的应力为 $\sigma_{60°}=\sigma\cos^2 60°=\dfrac{1}{4}\dfrac{P}{A}$，$\sigma_{150°}=$

$\sigma\cos^2 150°=\dfrac{3}{4}\dfrac{P}{A}$。由广义胡克定律式（7-15）得

$$\varepsilon_{60°}=\frac{1}{E}(\sigma_{60°}-\mu\sigma_{150°})$$

$$=\frac{1}{E}\left(\frac{P}{4A}-\mu\frac{3P}{4A}\right)=2.4\times10^{-5}$$

解得

$$P=\frac{2.4\times10^{-5}\times4EA}{1-3\mu}=\frac{2.4\times10^{-5}\times210\times10^9\text{Pa}\times\pi\times20^2\times10^{-6}\text{m}^2}{1-3\times0.28}=39.6\text{kN}$$

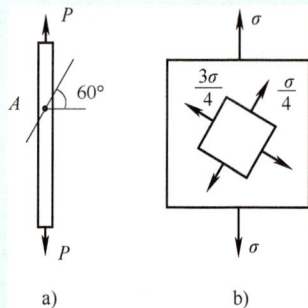

图　7-20

例 7.7 有一处于二向应力状态的单元体，其上的两个主应力如图 7-21 所示。已知材料的弹性模量 $E=70\text{GPa}$，泊松比 $\mu=0.25$，试求单元体上的三个主应变。

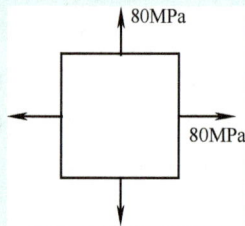

图　7-21

解：单元体主应力为 $\sigma_1=80\text{MPa}$，$\sigma_2=80\text{MPa}$，$\sigma_3=0$，所以由广义胡克定律式（7-14）得

$$\varepsilon_1=\frac{1}{E}[\sigma_1-\mu(\sigma_2+\sigma_3)]=\frac{1}{70\times10^9}\times[80\times10^6-0.25\times(80+0)\times10^6]=8.57\times10^{-4}$$

$$\varepsilon_2=\frac{1}{E}[\sigma_2-\mu(\sigma_3+\sigma_1)]=\frac{1}{70\times10^9}\times[80\times10^6-0.25\times(80+0)\times10^6]=8.57\times10^{-4}$$

$$\varepsilon_3=\frac{1}{E}[\sigma_3-\mu(\sigma_1+\sigma_2)]=\frac{1}{70\times10^9}\times[0-0.25\times(80+80)\times10^6]=-5.72\times10^{-4}$$

7.8　复杂应力状态下的应变能密度

单向拉伸或压缩时，在小变形线弹性范围内应力-应变关系是线性的。在第 2 章中介绍了单向拉伸的应变能密度 v_ε 可表示为

$$v_\varepsilon=\frac{1}{2}\sigma\varepsilon \tag{a}$$

在三向应力状态下，三个主应力分别为 σ_1、σ_2、σ_3，如图 7-22a 所示。按叠加原理，可得三向应力状态下的应变能密度 v_ε 为

$$v_\varepsilon=\frac{1}{2}(\sigma_1\varepsilon_1+\sigma_2\varepsilon_2+\sigma_3\varepsilon_3) \tag{7-18}$$

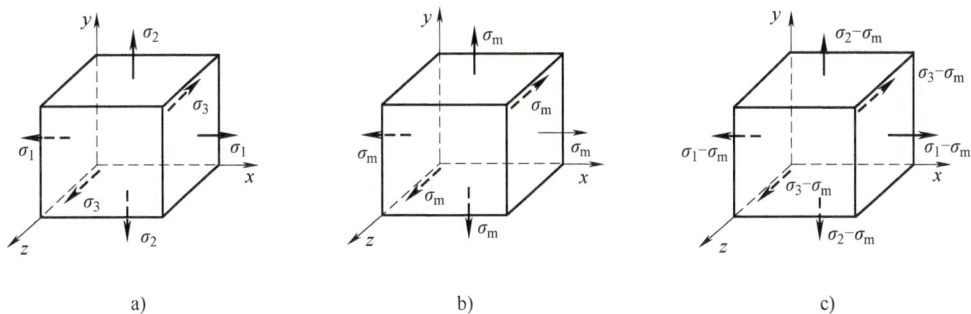

图 7-22

根据三向应力状态下用主应力表示的广义胡克定律，有

$$
\left.\begin{aligned}
\varepsilon_1 &= \frac{1}{E}\left[\sigma_1 - \mu(\sigma_2 + \sigma_3)\right] \\
\varepsilon_2 &= \frac{1}{E}\left[\sigma_2 - \mu(\sigma_3 + \sigma_1)\right] \\
\varepsilon_3 &= \frac{1}{E}\left[\sigma_3 - \mu(\sigma_1 + \sigma_2)\right]
\end{aligned}\right\}
\tag{b}
$$

将式（b）代入式（7-18），整理后可得

$$
v_\varepsilon = \frac{1}{2E}\left[\sigma_1^2 + \sigma_2^2 + \sigma_3^2 - 2\mu(\sigma_1\sigma_2 + \sigma_2\sigma_3 + \sigma_3\sigma_1)\right]
\tag{7-19}
$$

把图 7-22a 所示的应力状态分解为图 7-22b 和图 7-22c 所示两种应力状态的叠加，图 7-22b 所示的应力状态，也称为球应力状态，在球应力状态下只会引起单元体的体积改变，而并不会引起单元体的形状改变。在球应力状态下的应变能密度称为体积改变能密度，用 v_V 表示。

$$
v_V = \frac{1}{2}\sigma_m\varepsilon_m + \frac{1}{2}\sigma_m\varepsilon_m + \frac{1}{2}\sigma_m\varepsilon_m = \frac{3}{2}\sigma_m\varepsilon_m
\tag{c}
$$

其中，$\sigma_m = \dfrac{1}{3}(\sigma_1 + \sigma_2 + \sigma_3)$，为单元体三个主应力的平均值。由广义胡克定律可得

$$
\varepsilon_m = \frac{1}{E}\left[\sigma_m - \mu(\sigma_m + \sigma_m)\right] = \frac{1-2\mu}{E}\sigma_m
\tag{d}
$$

将式（d）代入式（c），可得

$$
v_V = \frac{3}{2}\sigma_m\varepsilon_m = \frac{3}{2}\sigma_m \cdot \frac{1-2\mu}{E}\sigma_m = \frac{3(1-2\mu)}{2E}\sigma_m^2 = \frac{1-2\mu}{6E}(\sigma_1 + \sigma_2 + \sigma_3)^2
\tag{7-20}
$$

图 7-22c 所示的应力状态，也称为偏应力状态，在偏应力状态下只会引起单元体的形状改变，而并不会引起单元体的体积改变。在偏应力状态下的应变能密度称为形状改变能密度或畸变能密度，用 v_d 表示。而由 $v_\varepsilon = v_V + v_d$ 可知，形状改变能密度为

$$
\begin{aligned}
v_d &= v_\varepsilon - v_V = \frac{1}{2E}\left[\sigma_1^2 + \sigma_2^2 + \sigma_3^2 - 2\mu(\sigma_1\sigma_2 + \sigma_2\sigma_3 + \sigma_3\sigma_1)\right] - \frac{1-2\mu}{6E}(\sigma_1 + \sigma_2 + \sigma_3)^2 \\
&= \frac{1+\mu}{6E}\left[(\sigma_1 - \sigma_2)^2 + (\sigma_2 - \sigma_3)^2 + (\sigma_3 - \sigma_1)^2\right]
\end{aligned}
\tag{7-21}
$$

例7.8 试证明弹性模量 E、切变模量 G 和体积模量 K 之间的关系是 $E=\dfrac{9KG}{3K+G}$。

证明：体积模量为 $K=\dfrac{E}{3(1-2\mu)}$，可得

$$E=3K(1-2\mu) \tag{e}$$

由于切变模量 $G=\dfrac{E}{2(1+\mu)}$，可得

$$\mu=\dfrac{E}{2G}-1 \tag{f}$$

将（f）式代入式（e），可得

$$E=3K\times\left[1-2\left(\dfrac{E}{2G}-1\right)\right]=9K-\dfrac{3KE}{G}$$

解得 $E=\dfrac{9KG}{3K+G}$，证毕。

例7.9 导出各向同性线弹性材料的弹性常数 E、G、μ 之间的关系。

解：纯剪切时应变能密度为

$$v_\varepsilon=\dfrac{\tau^2}{2G} \tag{g}$$

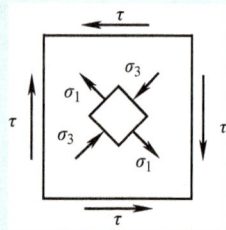

图 7-23

而纯剪切状态三个主应力分别为：$\sigma_1=\tau$、$\sigma_2=0$、$\sigma_3=-\tau$，如图 7-23 所示，其应变能密度为

$$v_\varepsilon=\dfrac{1+\mu}{6E}\left[(\sigma_1-\sigma_2)^2+(\sigma_2-\sigma_3)^2+(\sigma_3-\sigma_1)^2\right]=\dfrac{1+\mu}{E}\tau^2 \tag{h}$$

按两种方式算出的应变能密度是同一个应力状态的应变能密度，应相等。比较式（g）和式（h），可得弹性常数 E、G、μ 之间的关系为

$$G=\dfrac{E}{2(1+\mu)}$$

这就是式（3-4）。

7.9 强度理论

在前面分析杆件的基本变形时，我们已学习了各种强度条件。例如，在讨论杆件的轴向拉压变形时，为了保证杆件的拉压强度足够，提出了拉压强度条件：

$$\sigma_{\max}=\dfrac{F_N}{A}\leqslant[\sigma] \tag{a}$$

在讨论剪切变形时，为了保证连接件的剪切强度足够，提出了剪切强度条件：

$$\tau_{\max}=\dfrac{F_S}{A}\leqslant[\tau] \tag{b}$$

在后面的扭转和弯曲变形时，也提出了类似的切应力和正应力强度条件。不过，这些强度条件的提出有一个共同的特点，就是杆件的变形比较单一，杆件内任意一点的应力状态也较单一，所以很容易提出这类问题的强度条件。式（a）中的许用正应力 $[\sigma]$，可以通过简单的拉压实验，得到材料破坏时的应力。对于塑性材料，以出现塑性变形作为材料破坏的标

志。对于脆性材料，以出现断裂作为材料破坏的标志。如杆件单向拉压时，出现塑性变形时的屈服强度 σ_s 和发生断裂时的强度极限 σ_b 作为材料的破坏（失效）应力，它们均可以通过实验测定。以安全系数除失效应力，便得到杆料的许用应力 $[\sigma]$。式（b）中的许用应力 $[\tau]$，也可类似地通过简单剪切或纯扭转实验测定。

事实上，工程中使用的构件，往往同时承受复杂载荷的作用，构件变形可能是多种变形的叠加。实际构件危险点应力状态也往往不是处于单向正应力或单纯切应力这种简单应力状态，不能用单独的正应力 σ 和单独的切应力 τ 来建立强度条件，要得到复杂应力状态下的强度条件则困难得多。由于复杂应力状态应力一般是由不同载荷产生组合变形而引起，这些不同变形产生的应力组合方式和比例又有各种可能。因此，不可能像单向拉伸或纯剪切一样，靠实验逐一来确定各式各样的应力失效状态，建立强度条件。因此，解决复杂应力问题，经常借助单向拉伸的实验结果，经过推理，提出一些假设，推测材料失效的原因，从而建立强度条件。

人们根据实验，提出引起材料破坏的各种假说，在此基础上建立强度条件。在复杂应力状态下，关于材料破坏的假设称为强度理论。材料因强度不足引起的失效形式主要有两种：一种是断裂破坏，另一种是屈服破坏。对于塑性材料如普通碳钢，以发生屈服现象出现塑性变形为失效形式的标志。对于脆性材料如铸铁，失效现象则是突然断裂。人们在长期生产生活中，综合分析材料的失效现象和相关资料，对强度失效提出了各种假说。这类假设认为，材料之所以失效是应力、应变、应变能密度等因素中的一个引起的。按照这类假设，无论是简单还是复杂应力状态，引起失效的因素是相同的。也就是说，引起失效的原因与应力状态的繁简无关。

强度理论既然是推测强度失效原因的一些假说，这些强度理论正确与否以及适用范围是什么，必须由生产实践来检验。经常适合于某种材料的强度理论，并不适用于另一种材料。在某种条件下适用的理论，却又不适合另一种条件。

下面主要介绍四种常用的强度理论，这些都是在常温、静载荷下，适用于均匀、连续、各向同性材料的强度理论。

1. 最大拉应力理论（第一强度理论）

这一理论认为最大拉应力是引起材料断裂的主要因素，即在任意应力状态下，只要材料的最大拉应力 σ_1 达到该材料在简单拉伸时强度极限 σ_b 就发生断裂。于是破坏条件是

$$\sigma_1 = \sigma_b \qquad\qquad\qquad\qquad (c)$$

将强度极限 σ_b 除以安全因数得许用应力 $[\sigma]$，则第一强度理论强度条件是

$$\sigma_1 \leqslant [\sigma] \qquad\qquad\qquad\qquad (7\text{-}22)$$

这一强度理论适用于脆性材料如铸铁在单向拉伸或扭转时，断裂发生于拉应力最大的截面上。

2. 最大拉应变理论（第二强度理论）

这一理论认为最大拉应变是引起材料断裂的主要因素，即在复杂应力状态下，只要材料的最大拉应变 ε_1 达到该材料在简单拉伸时最大拉应变的极限 $\varepsilon_u = \sigma_b / E$（这里假设单向拉伸直到断裂时仍可用胡克定律计算应变）就发生断裂。脆性材料在任意应力状态下达到危险状态的标志是它的最大拉应变 ε_1 达到该材料在简单拉伸时最大拉应变的极限值 σ_b / E，这一理论破坏条件是

$$\varepsilon_1 = \frac{\sigma_b}{E} \qquad\qquad (d)$$

由广义胡克定律，有

$$\varepsilon_1 = \frac{1}{E}\left[\sigma_1 - \mu(\sigma_2 + \sigma_3)\right]$$

代入式（d），可得破坏条件

$$\sigma_1 - \mu(\sigma_2 + \sigma_3) = \sigma_b \qquad\qquad (e)$$

将强度极限 σ_b 除以安全因数得许用应力 $[\sigma]$，则第二强度理论强度条件是

$$\sigma_1 - \mu(\sigma_2 + \sigma_3) \leqslant [\sigma] \qquad\qquad (7\text{-}23)$$

3. 最大切应力理论（第三强度理论）

这一理论认为最大切应力是引起材料屈服的主要因素，即在复杂应力状态下，只要材料的最大切应力 τ_{max} 达到该材料在简单拉伸时最大切应力的极限 $\tau_u = \dfrac{\sigma_s}{2}$ 就发生屈服。塑性材料在任意应力状态下达到危险状态的标志是它的最大切应力 τ_{max} 达到 $\dfrac{\sigma_s}{2}$，其相应破坏条件是

$$\tau_{max} = \frac{\sigma_s}{2}$$

任意应力状态下，最大切应力为 $\tau_{max} = \dfrac{\sigma_1 - \sigma_3}{2}$，第三强度理论的破坏条件是

$$\frac{\sigma_1 - \sigma_3}{2} = \frac{\sigma_s}{2}$$

或

$$\sigma_1 - \sigma_3 = \sigma_s \qquad\qquad (f)$$

将极限应力 σ_s 除以安全因数许用应力 $[\sigma]$，则第三强度理论的强度条件是

$$\sigma_1 - \sigma_3 \leqslant [\sigma] \qquad\qquad (7\text{-}24)$$

4. 畸变比能理论（第四强度理论）

这一理论认为畸变能密度是引起材料屈服的主要因素，即在复杂应力状态下，只要材料的畸变能密度 v_d 达到该材料在简单拉伸时畸变能密度的极限值 $\dfrac{1+\mu}{6E}(2\sigma_s^2)$ 就发生屈服，则第四强度理论的破坏条件是

$$v_d = \frac{1+\mu}{6E}(2\sigma_s^2) \qquad\qquad (g)$$

任意应力状态下，将畸变能密度 $v_d = \dfrac{1+\mu}{6E}\left[(\sigma_1-\sigma_2)^2 + (\sigma_2-\sigma_3)^2 + (\sigma_3-\sigma_1)^2\right]$ 代入式（g），可得破坏条件是

$$\sqrt{\frac{1}{2}\left[(\sigma_1-\sigma_2)^2 + (\sigma_2-\sigma_3)^2 + (\sigma_3-\sigma_1)^2\right]} = \sigma_s \qquad\qquad (h)$$

将极限应力 σ_s 除以安全因数得许用应力 $[\sigma]$，则第四强度理论的强度条件是

$$\sqrt{\frac{1}{2}\left[(\sigma_1-\sigma_2)^2+(\sigma_2-\sigma_3)^2+(\sigma_3-\sigma_1)^2\right]} \leqslant [\sigma] \qquad (7\text{-}25)$$

如果将四种强度理论式（7-22）~式（7-25）写成统一形式，即

$$\sigma_{ri} \leqslant [\sigma]$$

式中，σ_{ri} 称为相当应力，它们分别表示为

$$\left.\begin{aligned}
\sigma_{r1} &= \sigma_1 \\
\sigma_{r2} &= \sigma_1-\mu(\sigma_2+\sigma_3) \\
\sigma_{r3} &= \sigma_1-\sigma_3 \\
\sigma_{r4} &= \sqrt{\frac{1}{2}\left[(\sigma_1-\sigma_2)^2+(\sigma_2-\sigma_3)^2+(\sigma_3-\sigma_1)^2\right]}
\end{aligned}\right\} \qquad (7\text{-}26)$$

这四种强度理论，在工程中分析构件的强度问题时要灵活选择。一般对于脆性材料，如铸铁、砖、石材、陶瓷、混凝土、玻璃等，通常失效形式为断裂，宜采用第一和第二强度理论。对于塑性材料，如低碳钢、铜、铝合金、塑料、橡胶等，通常失效形式为屈服，宜采用第三和第四强度理论。

值得一提的是，脆性材料一般失效形式是断裂，塑性材料一般失效形式是屈服。但是，在三向压应力条件下，脆性材料也可能会出现明显的屈服现象，此时宜再采用第三或第四强度理论。在三向拉应力条件下，特别是当三向拉伸的三个主应力数值接近时，塑性材料失效形式为断裂，此时宜采用最大拉应力理论。以上事实表明：材料的失效形式不仅和材料力学性能有关，而且与材料的应力状态有关。

例7.10 如图7-24所示几种单元体，试分别按第三和第四强度理论求相当应力，图中单位为MPa。

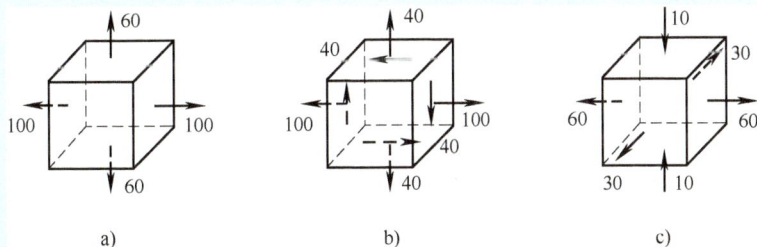

图　7-24

解： 对于图7-24 a所示单元体，三个主应力分别为

$$\sigma_1 = 100\text{MPa}, \quad \sigma_2 = 60\text{MPa}, \quad \sigma_3 = 0$$

代入式（7-26）中的第三式和第四式，可得

$$\sigma_{r3} = \sigma_1-\sigma_3 = 100\text{MPa}$$

$$\sigma_{r4} = \sqrt{\frac{1}{2}\left[(\sigma_1-\sigma_2)^2+(\sigma_2-\sigma_3)^2+(\sigma_3-\sigma_1)^2\right]}$$

$$= \sqrt{\frac{1}{2}\left[(100-60)^2+(60-0)^2+(0-100)^2\right]}\text{MPa} = 87.2\text{MPa}$$

对于图7-24b所示的单元体，有

$$\sigma_x = 100\text{MPa}, \quad \tau_{xy} = 40\text{MPa}, \quad \sigma_y = 40\text{MPa}$$

故主应力为

$$\left.\begin{array}{l}\sigma_1\\\sigma_2\end{array}\right\}=\frac{\sigma_x+\sigma_y}{2}\pm\sqrt{\left(\frac{\sigma_x-\sigma_y}{2}\right)^2+\tau_{xy}^2}=\left\{\begin{array}{l}120\text{MPa}\\20\text{MPa}\end{array}\right.$$

$$\sigma_3=0$$

代入式（7-26）中的第三式和第四式，可得

$$\sigma_{r3}=\sigma_1-\sigma_3=120\text{MPa}$$

$$\sigma_{r4}=\sqrt{\frac{1}{2}\big[\,(\sigma_1-\sigma_2)^2+(\sigma_2-\sigma_3)^2+(\sigma_3-\sigma_1)^2\,\big]}$$

$$=\sqrt{\frac{1}{2}\big[\,(120-20)^2+(20-0)^2+(0-120)^2\,\big]}\,\text{MPa}=111.4\text{MPa}$$

对于图 7-24c 所示的单元体，有

$$\sigma_1=60\text{MPa},\quad\sigma_2=30\text{MPa},\quad\sigma_3=-10\text{MPa}$$

代入式（7-26）中的第三式和第四式，可得

$$\sigma_{r3}=\sigma_1-\sigma_3=70\text{MPa}$$

$$\sigma_{r4}=\sqrt{\frac{1}{2}\big[\,(\sigma_1-\sigma_2)^2+(\sigma_2-\sigma_3)^2+(\sigma_3-\sigma_1)^2\,\big]}$$

$$=\sqrt{\frac{1}{2}\big[\,(60-30)^2+(30+10)^2+(-10-60)^2\,\big]}\,\text{MPa}=60.8\text{MPa}$$

例 7.11 试按强度理论建立纯剪切应力状态下的强度条件，并建立塑性材料许用切应力 $[\tau]$ 和许用正应力 $[\sigma]$ 之间的关系。

解： 纯剪切状态三个主应力分别为：$\sigma_1=\tau$，$\sigma_2=0$，$\sigma_3=-\tau$。对于塑性材料，按第三强度理论强度条件为

$$\sigma_{r3}=\sigma_1-\sigma_3=\tau-(-\tau)=2\tau\leqslant[\sigma]$$

$$\tau\leqslant\frac{[\sigma]}{2}\qquad\qquad\qquad(\text{i})$$

另一方面，剪切强度条件为

$$\tau\leqslant[\tau]\qquad\qquad\qquad(\text{j})$$

比较式（i）和式（j），可得 $[\tau]$ 和 $[\sigma]$ 之间的关系为

$$[\tau]=\frac{[\sigma]}{2}=0.5[\sigma]\qquad\qquad\qquad(\text{k})$$

对于塑性材料，按第四强度理论强度条件为

$$\sigma_{r4}=\sqrt{\frac{1}{2}\big[\,(\sigma_1-\sigma_2)^2+(\sigma_2-\sigma_3)^2+(\sigma_3-\sigma_1)^2\,\big]}$$

$$=\sqrt{\frac{1}{2}\big[\,(\tau-0)^2+(+\tau)^2+(-\tau-\tau)^2\,\big]}=\sqrt{3}\,\tau\leqslant[\sigma]$$

解得

$$\tau\leqslant\frac{[\sigma]}{\sqrt{3}}\qquad\qquad\qquad(\text{l})$$

比较式（l）和式（j），可得 $[\tau]$ 和 $[\sigma]$ 之间的关系为

$$[\tau]=\frac{[\sigma]}{\sqrt{3}}=0.577[\sigma]\approx0.6[\sigma]\qquad\qquad\qquad(\text{m})$$

塑性材料许用切应力 $[\tau]$ 和许用正应力 $[\sigma]$ 之间的关系应为 $[\tau]=0.5\sim0.6[\sigma]$。

7.10　莫尔强度理论

莫尔强度理论是综合实验结果而建立的。单向拉伸试验时，失效应力为屈服强度 σ_s 或强度极限 σ_b。在 σ-τ 平面内，以失效应力为直径作应力圆 OA'，称为极限应力圆，如图 7-25a 所示。同样，由单向压缩试验确定的极限应力圆为 OB'，由纯剪切试验确定的极限应力圆是以线段 OC' 为半径的圆。对任意应力状态，设想三个主应力按比例增加，直至以屈服或断裂的形式失效。只作三个应力圆中最大的一个（由 σ_1 和 σ_3 确定的应力圆），如图 7-25a 中的圆周 $D'E'$。按上述方式，在 σ-τ 平面内得到一系列的极限应力圆。于是可以作它们的包络线 $F'G'$。包络线当然和材料的性能有关，不同材料包络线也不一样，但对同一材料则认为它是唯一的。

对一个已知的应力状态 σ_1、σ_2 和 σ_3，如由 σ_1 和 σ_3 确定的应力圆在上述包络线之内，则这个应力状态不会引起失效，如恰与包络线相切，就表明这一应力状态已达到失效状态。

在实用中，为了利用有限的实验数据便可近似地确定包络线，常以单向拉伸和压缩的两个极限应力圆的公切线代替包络线。如再除以安全因数，便得到图 7-25b。图中 $[\sigma_t]$ 和 $[\sigma_c]$ 分别为材料的抗拉和抗压许用应力。若由 σ_1 和 σ_3 确定的应力圆在公切线 ML 和 $M'L'$ 之内，则这样的应力状态是安全的。当应力圆与公切线相切时，便是许可应力状态的极限。从 7-25b 图可以看出，

$$\frac{\overline{O_1N}}{\overline{O_2F}}=\frac{\overline{O_1O_3}}{\overline{O_2O_3}} \tag{a}$$

容易求出

$$\left.\begin{aligned}\overline{O_1N}&=\overline{O_1L}-\overline{O_3T}=\frac{[\sigma_t]}{2}-\frac{\sigma_1-\sigma_3}{2}\\\overline{O_2F}&=\overline{O_2M}-\overline{O_3T}=\frac{[\sigma_c]}{2}-\frac{\sigma_1-\sigma_3}{2}\\\overline{O_1O_3}&=\overline{OO_3}-\overline{OO_1}=\frac{\sigma_1+\sigma_3}{2}-\frac{[\sigma_t]}{2}\\\overline{O_2O_3}&=\overline{O_2O}+\overline{OO_3}=\frac{[\sigma_c]}{2}+\frac{\sigma_1+\sigma_3}{2}\end{aligned}\right\} \tag{b}$$

将以式（b）代入式（a），化简后得出

$$\sigma_1-\frac{[\sigma_t]}{[\sigma_c]}\sigma_3=[\sigma_t] \tag{c}$$

对于实际的应力状态来说，由 σ_1 和 σ_3 确定的应力圆在公切线之内。设想 σ_1 和 σ_3 要加大 $k(k\geqslant1)$ 倍后，应力圆才与公切线相切，这时才满足条件（b），于是有

$$k\sigma_1-\frac{[\sigma_t]}{[\sigma_c]}k\sigma_3=[\sigma_t]$$

由于 $k\geqslant1$，故得莫尔强度理论的强度条件为

$$\sigma_1-\frac{[\sigma_t]}{[\sigma_c]}\sigma_3\leqslant[\sigma_t] \tag{7-27}$$

莫尔强度理论的相当应力也可以写成

$$\sigma_{rM}=\sigma_1-\frac{[\sigma_t]}{[\sigma_c]}\sigma_3 \tag{d}$$

对抗拉和抗压强度相等的材料，$[\sigma_t]=[\sigma_c]$，式（7-27）化为

$$\sigma_1-\sigma_3\leqslant[\sigma] \tag{e}$$

式（e）也就是最大切应力理论的强度条件。可以看出，与最大切应力理论相比，莫尔强度理论考虑了材料的抗拉和抗压强度不相等的情况。

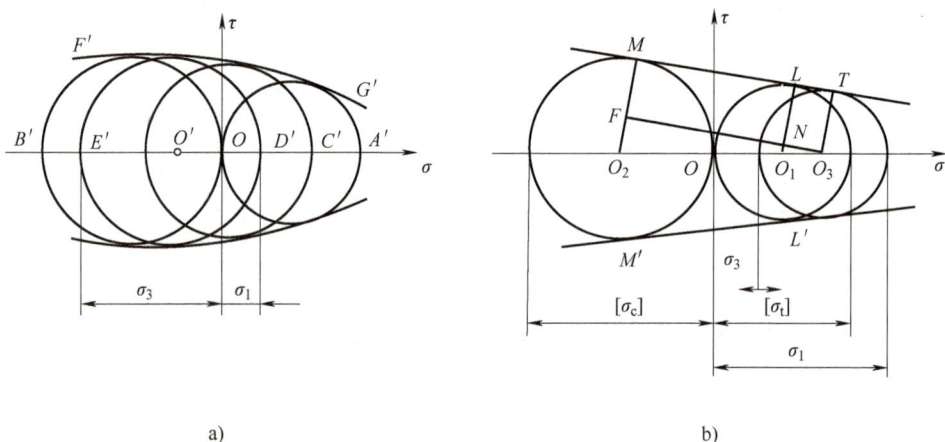

图　7-25

例 7.12　图 7-26a 所示铸铁试件的压缩许用应力约为拉伸许用应力的 3 倍，即 $[\sigma_c]=3[\sigma_t]$，试根据莫尔强度理论，估计受压试件断裂面的方位。

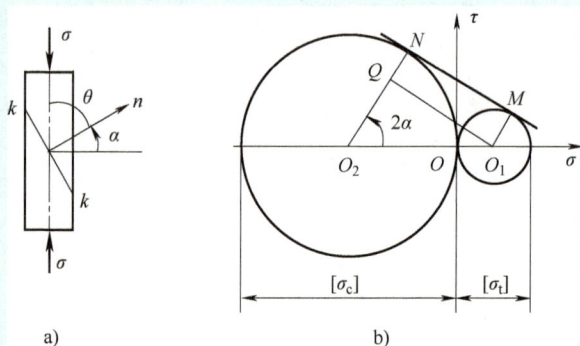

图　7-26

解：利用拉伸许用应力和压缩许用应力各作应力圆，并作两个应力圆的公切线，即极限曲线 MN，如图 7-26b 所示。图中 N 点的应力及圆心角 2α 与试件上断裂面 k—k 上的应力及方位角 α 相对应。由图 7-26b 可知

$$\cos2\alpha=\frac{\overline{O_2Q}}{\overline{O_1O_2}}=\frac{\overline{O_2N}-\overline{O_1M}}{\overline{O_1O_2}}=\frac{\frac{1}{2}[\sigma_c]-\frac{1}{2}[\sigma_t]}{\frac{1}{2}[\sigma_c]+\frac{1}{2}[\sigma_t]}=0.5$$

即

$$2\alpha = 60°, \quad \alpha = 30°$$

故断裂面法线 n 与试件轴线之间的夹角为

$$\theta = 90° - \alpha = 60°$$

这与铸铁试件压缩破坏时断裂面与试件轴线间的夹角为 $55° \sim 60°$ 相吻合。

思　考　题

一、填空题

1. 受力构件内任意一点在各个截面上的应力情况，称为该点处的_____，在应力分析时常采用取_____的研究方法。

2. 表示构件内一点的应力状态时，首先是围绕该点截取一个边长趋于零的_____作为分离体，然后给出此分离体各个面上的应力。

3. 单元体截面上，若只有切应力而无正应力，则称此情况为_____。

4. _____的面称为主平面，主平面上的_____称为主应力；各个面上只有主应力的单元体称为_____。

5. 只有一个主应力不等于零的应力状态，称为_____；有两个主应力不等于零的应力状态，称为_____；三个主应力均不等于零的应力状态，称为_____。

6. 通常将应力状态分为三类，其中一类，如拉伸或压缩杆件及纯弯曲梁内（中性层除外）各点就属于_____应力状态。

7. 铸铁直杆受轴向压缩时，其斜截面上的应力是_____分布的。

8. 在轴向拉伸直杆的斜截面上，有正应力也有切应力，切应力随截面方位不同而不同，而切应力的最大值发生在与轴线间的夹角为_____的斜截面上；在正应力为最大的截面上切应力为_____。

9. 通过单元体的两个互相垂直的截面上的切应力，大小_____，方向_____。

10. 用应力圆来寻求单元体斜截面上的应力，这种方法称为图解法。应力圆圆心坐标为_____，半径为_____。

11. 材料破坏主要有_____和_____两种类型。

12. 构件在载荷作用下同时发生两种或两种以上的基本变形称为_____。

13. 圆轴变曲与扭转的组合变形，在强度计算时通常采用第三或第四强度理论。设 M 和 T 为危险面上弯矩和扭矩，W 为截面抗弯截面系数，则用第三强度理论表示为_____；第四强度理论表示为_____。

二、判断题（对论述正确的在括号内画√，错误的画×）

1. 单元体中最大正应力（或最小正应力）的截面与最大切应力（或最小切应力）的截面成90°。　（　）

2. 单元体中最大正应力（或最小正应力）的截面上的切应力必然为零。　（　）

3. 单元体中最大切应力（或最小切应力）的截面上的正应力一定为零。　（　）

4. 圆截面铸铁试件扭转时，表面各点的主平面连成的倾角为45°的螺旋面拉伸后将首先发生断裂破坏。　（　）

5. 二向应力状态中，通过单元体的两个互相垂直的截面上的正应力之和必为常数。　（　）

6. 三向应力状态中某方向上的正应力为零，则该方向上的线应变必然为零。　（　）

7. 纯剪切的两个主应力绝对相等，一为拉应力，另一为压应力，且数值上都等于其切应力。　（　）

8. 深海中放一立方体钢块，钢块表面受到静水压力的作用，此钢块处于单向应力状态。　（　）

9. 扭转与弯曲组合变形的杆件，从其表面取出的单元体处于二向应力状态。　（　）

10. 不同材料固然可能发生不同形式的破坏，就是同一种材料，当应力状态的情况不同时，也可能发生不同形式的破坏。 （　　）

11. 强度理论的适用范围决定于危险点处的应力状态和构件的材料性质。 （　　）

三、单项选择题

1. 一轴向拉伸或压缩的杆件，设与轴线成 $45°$ 的斜截面上的剪应力为 τ，则该截面上的正应力等于（　　）。

(A) 0 　　　　　　　　(B) 1.14τ 　　　　　　(C) 0.707τ 　　　　　(D) τ

2. 如图 7-27 所示，某一矩形截面两端受到拉力 F 的作用，设杆件横截面面积为 A，经分析可知，与轴线成 α 角的截面 m—n 上的（　　）。

(A) 法向内力 $F_N = F\sin\alpha$ 　　　　　　(B) 切向内力 $F_S = F\sin\alpha$

(C) $\sigma = \dfrac{F}{A}\sin\alpha$ 　　　　　　　　(D) $\tau = \dfrac{F}{A}\cos\alpha$

3. 等直杆受轴向拉伸如图 7-28 所示，其上 A、B、C 三点的应力状态是否相同？（　　）

(A) 各不相同 　　　　　　　　　　(B) 相同

(C) 仅 A、C 相同 　　　　　　　　(D) 无法判断

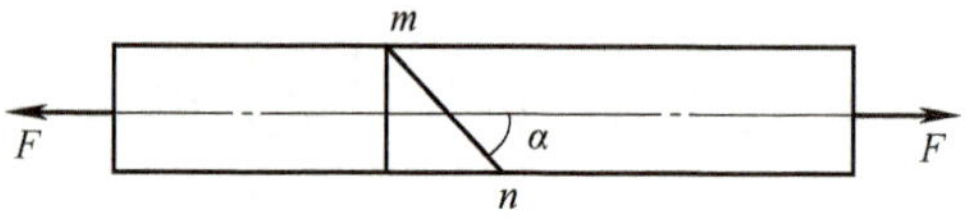

图 7-27

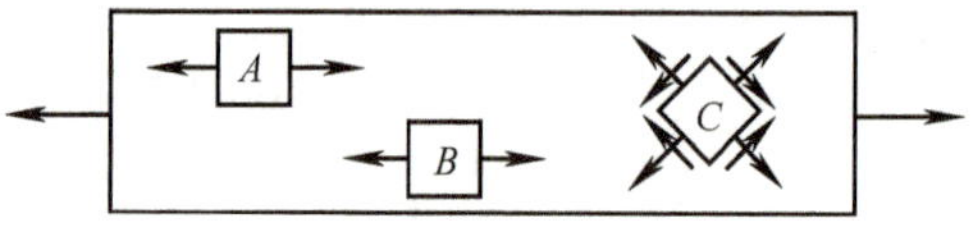

图 7-28

4. 图 7-29 所示应力状态，按第三强度理论校核，强度条件为（　　）。

(A) $\tau_{xy} \leq [\sigma]$ 　　　　　　　　　(B) $\sqrt{2}\tau_{xy} \leq [\sigma]$

(C) $-\sqrt{2}\tau_{xy} \leq [\sigma]$ 　　　　　　(D) $2\tau_{xy} \leq [\sigma]$

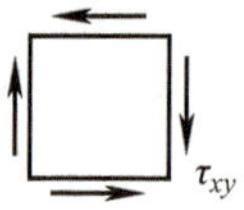

图 7-29

5. 图 7-30 所示单元体的斜截面上无应力，它属于（　　）。

(A) 单向应力状态 　　　　　　　　(B) 二向应力状态

(C) 三向应力状态 　　　　　　　　(D) 零应力状态

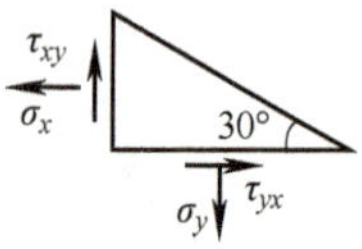

6. 图 7-31 所示四个单元体的应力圆，其中只有（　　）为单向应力状态。

7. 轴向拉伸或压缩杆件的斜截面上既有正应力也有切应力，切应力为最大值的斜截面上，其正应力一定等于（　　）。

图 7-30

(A) 零 　　　　　　　　　　　　(B) 横截面的正应力值

(C) 横截面正应力的一半 　　　　　(D) 横截面正应力的 2 倍

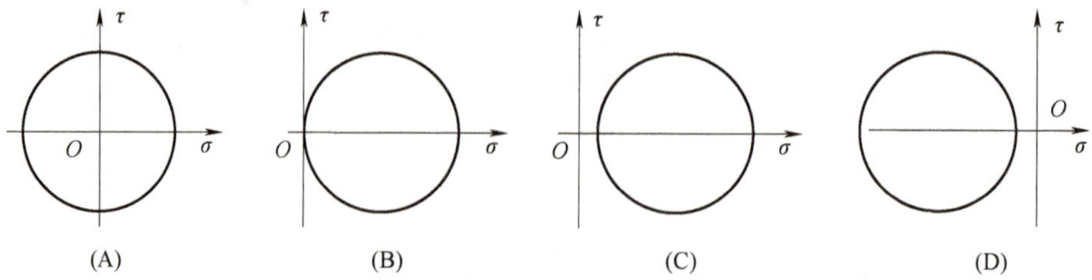

图 7-31

8. 图 7-32 所示单元体中，主应力是（　　）组。

(A) $\sigma_1 = (-5+5\sqrt{5})$ MPa，$\sigma_2 = (-5-5\sqrt{5})$ MPa，$\sigma_3 = 0$

（B）$\sigma_1=(-5+5\sqrt{5})\,\mathrm{MPa}$，$\sigma_2=0$，$\sigma_3=(-5-5\sqrt{5})\,\mathrm{MPa}$

（C）$\sigma_1=0$，$\sigma_2=(-5+5\sqrt{5})\,\mathrm{MPa}$，$\sigma_3=(-5-5\sqrt{5})\,\mathrm{MPa}$

（D）$\sigma_1=(-5+5\sqrt{5})\,\mathrm{MPa}$，$\sigma_2=(-5-5\sqrt{5})\,\mathrm{MPa}$，$\sigma_3=10\,\mathrm{MPa}$

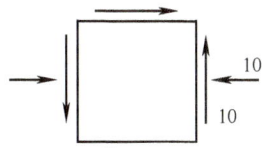

图 7-32

9. 图 7-33 所示悬臂梁，给出点 1、2、3、4 的应力状态，应力状态错误的是（　　）。

（A）　　　　（B）　　　　（C）　　　　（D）

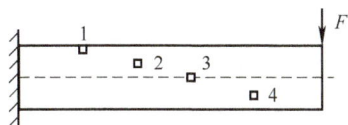

图 7-33

10. 图 7-34 所示单元体的应力圆，其中最大切应力为（　　）。

（A）25MPa　　　　（B）20MPa　　　　（C）15MPa　　　　（D）5MPa

11. 图 7-35 所示为单元体的应力圆，点 $D_1(10,-10)$，$D_2(10,10)$ 分别为单元体中 $\alpha=0°$ 和 $\alpha=90°$ 两个截面的应力情况，那么 $\alpha=45°$ 的截面的应力情况是（　　）。

（A）（0,0）　　　　（B）（10,10）　　　　（C）（10,-10）　　　　（D）（20,0）

12. 某单元体的三个主应力为 σ_1、σ_2、σ_3，那么其最大的切应力为（　　）。

（A）$(\sigma_1-\sigma_2)/2$　　　　（B）$(\sigma_2-\sigma_3)/2$　　　　（C）$(\sigma_3-\sigma_1)/2$　　　　（D）$(\sigma_1-\sigma_3)/2$

13. 对于一个应力单元体，下列结论中错误的是（　　）。

（A）正应力最大的面上切应力必为零

（B）切应力最大的面上正应力必为零

（C）切应力最大的面与正应力最大的面相交成 45°

（D）正应力最大的面与正应力最小的面相互垂直

14. 图 7-36 所示受力构件内 A 点沿 AB 方向的线应变为 ε_x，AD 方向的线应变为 ε_y，若设 AC 方向的线应变为 ε，则有（　　）。

（A）$\varepsilon=\dfrac{\varepsilon_x}{\cos\alpha}$

（B）$\varepsilon=\dfrac{\varepsilon_y}{\sin\alpha}$

（C）$\varepsilon=\sqrt{\varepsilon_x^2+\varepsilon_y^2}$

（D）以上关系都不对

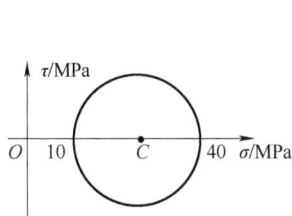

图 7-34

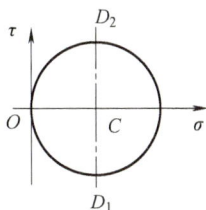

图 7-35

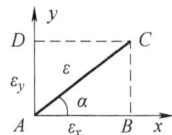

图 7-36

15. 图 7-37 所示的两个单元体，若材料相同且均为线弹性，比较它们的线应变 ε_x 和最大切应变 γ_{xy}，下列几种说法中正确的是（　　）。

（A）ε_x 相等，γ_{xy} 不相等

（B）ε_x 相等，γ_{xy} 相等

（C）ε_x 不相等，γ_{xy} 相等

（D）ε_x 不相等，γ_{xy} 不相等

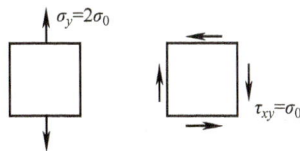

图 7-37

习 题

7.1　相交于一点处的两斜面的应力分量如题 7.1 图所示，试用图解法确定该点处的主应力及其所在截面的方位，并画出主应力单元体。

7.2　在某一受力物体的边缘处切取的微棱柱体的平面图如题 7.2 图所示。AB 面在变形前后均无应力作用，已知 AC、BC 面上的正应力均等于 -15MPa，试求 AC、BC 面上的切应力 τ_{AC} 和 τ_{BC}，以及单元体主应力的大小及方向。

7.3　二向应力状态如题 7.3 图所示，试求主应力并作应力圆。

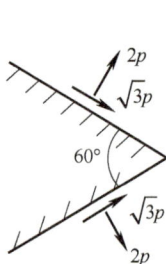
题 7.1 图

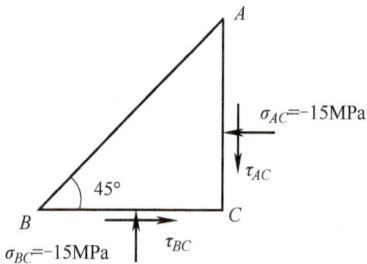
题 7.2 图

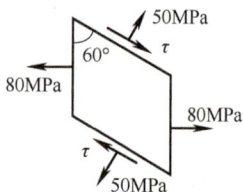
题 7.3 图

7.4　在通过一点的两个平面上，应力如题 7.4 图所示。试求主应力的数值及主平面的方位，并用单元体的草图表示出来。

7.5　列车通过钢桥时，在钢桥横梁的 A 点用变形仪测得 $\varepsilon_x = 0.0004$，$\varepsilon_y = -0.00012$，如题 7.5 图所示。已知弹性模量 $E = 200\text{GPa}$，泊松比 $\mu = 0.3$。试求 A 点在 x 轴和 y 轴方向上的正应力。

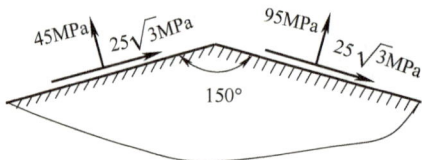
题 7.4 图

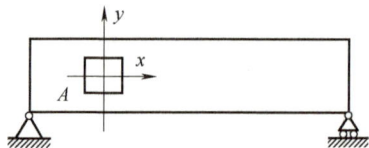
题 7.5 图

7.6　有一处于二向应力状态的单元体，其上的两个主应力如题 7.6 图所示。已知材料的弹性模量 $E = 70\text{GPa}$，泊松比 $\mu = 0.25$，试求单元体上的三个主应变。

7.7　在如题 7.7 图所示单元体中，试分别采用解析法和图解法计算斜截面 $a—b$ 上的应力。

7.8　已知题 7.8 图示单元体材料的弹性模量 $E = 200\text{GPa}$，泊松比 $\mu = 0.3$，试求出该状态的三个主应力大小和四种强度理论的相当应力。

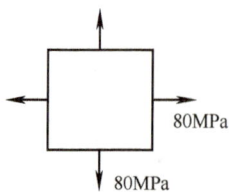
题 7.6 图

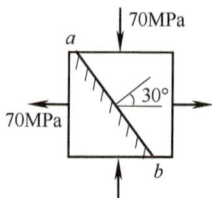
题 7.7 图

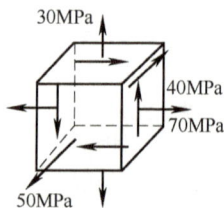
题 7.8 图

7.9 圆柱形薄壁容器如题 7.9 图所示。已知内径 $d=800\text{mm}$，内部压强 $p=1.2\text{MPa}$。若材料许用应力 $[\sigma]=140\text{MPa}$，试按第三强度理论设计其壁厚 t。

7.10 如题 7.10 图所示应力单元体，计算其：（1）主应力；（2）主平面；（3）最大切应力。

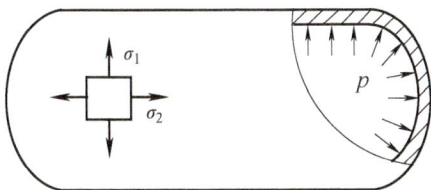

题 7.9 图

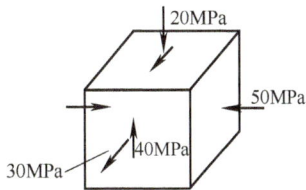

题 7.10 图

7.11 由实验测得题 7.11 图所示简支梁（28a 工字钢）A 点处沿与轴线成 45°方向的线应变 $\varepsilon=-2.8\times10^{-5}$，试求梁上的外力 F。已知弹性模量 $E=210\text{GPa}$，泊松比 $\mu=0.3$。

7.12 题 7.12 图所示薄壁容器受内压 p，现用电阻片测得周向应变 $\varepsilon_A=3.5\times10^{-4}$，轴向应变 $\varepsilon_B=1\times10^{-4}$，若弹性模量 $E=210\text{GPa}$，泊松比 $\mu=0.25$，（1）求筒壁轴向及周向应力及内压 p；（2）材料的许用应力 $[\sigma]=80\text{GPa}$，试用第四强度理论校核筒壁强度。

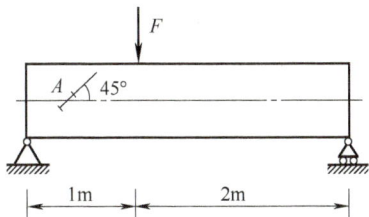

题 7.11 图

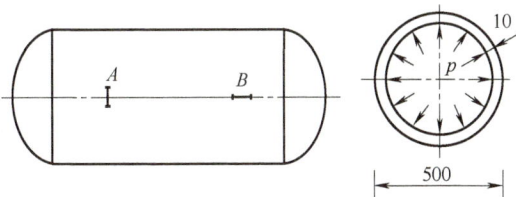

题 7.12 图

7.13 题 7.13 图所示的圆球形压力容器内直径 $D=200\text{mm}$，承受内压力 $p=15\text{MPa}$，已知材料许用应力 $[\sigma]=160\text{MPa}$，试用第三强度理论设计容器所需的壁厚 t。

7.14 直径为 D 的圆轴两端承受扭转力偶作用，如题 7.14 图所示。今测得轴表面一点处任意两个互为 45°角方向的应变值为 $\varepsilon'=3.9\times10^{-4}$，$\varepsilon''=6.76\times10^{-4}$。已知材料弹性模量 $E=200\text{GPa}$，泊松比 $\mu=0.3$，$D=100\text{mm}$，试求外扭转力偶矩 M_e 的值。

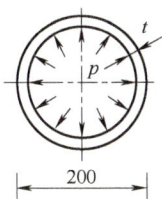

题 7.13 图

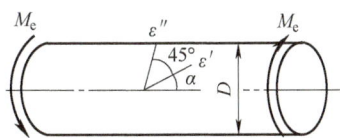

题 7.14 图

7.15 已知某平面应力状态由第一组载荷引起的应力如题 7.15 图 a 所示，由第二组载荷引起的应力如题 7.15 图 b 所示。试求两组载荷同时作用时的主应力。

7.16 已知直径为 D 的圆轴发生扭转和轴向拉伸组合变形，如题 7.16 图所示。若要采用电测法确定其扭矩 T 和轴力 F_N 的值，试问至少要贴几片应变片且如何布置？写出计算关系式。设材料常数 E、G、μ 均为已知。

7.17 钢制机械零件中危险点处的应力状态如题 7.17 图所示。已知材料的屈服强度为 $\sigma_s=250\text{MPa}$，试分别确定采用第三、第四强度理论时该零件的安全因数。

7.18 如题 7.18 图所示两端封闭的铸铁薄壁圆筒，其内径 $d=100$mm，壁厚 $\delta=5$mm，承受内压 $p=2$MPa，且在两端受轴向压力 $F=50$kN 的作用。材料的许用拉应力为 $[\sigma_t]=40$MPa，许用压应力为 $[\sigma_c]=160$MPa，试用莫尔强度理论进行强度校核。

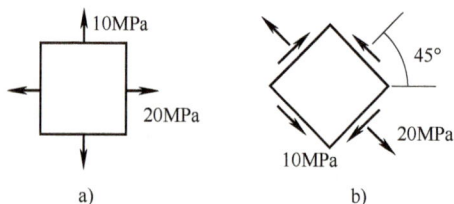

题 7.15 图

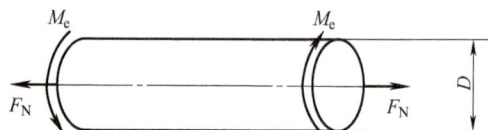

题 7.16 图

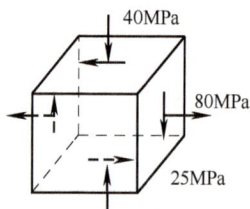

题 7.17 图

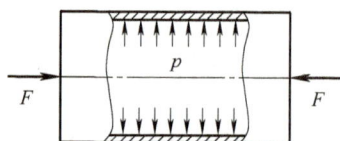

题 7.18 图

7.19 如题 7.19 图所示铸铁薄壁管，管的内径 $d=120$mm，壁厚 $\delta=5$mm，承受内压 $p=2$MPa，且在两端受轴向压力 $F=40$kN，扭矩 $T=2$kN·m 的作用。已知材料的许用拉应力为 $[\sigma_t]=40$MPa，许用压应力为 $[\sigma_c]=160$MPa，材料的泊松比 $\mu=0.3$。试分别用第二强度理论及莫尔强度理论校核其强度。

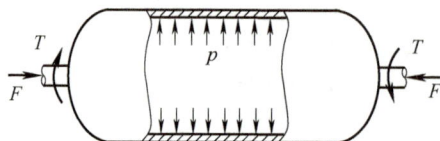

题 7.19 图

二向应力状态的
解析法及例题

二向应力状态的
图解法及例题

广义胡克
定律及例题

工程上常用的
四个强度理论
及相当应力

第 7 章习题
解答

8 第 *8* 章
组 合 变 形

8.1 组合变形和叠加原理

前面我们分析了杆件的基本变形，即轴向拉伸（压缩）、剪切、扭转和弯曲变形。但工程实际中，在较复杂的外载荷作用下，杆件往往同时承受两种或两种以上的基本变形。这种构件在载荷作用下同时发生两种或两种以上的基本变形的情况称为组合变形。常见的组合变形包括：两个平面弯曲的组合，拉伸（压缩）与弯曲的组合，扭转与弯曲的组合等。图 8-1a 所示的摇臂钻床的立柱发生压缩与弯曲的组合变形，图 8-1b 所示的辘轳工作时发生弯扭组合变形。

a)　　　　　　　　　　　　b)

图　8-1

分析组合变形时，可先将外力进行简化或分解，把构件上的外力转化成几组静力等效的载荷，其中每一组载荷对应着一种基本变形。在小变形和应力应变满足线性关系的条件下，杆件上每一组载荷的作用彼此独立，互不影响，即杆上同时有几组力作用时，每组力对杆的作用效果，不影响另一组力对杆的作用效果。因而组合变形下的内力、应力、应变和位移，可视为几种基本变形下各自引起的内力、应力、应变和位移的叠加，这一原理称为叠加原理。这一原理前面曾多次使用，对弯曲变形的叠加还做过简单的证明，现再做一些更广泛地阐述。

假设构件某点的位移与载荷的关系是线性的，载荷 F_1 引起构件某点 A 的位移记为 $\delta_1=$

C_1F_1，载荷 F_2 引起构件 A 点的位移记为 $\delta_2=C_2F_2$。这里系数 C_1、C_2 与 F_1、F_2 均无关。设构件上先作用 F_1，然后再作用 F_2。在未受力时开始作用 F_1，引起构件 A 点的位移为 $\delta_1=C_1F_1$，再作用 F_2 时，因构件上已存在 F_1，它引起的 A 点的位移为 $\delta_2=C_2'F_2$。这样，当先作用 F_1 后作用 F_2 时，A 点的位移为 $\delta=C_1F_1+C_2'F_2$。式中，系数 C_2' 与 F_1 和 F_2 的大小无关，因为如果 C_2' 与 F_1 和 F_2 的大小有关，则 $C_2'F_2$ 就不再是线性的，这与力与位移是线性关系的前提相矛盾。现在从构件上先解除 F_1，这时引起的 A 点的位移为 $-C_1'F_1$，这里负号表示卸载，系数 C_1' 区别于 C_1，但 C_1' 也应与 F_1 和 F_2 的大小无关。解除 F_1 后，构件上只有 F_2，如再解除 F_2，引起的 A 点的位移为 $-C_2F_2$。F_1 和 F_2 都解除后，构件应恢复到自然状态，位移应等于零。即

$$C_1F_1+C_2'F_2-C_1'F_1-C_2F_2=0$$

或者写成

$$(C_1-C_1')F_1+(C_2'-C_2)F_2=0 \tag{a}$$

由于式（a）括号中两个系数都不是载荷的函数，而且 F_1 和 F_2 为任意值时，式（a）都应成立，因此只有在

$$C_1-C_1'=0,\quad C_2'-C_2=0 \tag{b}$$

即 $C_1'=C_1$，$C_2'=C_2$ 时，式（a）才能得到满足。于是，先作用 F_1 后作用 F_2 时，A 点的位移为

$$\delta=C_1F_1+C_2F_2 \tag{c}$$

可见，F_1 和 F_2 共同作用下的位移，等于 F_1 和 F_2 分别单独作用时位移的叠加。如果颠倒上述加载次序，先加 F_2 后再加 F_1，用上述完全相似的方法，仍可得到 A 点的位移仍为式（c）。这表明位移与加入的次序无关。以上结论可以推广到外力多于两个的情况，也可以推广到内力、应力、应变等与外载荷呈线性关系的情况。

一般分析组合变形，主要进行强度分析和计算。采用叠加原理的方法分析杆件组合变形的强度，具体步骤如下：

（1）将组合变形分解为几种基本变形，简称变形分解；

（2）分别画出各基本变形的内力图，综合考虑内力图得到杆件的危险截面；

（3）利用基本变形的应力公式，分析危险截面上各点处的正应力和切应力分布规律，得到危险点的应力状态；

（4）根据危险点的应力状态和构件的材料情况，按强度理论建立强度条件，进行杆件组合变形的强度分析和计算。

8.2　拉伸或压缩与弯曲的组合

拉伸或压缩与弯曲的组合变形是工程中常见的情况。如图 8-2a 所示的立柱，受到偏心压力 F 的作用后，立柱的横截面的内力包括轴向压力 $F_N=F$ 和弯矩 $M=Fe$，立柱发生压缩和弯曲的组合变形。如图 8-2b 所示摇臂钻床的立柱，当工作时钻头受到工件的作用力 F，若不计钻床自身的重量，则立柱横截面受到轴向拉力 $F_N=F$ 和弯矩 $M=Fe$ 的作用，立柱发生拉伸和弯曲组合变形。

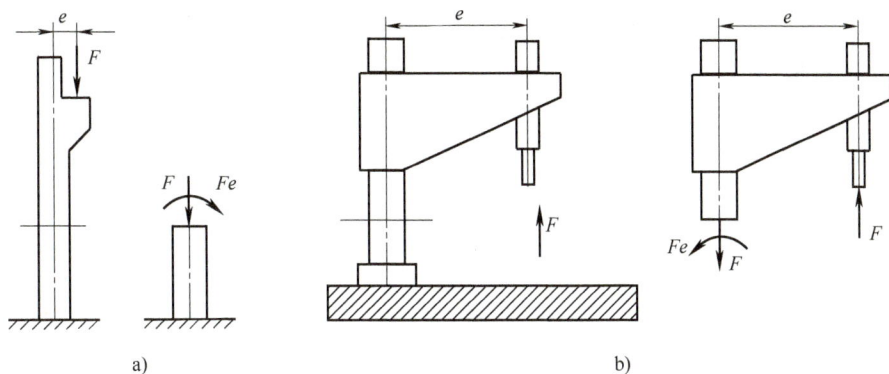

图　8-2

例 8.1　最大吊重 $W=8\mathrm{kN}$ 的起重机如图 8-3a 所示，若 AB 杆为工字钢，材料为 Q235 钢，许用应力 $[\sigma]=100\mathrm{MPa}$，试选用工字钢的型号。

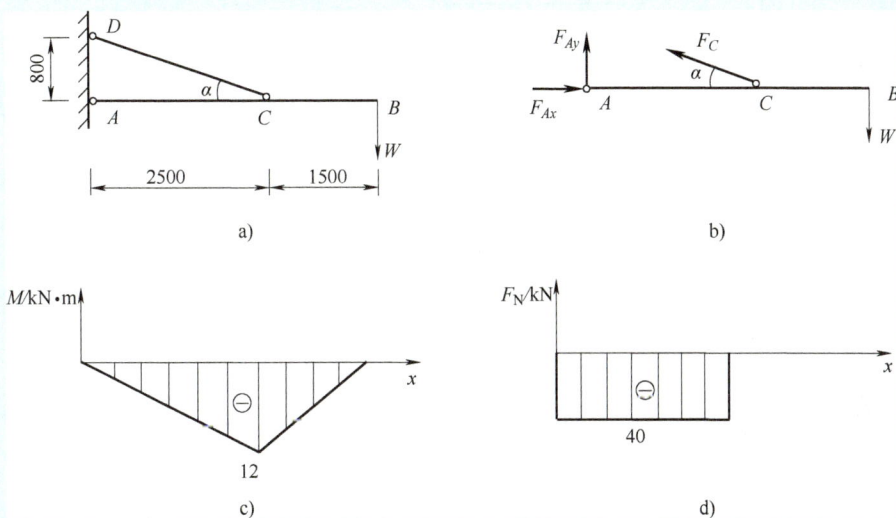

图　8-3

解：以 AB 杆为研究对象，受力分析如图 8-3b 所示。列平衡方程

$$\sum M_A(F)=0,\quad F_C\sin\alpha\cdot\overline{AC}-W\cdot\overline{AB}=0$$

解得

$$F_C=\frac{W\cdot\overline{AB}}{\overline{AC}\sin\alpha}=\frac{8\times4}{2.5\times0.31}\mathrm{kN}=42\mathrm{kN}$$

$$\sum F_x=0,\quad F_{Ax}-F_C\cos\alpha=0$$

解得

$$F_{Ax}=F_C\cos\alpha=40\mathrm{kN}$$

$$\sum F_y=0,\quad F_{Ay}+F_C\sin\alpha-W=0$$

解得

$$F_{Ay}=W-F_C\sin\alpha=-4.8\mathrm{kN}$$

分别画出 AB 杆的弯矩图和轴力图，如图 8-3c 和图 8-3d 所示。由图可看出，C 点左侧的截面为危险截面。先不考虑轴力 F_N，只考虑 M，则由强度条件有

$$W_z \geqslant \frac{M_{max}}{[\sigma]} = \frac{12 \times 10^3 \text{N} \cdot \text{m}}{100 \times 10^6 \text{Pa}} = 1.2 \times 10^{-4} \text{m}^3 = 120 \text{cm}^3$$

查附录Ⅲ选 16 号工字钢，此时，$W_z = 141 \text{cm}^3$，$A = 26.1 \text{cm}^2$。选择工字钢后，同时考虑 M 和 F_N，再进行强度校核

$$\sigma_{max} = \left| \frac{F_N}{A} \right| + \left| \frac{M_{max}}{W_z} \right| = \left| \frac{40 \times 10^3}{26.1 \times 10^{-4}} \right| \text{Pa} + \left| \frac{12 \times 10^3}{141 \times 10^{-6}} \right| \text{Pa} = 100.5 \text{MPa}$$

结果表明，最大压应力与许用应力接近，无须重新选择截面的型号。

例 8.2　图 8-4a 所示的带有切槽的钢板，已知切槽深度 $a = 10 \text{mm}$，板的高度 $b = 80 \text{mm}$，板的厚度 $t = 10 \text{mm}$，轴向压力 $P = 80 \text{kN}$，材料的许用拉应力 $[\sigma] = 140 \text{MPa}$，试校核钢板的强度。

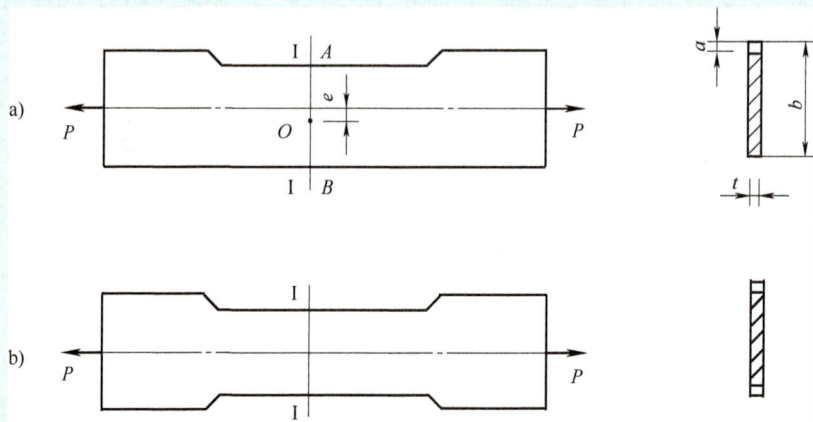

图　8-4

解：由于钢板有切槽，外力 P 对有切槽截面为偏心拉伸，其偏心距 e 为

$$e = \frac{b}{2} - \frac{b-a}{2} = \frac{a}{2} = 5 \text{mm}$$

Ⅰ—Ⅰ截面内力向形心简化，可得轴力 F_N 和弯矩 M 分别为

$$F_N = P = 80 \text{kN}$$

$$M = Pe = 80 \times 10^3 \times 5 \times 10^{-3} \text{N} \cdot \text{m} = 400 \text{N} \cdot \text{m}$$

由轴力 F_N 和弯矩 M 的符号，可知点 A 为危险点，即该点的应力最大，其正应力为

$$\sigma_{max} = \frac{P}{A} + \frac{M}{W_z} = \frac{80 \times 10^3 \text{N}}{10 \times 70 \times 10^{-6} \text{m}^2} + \frac{6 \times 400 \text{N} \cdot \text{m}}{10 \times 70^2 \times 10^{-9} \text{m}^3} = 163.3 \text{MPa} > [\sigma]$$

故该板强度不够。

如将钢板切槽对称分布，如 8-4b 所示。钢板的正应力为

$$\sigma_{max} = \frac{P}{A} = \frac{80 \times 10^3 \text{N}}{10 \times 60 \times 10^{-6} \text{m}^2} = 133 \text{MPa} < [\sigma]$$

结果是安全的。可见使应力均匀分布，是充分发挥材料性能，提高强度的办法之一。

例 8.3　图 8-5 所示矩形截面刚杆，用应变片测得杆件上、下表面轴向的正应变分别为 $\varepsilon_a = 1 \times 10^{-3}$，$\varepsilon_b = 0.4 \times 10^{-3}$，材料的弹性模量为 $E = 210 \text{GPa}$。试求拉力 F 大小以及偏心距 δ 的数值。

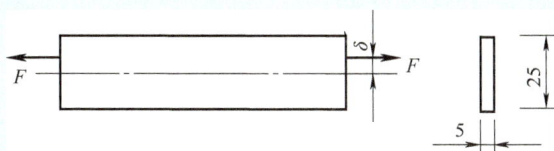

图　8-5

解：通过截面法，可得杆件横截面上轴力 $F_N = F$，弯矩 $M = F\delta$。杆件发生了拉伸和弯曲的组合变形。杆件由拉伸和弯曲变形产生的横截面上的正应力分别为

$$\sigma_N = \frac{F_N}{A} = \frac{F}{bh}, \quad \sigma_{W\max} = \frac{M}{W_z} = \frac{F\delta}{\dfrac{bh^2}{6}} = \frac{6F\delta}{bh^2}$$

根据杆件的受力作用位置，可知杆件上、下表面上的正应力分别为

$$\sigma_上 = \sigma_N + \sigma_{W\max} = \frac{F}{bh} + \frac{6F\delta}{bh^2} = E\varepsilon_a, \quad \sigma_下 = \sigma_N - \sigma_{W\max} = \frac{F}{bh} - \frac{6F\delta}{bh^2} = E\varepsilon_b$$

解得

$$\frac{2F}{bh} = E(\varepsilon_a + \varepsilon_b), \quad \frac{12F\delta}{bh^2} = E(\varepsilon_a - \varepsilon_b)$$

$$F = \frac{E(\varepsilon_a + \varepsilon_b)bh}{2} = \frac{210 \times 10^9 \text{Pa} \times 1.4 \times 10^{-3} \times 5 \times 25 \times 10^{-6} \text{m}^2}{2} = 18.38 \text{kN}$$

$$\delta = \frac{E(\varepsilon_a - \varepsilon_b)bh^2}{12F} = \frac{210 \times 10^9 \text{Pa} \times 0.6 \times 10^{-3} \times 5 \times 25^2 \times 10^{-9} \text{m}^3}{12 \times 18.38 \times 10^3 \text{N}} = 1.785 \times 10^{-3} \text{m}$$

对于拉伸与弯曲组合变形的强度条件为 $\sigma_{t\max} = \dfrac{F_N}{A} + \dfrac{M}{W} \leqslant [\sigma_t]$，如果 $\dfrac{F_N}{A}$ 小于 $\dfrac{M}{W}$，杆件存在最大压应力为 $\sigma_{c\max} - \dfrac{F_N}{A} \quad \dfrac{M}{W}$。对于压缩与弯曲组合变形的强度条件为 $\sigma_{c\max} = \left| \dfrac{F_N}{A} \right| + \left| \dfrac{M}{W} \right| \leqslant [\sigma_c]$，如果 $\dfrac{F_N}{A}$ 小于 $\dfrac{M}{W}$，杆件存在最大拉应力为 $\sigma_{t\max} = -\dfrac{F_N}{A} + \dfrac{M}{W}$。

8.3　扭转和弯曲的组合

　　扭转与弯曲的组合变形是机械工程中最常见的情况。现以图 8-6a 所示的传动轴为例，说明杆件在弯扭组合变形下的强度计算。图 8-6a 所示的传动轴，轴的左端用联轴器与电动机主轴连接，根据轴所传递的功率 P 和转速 n，可以求得经联轴器传给轴的力偶矩 M_e。作用在直齿圆柱齿轮上的啮合力可分解为切向力 F_t 和径向力 F_r。切向力 F_t 向轴线简化后，得到作用于轴线上的横向力 F_t' 和力偶矩 $M_e = \dfrac{F_t D}{2}$。传动轴的计算简图如图 8-6b 所示。两个力偶矩 M_e 引起传动轴的扭转变形，而两个横向力 F_t' 和 F_r 分别引起传动轴在水平平面和铅垂平面内的弯曲变形。这种杆件既承受扭转变形又承受弯曲变形，称为弯扭组合变形。机械工程中各种传动轴是这种变形的典型例子。

　　根据轴的计算简图，分别画出轴的扭矩图、铅垂平面内的弯矩图和水平平面内的弯矩

图，如图 8-6c～e 所示。

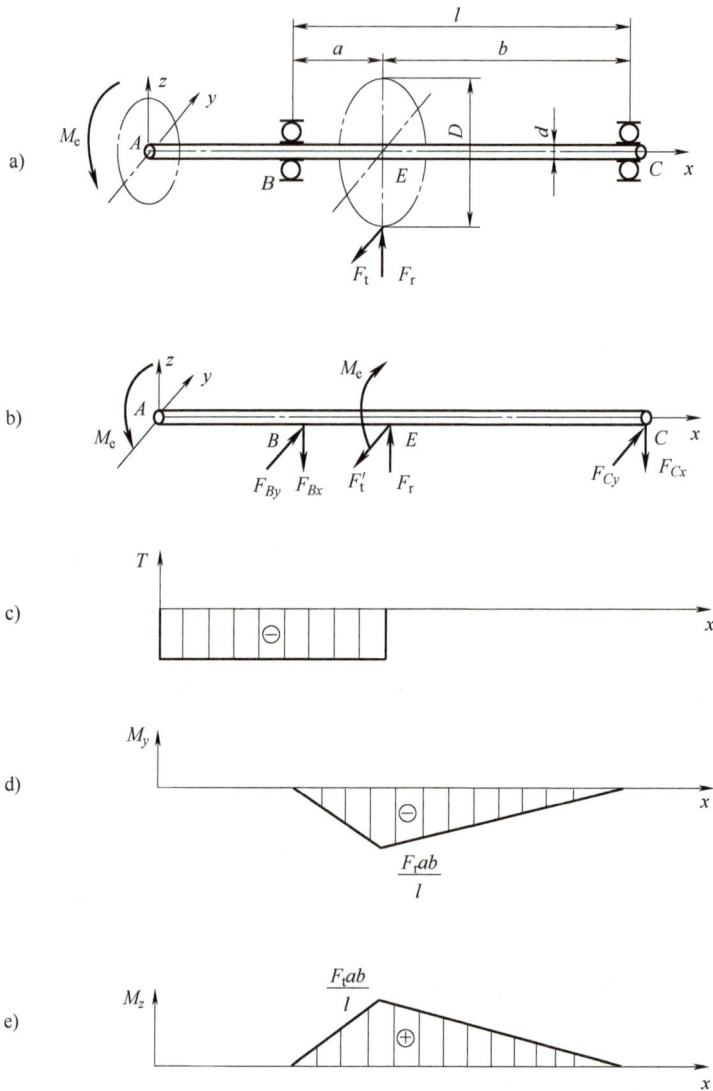

图 8-6

根据扭矩图和铅垂、水平两个方向的弯矩图可知，AE 段内各截面的扭矩皆相等，但截面 E 上的 M_y 和 M_z 都为最大值，故截面 E 为危险截面。在危险截面 E 上的内力矩为

$$T = M_e = \frac{F_t D}{2}$$

$$M_{ymax} = \frac{F_r ab}{l}$$

$$M_{zmax} = \frac{F_t ab}{l}$$

用矢量合成的方法得合力矩 $M = \sqrt{M_{ymax}^2 + M_{zmax}^2} = \frac{ab}{l}\sqrt{F_r^2 + F_t^2}$。截面 E 的受力及截面图如图 8-7

所示。

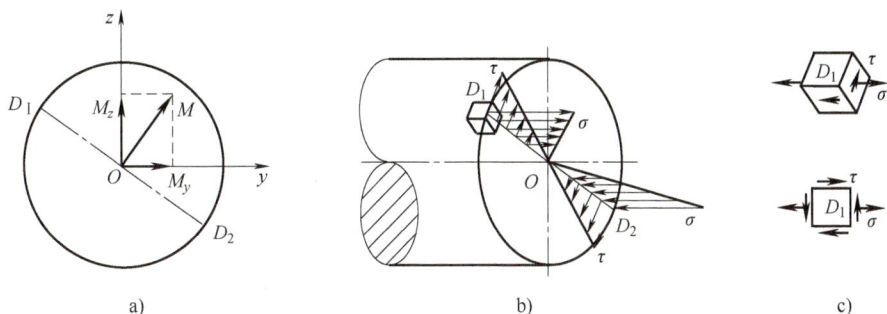

图　8-7

在危险截面上，由扭矩 T 产生的最大切应力在边缘各点上，最大切应力为

$$\tau = \frac{T}{W_t} \tag{a}$$

由合力矩产生的弯曲正应力，在 D_1 和 D_2 点上达到最大值，D_1 点处最大正应力为

$$\sigma = \frac{M}{W_z} \tag{b}$$

其沿直径 $D_1 D_2$，切应力和正应力的分布如图 8-7b 所示。由于 D_1 点和 D_2 点的切应力和正应力相对最大，故 D_1 点和 D_2 点为危险点。危险点 D_1 处的单元体的应力状态如图 8-7c 所示。其主应力为

$$\left.\begin{array}{c}\sigma_1 \\ \sigma_3\end{array}\right\} = \frac{\sigma}{2} \pm \sqrt{\left(\frac{\sigma}{2}\right)^2 + \tau^2}, \quad \sigma_2 = 0 \tag{c}$$

按第三强度理论，强度条件为

$$\sigma_1 - \sigma_3 \leqslant [\sigma] \tag{d}$$

将式（c）中的 σ_1 和 σ_3 的表达式代入式（d），可得

$$\sqrt{\sigma^2 + 4\tau^2} \leqslant [\sigma] \tag{8-1}$$

再将式（a）和式（b）代入式（8-1），可得

$$\sqrt{\left(\frac{M}{W_z}\right)^2 + 4\left(\frac{T}{W_t}\right)^2} \leqslant [\sigma]$$

对于圆截面，有 $W_t = 2W_z$，于是

$$\frac{1}{W_z}\sqrt{M^2 + T^2} \leqslant [\sigma] \tag{8-2}$$

按第四强度理论，强度条件为

$$\sqrt{\frac{1}{2}\left[(\sigma_1 - \sigma_2)^2 + (\sigma_2 - \sigma_3)^2 + (\sigma_3 - \sigma_1)^2\right]} \leqslant [\sigma] \tag{e}$$

将式（c）代入式（e），可得

$$\sqrt{\sigma^2 + 3\tau^2} \leqslant [\sigma] \tag{8-3}$$

再将式（a）和式（b）代入式（8-3），并利用 $W_t = 2W$ 可得

$$\frac{1}{W_z}\sqrt{M^2+0.75T^2}\leqslant[\sigma] \qquad (8\text{-}4)$$

值得一提的是，式（8-2）和式（8-4）中的 M、T 分别指的是危险截面上弯矩、扭矩。

例 8.4 图 8-8a 所示传动轴 CD，从 C 处带轮中输入功率 $P=15\mathrm{kW}$，传动轴转速为 $n=150\mathrm{r/min}$，D 处带轮中紧边带张力是松边的两倍，即 $F_1=2F_2$，并且 D 处传动带的直径 $D=500\mathrm{mm}$。若传动轴 CD 的许用应力 $[\sigma]=65\mathrm{MPa}$，试按第四强度理论设计传动轴 CD 的直径。

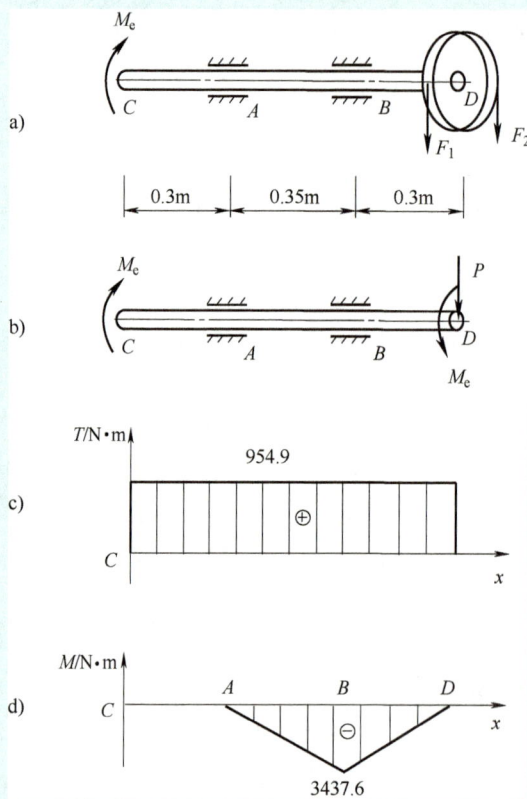

图 8-8

解：传动轴的计算简图如图 8-8b 所示，从带轮中输入的力偶矩为

$$M_e=9549\frac{P}{n}=9549\times\frac{15}{150}\mathrm{N\cdot m}=954.9\mathrm{N\cdot m}$$

由于 $M_e=F_1\times\dfrac{D}{2}-F_2\times\dfrac{D}{2}=\dfrac{F_2D}{2}$，可求得

$$F_1=7639.2\mathrm{N},\quad F_2=3819.6\mathrm{N}$$

画出传动轴扭矩图和弯矩图分别如图 8-8c、d 所示。由内力图可知 B 截面为最危险截面，危险截面上的扭矩 $T=954.9\mathrm{N\cdot m}$，危险截面上的弯矩 $M=3437.64\mathrm{N\cdot m}$。

由式（8-4），可得传动轴第四强度理论的强度条件为

$$\sigma_{r4}=\frac{\sqrt{M^2+0.75T^2}}{W_z}=\frac{32}{\pi d^3}\sqrt{3437.64^2+0.75\times954.9^2}\leqslant[\sigma]$$

解得传动轴 CD 的直径为

$$d\geqslant8.2\times10^{-2}\mathrm{m}=82\mathrm{mm}$$

例 8.5　图 8-9a 所示的传动轴，轴的转速 $n=110\text{r}/\text{min}$，传递功率 $P=11.76\text{kW}$，传动带紧边张力为其松边张力的三倍。若材料的许用应力 $[\sigma]=70\text{MPa}$，试按最大切应力强度理论计算该轴外伸段的容许长度 l。

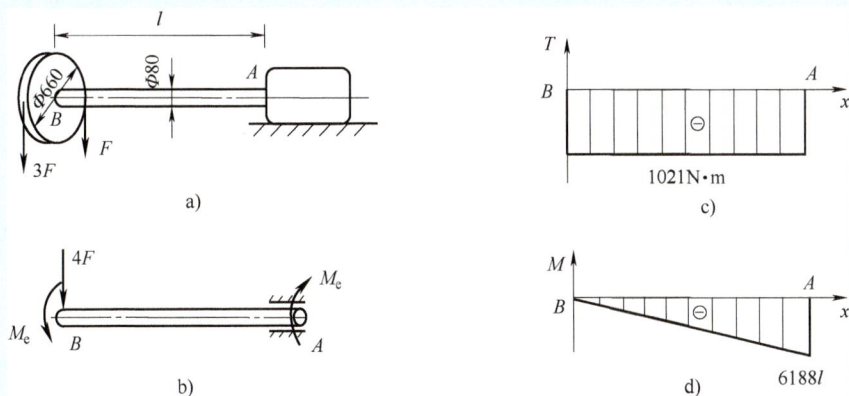

图　8-9

解：传动轴的计算简图如图 8-8b 所示，从电动机中输入的力偶矩为

$$M_e=9549\frac{P}{n}=9549\times\frac{11.76}{110}=1021\text{N}\cdot\text{m}$$

由平衡方程得到传动带紧边和松边的张力，即

$$\sum M_x=M_e-(3F-F)\times0.33=0$$

将 $M_e=1021\text{N}\cdot\text{m}$ 代入可得

$$F=1547\text{N}$$

画出传动轴的扭矩图和弯矩图分别如图 8-8c、d 所示。由扭矩图和弯矩图可知，右端面 A 为危险截面，危险截面的内力分别为

$$T=M_e=1021\text{N}\cdot\text{m},\quad M=Pl=6188l\text{（N}\cdot\text{m）}$$

由最大切应力强度理论，可得传动轴应满足的强度条件为

$$\sigma_{r3}=\frac{\sqrt{M^2+T^2}}{W}=\frac{32\sqrt{(6188l)^2+1021^2}}{3.14\times80^3\times10^{-9}}\leqslant[\sigma]$$

解得轴外伸段的容许长度为

$$l\leqslant0.545\text{m}=545\text{mm}$$

思　考　题

一、填空题

1. 构件在载荷作用下同时发生两种或两种以上的基本变形称为＿＿＿＿＿。

2. 圆轴弯曲与扭转的组合变形，在强度计算时通常采用第三或第四强度理论。设 M 和 T 为危险面上弯矩和扭矩，W 为截面抗弯截面系数，则用第三强度理论表示为＿＿＿＿＿；第四强度理论表示为＿＿＿＿＿＿。

二、判断题（对论述正确的在括号内画√，错误的画×）

1. 若外力的作用线平行杆件的轴线，但不通过横截面的形心，则杆件将引起偏心拉伸或压缩。（　　）

2. 斜弯曲区别于平面弯曲的基本特征是斜弯曲问题中载荷是沿斜向作用的。（　　）

3. 斜弯曲时，横截面的中性轴是通过截面形心的一条直线。（　　）

4. 梁发生斜弯曲变形时，挠曲线不在外力作用面内。（　　）

5. 正方形杆受力如图 8-10 所示，A 点正应力为拉应力。　　　　　　　　　　　（　　）

6. 图 8-10 中，梁的最大拉应力发生在 B 点。　　　　　　　　　　　　　　　（　　）

7. 图 8-11 所示简支梁，在 C 处承受铅垂力 F 的作用，该梁 AC 段发生压弯组合变形，CB 段发生弯曲变形。　　　　　　　　　　　　　　　　　　　　　　　　　　　　　　（　　）

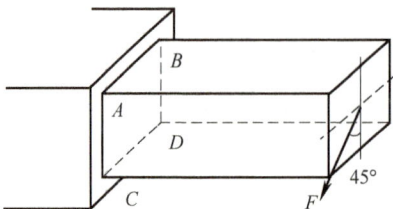 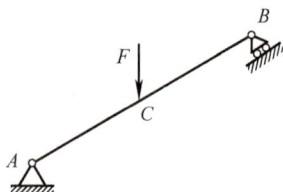

图　8-10　　　　　　　　　　　　　　　　　　图　8-11

8. 拉（压）与弯曲组合变形中，若不计横截面的剪力则各点的应力状态为单轴应力。（　　）

9. 工字形截面梁（见图 8-12a）在图 8-12b 所示载荷作用下，截面 m—m 上的正应力如图 8-12c 所示。
　　　　　　　　　　　　　　　　　　　　　　　　　　　　　　　　　　　　　（　　）

  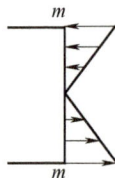

a)　　　　　　　　　　　　b)　　　　　　　　　　　　c)

图　8-12

10. 杆件受偏心压缩时，外力作用点离横截面的形心越近，其中性轴离横截面形心越远。（　　）

11. 计算组合变形的基本原理是叠加原理。　　　　　　　　　　　　　　　　　（　　）

三、单项选择题

1. 带缺口的钢板受到轴向拉力 P 的作用，若在其上再切一个缺口，并使上下两缺口处于对称位置（见图 8-13），则钢板（不考虑应力集中的影响）这时的承载能力将（　　）。

（A）提高　　　　　（B）减小　　　　　（C）不变　　　　　（D）无法确定

图　8-13

2. 图 8-14a 所示正方形截面短柱承受轴向压力 F 作用，若将短柱中间开一个槽如图 8-14b 所示，开槽所消弱的面积为原来面积的一半，则开槽后柱中的最大压应力为原来的（　　）。

（A）2 倍　　　　　（B）4 倍　　　　　（C）8 倍　　　　　（D）16 倍

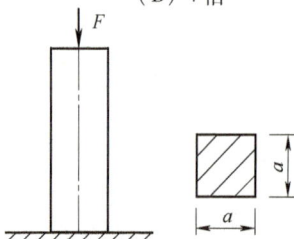 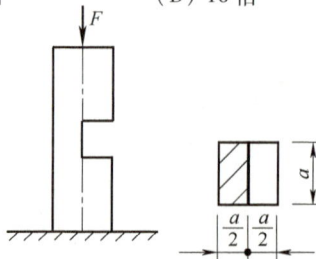

a)　　　　　　　　　　　　　　　　　　b)

图　8-14

3. 图 8-15 所示结构中，*AB* 杆将发生的变形为（　　　）。

（A）弯曲变形　　　　　　　　　　　（B）拉压变形

（C）压缩与弯曲的组合变形　　　　　（D）拉伸与弯曲的组合变形

4. 圆截面梁受力如图 8-16 所示，此梁发生弯曲是（　　　）。

（A）斜弯曲　　　　　　　　　　　　（B）纯弯曲

（C）弯扭组合　　　　　　　　　　　（D）平面弯曲

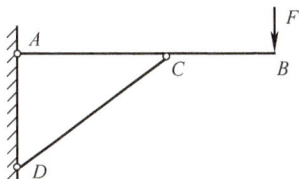

图　8-15

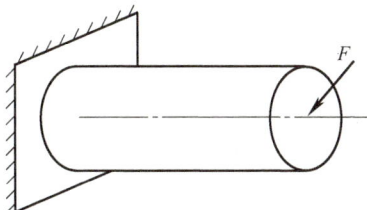

图　8-16

习题

8.1　题 8.1 图所示受拉板件，已知截面尺寸为 40mm×5mm，通过轴向的拉力 $F=12$kN，在中间切槽，如不计应力集中影响，当材料的许用应力 $[\sigma]=100$MPa，试确定切口的最大容许深度。

8.2　题 8.2 图所示短柱受载荷 F_1 和 F_2 的作用，试求固定端截面上点 A、B、C 及 D 的正应力，并确定其中性轴的位置。

8.3　题 8.3 图所示杆件，同时受横向力和偏心压力作用。已知材料的许用拉应力 $[\sigma_t]=30$MPa，许用压应力 $[\sigma_c]=90$MPa，试确定 F 的许可值。

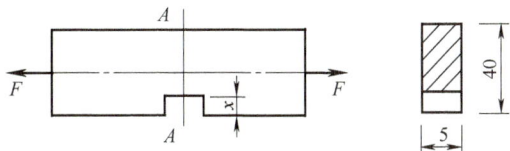

题 8.1 图

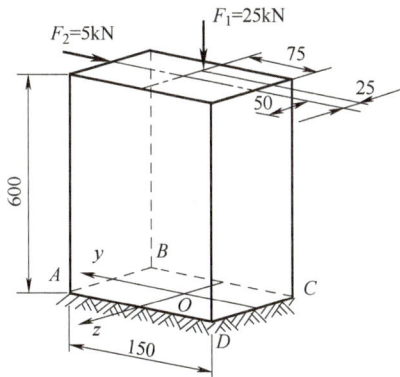

题 8.2 图

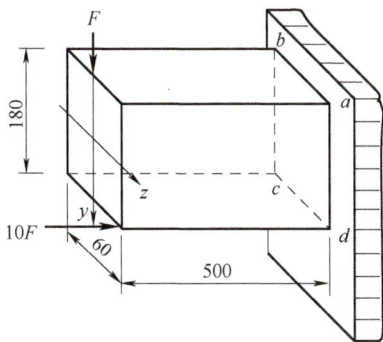

题 8.3 图

8.4　材料为灰铸铁 HT15-33 的压力机轮廓如题 8.4 图所示，已知材料的许用拉应力 $[\sigma_t]=30$MPa，许用压应力 $[\sigma_c]=80$MPa，试校核其强度。

8.5　题 8.5 图所示压力机，最大压力 $P=1400$kN，机架用铸铁制成，许用拉应力 $[\sigma_t]=35$MPa，许用压应力 $[\sigma_c]=140$MPa，试校核压力机立柱部分的强度。立柱横截面的几何性质如下：$y_C=200$mm，$h=700$mm，$A=1.8\times10^5$mm^2，$I_z=8.0\times10^9$mm^4。

8.6　题 8.6 图所示矩形截面柱，柱顶有屋架的压力 $F_1=120$kN，牛腿上承受吊车梁的压力 F_2，F_2 与柱

有一偏心距 $e = 200$mm，已知柱截面 $b = 20$mm，$h = 300$mm，欲使柱内不产生拉应力，求 F_2 的许可值。

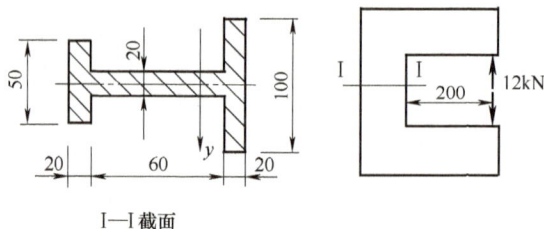

题 8.4 图

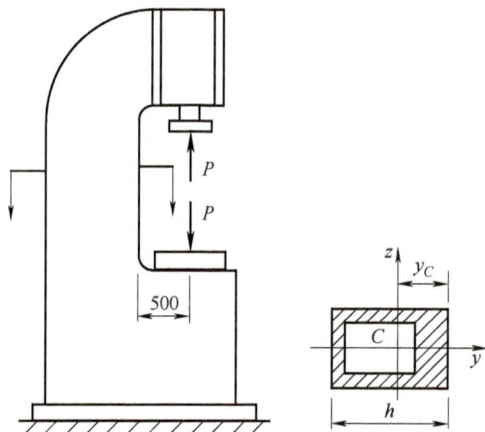

题 8.5 图

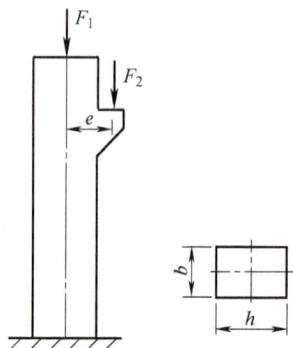

题 8.6 图

8.7 题 8.7 图所示矩形截面梁，受力 $F_1 = F$ 和 $F_2 = 2F$ 作用，截面宽度为 b，高 $h = 2b$，试计算梁内的最大拉应力，并在图中指明它的位置。

8.8 题 8.8 图所示简支梁 AB 上受力 $F = 20$kN，跨度 $l = 2.5$m，横截面为矩形，其高 $h = 100$mm，宽 $b = 60$mm，若已知 $\alpha = 30°$，材料的许用应力 $[\sigma] = 80$MPa，试校核梁的强度。

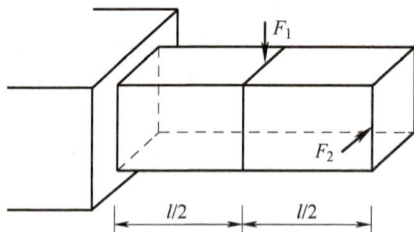

题 8.7 图

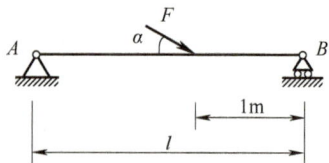

题 8.8 图

8.9 如题 8.9 图所示的传动带轮轴，带轮直径 $D = 1$m，自重 $P = 5$kN，材料的许用应力 $[\sigma] = 80$MPa。试按第四强度理论确定轴的直径。

8.10 题 8.10 图所示传动轴中，已知轴的直径 $d = 86$mm，$a = 500$mm，$b = 100$mm，$T_1 = 8$kN，$T_2 = 4$kN，$M_e = 1$kN·m，$[\sigma] = 50$MPa，试：

（1）画出该轴的计算简图和内力图；

（2）指出危险截面和危险点的位置，并画出危险点的应力状态；

（3）按第三强度理论校核该传动轴的强度。

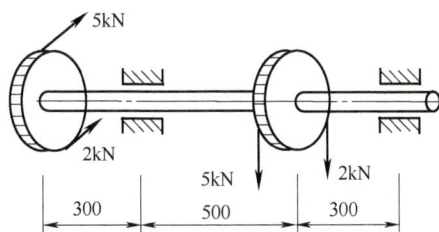

题 8.9 图

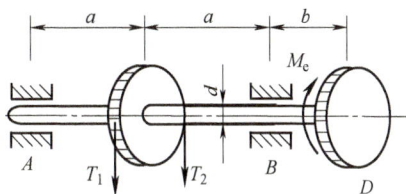

题 8.10 图

8.11 手摇绞车如题 8.11 图所示。轴的直径 $d=30\text{mm}$，材料为 Q235 钢，$[\sigma]=80\text{MPa}$，试按第三强度理论求绞车的最大起重量 P。

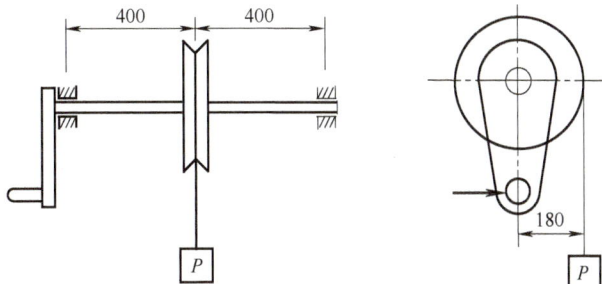

题 8.11 图

8.12 题 8.12 图所示圆截面钢杆，承受载荷 $F=500\text{kN}$ 与力偶矩 $T=1.2\text{kN·m}$ 的作用，试根据第三强度理论校核杆的强度，许用应力 $[\sigma]=160\text{MPa}$。

8.13 题 8.13 图所示偏置双臂曲柄机构。轴的截面为半径 $r=10\text{mm}$，$a=150\text{mm}$，$b=200\text{mm}$，$c=240\text{mm}$，作用力 $F=200\text{N}$。（1）分析曲柄轴的内力（作扭矩、xy 平面弯矩图和 xz 平面弯矩图）；（2）求第三强度理论的相当应力。

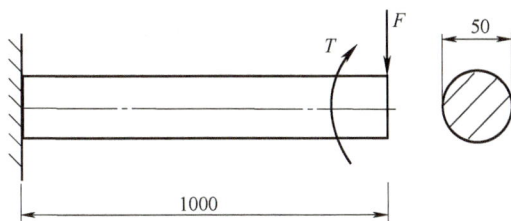

题 8.12 图

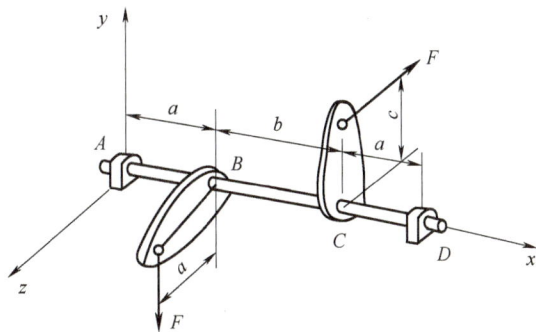

题 8.13 图

8.14 题 8.14 图为某精密磨床砂轮轴的示意图。已知电动机功率 $P=3\text{kW}$，转子转速 $n=1400\text{r/min}$，转子重量 $W_1=101\text{N}$。砂轮直径 $D=250\text{mm}$，砂轮重量 $W_2=275\text{N}$。磨削力 F_y：$F_z=3$：1，砂轮轴直径 $d=50\text{mm}$，材料为轴承钢，$[\sigma]=60\text{MPa}$。（1）试用单元体表示出危险点的应力状态，并求出主应力和最大切应力。（2）试用第三强度理论校核轴的强度。

8.15 一端固定的轴线为半圆形圆截面杆，受力如题 8.15 图所示。已知 $F=500\text{N}$，圆杆直径 $d=20\text{mm}$。试求截面 B 和 C 截面上危险点处的相当应力 σ_{r3}。

8.16 在 xy 平面内放置的折杆 ABC，受力如题 8.16 图所示。已知 $F=120\text{kN}$，$q=8\text{kN/m}$，$a=2\text{m}$。在 yz 平面内有 $M_x=qa^2$，杆直径 $d=150\text{mm}$，$[\sigma]=140\text{MPa}$。试用第四强度理论校核强度。

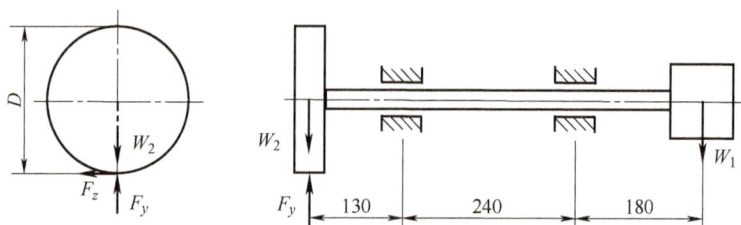

题 8.14 图

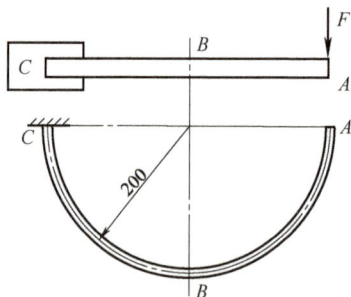

题 8.15 图

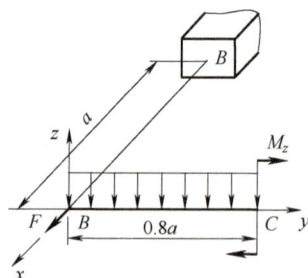

题 8.16 图

8.17　如图 8.17 图所示铁道路标的圆形信号板安装在外径 $D = 60\text{mm}$ 的空心圆柱上。若信号板上所受的最大风压 $p = 3\text{kPa}$，材料的许用应力 $[\sigma] = 60\text{MPa}$，试按第三强度理论选择空心柱的壁厚。

8.18　已知直径为 d 钢制圆轴受力如题 8.18 图所示，其中 $F_1 = \dfrac{Fa}{d}$。（1）试确定圆轴危险点的位置，并用单元体表示其应力状态；（2）若此圆轴的许用应力为 $[\sigma]$，试用第三强度理论校核强度。

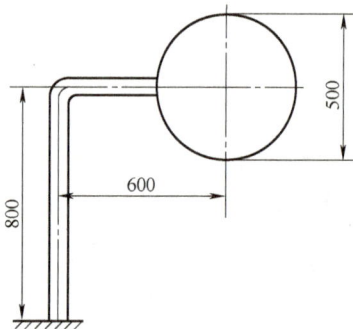

题 8.17 图

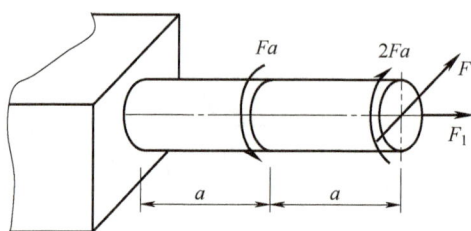

题 8.18 图

 拉伸或压缩与弯曲
变形的组合及例题

 弯扭组合变形的
强度条件建立

 弯扭组合
变形的例题

 第8章习题解答

第9章
压杆稳定

9.1 压杆稳定的概念

在绪论中曾指出，要保证构件安全工作，必须使其满足强度、刚度和稳定性三个方面的要求。前 8 章主要讨论了强度和刚度问题，本章主要讨论稳定性问题。

首先介绍平衡的稳定性的概念。如果外界的微小干扰不能打破当前平衡状态，该平衡是稳定的，称之为稳定平衡；反之则称为不稳定平衡。一光滑面上放一个小球，小球在重力和支承力作用下平衡，如图 9-1 所示。如果光滑面是下凹的，小球受到轻微扰动而稍偏离其平衡位置，但小球经过数次来回摆动后仍可以回到其平衡位置，这就是稳定平衡。如果光滑面是上凸的，小球受到轻微扰动而稍偏离其平衡位置，由于重力的作用将使小球继续远离而不能再回到其平衡位置，这就是不稳定平衡。如果光滑面是水平的，小球受到轻微扰动而稍偏离其平衡位置，小球在新的位置仍旧平衡，称之为随遇平衡。随遇平衡是稳定平衡和不稳定平衡的分界线。研究稳定问题就是要找到稳定平衡和不稳定平衡的分界线。

承受轴向压力的细长杆，称为压杆。细长杆件受压时，表现出与强度失效完全不同的性质。当压力达到一定值时，受压杆可能突然弯曲而破坏，即产生失稳现象。例如一根细长的柳枝受压时，开始轴线为直线，随着两端压力的增加，柳枝突然会被压弯，发生较大的弯曲变形，最后折断。与此类似，工程结构中也有很多受压的细长

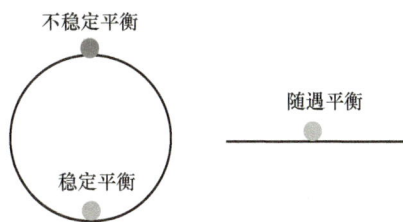

图 9-1

杆。例如，内燃机配气机构中的挺杆（见图 9-2a），在它推动摇臂打开气阀时，就受压力作用。又如内燃机的连杆也是受压杆件（见图 9-2b）。再如桁架结构中的受压杆（见图 9-2c）和建筑物中的柱（见图 9-2d）也都是压杆。要保证这些压杆安全稳定地工作，必须进行稳定性分析。

由于受压杆失稳后将丧失继续承受原设计荷载的能力，而失稳现象又常是突然发生的，故结构中受压杆件的失稳常造成严重的后果，甚至导致整个结构物的倒塌。例如，1876 年 12 月 29 日，美国阿什塔比拉河上的桥梁发生倒塌，当时一列火车正行驶在桥的中部，司机感觉到一股无形的力量把火车往后拖，于是加足了马力，快速开过了桥，但最后的两节车厢还是掉入了河中，列车因锅炉失火而烧毁，158 名乘客中有 92 人遇难。事后调查发现，桥

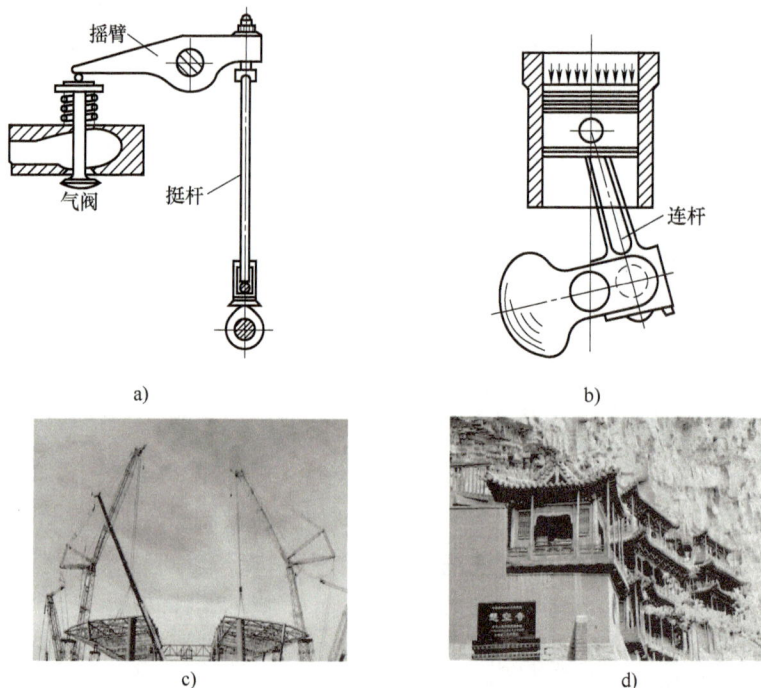

a)   b)

c)   d)

图　9-2

梁破坏的直接原因是斜撑杆失稳。又如，1907 年 8 月 29 日，位于加拿大圣劳伦斯河上的魁北克省的一座桥在施工过程中就发生坍塌，造成 75 名工人遇难。事后查明是下弦杆失稳所致。再如，1925 年 2 月 13 日，在苏联流经俄罗斯和乌克兰的普里皮亚季河上，莫兹尔铁路桥在试车时就出现了问题。事后分析是由于压杆失稳所致。工程上出现这些较大的工程事故中，有相当一部分是因为受压构件失稳所致，因此对受压杆的稳定问题绝不容忽视，承载结构中的受压杆件绝对不允许失稳。

所谓压杆的稳定性，是指受压杆件保持其原有的平衡状态的能力。现以图 9-3 所示两端简支的细长压杆来说明压杆稳定性。假设压力 F 与杆件轴线重合，当压力逐渐增加，但小于某一极限时，杆件一直保持直线形状的平衡，即使用一个微小侧向干扰力 F_1 使其暂时发生轻微弯曲（见图 9-3a），干扰力撤除后，压杆仍保持为直线形状平衡形式（见图 9-3b），这表明压杆直线形状的平衡是稳定的。当压力逐渐增加到某一极限值时，压杆的直线平衡变为不稳定，将转为曲线形状的平衡。这时如果再用微小的侧向干扰力使其发生轻微弯曲，干扰力撤除后，它将保持曲线形状的平衡，不能恢复到原有的直线形状（见图 9-3c）。上述压力的极限值称为临界压力或临界力，记为 F_{cr}。压杆丧失直线形状的平衡而过渡到曲线平衡，称压杆丧失稳定，简称失稳或屈曲。

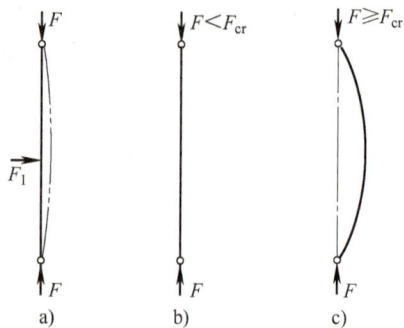

当杆端压力 $F \geqslant F_{cr}$ 时杆件失稳，临界压力 F_{cr} 为由稳定平衡向不稳定平衡过渡时所受的

图　9-3

轴向压力。杆件失稳后，压力的微小增加将引起弯曲变形的显著增大，杆件已丧失了承载能力。对于细长压杆，失稳时应力并不一定很高，有时甚至低于比例极限。可见这种失效形式，并非强度不足，而是稳定性不够。

值得一提的是，除压杆外，其他构件也存在稳定失效问题。例如图 9-4a 所示的矩形板，在板的两对边受均布压力 p 作用时，随着压力 p 的增加，板由平面的平衡状态向曲面的平衡状态转化。又如图 9-4b 所示的板条，随着载荷 F 的增加而发生侧向弯曲。薄壳在轴向压力或扭矩作用下，会出现局部折皱，这些都是稳定性问题。本章只讨论压杆稳定，其他形式的稳定问题可参阅相关资料，如结构的屈曲和分叉等专业书籍。

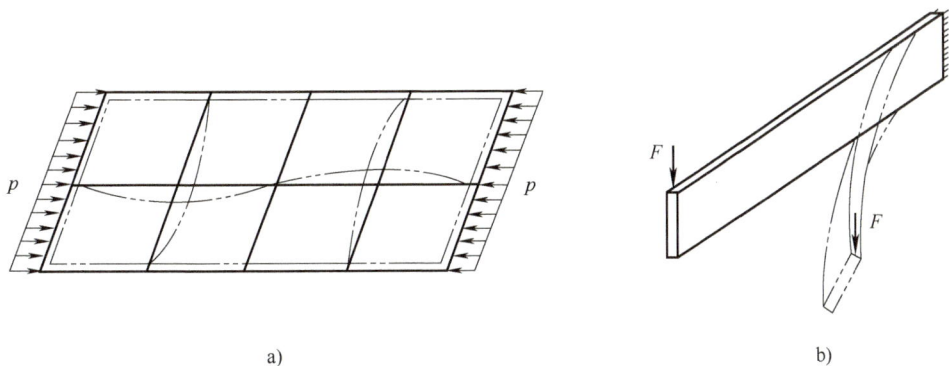

a)　　　　　　　　　　　　b)

图　9-4

9.2　两端铰支细长杆的临界压力

两端球铰支压杆是实际工程中最常见的情况。例如，在 9.1 节中提到的挺杆、活塞杆和桁架结构中的受压杆等，一般都可简化成两端球铰支压杆。本节主要讨论两端球铰支的细长压杆临界压力的计算公式，压杆轴线为直线，压力 F 沿压杆的轴线。假设压杆处于临界状态，并具有微弯的平衡形式，建立坐标系 Oxw，如图 9-5a 所示。用一个距离原点为 x 的截面将杆截断，并选择左段为研究对象，受力分析如图 9-5b 所示。根据选取的研究对象的平衡方程，很容易得知该截面处的轴力和弯矩分别为

$$F_N = F（压力），\quad M(x) = -F \cdot w(x) \tag{a}$$

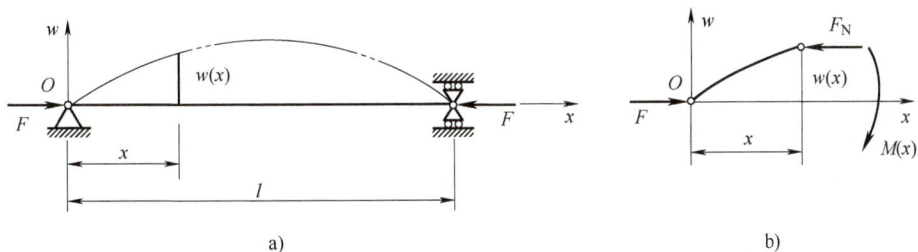

a)　　　　　　　　　　　　b)

图　9-5

在图 9-5b 所示坐标系中，根据弯曲变形的理论，小挠度近似微分方程为式（6-5)，即

$$\frac{\mathrm{d}^2 w}{\mathrm{d}x^2} = \frac{M}{EI} \tag{b}$$

由于两端是球铰，允许杆件在任意纵向平面内发生弯曲变形，因而杆件的微小弯曲变形一定发生在抗弯能力最弱的纵向平面内。所以式（b）中的 I 应是横截面最小的惯性矩。将式（a）代入式（b），得

$$\frac{\mathrm{d}^2 w}{\mathrm{d}x^2} = -\frac{F}{EI}w \tag{c}$$

令 $k^2 = \dfrac{F}{EI}$，得微分方程

$$\frac{\mathrm{d}^2 w}{\mathrm{d}x^2} + k^2 w = 0 \tag{d}$$

以上微分方程是常系数二阶齐次微分方程，其通解可写为

$$w = A\sin kx + B\cos kx \tag{e}$$

式中，A、B 为积分常数。可利用杆端约束条件得到，杆端边界条件为

$$w \big|_{x=0} = 0, \quad w \big|_{x=l} = 0 \tag{f}$$

将式（f）代入式（e），可得

$$B = 0, \quad A\sin kl = 0 \tag{g}$$

式（g）的第二式表明，A 或 $\sin kl$ 等于零。但因 B 已经等于零，如果 A 也等于零，则由式（e）可知杆的挠度 w 恒等于零，即杆件轴线任意点的挠度皆为零，压杆保持为直线，这与杆件失稳发生了微小弯曲的假设相矛盾。因此必须 $\sin kl = 0$，也即 $kl = n\pi (n = 1, 2, \cdots)$。取 $n = 1$，即 $k = \pi/l$，此时得到最小临界力为

$$F_{cr} = \frac{\pi^2 EI}{l^2} \tag{9-1}$$

式（9-1）就是两端铰支细长压杆临界压力的计算公式（欧拉公式），相应的 F_{cr} 又称为欧拉临界压力。此式表明，F_{cr} 与抗弯刚度 EI 成正比，与杆长的平方 l^2 成反比。将 $k = \pi/l$ 代入挠度方程（e），可得

$$w = A\sin \frac{\pi}{l}x$$

可见，压杆失稳而处于曲线的平衡状态时，轴线弯成半个正弦波曲线。$x = l/2$ 处，有最大挠度，即 $w_{max} = A$。A 为杆中点（即 $x = l/2$ 处）的挠度。它的数值很小，但却不能确定。若以横坐标表示中点的挠度 w_{max}，纵坐标表示压力 F，如图9-6所示，则当 F 小于 F_{cr} 时，杆件处于稳定的平衡状态，$w_{max} = 0$，F 与 w_{max} 的关系如直线 OA；当 F 达到 F_{cr} 时，杆件失稳而弯曲，F 与 w_{max} 的关系如水平直线 AB。得不到 F 与 w_{max} 确切的关系，主要原因是采用了挠曲线近似微分方程（6-5）求解造成的。如果采用挠曲线精确微分方程（6-3），则 $F\text{-}w_{max}$ 曲线如曲线 AC 所示，它清晰地显示了压杆稳定性及失稳后的特性。当两端压力大于 F_{cr} 时，比如 D 点表示的两端压力大于临界压力 F_{cr}，D 点直线的平衡是不稳定的，稍有干扰将过渡到由 E 点表示的曲线平衡。E 点的横坐标表示该载荷作用下杆件中点的挠度，该挠度的数值是确定的。随着压力逐渐减小趋近于 F_{cr} 时，中点的挠度 w_{max} 趋于零。可见，F_{cr} 是压杆直线平衡和曲线平衡的分界点。精确解还表明，$F = 1.152F_{cr}$ 时，$w_{max} = 0.297l \approx 0.3l$。也就是说，载

荷与 F_{cr} 相比只增加 15%，失稳后最大挠度已是杆长 l 的 30%。这样大的变形，除了比例极限很高的金属丝可以实现外，实际压杆是不能承受的。在达到如此大的变形前，杆件早已发生塑性变形甚至折断。工程中常见的压杆一般情况下都是小变形的，从图 9-6 可以看出，在 w_{max} 很小的范围内，代表精确解的曲线 AC 与代表欧拉解的水平线 AB 差别很小。随着 w_{max} 的加大，两者的差别才越来越大。所以，在小挠度的情况下，由欧拉公式确定的临界压力是有实际意义的。

在之前的讨论中，认为压杆是理想压杆，即认为压杆的轴线是理想直线，压力作用线与轴线完全重合，材料是连续均匀的。实际上，压杆难免有缺陷，如初弯曲、压力偏心、材料有空隙或微裂纹、材料不均匀等情况。可以设想，这些缺陷不利于压杆保持稳定的平衡状态，降低压杆的临界压力。所以，实验结果大致如图 9-6 中曲线 OF，折线 OAB 可看作是它的极限情况。

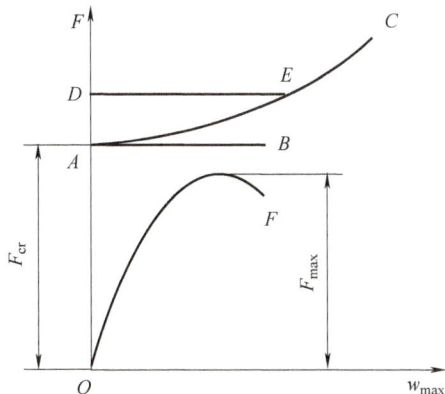

图 9-6

总结以上规律，压杆稳定有如下特性：当 $F<F_{cr}$ 时，压杆只有一条平衡路径直线 OA，它对应着直线的平衡形式。当 $F \geqslant F_{cr}$ 时，其平衡形式出现两个分支（AB 和 AC），其中一个分支 AB 为水平直线，另一个分支 AC 为一条曲线。AB 路径是不稳定的，得不到 F 与 w_{max} 确切的关系，而 AC 路径是稳定的，可得到 F 与 w_{max} 确切的关系。平衡路径出现分支处的 F 值称为临界力 F_{cr}，这种失稳称为分支点失稳。分支点失稳发生在理想受压直杆的情况。对实际压杆而言，杆件轴线的初曲率、压力的偏心、材料不连续或不均匀等因素总是存在的，为非理想受压直杆，平衡路径为 OF 曲线，无平衡路径分支现象。

9.3　其他支座条件下细长压杆的临界压力

压杆两端除同为球铰支座外，还可能有其他情况。由于杆端的支承对杆的变形起约束作用，且不同的支承形式对杆件变形的约束作用也不同，因此，同一受压杆当两端的支承情况不同时，其所能受到的临界压力数值也必然不同。例如如图 9-7a 所示的千斤顶螺杆下端可简化为固定端，而上端因可与顶起的重物共同发生微小的位移，所以简化为自由端。这样就成为下端固定、上端自由的压杆，如图 9-7b 所示。对这类细长压杆，计算临界压力的公式可用与上节相同的方法导出，也可以应用变形比较的方法得到。根据约束情况，失稳后挠曲线的形状如图 9-7c 中的曲线 AB。由于 A 为固定端约束，因而压杆在此处挠度和转角均为零。利用这一条件，把挠曲线对称地延伸到 A 点下方，得到的曲线 BC 与两端铰支压杆失稳后的曲线相同。这样可比拟得到：一端固定另一端自由、长为 l 的细长压杆的临界压力，与两端铰支、长为 $2l$ 的细长压杆的临界压力相同，即

$$F_{cr} = \frac{\pi^2 EI}{(2l)^2} \tag{9-2}$$

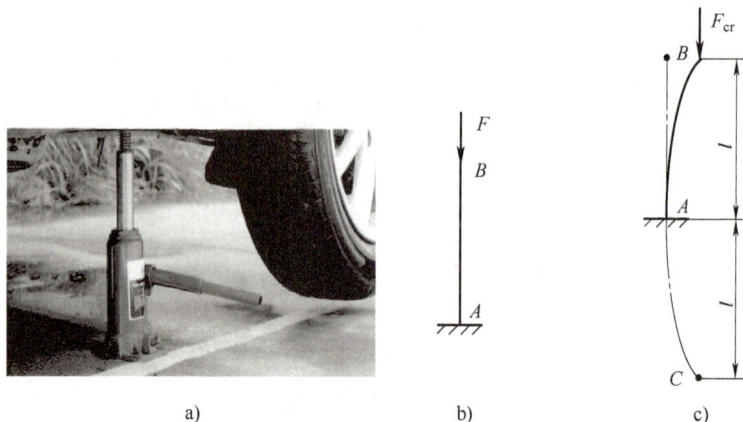

图　9-7

同样，两端固定的细长压杆，失稳后的挠曲线形状如图 9-8a 所示。曲线有两个拐点（反弯点），拐点处弯矩为零。曲线两个拐点之间的距离为 $l/2$。这样可类比得到：两端固定、长为 l 细长压杆的临界压力，与两端铰支、长为 $l/2$ 细长压杆的临界压力相同，即

$$F_{cr} = \frac{\pi^2 EI}{(0.5l)^2} \tag{9-3}$$

若细长压杆的一端为固定端，另一端为铰支座，失稳后挠曲线的形状如 9-8b 所示。曲线有一个拐点（反弯点），拐点处弯矩为零。铰支点到拐点之间的距离为 $0.7l$。这样可类比得到：一端固定一端铰支、长为 l 细长压杆的临界压力，与两端铰支、长为 $0.7l$ 细长压杆的临界压力相同，即

$$F_{cr} = \frac{\pi^2 EI}{(0.7l)^2} \tag{9-4}$$

式（9-1）～式（9-4）可以写成统一形式

$$F_{cr} = \frac{\pi^2 EI}{(\mu l)^2} \tag{9-5}$$

式（9-5）为欧拉公式的普遍形式。式中，μl 称为相当长度。相当长度 μl 表示把压杆折算成两端铰支杆的长度，相当于半波正弦曲线的这段长度。μ 为长度因数，它反映了约束情况对临界压力的影响。

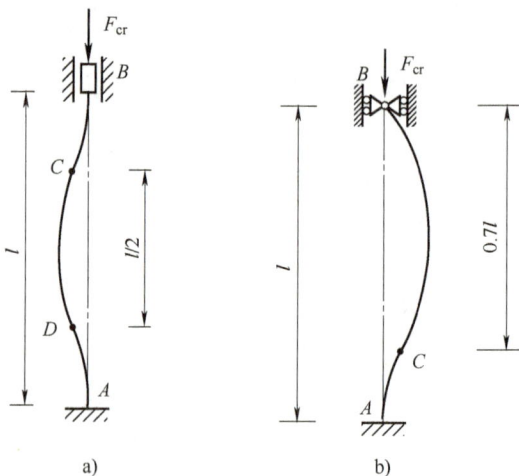

图　9-8

以上只是几种典型情形，实际问题中压杆的支座还可能有其他情况。例如定向支座、弹性支座等。此外，压杆上的载荷也有多种形式。例如压力可能沿轴线分布（如考虑自重的柱）而不是集中于两端。又如在弹性介质中的压杆（如埋入地下的桩），还将受到介质的阻力。上述各种情况，也可用不同的长度因数 μ 来反映，这些长度因数的值可从有关设计手册或规范中查到。不同支承条件下压杆的临界压力如表 9-1 所示。

表 9-1　不同支承条件下压杆的临界压力

杆端支承情况	两端铰支	一端固定，另一端自由	两端固定	一端固定，另一端铰支
压杆图形				
长度系数 μ	1	2	0.5	0.7

　　从表 9-1 可以看出，杆端的约束越强，则 μ 值越小，压杆的临界压力值越高；杆端的约束越弱，则 μ 值越大，压杆的临界压力值越低。

　　例 9.1　试由压杆挠曲线的近似微分方程，推导图 9-9a 所示两端固定压杆的临界压力计算公式。

　　解：两端固定的压杆失稳后，计算简图如图 9-9b 所示。利用对称性，可知两端的约束力如图 9-9b 所示。挠曲线近似微分方程为

$$\frac{\mathrm{d}^2 w}{\mathrm{d}x^2} = \frac{M(x)}{EI} = -\frac{Fw}{EI} + \frac{M_e}{EI} \qquad (\text{a})$$

引入记号 $k^2 = \dfrac{F}{EI}$，式（a）可写为

$$\frac{\mathrm{d}^2 w}{\mathrm{d}x^2} + k^2 w = \frac{M_e}{EI} \qquad (\text{b})$$

式（b）微分方程的通解为

$$w = A\sin kx + B\cos kx + \frac{M_e}{F} \qquad (\text{c})$$

式（c）两边对 x 取一阶导数，得

$$\frac{\mathrm{d}w}{\mathrm{d}x} = Ak\cos kx - Bk\sin kx \qquad (\text{d})$$

图　9-9

两端固定的边界条件为：当 $x = 0$ 时，$w = 0$，$\dfrac{\mathrm{d}w}{\mathrm{d}x} = 0$；当 $x = l$ 时，$w = 0$，$\dfrac{\mathrm{d}w}{\mathrm{d}x} = 0$。将它们代入式（c）和式（d），可得

$$\begin{cases} B + \dfrac{M_e}{F} = 0 \\ Ak = 0 \\ A\sin kl + B\cos kl + \dfrac{M_e}{F} = 0 \\ Ak\cos kl - Bk\sin kl = 0 \end{cases} \qquad (\text{e})$$

由式（e）求得

$$A = 0, \quad B = -\frac{M_e}{F}, \quad \cos kl = 1, \quad \sin kl = 0 \qquad (\text{f})$$

满足式（f）后两式的根，除 $kl = 0$ 外，最小根是 $kl = 2\pi$。$kl = 0$ 可得 $F = 0$，说明压杆不受压力产生失稳，

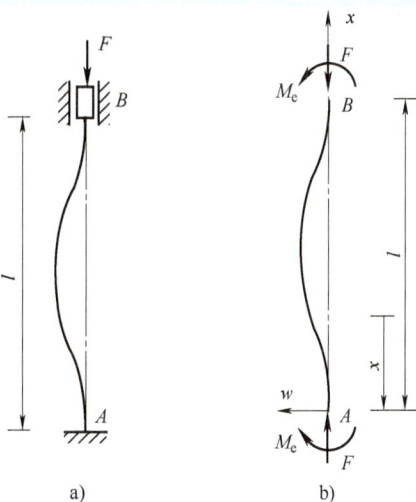

说明这种情况不符合实际情况。最小根 $kl=2\pi$，此时 $k=\dfrac{2\pi}{l}$。可得两端固定压杆的临界压力 F_{cr} 为

$$F_{cr}=k^2EI=\frac{4\pi^2EI}{l^2} \tag{g}$$

由式（a）可得压杆失稳后任意截面上的弯矩为

$$M(x)=EI\frac{d^2w}{dx^2}=-EIk^2(A\sin kx+B\cos kx) \tag{h}$$

将式（f）前两式和式（g）代入式（h），可得

$$M(x)=M_e\cos\frac{2\pi x}{l}$$

当 $x=\dfrac{l}{4}$ 或 $x=\dfrac{3l}{4}$ 时，$M=0$。这就证明了在图 9-8a 中，C、D 两点的弯矩等于零。

例 9.2　试由压杆挠曲线的近似微分方程，推导图 9-10a 所示一端固定、另一端铰支压杆的临界压力计算公式。

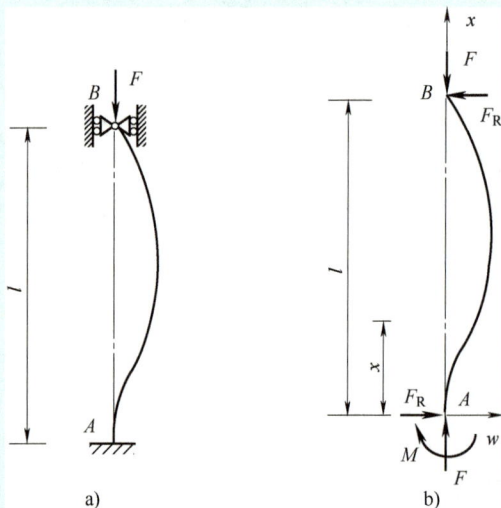

图　9-10

解：一端固定另一端铰支的压杆失稳后，两端的约束力如图 9-10b 所示。挠曲线近似微分方程为

$$\frac{d^2w}{dx^2}=\frac{M(x)}{EI}=-\frac{Fw}{EI}+\frac{F_R}{EI}(l-x) \tag{i}$$

引入记号 $k^2=\dfrac{F}{EI}$，式（i）可写为

$$\frac{d^2w}{dx^2}+k^2w=\frac{F_R}{EI}(l-x) \tag{j}$$

式（j）的通解为

$$w=A\sin kx+B\cos kx+\frac{F_R}{F}(l-x) \tag{k}$$

式（k）两边对 x 取一阶导数，得

$$\frac{dw}{dx}=Ak\cos kx-Bk\sin kx-\frac{F_R}{F} \tag{l}$$

一端固定另一端铰支的边界条件为：当 $x=0$ 时，$w=0$，$\dfrac{\mathrm{d}w}{\mathrm{d}x}=0$；当 $x=l$ 时，$w=0$。将它们代入式（k）和式（l），可得

$$\begin{cases} B+l\dfrac{F_R}{F}=0 \\[2mm] Ak-\dfrac{F_R}{F}=0 \\[2mm] A\sin kl+B\cos kl=0 \end{cases} \qquad\qquad (\mathrm{m})$$

式（m）是关于 A、B 和 $\dfrac{F_R}{F}$ 的齐次线性方程组。由于 A、B 和 $\dfrac{F_R}{F}$ 不能皆等于零，即要求式（m）的齐次线性方程组必须有非零解，所以其系数行列式应等于零。故有

$$\begin{vmatrix} 0 & 1 & l \\ k & 0 & -1 \\ \sin kl & \cos kl & 0 \end{vmatrix}=0 \qquad\qquad (\mathrm{n})$$

展开式（n）得

$$\tan kl=kl \qquad\qquad (\mathrm{o})$$

上述超越方程的一个解为 $kl=4.49$，也是满足方程式（o）的最小根。由此求得

$$F_{cr}=k^2EI=\frac{20.16EI}{l^2}\approx\frac{\pi^2EI}{(0.7l)^2}$$

例 9.3　如图 9-11 所示，矩形截面细长压杆，已知横截面宽度 $b=2\mathrm{cm}$，高度 $h=4\mathrm{cm}$，长度 $l=1\mathrm{m}$，材料的弹性模量 $E=200\mathrm{GPa}$。压杆一端自由，另一端固定，试求压杆的临界压力。

解：压杆一端自由，另一端固定，压杆的长度因数 $\mu=2$。横截面为矩形，对 y 和 z 轴的惯性矩分别为 $I_y=\dfrac{hb^3}{12}$，$I_z=\dfrac{bh^3}{12}$。由于 $b<h$，所以 $I_y<I_z$，说明压杆绕 y 轴先失稳。

利用欧拉公式（9-5），可得压杆临界压力为

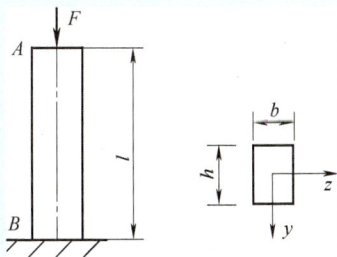

图 9-11

$$F_{cr}=\frac{\pi^2EI_y}{(\mu l)^2}=\frac{\pi^2E\cdot\dfrac{hb^3}{12}}{(\mu l)^2}=\frac{3.14^2\times200\times10^9\mathrm{Pa}\times\dfrac{4\times2^3}{12}\times10^{-8}\mathrm{m}^4}{(2\times1)^2\mathrm{m}^2}=13.2\mathrm{kN}$$

9.4 压杆的临界应力

压杆处于临界状态时，横截面上的平均应力称为压杆的临界应力 σ_{cr}。由式（9-5），临界应力可表示为

$$\sigma_{cr}=\frac{F_{cr}}{A}=\frac{\pi^2E\,I}{(\mu l)^2A}=\frac{\pi^2E\,i^2}{(\mu l)^2}=\frac{\pi^2E}{\lambda^2} \qquad\qquad (9\text{-}6)$$

式（9-6）是欧拉公式的另一种形式。式中，$\lambda=\dfrac{\mu l}{i}$ 称为压杆的柔度，$i=\sqrt{\dfrac{I}{A}}$ 称为截面的惯性半径。这里 I 为截面最小形心主轴惯性矩，A 为截面面积。

柔度 λ 又称为压杆的细长比，它全面反映了压杆长度、约束条件、截面尺寸和形状对临界力的影响。柔度 λ 在稳定计算中是一个非常重要的量，根据 λ 所处的范围，可以把压杆分为三类。下面分别讨论这三种情况。

当临界应力小于或等于材料的比例极限 σ_p 时，即

$$\sigma_{cr} = \frac{\pi^2 E}{\lambda^2} \leqslant \sigma_p$$

此时压杆发生失稳时，压杆变形为弹性变形。若令

$$\lambda_p = \sqrt{\frac{\pi^2 E}{\sigma_p}} \tag{9-7}$$

则当 $\lambda \geqslant \lambda_p$ 时，压杆发生弹性失稳，这类压杆又称为大柔度压杆。对于不同的材料，因弹性模量 E 和比例极限 σ_p 各不相同，λ_p 亦不相同。例如 Q235，$E = 210\text{GPa}$，$\sigma_p = 200\text{MPa}$，代入式（9-7）可求得 Q235 的 $\lambda_p = 102$。

由于欧拉公式（9-5）或式（9-6）是由弯曲变形的近似微分方程 $\frac{d^2 w}{dx^2} = \frac{M(x)}{EI}$ 得出的，而材料服从胡克定律又是该微分方程的基础，所以只有当临界应力小于等于比例极限 σ_p 时，欧拉公式（9-5）或式（9-6）才是正确的。因此，可以得到欧拉公式的适用范围为压杆的柔度 $\lambda \geqslant \lambda_p$，不在这个范围之内的压杆不能使用欧拉公式。也就是说，对于大柔度压杆，才能使用欧拉公式。例如，对于 Q235 制成的压杆，只有当 $\lambda \geqslant 102$ 时，才可以使用欧拉公式。

若压杆的柔度 λ 小于 λ_p，则压杆的临界应力大于材料的比例极限 σ_p，这时欧拉公式已不能使用，属于临界应力超出比例极限的压杆稳定问题，这类压杆的稳定问题又称弹塑性稳定问题。常见的压杆，如内燃机连杆、千斤顶螺杆等，其柔度 λ 往往小于 λ_p。应用弹塑性力学的知识，可以对这类弹塑性失稳问题进行分析。对这部分内容感兴趣的读者，可以参考相关的专业文献，这里就不进行详细讨论。工程中对这类压杆的稳定性计算，一般使用以试验结果为依据的经验公式。在这里，主要介绍直线经验公式和抛物线经验公式。直线经验公式把临界应力 σ_{cr} 与柔度 λ 表示为直线关系，即

$$\sigma_{cr} = a - b\lambda \tag{9-8}$$

式中，a 与 b 是与材料性能有关的常数。在表 9-2 中列出了一些材料的 a 与 b 的数值。

表 9-2　直线经验公式中的系数 a 与 b

材　　料	a/MPa	b/MPa
Q235（$\sigma_b \geqslant 373\text{MPa}, \sigma_s = 235\text{MPa}$）	304	1.12
优质碳素钢（$\sigma_b \geqslant 471\text{MPa}, \sigma_s = 306\text{MPa}$）	461	2.568
硅钢（$\sigma_b \geqslant 510\text{MPa}, \sigma_s = 353\text{MPa}$）	578	3.744
铬钼钢	980.7	5.296
铸铁	332.2	1.454
高强铝合金	373	2.15
松木	28.7	0.19

当 $\sigma_{cr} = \sigma_s$，即应力达到屈服强度时，塑性材料将会产生强度失效，这是一个强度问题。

所以，对塑性材料，按式（9-8）算出的最高应力只能等于 σ_s，若相应的柔度为 λ_s，不难求得

$$\lambda_s = \frac{a - \sigma_s}{b} \tag{9-9}$$

式（9-9）是用直线经验公式的最小柔度。例如 Q235 的 $\sigma_s = 235\text{MPa}$，$a = 304\text{MPa}$，$b = 1.12\text{MPa}$，故 Q235 的 $\lambda_s = 61.6$。我们常把柔度介于 λ_s 和 λ_p 之间的压杆（$\lambda_s \leqslant \lambda \leqslant \lambda_p$）称为中柔度压杆。对于中柔度压杆，临界应力 σ_{cr} 使用直线经验公式计算。

如柔度 $\lambda < \lambda_s$，压杆将不会产生失稳问题。我们常把柔度小于 λ_s 的压杆，称为小柔度压杆。对于小柔度杆，临界应力使用强度公式计算。此时临界应力按压缩的强度要求，临界应力为

$$\sigma_{cr} = \frac{F}{A} = \sigma_s \tag{9-10}$$

对脆性材料，只需把以上诸式中的 σ_s 改为 σ_b。

综合上述三类压杆的临界应力和 λ 的关系，可画出 σ_{cr}-λ 曲线如图 9-12 所示，该图又称为压杆的临界应力图。该临界应力总图按柔度分为三段：对于小柔度压杆（$\lambda < \lambda_s$），临界应力按强度得到，此时不管柔度大小，临界应力均按强度的破坏条件得到，即 $\sigma_{cr} = \sigma_s$，表示为水平线 AB；对于中柔度压杆（$\lambda_s \leqslant \lambda \leqslant \lambda_p$），临界应力按直线经验公式得到，即 $\sigma_{cr} = a - b\lambda$，表示为斜直线 BC；对于大柔度压杆（$\lambda \geqslant \lambda_p$），临界应力按欧拉公式得到，即 $\sigma_{cr} = \dfrac{\pi^2 E}{\lambda^2}$，表示为曲线 CD。

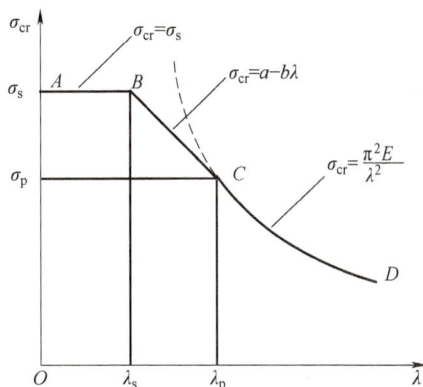

图 9-12

抛物线经验公式把临界应力 σ_{cr} 与柔度 λ 表示为抛物线关系，即

$$\sigma_{cr} = a_1 - b_1 \lambda^2 \tag{9-11}$$

式中，a_1 和 b_1 也是与材料有关的常数。表 9-3 中列入了一些材料的 a_1 和 b_1 的数值。

表 9-3 抛物线经验公式中的系数 a_1 与 b_1

材　料	a_1/MPa	b_1/MPa
Q235 钢（$\sigma_b \geqslant 373\text{MPa}, \sigma_s = 235\text{MPa}$）	235	0.00668
Q275 钢（$\sigma_b \geqslant 471\text{MPa}, \sigma_s = 275\text{MPa}$）	275	0.00853
Q355 钢（$\sigma_b \geqslant 510\text{MPa}, \sigma_s = 343\text{MPa}$）	343	0.0142
铸铁	392	0.0361

稳定计算中，无论是欧拉公式还是经验公式，都是以杆件的整体变形为基础的。局部削弱（如螺钉孔等）对杆件的整体变形影响很小，所以计算临界应力时，可用未经削弱的横截面面积和惯性矩 I。至于用式（9-10）进行压缩强度计算时，自然应该使用削弱后的横截面面积。

例 **9.4** 用 Q235 制成的 22a 工字钢压杆，两端均为球铰链。已知压杆长为 $l = 4\text{m}$，材料的弹性模量 $E = 206\text{GPa}$，试用欧拉公式求临界压力和临界应力。

解： 压杆两端均为球铰链，长度因数 $\mu = 1$。查附录 Ⅲ 可知，对于 22a 工字钢，$A = 42\text{cm}^2$，$I_y = 225\text{cm}^4$。利用欧拉公式（9-5）求临界压力为

$$F_{cr} = \frac{\pi^2 E I_y}{(\mu l)^2} = \frac{3.14^2 \times 206 \times 10^9 \text{Pa} \times 22.5 \times 10^{-8} \text{m}^4}{(1 \times 4)^2 \text{m}^2} = 285.6\text{kN}$$

临界应力为

$$\sigma_{cr} = \frac{F_{cr}}{A} = \frac{285.6 \times 10^3 \text{N}}{42 \times 10^{-4} \text{m}^2} = 68\text{MPa}$$

9.5 压杆的稳定校核

前面分析我们知道，对各种柔度的压杆，总可用欧拉公式或经验公式可求出相应的临界应力 σ_{cr}，然后再乘以横截面面积便可得到临界压力 F_{cr}。临界压力 F_{cr}（或临界应力 σ_{cr}）与压杆的工作压力 F（或工作应力 σ）之比，称为压杆的工作安全因数 n，它应大于或等于规定的稳定安全因数 n_{st}，即

$$n = \frac{F_{cr}}{F} = \frac{\sigma_{cr}}{\sigma} \geqslant n_{st} \tag{9-12}$$

式（9-12）也可改写为

$$F \leqslant \frac{F_{cr}}{n_{st}} \tag{9-13}$$

式（9-12）或式（9-13）就是压杆的稳定条件。稳定安全因数 n_{st} 一般要求要高于强度安全因数，这是因为实际压杆总是不可避免地存在杆件的初弯曲、压力偏心、材料不均匀和失稳现象的突发性等不利因素的影响。当柔度越大时，这种因素的影响越大。且一般压杆失稳往往带来较严重的人身和财产损失。关于稳定安全因数 n_{st}，一般可在设计手册或规范中查到。

例 **9.5** 三根圆截面压杆直径均为 $d = 160\text{mm}$，材料为 Q235 钢，$E = 206\text{GPa}$，$\sigma_p = 200\text{MPa}$，$\sigma_s = 235\text{MPa}$，材料常数 $a = 304\text{MPa}$，$b = 1.12\text{MPa}$。三根压杆两端均为铰支，长度分别为 $l_1 = 5\text{m}$，$l_2 = 2.5\text{m}$，$l_3 = 1.25\text{m}$。试计算三根压杆的临界压力。

解： 三根压杆的均为直径为 $d = 160\text{mm}$ 的圆截面杆，其横截面面积和对中性轴的惯性矩分别为

$$A = \frac{\pi d^2}{4} = \frac{3.14 \times 160^2}{4} \text{mm}^2 = 2 \times 10^4 \text{mm}^2, \quad I = \frac{\pi d^4}{64} = \frac{3.14 \times 160^4}{64} \text{mm}^4 = 3.22 \times 10^7 \text{mm}^4$$

对于两端铰支的压杆，长度因数 $\mu = 1$。截面为圆形，惯性半径为 $i = \sqrt{\dfrac{I}{A}} = \dfrac{d}{4} = 40\text{mm}$。由式（9-7）求出属于大柔度压杆的最小柔度为

$$\lambda_p = \pi \sqrt{\frac{E}{\sigma_p}} = 3.14 \times \sqrt{\frac{206 \times 10^9}{200 \times 10^6}} = 99$$

由式（9-9）求出属于中柔度压杆的最小柔度为

$$\lambda_s = \frac{a - \sigma_s}{b} = \frac{304 - 235}{1.12} = 61.6$$

下面分别计算三根压杆的临界压力。对于长度为 $l_1 = 5\text{m}$ 的压杆，柔度为

$$\lambda_1 = \frac{\mu l_1}{i} = \frac{1 \times 5 \times 10^3}{40} = 125 > \lambda_\text{p}$$

属于细长压杆，使用欧拉公式（9-5），计算压杆的临界压力为

$$F_\text{cr} = \frac{\pi^2 EI}{(\mu l_1)^2} = \frac{3.14^2 \times 206 \times 10^9 \text{Pa} \times 3.22 \times 10^7 \times 10^{-12} \text{m}^4}{(1 \times 5)^2 \text{m}^2} = 2619\text{kN}$$

对于长度为 $l_2 = 2.5\text{m}$ 的压杆，柔度为

$$\lambda_2 = \frac{\mu l_2}{i} = \frac{1 \times 2.5 \times 10^3}{40} = 62.5$$

由于 $\lambda_\text{s} < \lambda_2 < \lambda_\text{p}$，属于中柔度压杆，使用直线公式（9-8）计算压杆的临界应力和临界压力

$$\sigma_\text{cr} = a - b\lambda_2 = 304\text{MPa} - 1.12 \times 62.5\text{MPa} = 234\text{MPa}$$

$$F_\text{cr} = A\sigma_\text{cr} = 2 \times 10^4 \times 10^{-6} \text{m}^2 \times 234 \times 10^6 \text{Pa} = 4680\text{kN}$$

对于长度为 $l_3 = 1.25\text{m}$ 的压杆，柔度为

$$\lambda_3 = \frac{\mu l_3}{i} = \frac{1 \times 1.25 \times 10^3}{40} = 31.3 < \lambda_\text{s}$$

属于小柔度压杆（短粗杆），应按强度计算，得

$$F_\text{cr} = A\sigma_\text{s} = 2 \times 10^4 \times 10^{-6} \text{m}^2 \times 235 \times 10^6 \text{Pa} = 4700\text{kN}$$

例 9.6 如图 9-13 所示起重螺杆最大轴向载荷 $F = 100\text{kN}$，内径 $d_0 = 69\text{mm}$，长 $l = 900\text{mm}$，已知规定的稳定安全因数为 $n_\text{st} = 3.5$，$\lambda_\text{p} = 101$，$E = 200\text{GPa}$。试校核其稳定性。

解： 起重螺杆一端固定另一端自由，长度因数 $\mu = 2$。横截面惯性半径为

$$i = \sqrt{\frac{I}{A}} = \frac{d_0}{4} = 17.25\text{mm}$$

起重螺杆的柔度为

$$\lambda = \frac{\mu l}{i} = \frac{2 \times 0.9}{17.25 \times 10^{-3}} = 104 > \lambda_\text{p}$$

利用欧拉公式（9-5），起重螺杆临界压力为

$$F_\text{cr} = \frac{\pi^2 EI}{(\mu l)^2} = \frac{\pi^2 E \frac{\pi d^4}{64}}{(\mu l)^2} = \frac{3.14^3 \times 200 \times 10^9 \text{Pa} \times 69^4 \times 10^{-12} \text{m}^4}{(2 \times 0.9)^2 \text{m}^2 \times 64} = 677\text{kN}$$

起重螺杆工作安全因数为

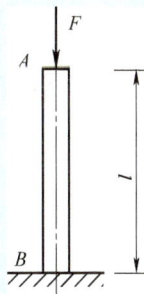

图 9-13

$$n = \frac{F_\text{cr}}{F} = \frac{677}{100} = 6.77 > n_\text{st}$$

由于工作安全因数 n 大于规定的稳定安全因数 n_st，满足压杆稳定性要求。

例 9.7 某机器连杆如图 9-14 所示，截面为工字形，其 $I_y = 1.42 \times 10^4 \text{mm}^4$，$I_z = 7.42 \times 10^4 \text{mm}^4$，$A = 552\text{mm}^2$。材料为 Q275 钢，连杆所受的最大轴向压力 $F = 30\text{kN}$，规定的稳定安全因数 $n_\text{st} = 4$，试校核压杆的稳定性。

解： 连杆失稳时，可能在 x-y 平面内发生弯曲，这时两端可视为铰支；也可能在 x-z 平面内发生弯曲，这时两端可视为固定。此外，在上述两平面内弯曲时，连杆的有效长度和惯性矩也不同，故应先分别计算出这两个弯曲平面内的柔度 λ，以确定失稳平面，再进行稳定校核。

在 x-y 平面内失稳时，截面以 z 为中性轴，连杆在 x-y 平面内的柔度为

$$\lambda_z = \frac{\mu_1 l_1}{i_z} = \frac{\mu_1 l_1}{\sqrt{I_z/A}} = \frac{1 \times 750}{\sqrt{7.42 \times 10^4 / 552}} = 64$$

在 x-z 平面内失稳时，截面以 y 为中性轴，连杆在 x-z 平面内的柔度为

$$\lambda_y = \frac{\mu_2 l_2}{i_y} = \frac{\mu_2 l_2}{\sqrt{I_y/A}} = \frac{0.5 \times 580}{\sqrt{1.42 \times 10^4 / 552}} = 58$$

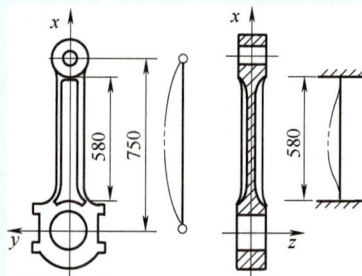

图 9-14

因 $\lambda_z > \lambda_y$，表明连杆在 x-y 平面内稳定性较差，故只需校核连杆在此平面内的稳定性。

由于 $\lambda_z = 64 < \lambda_p$，属于中柔度压杆。现按抛物线经验公式（9-11），临界应力为

$$\sigma_{cr} = 275 - 0.00853\lambda^2 = (275 - 0.00853 \times 64^2) \text{MPa} = 240\text{MPa}$$

则临界压力为

$$F_{cr} = \sigma_{cr} A = 240 \times 10^6 \text{Pa} \times 552 \times 10^{-6} \text{m}^2 = 132.5\text{kN}$$

安全因数为 $n = \dfrac{F_{cr}}{F} = \dfrac{132.5}{30} = 4.4 > n_{st}$，故连杆的稳定性足够。

例 9.8 托架受力和尺寸如图 9-15a 所示，已知撑杆 AB 的直径 d = 40mm，材料为 Q235 钢，两端可视为铰支。规定稳定安全因数 $n_{st} = 2$。试按撑杆 AB 的稳定条件求托架载荷的最大值。

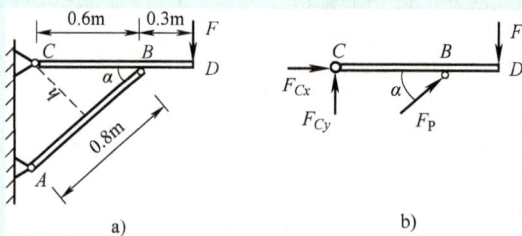

图 9-15

解： 撑杆 AB 截面为圆形，惯性半径为

$$i = \sqrt{\frac{I}{A}} = \frac{d}{4} = 10\text{mm}$$

撑杆两端铰支，长度因数为 $\mu = 1$，这样可算出其柔度为

$$\lambda = \frac{\mu l}{i} = \frac{1 \times 800}{10} = 80$$

根据例 9.5 可知，Q235 钢的 $\lambda_p = 99$，$\lambda_s = 61.6$。撑杆柔度 $\lambda_s < \lambda < \lambda_p$，属中柔度压杆。现用直线经验公式计算临界应力和临界压力。查表 9-2 可得 Q235 钢 a = 304MPa，b = 1.12MPa，临界应力为

$$\sigma_{cr} = a - b\lambda = (304 - 1.12 \times 80) \text{MPa} = 214.4\text{MPa}$$

临界压力为

$$F_{cr} = A\sigma_{cr} = \frac{\pi}{4} \times 40^2 \times 10^{-6} \times 214.4 \times 10^6 \text{N} = 269.4\text{kN}$$

由稳定性条件可得其许可压力为

$$F_P = \frac{F_{cr}}{n_{st}} = \frac{269.4}{2} \text{kN} = 134.7\text{kN}$$

根据 △ABC 求得 $\sin\alpha=\dfrac{0.53}{0.8}$，$h=0.6\times10^3\text{mm}\times\sin\alpha=0.4\times10^3\text{mm}$。作 CD 杆的受力图如图 9-15b 所示，列平衡方程

$$\sum M_C(F)=F_\text{p}h-F_\text{max}\cdot\overline{CD}=0$$

解得托架载荷的最大值为

$$F_\text{max}=\frac{F_\text{p}h}{\overline{CD}}=\frac{134.7\times0.4\times10^3}{0.9\times10^3}\text{kN}=59.87\text{kN}$$

例 9.9 图 9-16 所示空心钢管 AB 在 $t=30℃$ 时安装，此时钢管不受力，已知钢材的直径 $D=80\text{mm}$，$d=70\text{mm}$，热膨胀系数为 $\alpha=12.5\times10^{-6}$，柔度为 $\lambda_1=92$，弹性模量为 $E=200\text{GPa}$，求当温度升高多少时，钢管将失稳。

解： 因为

$$\mu=0.5,\ i=\sqrt{\frac{I}{A}}=\frac{\sqrt{D^2+d^2}}{4}=26.6\text{mm},\ \lambda=\frac{\mu l}{i}=\frac{0.5\times5}{26.6\times10^{-3}}=94>\lambda_1$$

故临界应力为

$$\sigma_\text{cr}=\frac{\pi^2 E}{\lambda^2}$$

又 $\Delta l=\alpha l\Delta T$，故工作应力为

$$\sigma=E\varepsilon=E\frac{\Delta l}{l}=E\alpha\Delta T$$

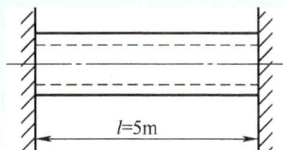

图 9-16

由 $\sigma=\sigma_\text{cr}$ 可得 $\Delta T=\dfrac{\pi^2}{\alpha\lambda^2}=89.2℃$。

9.6 提高压杆稳定性的措施

由前几节的讨论可知，影响压杆稳定性的主要因素包括：压杆的截面形状、长度、约束条件和材料性质等。为了提高压杆稳定性，也需从这几个方面入手进行分析。

1. 选择合理的截面形状

提高压杆稳定性，就是在给定压杆截面面积 A 的条件下，提高压杆的临界压力 F_cr。临界压力 $F_\text{cr}=\sigma_\text{cr}A$，当截面面积 A 一定时，提高临界压力 F_cr 的关键是提高临界应力 σ_cr。从临界应力总图（见图 9-12）可见，柔度 λ 越小，临界应力 σ_cr 越高。由于柔度 $\lambda=\mu l/i$，提高惯性半径 i 的数值可以减小 λ 的数值。可见，在不增加截面面积的情况下，应尽可能把材料放在离截面形心较远处，以取得较大 i 值，就等于提高了压杆的临界应力和临界压力，从而提高了压杆的稳定性。例如，如图 9-17 所示空心环形截面比实心圆截面合理，因为若两者截面面积相同，环形截面比实心圆截面的 i 大得多。

如压杆在各个纵向平面内相当长度 μl 相同，应使截面对任一条形心轴的惯性半径 i 相等或接近相等，也就是使压杆在任一个纵向平面内有相等或接近相等的稳定性。例如，圆形、环形截面都能满足这一要求。如压杆在两个主惯性平面内的相当长度 μl 不相同，这就要求在两个主惯性平面内的柔度接近相等。这样，在两个过主形心惯性轴的纵向平面内仍有接近

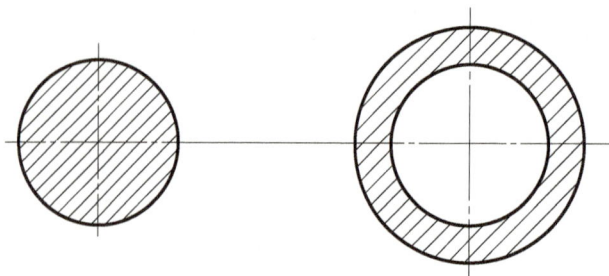

图 9-17

相等的稳定性。例如，例 9.8 中机器连杆，在 x-y 平面内发生失稳，两端可视为铰支，$\mu_1 = 1$；而在 x-z 平面内发生失稳，两端可视为固定，$\mu_2 = 0.5$。这就要求连杆截面对两个形心主惯性轴 z 和 y 有不同的 i_z 和 i_y，并尽可能使连杆在两个主惯性平面内的柔度 $\lambda_z = \dfrac{\mu_1 l_1}{i_z}$ 和 $\lambda_y = \dfrac{\mu_2 l_2}{i_y}$ 接近相等。这样，连杆在两个主惯性平面内可以有接近相等的稳定性。

2. 改变压杆的约束条件

从表 9-1 可以看出，杆端约束条件决定压杆的长度因数。杆端约束刚性越强，则 μ 值越小，由柔度公式 $\lambda = \mu l / i$ 可知，压杆的柔度越小，压杆的临界应力和临界压力就越大；反之，杆端约束刚度越弱，则 μ 值越大，压杆的临界应力和临界压力越小。增强杆端约束的刚性，压杆就不容易失稳，从而提高压杆的稳定性。同时，也可以通过在压杆的中点增加约束的方法，来提高压杆的稳定性。例如，如图 9-18a 所示两端简支的细长压杆，其临界压力为 $F_{cr} = \dfrac{\pi^2 EI}{l^2}$。如果在这一压杆的中点

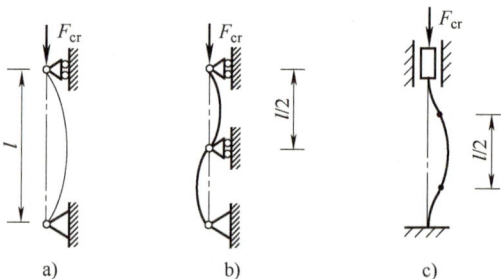

图 9-18

增加一个中间支座（见图 9-18b），或者把两端改为固定端（见图 9-18c），则相当长度变为 $\mu l = 0.5l$，临界压力变为

$$F_{cr} = \frac{\pi^2 EI}{(0.5l)^2} = \frac{4\pi^2 EI}{l^2}$$

显然，临界压力提高到原来的 4 倍。

3. 合理选择材料

细长压杆的临界压力和临界应力由欧拉公式（9-5）和式（9-6）计算，式中可见临界压力和临界应力的大小与材料的弹性模量 E 有关。选择 E 较大的材料，可提高细长压杆的临界压力和临界应力。但应注意，由于各种钢材的弹性模量大致相同，选择优质钢或低碳钢并无很大差别。所以，对细长压杆来说，选用高强度钢制压杆是不必要的。对中柔度压杆，无论是根据经验公式或理论分析，都说明临界压力和临界应力与材料强度有关，优质钢材在一定程度上可提高临界压力和临界应力的数值。对柔度很小的短粗杆，应该说是强度问题，优质钢的强度更高，其优越性自然是明显的。

思　考　题

一、填空题

1. 压杆从稳定平衡状态过渡到不稳定的平衡状态，载荷的临界值称为_____，相应的应力称为_____。

2. 对于相同材料制成的压杆，其临界应力仅与_____有关。

3. 对于大柔度压杆，用_____计算临界压力；对于中柔度压杆，用_____计算临界压力。

4. 对于大柔度压杆，用来计算临界压力的欧拉公式为_____；对于中柔度压杆，用来计算临界压力的经验公式为_____。

5. 求临界应力的公式 $\sigma_{cr} = \dfrac{\pi^2 E}{\lambda^2}$，式中的 λ 称为压杆的_____。根据柔度 λ 数值由大到小，把压杆具体分为_____、_____和_____。

6. 当压杆的应力不超过材料的_____时，欧拉公式才能使用。

7. 临界应力与工作应力之比，称为压杆的_____，它应该大于规定的_____，故压杆的稳定条件是_____。

8. 两端铰支的细长杆的长度系数为_____；一端固支，一端自由的细长杆的长度系数为_____。

9. 压杆的临界应力随柔度变化的曲线，称为_____。

10. 影响圆截面压杆的柔度系数（长细比）λ 的因素有_____、_____和_____。

二、判断题（对论述正确的在括号内画√，错误的画×）

1. 压杆的长度因数 μ 代表支承方式对临界力的影响，两端约束越强，其值越小，临界力越大；两端约束越弱，其值越大，临界力越小。　　　　　　　　　　　　　　　　（　　）

2. 压杆的柔度 λ 综合反映了影响临界力的各种因素。λ 值越大，临界力越小；反之，λ 值越小，临界力越大。　　　　　　　　　　　　　　　　　　　　　　　　（　　）

3. 在压杆稳定性计算中经判断应按中长杆的经验公式计算临界力时，若使用时错误地用了细长压杆的欧拉公式，则结果偏于危险。　　　　　　　　　　　　　　　　（　　）

4. 压杆稳定中压杆临界压力的欧拉公式适用范围为长度因数 $\mu = 1$。　　　　　（　　）

5. 细长压杆的临界应力 σ_{cr} 越大，说明其弹性模量 E 越大或柔度越大。　　（　　）

6. 临界压力 F_{cr} 只与压杆的长度及两端的支承情况有关。　　　　　　　　（　　）

7. 对于细长压杆，临界应力 σ_{cr} 的值不应大于比例极限 σ_p。　　　　　（　　）

8. 欧拉公式的适用条件是 $\lambda \geqslant \sqrt{\dfrac{\pi^2 E}{\sigma_p}}$。　　　　　　　　　　　　（　　）

9. 如果细长压杆有局部削弱，削弱部分对压杆的稳定性没有影响。　　　　　（　　）

10. 细长压杆，如果长度因数 μ 增大一倍，则临界压力 F_{cr} 增加一倍。　　（　　）

11. 压杆的杆端约束作用越强，那么长度因数 μ 越小，临界压力越大。　　　（　　）

12. 压杆的临界压力是压杆保持不稳定平衡所承受的最大轴向压力。　　　　（　　）

13. 在材料、长度、横截面形状和尺寸保持不变情况下，杆端约束越强，压杆的临界压力越小。　（　　）

三、单项选择题

1. 两端固定的细长杆，设抗弯刚度为 EI，长为 l，则其临界力就是（　　　）。

（A）$\dfrac{\pi^2 EI}{4l^2}$　　　　（B）$\dfrac{\pi^2 EI}{l^2}$　　　　（C）$\dfrac{\pi^2 EI}{0.49l^2}$　　　　（D）$\dfrac{\pi^2 EI}{0.25l^2}$

2. 压杆的一端自由，另一端固结在弹性墙上，如图 9-19 所示。其长度因数的范围为（　　　）。

（A）$0.5 < \mu < 0.7$　　　（B）$0.7 < \mu < 1$　　　（C）$1 < \mu < 2$　　　（D）$\mu > 2$

3. 如图 9-20 所示的各段杆均为材料相同、直径相等的圆截面细长杆，但杆长不同，在图中分别以直径的倍数表示。在轴向压力 F 作用下，（　　）段将首先失稳。

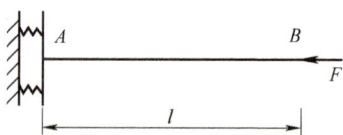

图　9-19

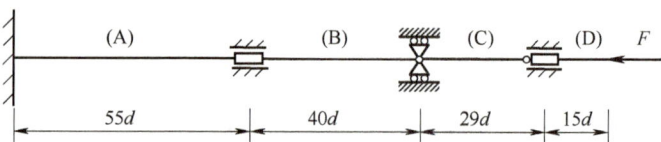

图　9-20

4. 下列关于压杆临界应力 σ_{cr} 与柔度 λ 的叙述中正确的是（　　）。

(A) σ_{cr} 值必随 λ 值增大而增大　　(B) σ_{cr} 值一般随 λ 值增大而减小

(C) 对于中长杆，σ_{cr} 与 λ 无关　　(D) 对于中长杆，采用细长杆的公式 $\sigma_{cr} = \dfrac{\pi^2 E}{\lambda^2}$

5. 在稳定性的计算中，对压杆临界力的计算可能发生两种错误：一类是对中柔度杆的临界力应用了欧拉公式，另一类是对细长杆应用了经验公式。其结果是（　　）。

(A) 前者偏于安全，后者偏于危险　　(B) 前者偏于危险，后者偏于安全

(C) 两者都偏于危险　　(D) 两者都偏于安全

6. 圆截面细长压杆的材料及支承情况保持不变，将其横向及轴向尺寸同时增大一倍，压杆的（　　）。

(A) 临界应力不变，临界力增大　　(B) 临界应力增大，临界力不变

(C) 临界应力和临界力都增大　　(D) 临界应力和临界力都不变

7. 两根材料和柔度都相同的压杆，说法正确的是（　　）。

(A) 临界应力一定相等，临界力不一定相等　　(B) 临界应力不一定相等，临界力一定相等

(C) 临界应力和临界力都一定相等　　(D) 临界应力和临界力都不一定相等

习　题

9.1　题 9.1 图所示为支承情况不同的圆截面细长杆，各杆直径和材料相同，试问哪个杆的临界压力最大？

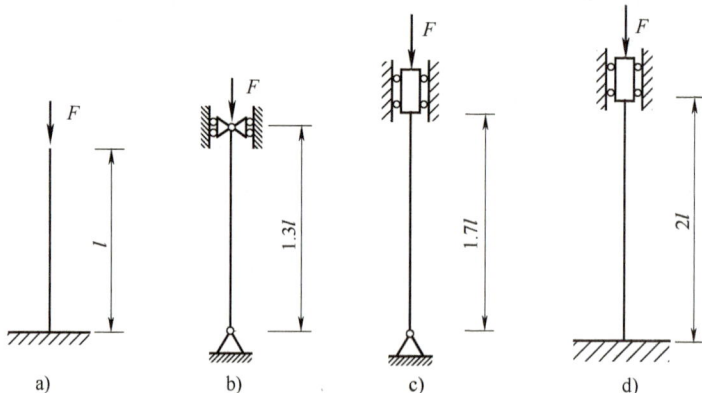

题 9.1 图

9.2　题 9.2 图所示为支承情况不同的两个细长杆，两个杆的长度和材料相同，为使两个压杆的临界力相等，b_2 与 b_1 之比应为多少？

9.3　题 9.3 图所示的两圆截面压杆的长度、直径和材料均相同，已知 $l=1\text{m}$，$d=40\text{mm}$，材料的弹性模量 $E=200\text{GPa}$，比例极限 $\lambda_p=100$，屈服强度 $\sigma_s=240\text{MPa}$，$\lambda_s=60$，直线经验公式 $\sigma_{cr}=304-1.12\lambda$，试求两圆形压杆的临界压力。

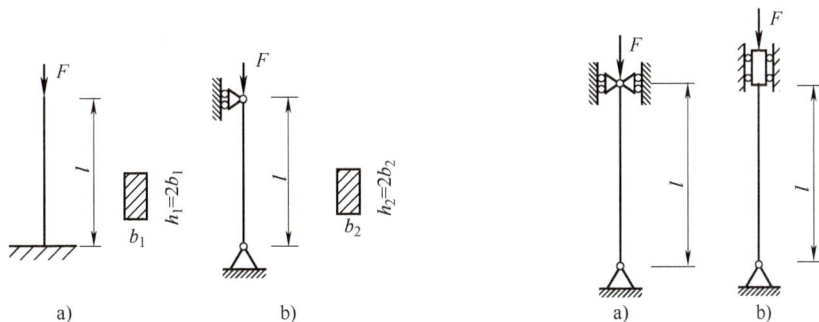

　　　题 9.2 图　　　　　　　　　　　　　　　题 9.3 图

9.4　如题 9.4 图所示的圆杆，直径 $d=100\text{mm}$，材料为 Q235 钢，材料参数 $E=200\text{GPa}$，$\lambda_p=100$。试求压杆的临界力 F_{cr}。

9.5　如题 9.5 图所示的结构中，AB、AC 杆均为细长压杆，两杆材料及横截面形状尺寸完全相同。若此结构由于杆在 ABC 平面内失稳破坏，试确定当 θ 角为多大时载荷 F 可达到最大（$0<\theta<\pi/2$）？

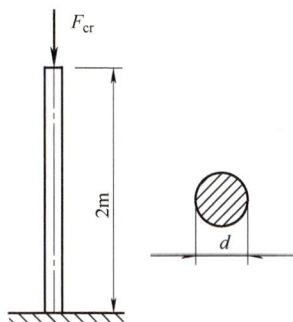
　　　　　　　　　　　　　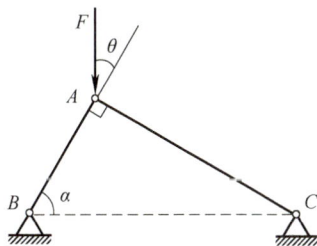

　　题 9.4 图　　　　　　　　　　　　　　题 9.5 图

9.6　题 9.6 图所示的铝合金桁架承受集中力 F 作用。两根压杆截面均为边长为 50mm 的正方形，材料参数 $E=70\text{GPa}$，$\lambda_p=88$。若失稳只能发生在桁架平面内，试确定引起桁架失稳的 F 值。

9.7　题 9.7a 图所示的结构由两根圆管铰接而成。已知圆管的横截面面积 $A=55\text{mm}^2$，$I=4200\text{mm}^4$，材料的应力-应变曲线如题 9.7 图 b 所示，$E=210\text{GPa}$。试问随着载荷 F 的增加，哪根杆先破坏？并求结构能承受的最大载荷。

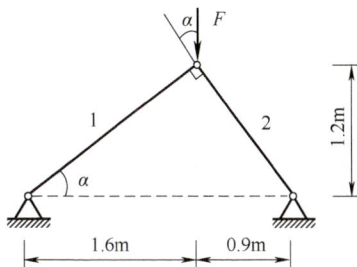
　　　　　　　　　　　　　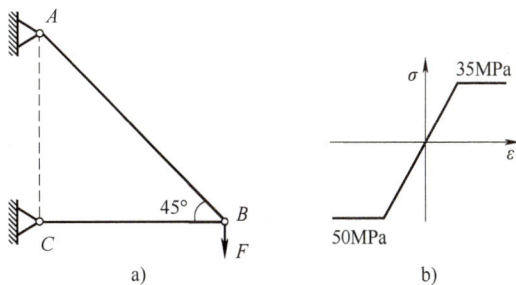

　　题 9.6 图　　　　　　　　　　　　　　题 9.7 图

9.8 题 9.8 图所示的结构中，AB 为刚性杆，CD 和 EF 均为弯曲刚度为 EI 的细长杆。试求结构所能承受载荷的极限值 F_{max}。

9.9 题 9.9 图所示的结构中，分布载荷 $q = 20kN/m$。梁 AD 的截面为矩形，$b = 90mm$，$h = 130mm$。柱 BC 的截面为圆形，直径 $d = 80mm$。梁和柱均为 Q235 钢，$E = 200GPa$，$\lambda_p = 100$，$a = 304MPa$，$b = 1.12MPa$，$[\sigma_{st}] = 160MPa$，规定的安全因数 $n_{st} = 3$。试校核结构的安全。

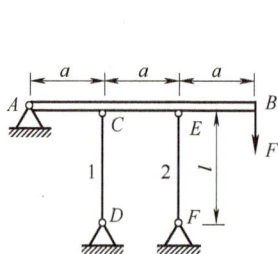

题 9.8 图

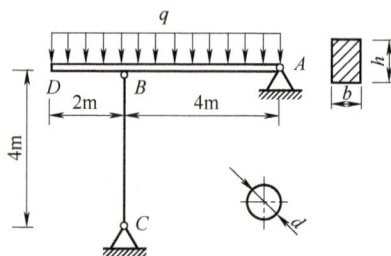

题 9.9 图

9.10 有一根两端铰支的圆截面杆，材料为 Q235 钢。杆长为 $l = 1.8m$，直径 $d = 80mm$。已知工作压力 $F = 450kN$，稳定安全因数 $n_{st} = 1.6$，$[\sigma_{st}] = 170MPa$，弹性模量 $E = 210GPa$，$\lambda_p = 101$，$\lambda_s = 61.6$，$a = 304MPa$，$b = 1.12MPa$。试校核压杆的稳定性。

9.11 由三根钢管构成的支架如题 9.11 图所示，钢管的外径为 30mm。内径为 22mm，长度 $l = 2.5m$，$E = 210GPa$。在支架的顶点三杆铰接。若取稳定安全因数 $n_{st} = 3$，试求许可载荷 $[F]$。

9.12 如题 9.12 图所示万能铣床工作台升降丝杠的内径为 22mm，螺距 $s = 5mm$。工作台升至最高位置时，$l = 500mm$。丝杠钢材的 $E = 210GPa$，$\sigma_s = 300MPa$，$\sigma_p = 260MPa$。若伞齿轮的传动比为 1/2，即手轮旋转一周丝杠旋转半周，且手轮半径为 100mm，手轮上作用的最大切向力为 200N。试求丝杠的工作安全因数。

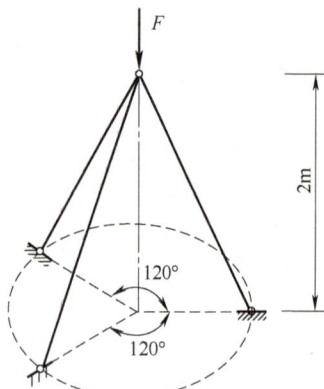

题 9.11 图

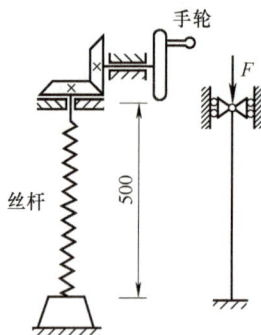

题 9.12 图

9.13 如题 9.13 图所示结构中，AB 为直径 $d = 60mm$ 的实心圆截面梁，BD 和 CD 均为 20mm×30mm 的矩形截面杆，铰接处均可看成球铰，在 D 点受水平向右的集中力 F 的作用。若该结构均由 Q235 钢制成，材料的许用应力 $[\sigma] = 160MPa$，比例极限为 $\sigma_p = 200MPa$，弹性模量 $E = 206GPa$，压杆的稳定安全因数为 $n_{st} = 2.5$。试求许用载荷 $[F]$。

9.14 如题 9.14 图所示结构由 Q235 钢制成，$q = 30kN/m$。材料的弹性模量 $E = 206GPa$，比例极限为 $\sigma_p = 200MPa$，屈服强度 $\sigma_s = 235MPa$。AB 梁是 16 号工字钢，长为 4m；柱 CD 由两根 63mm×63mm×5mm 的

等边角钢组成（连接成一整体），长为 2m，C 和 D 处的连接均为球铰。试分别确定梁 AB 和柱 CD 的工作安全因数。

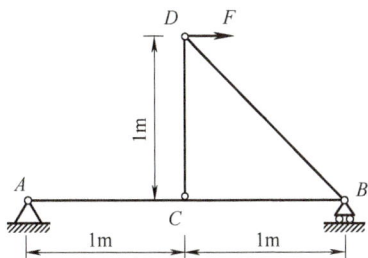

题 9.13 图

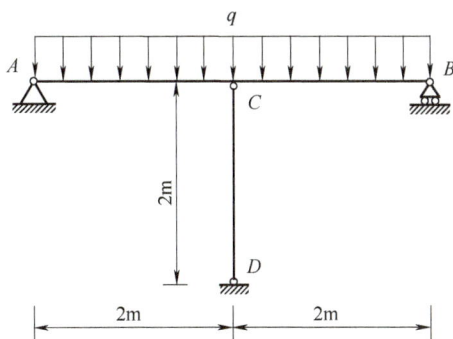

题 9.14 图

 压杆稳定的概念

 不同杆端约束的细长压杆临界压力的推导

 压杆的临界应力

 压杆稳定校核及例题

 第 9 章习题解答

10

第 10 章
能 量 法

10.1 概述

在杆件的轴向拉伸与压缩变形时我们分析过各个杆件组合而成的结构中各杆件的变形，特别多的情况是要计算结构受力节点处的位移。我们利用拉压胡克定律分别计算各个杆件变形，然后用图解法进行分析。在轴的扭转变形时，我们利用扭转变形公式计算轴两端截面的相对扭转角。在分析梁的变形时，采用积分法可得到梁的挠度方程和转角方程。但在复杂的工程结构分析中，例如刚架、桁架和曲杆等较复杂的结构，通常杆件数较多，或结构数目即使不多但单根杆件同时承受多种变形的作用。对这种结构的变形分析，采用杆件基本变形公式来计算结构的变形可能相当困难，甚至可能根本无法完成。工程上，通常采用能量法来完成结构和构件的变形分析。

在固体力学领域，利用能量原理求解可变形固体的位移、变形和内力等的方法，统称为能量法。能量法的应用很广泛，它不仅适用于线性弹性问题，而且还适用于非线性弹性体。能量法除了在静定和超静定结构变形分析方面有广泛应用之外，也应用于工程结构的稳定和冲击等问题分析。能量法在结构或者构件的变形分析中，不涉及具体的变形过程，因此具有应用简便等优点。能量法的另一个优点是公式统一，适于利用计算机编程处理。以能量法为基础的有限元方法，目前已经成为应用最为广泛的工程结构分析工具。

弹性固体在外力作用下变形，引起力沿作用方向发生位移，外力因此而做的功称为外力功。弹性体在外力作用下发生变形而在体内积蓄的能量，称为应变能。对于弹性体，若外力由零开始缓慢地增加到最终值，在变形过程中的每一瞬时固体都处于平衡状态，动能和其他能量的变化皆可不计，外力所做的功转变为储存于固体内的能量。例如，射箭运动员把弓拉弯，人对弓做功，同时被拉弯的弓发生了形变而储存了弹性应变能。载荷在结构上所做的功，将全部转化为结构的变形势能而存储于结构之内。弹性固体的应变能 V_ε 在数值上等于外力所做的功 W，即

$$V_\varepsilon = W \tag{10-1}$$

由于弹性变形的可逆性，当外力逐渐撤除时，它又可在恢复变形过程中，释放出全部的应变能而做功。例如，内燃机气阀开启时，气阀弹簧因受摇臂压力的作用发生压缩变形而储存能量，当压力逐渐减小时，弹簧变形逐渐恢复，弹簧又释放出能量为关闭气阀而做功。超过弹性范围，如发生塑性变形时，将耗散一部分能量，应变能不能全部再转变为功。

本章首先介绍应变能和余能的概念，主要分析拉压、剪切、扭转和弯曲的应变能和余能计算公式，这是能量法的基础。然后在此基础上讨论卡氏定理，包括卡氏第一定理和卡氏第二定理，以及卡氏定理在计算结构位移和求解超静定问题等方面的应用。最后介绍虚位移原理和单位力法。

10.2 应变能 · 余能

应变能有弹性应变能和塑性应变能。当外力逐渐减小，变形逐渐减小，变形固体会释放出部分能量而做功，这部分能量称为弹性应变能。弹性应变能又称为变形能或弹性变形能，可理解为贮存在材料中的势能。

以下首先分析杆件基本变形的应变能和余能的表达式。

10.2.1 应变能

1. 轴向拉伸或压缩

拉（压）杆在线弹性范围内工作时的应变能 V_ε 表达式为

$$V_\varepsilon = W = \frac{1}{2}F\Delta l \tag{a}$$

由内力分析和拉压胡克定律知 $F_N = F$，$\Delta l = \dfrac{F_N l}{EA}$。将式（a）改写为

$$V_\varepsilon = W = \frac{F_N^2 l}{2EA} \tag{10-2}$$

式（10-2）是等截面直杆在轴力为常量条件下的应变能计算公式。如果轴力是变化的，可以利用式（10-2）求出 $\mathrm{d}x$ 微段内的应变能为

$$\mathrm{d}V_\varepsilon = \frac{F_N^2(x)\,\mathrm{d}x}{2EA}$$

积分后可得整个杆件的应变能为

$$V_\varepsilon = \int_l \frac{F_N^2(x)\,\mathrm{d}x}{2EA} \tag{10-3}$$

2. 扭转

圆轴扭转时，在线弹性范围内工作时的应变能 V_ε 表达式为

$$V_\varepsilon = W = \frac{1}{2}M_e\varphi \tag{b}$$

由内力分析和扭转变形分析知 $T = M_e$，$\varphi = \dfrac{Tl}{GI_p}$。将式（b）改写为

$$V_\varepsilon = W = \frac{T^2 l}{2GI_p} \tag{10-4}$$

式（10-4）是等截面圆杆在扭矩为常量条件下的应变能计算公式。如果扭矩是变化的，可以利用式（10-4）求出 $\mathrm{d}x$ 微段内的应变能为

$$dV_\varepsilon = \frac{T^2(x)\,dx}{2GI_p}$$

积分后可得整个圆轴的应变能为

$$V_\varepsilon = \int_l \frac{T^2(x)\,dx}{2GI_p} \tag{10-5}$$

3. 弯曲

相对于梁的纯弯曲，在线弹性范围内工作时的应变能 V_ε 表达式为

$$V_\varepsilon = W = \frac{1}{2}M_e\theta \tag{c}$$

由内力分析和扭转变形分析知 $M = M_e$，$\theta = \dfrac{Ml}{GI_p}$。将式（c）改写为

$$V_\varepsilon = \frac{M^2 l}{2EI_z} \tag{10-6}$$

相对于横力弯曲，必须分别考虑弯曲和剪力产生的应变能。由弯曲产生的应变能，由于弯矩不再是常量，可以利用式（10-6）求出 dx 微段内的应变能为

$$dV_\varepsilon = \frac{M^2(x)\,dx}{2EI_z}$$

积分得整个梁的弯曲应变能为

$$V_\varepsilon = \int_l \frac{M^2(x)\,dx}{2EI_z} \tag{10-7}$$

对于剪切应变能，可以从剪切应变能密度入手讨论。根据式（3-6），剪切应变能密度 v_ε 为

$$v_\varepsilon = \frac{1}{2}\tau\gamma = \frac{\tau^2}{2G} \tag{10-8}$$

由于在剪力 F_S 作用下的切应力为 $\tau = \dfrac{F_S S_z^*}{I_z b}$，代入式（10-8）中，得剪切应变能密度 v_ε 为

$$v_\varepsilon = \frac{1}{2}\tau\gamma = \frac{1}{2G}\left(\frac{F_S S_z^*}{I_z b}\right)^2$$

整个梁的剪切应变能 V_ε 为

$$V_\varepsilon = \int_V v_\varepsilon\,dV = \int_l \left[\int_A \frac{1}{2G}\left(\frac{F_S S_z^*}{I_z b}\right)^2 dA\right]dx = \int_l \frac{F_S^2}{2GI_z^2}\left[\int_A \left(\frac{S_z^*}{b}\right)^2 dA\right]dx \tag{10-9}$$

引入记号

$$k = \frac{A}{I_z^2}\int_A \left(\frac{S_z^*}{b}\right)^2 dA \tag{10-10}$$

式中，k 为一个量纲为一的因数，它只与截面的形状有关，称为剪切形状系数。当梁为矩形截面时，

$$k = \frac{A}{I_z^2}\int_A \left(\frac{S_z^*}{b}\right)^2 dA = \frac{144}{bh^5}\int_{-h/2}^{h/2} \frac{1}{4}\left(\frac{h^2}{4} - y^2\right)^2 b\,dy = \frac{6}{5}$$

同理，对圆形截面，$k = 10/9$；对薄壁圆环截面，$k = 2$；对于其他形状的截面，剪切形状系

数 k 可根据式（10-10）计算。引入记号 k 后，式（10-9）可简化为

$$V_\varepsilon = \int_l \frac{kF_S^2}{2GA}\,dx \tag{10-11}$$

根据上述分析，由于构件应变能在数值上等于外力功。在线弹性范围内，式（a）、式（b）和式（c）表示的拟静态外力功可以写为统一的形式

$$W = \frac{1}{2}F\delta \tag{10-12}$$

式中，F 为广义力；δ 为广义力相对应的位移，称为广义位移。如果广义力为轴力或者横向力，则广义位移为对应的线位移；如果广义力为力偶，则广义位移为对应的转角。并且，在线弹性范围，广义力和广义位移之间呈线性关系。对于非线性弹性问题，尽管是弹性变形，能量关系式（10-1）仍然成立，但是广义力和广义位移之间不再满足线性关系，其应变能计算公式可写为

$$V_\varepsilon = W = \int_\delta F d\delta \tag{10-13}$$

由于 F 和 δ 的关系不再是线性关系，式（10-13）的积分不能得到式（10-12）中的因数 $1/2$。

当杆件发生组合变形时，在线弹性小变形条件下，每一基本变形的内力在其他变形位移上并不做功，故组合变形杆的应变能等于各基本变形应变能的总和。若组合变形杆横截面上的内力包括轴力、扭矩和弯矩，且三者均可表达为截面位置 x 的函数，不计剪力影响，则组合变形等截面圆杆的应变能可表达为

$$V_\varepsilon = \int_l \frac{F_N^2(x)\,dx}{2EA} + \int_l \frac{T^2(x)\,dx}{2GI_p} + \int_l \frac{M^2(x)\,dx}{2EI_z} \tag{10-14}$$

式中积分应遍及全杆。

例 10.1　简支梁 AB 在 C 点作用集中力 F，如图 10-1 所示。已知梁的抗弯刚度 EI_z 为常量，试计算梁的应变能 V_ε，并计算 C 点的挠度 w_C。

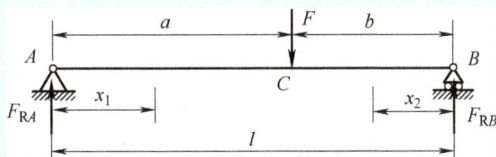

图　10-1

解： 选梁为研究对象，受力分析如图 10-1 所示。列平衡方程

$$\sum M_A(F) = 0, \qquad F_{RB}l - Fa = 0$$

$$\sum M_A(F) = 0, \qquad -F_{RA}l + Fb = 0$$

解得两端支座的约束力为

$$F_{RA} = \frac{Fb}{l}, \quad F_{RB} = \frac{Fa}{l}$$

分别列出两段弯矩。为了方便，列两段弯矩方程时坐标原点分别取在支座端，如图 10-1 所示。

AC 段的弯矩方程为

$$M(x_1) = F_{RA}x_1 = \frac{Fb}{l}x_1 \quad (0 \leqslant x_1 \leqslant a)$$

CB 段的弯矩方程为

$$M(x_2) = F_{RB}x_2 = \frac{Fa}{l}x_2 \quad (0 \leqslant x_2 \leqslant b)$$

由于梁在两段的弯矩方程是通过不同的函数描述的，因此利用式（10-7）计算梁的应变能时，必须分段计算然后求和，即

$$V_\varepsilon = \int_l \frac{M^2(x)\,\mathrm{d}x}{2EI_z} = \int_0^a \frac{M^2(x_1)\,\mathrm{d}x_1}{2EI_z} + \int_0^b \frac{M^2(x_2)\,\mathrm{d}x_2}{2EI_z}$$

$$= \frac{1}{2EI_z}\left[\int_0^a \left(\frac{Fb}{l}x_1\right)^2\mathrm{d}x_1 + \int_0^b \left(\frac{Fa}{l}x_2\right)^2\mathrm{d}x_2\right] = \frac{F^2a^2b^2}{6EI_zl}$$

在变形过程中，外力 F 做功为

$$W = \frac{1}{2}Fw_C$$

根据能量原理 $W = V_\varepsilon$，可得 C 点的挠度 w_C 为

$$w_C = \frac{Fa^2b^2}{3EI_zl}$$

例 10.2 试求图 10-2 所示的正方形桁架结构的变形能，并求 A、C 两点的相对位移。已知各杆的抗拉压刚度 EA 相同。

解： 利用节点法可分别求出各相的轴力分别为

$$F_{NAB} = F_{NBC} = F_{NCD} = F_{NDA} = \frac{\sqrt{2}}{2}F$$

$$F_{NBD} = -F$$

利用式（10-2），可得正方形桁架结构的变形能为

$$V_\varepsilon = \sum_{i=1}^{5}\frac{F_{Ni}^2 l_i}{2EA} = \frac{F_{NAB}^2 l}{2EA}\times 4 + \frac{F_{NBD}^2 \sqrt{2}l}{2EA} = \left(1 + \frac{\sqrt{2}}{2}\right)\frac{F^2 l}{EA}$$

在结构变形过程中，外力所做的功为

$$W = \frac{1}{2}F\delta_{AC}$$

根据能量原理 $W = V_\varepsilon$，可得 A、C 两点的相对位移 δ_{AC} 为

$$\delta_{AC} = (2 + \sqrt{2})\frac{Fl}{EA}$$

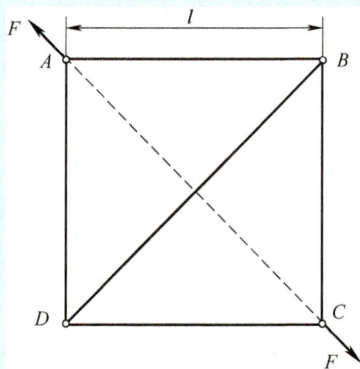

图 10-2

例 10.3 图 10-3 所示的平面刚架，其 C 点固定，A 点作用竖直向下的集中力 F。已知刚架的抗弯刚度与抗拉压刚度分别为 EI_z 和 EA（两者都是常数）。试求 A 点的竖向位移 δ_A。

解： 首先由截面法求刚架各段的内力值。这里轴力以拉伸为正，压缩为负。弯矩不规定它的正负。建立如图 10-3 所示的坐标，AB 和 BC 两段的轴力和弯矩分别为

AB 段： $\quad\quad\quad\quad M(x_1) = Fx_1, \quad F_N(x_1) = 0$

BC 段： $\quad\quad\quad\quad M(x_2) = Fa, \quad F_N(x_2) = -F$

整个刚架的变形能可按式（10-14）计算，即

$$V_\varepsilon = \int_l \frac{F_N^2(x)\,\mathrm{d}x}{2EA} + \int_l \frac{M^2(x)\,\mathrm{d}x}{2EI_z}$$

$$= \int_0^l \frac{F_N^2(x_2)\,\mathrm{d}x_2}{2EA} + \int_0^a \frac{M^2(x_1)\,\mathrm{d}x_1}{2EI_z} + \int_0^l \frac{M^2(x_2)\,\mathrm{d}x_2}{2EI_z}$$

$$= \int_0^l \frac{F^2\,\mathrm{d}x_2}{2EA} + \int_0^a \frac{F^2 x_1^2\,\mathrm{d}x_1}{2EI_z} + \int_0^l \frac{F^2 a^2\,\mathrm{d}x_2}{2EI_z}$$

$$= \frac{F^2 l}{2EA} + \frac{F^2 a^2}{2EI_z}\left(\frac{a}{3}+l\right)$$

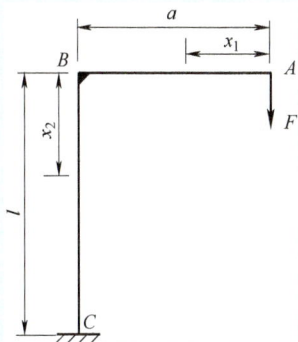

图 10-3

刚架变形过程中，集中力 F 所做的功为

$$W = \frac{1}{2}F\delta_A$$

根据能量原理 $W = V_\varepsilon$，可得 A 点的竖向位移 δ_A 为

$$\delta_A = \frac{Fl}{EA} + \frac{Fa^2}{EI_z}\left(\frac{a}{3}+l\right) \tag{d}$$

式（d）中第一项对应着刚架轴向拉压变形引起的位移，第二项对应着刚架弯曲变形引起的位移。若 $a=l$，且各段杆横截面为直径为 d 圆形，$l=10d$，则

$$\delta_A = \frac{Fl}{EA} + \frac{4}{3}\frac{Fl^3}{EI_z} = \frac{4}{3}\frac{Fl^3}{EI_z}\left(\frac{3I_z}{4Al^2}+1\right) = \frac{4}{3}\frac{Fl^3}{EI_z}\left(\frac{3}{6400}+1\right)$$

可见，刚架轴向拉压变形引起的位移相比刚架弯曲变形引起的位移小得多，故在求解抗弯杆件的变形或位移时，一般可以不考虑轴力的影响。

10.2.2 余能

另一个能量参数称为余能。设图 10-4a 所示为非线性弹性材料所制成的拉杆。由于材料为非线性弹性，则拉杆的 F-δ 如图 10-4b 所示。当外力由 0 开始逐渐增大到 F_1 时，杆端位移就由 0 逐渐增至 δ_1，仿照外力做功的表达式计算另一积分

$$\int_0^{F_1} \delta\,\mathrm{d}F \tag{e}$$

对式（e）积分是 F-δ 曲线与纵坐标轴间的面积，其量纲与外力功相同，且与外力功 $\int_0^{\delta_1} F\,\mathrm{d}\delta$ 之和正好等于矩形面积 $F_1\delta_1$，称为余功，用 W_c 表示，即

$$W_c = \int_0^{F_1} \delta\,\mathrm{d}F \tag{10-15}$$

由于材料是弹性的，仿照功与应变能相等的关系，可将余功相应的能称为余能，并用 V_c 表示。余功 W_c 和余能 V_c 在数值上相等，即

$$V_c = W_c = \int_0^{F_1} \delta\,\mathrm{d}F \tag{10-16}$$

式（10-16）为由外力余功计算余能的表达式。

在几何线性问题中，同样可仿照由应变能密度来计算应变能的方式，得到由余能密度 v_c 计算余能的表达式

$$V_c = \int_V v_c\,\mathrm{d}V \tag{10-17}$$

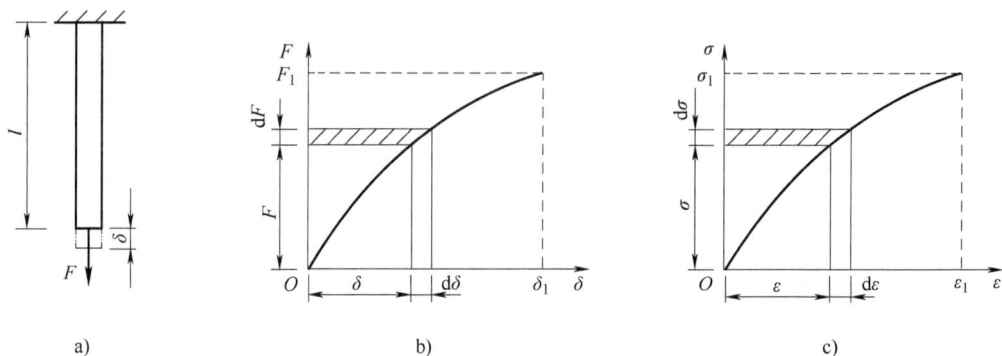

图 10-4

其中的余能密度 v_c 可按下式求得：

$$v_c = \int_0^{\sigma_1} \varepsilon \mathrm{d}\sigma \tag{10-18}$$

在图 10-4c 的应力-应变曲线中， $\int_0^{\sigma_1} \varepsilon \mathrm{d}\sigma$ 积分代表曲线 $\sigma\text{-}\varepsilon$ 与纵坐标轴间的面积。

余能（或余能密度）仅具有与应变能（或应变能密度）相同的量纲，并无具体的物理意义。在线弹性材料的几何线性问题中，由于荷载与位移（或应力与应变）间的线性关系，因而余能（或余能密度）在数值上等于应变能（或应变能密度），但两者在概念和计算方法上迥然不同，应注意区分。

例 10.4 图 10-5a 所示结构中两杆的长度均为 l，横截面面积均为 A。材料单轴位伸时的 $\sigma\text{-}\varepsilon$ 曲线如图 10-5b 所示，试求在载荷 F 作用下系统的余能。

解： 选节点 C 为研究对象，根据结构和外力的对称性，可得两杆的内力为

$$F_N = \frac{F}{2\cos\alpha}$$

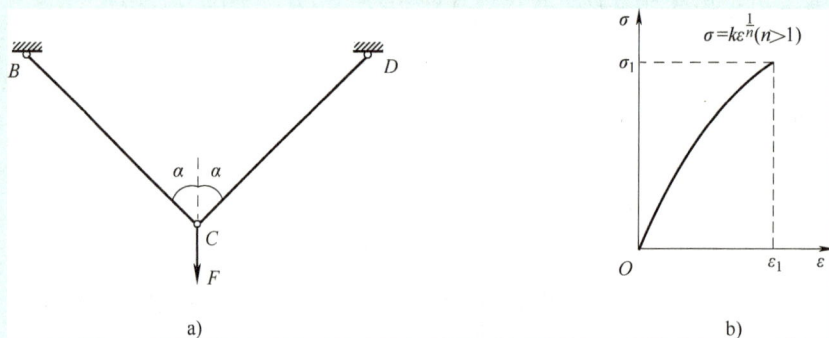

图 10-5

两杆应力为

$$\sigma_1 = \frac{F_N}{A} = \frac{F}{2A\cos\alpha} \tag{f}$$

由材料应力-应变关系，可得到杆件单位体积的余能为

$$v_c = \int_0^{\sigma_1} \varepsilon \mathrm{d}\sigma = \int_0^{\sigma_1} \left(\frac{\sigma}{k}\right)^n \mathrm{d}\sigma = \frac{\sigma_1^{n+1}}{k^n(n+1)} \tag{g}$$

将式（f）代入式（g），杆件单位体积的余能可表示为

$$v_{\mathrm{c}} = \frac{1}{k^n(n+1)}\left(\frac{F}{2A\cos\alpha}\right)^{n+1}$$

由于轴向拉伸杆内各点的应力状态相同，因此系统的余能为

$$V_{\mathrm{c}} = \int_V v_{\mathrm{c}} \mathrm{d}V = v_{\mathrm{c}}(2lA) = \frac{l}{(2A)^n k^n(n+1)}\left(\frac{F}{\cos\alpha}\right)^{n+1}$$

10.3 卡氏定理

10.3.1 卡氏第一定理

已知弹性杆件内应变能和余能表达式分别为式（10-13）和式（10-16），并适用于线性或非线性的弹性杆件。利用这两个公式，意大利工程师卡斯蒂利亚诺（C. A. Castigliano）导出了计算弹性杆件的力和位移的两个定理，通常称之为卡氏第一定理和卡氏第二定理。

设图 10-6 中所示简支梁的材料为非线性弹性。梁上作用有 n 个集中荷载 $F_1, F_2, \cdots, F_n$，这些集中荷载作用点沿外力方向的最终位移分别为 $\delta_1, \delta_2, \cdots, \delta_n$。弹性体在变形过程中储存的应变能，只取决于外力和位移的最终值，与加力的次序无关。因为，如用不同的加载次序可以得到不同的应变能，那么，按一个储存能量较多的次序加载，而按另一个储存能量较少的次序解除外力，完成一个循环，弹性体内将增加能量。显然，这与能量守恒原理相矛盾，所以应变能与加载次序无关。为计算方便，假定这些荷载按比例同时由零增至其最终值（即简单加载）。在线弹性情况下，弹性位移与外力之间的关系也是线性的，则位移 $\delta_1, \delta_2, \cdots, \delta_n$ 也将与外力按相同的比例增加。于是外力所做的总功就等于每个集中荷载在加载过程中所做功的总和。由于梁内应变能在数值上等于外力功，所以有

$$V_{\varepsilon} = W = \sum_{i=1}^{n}\int_0^{\Delta_i} F_i \mathrm{d}\delta_i \qquad (10\text{-}19)$$

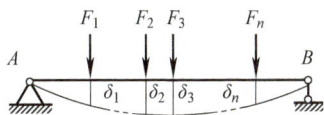

图 10-6

式中，F_i 及 δ_i 为加载过程中荷载及位移的瞬时值。显然，右端每一积分 $\int_0^{\Delta_i} F_i \mathrm{d}\delta_i$ 均为位移 δ_i 的函数，于是，由式（10-19）表示的应变能 V_{ε} 为最终位移 $\delta_1, \delta_2, \cdots, \delta_n$ 的函数。

如这些位移中的任一个 δ_i 有一微小增量 $\mathrm{d}\delta_i$，则应变能的增量 $\mathrm{d}V_{\varepsilon}$ 为

$$\mathrm{d}V_{\varepsilon} = \frac{\partial V_{\varepsilon}}{\partial \delta_i}\mathrm{d}\delta_i \qquad (\text{a})$$

式中，$\dfrac{\partial V_{\varepsilon}}{\partial \delta_i}$ 代表应变能对于位移 δ_i 的变化率。仅位移 δ_i 有一微小增量，而其余位移均保持不变。因此，对于位移的微小增量 $\mathrm{d}\delta_i$，仅 F_i 做了外力功，于是，外力功变化为

$$\mathrm{d}W = F_i \mathrm{d}\delta_i \qquad (\text{b})$$

由于外力功变化在数值上等于应变能的增量，故有

$$\mathrm{d}V_{\varepsilon} = \mathrm{d}W \qquad (\text{c})$$

将式（a）、式（b）代入式（c），并消去两边公共项 $\mathrm{d}\delta_i$，可得

$$F_i = \frac{\partial V_\varepsilon}{\partial \delta_i} \qquad (10\text{-}20)$$

式（10-20）表明，弹性杆件的应变能 V_ε 对于杆件上某一位移的变化率，等于与该位移相应的荷载，称为卡氏第一定理。这一定理已被广泛用来求解弹性物体，特别是工程结构的广义力的计算。这一定理对线性或非线性弹性体都适用。这里 F_i 代表作用在杆件上的广义力，可以代表一个力、一个力偶、一对力或一对力偶，而 δ_i 则为与之相对应的广义位移，可以是一个线位移、角位移、相对线位移或相对角位移。在运用卡氏第一定理时，必须将应变能 V_ε 表达成给定的位移（如例 10.5 中是自由端处的转角 θ）的函数形式，这样才能求出其对给定位移的变化率。

例 10.5 弯曲刚度为 EI_z 的悬臂梁如图 10-7 所示，已知其自由端的转角为 θ，梁材料为线弹性，试按卡氏第一定理确定施加于该处的外力偶矩 M_e。

解： 计算悬臂梁的应变能。自由端施加外力偶矩 M_e 时，梁处于纯弯曲状态。梁内任一点处的线应变为

$$\varepsilon = y/\rho \qquad (d)$$

式中，ρ 为挠曲线的曲率半径。悬臂梁处于纯弯曲状态，挠曲线为圆弧，由图 10-7 可见

$$\rho\theta = l \qquad (e)$$

于是，将式（e）代入式（d），线应变可写为

$$\varepsilon = y\theta/l$$

梁内任一点处的应变能密度 v_ε 为

$$v_\varepsilon = \frac{1}{2}E\varepsilon^2 = \frac{1}{2}\frac{E\theta^2}{l^2}y^2$$

梁的总应变能为用 θ 表示为

$$V_\varepsilon = \int_V v_\varepsilon \mathrm{d}V = \int_l \left(\int_A v_\varepsilon \mathrm{d}A \right) \mathrm{d}x = \int_l \left(\frac{1}{2}\frac{E\theta^2}{l^2}\int_A y^2 \mathrm{d}A \right) \mathrm{d}x = \frac{1}{2}\frac{EI}{l}\theta^2$$

按卡氏第一定理，即得由已知转角 θ 表达的外力偶矩为

$$M_e = \frac{\partial V_\varepsilon}{\partial \theta} = \frac{EI\theta}{l}$$

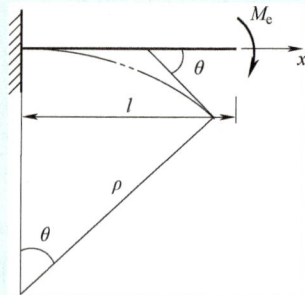

图 10-7

10.3.2 卡氏第二定理

仍以图 10-6 所示受集中荷载 $F_1, F_2, \cdots, F_n$ 作用的简支梁为例，材料为非线性弹性。与各荷载相应的最终位移为分别为 $\delta_1, \delta_2, \cdots, \delta_n$。为计算方便，仍按简单加载的方式加载。外力的总余功等于每一集中荷载的余功之和。由式（10-16）可知，梁总余能为

$$V_c = W_c = \sum_{i=1}^{n} \int_0^{F_i} \delta_i \mathrm{d}F_i \qquad (10\text{-}21)$$

式中，δ_i 及 F_i 分别为加载过程中位移及荷载的瞬时值。式（10-21）表明，简支梁内的余能是作用在梁上的一系列荷载 F_i 的函数。

假定荷载 F_i 有一微小增量 $\mathrm{d}F_i$，而其余荷载均保持不变。因此，由于 F_i 改变了 $\mathrm{d}F_i$，外力余功的改变量为

$$\mathrm{d}W_c = \delta_i \mathrm{d}F_i \qquad (f)$$

而由于 F_i 改变了 $\mathrm{d}F_i$，简支梁内的余能改变量为

$$\mathrm{d}V_c = \frac{\partial V_c}{\partial F_i}\mathrm{d}F_i \tag{g}$$

由于外力余功的改变量在数值上等于弹性杆的余能改变量，得

$$\mathrm{d}V_c = \mathrm{d}W_c \tag{h}$$

将（f）、（g）式代入式（h），并消去两边公共项 $\mathrm{d}F_i$，即得

$$\delta_i = \frac{\partial V_c}{F_i} \tag{10-22}$$

式（10-22）表明，弹性杆件的余能 V_c 对于杆件上某一载荷之变化率，等于与该载荷相应的位移，称为余能定理。余能定理适用于一切受力状态下线性或非线性弹性杆件。F_i 代表广义力，而 δ_i 代表与之相对应的广义位移。

在线弹性杆件或杆系中，由于力与位移成正比，杆内的应变能 V_ε 在数值上等于余能 V_c。因此，对于线弹性杆件或杆系，可用应变能 V_ε 代替式（10-22）中的余能 V_c，从而得到

$$\delta_i = \frac{\partial V_\varepsilon}{\partial F_i} \tag{10-23}$$

式（10-23）表明，弹性杆件或杆系的应变能 V_ε 对于作用在该杆件或杆系上的某一载荷之变化率，等于与该载荷相应的位移，称为卡氏第二定理。显然，卡氏第二定理是余能定理在线弹性情况下的特例。式（f）同样适用于任意受力形式下的线弹性杆件，而 F_i 和 δ_i 应分别代表广义力和相应的广义位移。

应该注意，卡氏第一定理和余能定理适用于线性或非线性弹性体，而卡氏第二定理仅适用于线弹性体。

例 10.6 弯曲刚度为 EI_z 悬臂梁受三角形分布荷载，如图 10-8 所示。梁的材料为线弹性体，且不计切应变对挠度的影响。试用卡氏第二定理计算悬臂梁自由端的挠度。

解：为利用卡氏第二定理确定悬臂梁自由端的挠度，在自由端加上相应的虚设外力 F（见图 10-8）。在求得梁分别在三角形分布荷载和虚设外力 F 共同作用下的应变能 V_ε，并按卡氏第二定理求出应变能 V_ε 对虚设外力 F 的变化率 $\dfrac{\partial V_\varepsilon}{\partial F}$ 后，由于卡氏第二定理对外力的数值并无要求，在 $\dfrac{\partial V_\varepsilon}{\partial F}$ 的表达式中，令虚设外力 $F = 0$，所得结果即为自由端的挠度 w_A。

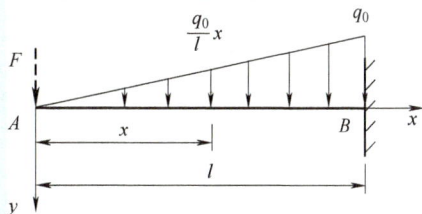

图　10-8

计算悬臂梁的应变能。在三角形分布荷载和虚设外力 F 共同作用下，梁的任意截面 x 处的弯矩为

$$M(x) = M_q(x) + M_F(x) = -\left(\frac{1}{6}\frac{q_0}{l}x^3 + Fx\right)$$

由式（10-7），悬臂梁的应变能为

$$V_\varepsilon = \int_0^l \frac{M^2(x)}{2EI_z}\mathrm{d}x = \int_0^l \frac{1}{2EI_z}\left(\frac{q_0}{6l}x^3 + Fx\right)^2 \mathrm{d}x = \int_0^l \frac{1}{2EI_z}\left(\frac{q_0^2}{36l^2}x^6 + \frac{q_0}{3l}Fx^4 + F^2x^2\right)\mathrm{d}x$$

$$= \frac{1}{2EI_z}\left(\frac{1}{252}q_0^2l^5 + \frac{1}{15}q_0Fl^4 + \frac{F^2}{3}l^3\right)$$

由卡氏第二定理，求得应变能 V_ε 对虚设力 F 的变化率 $\dfrac{\partial V_\varepsilon}{\partial F}$ 为

$$\frac{\partial V_\varepsilon}{\partial F} = \frac{1}{2EI_z}\left(\frac{1}{15}q_0 l^4 + \frac{2F}{3}l^3\right) \tag{i}$$

式（i）中令 $F=0$，即得梁自由端的挠度为

$$w_A = \frac{\partial V_\varepsilon}{\partial F}\bigg|_{F=0} = \frac{1}{2EI_z} \cdot \frac{1}{15}q_0 l^4 = \frac{q_0 l^4}{30EI_z}$$

正值的 w_A 表示挠度的指向与虚设力 F 的指向一致。

在计算较复杂的弯曲问题时，可将 $\dfrac{\partial V_\varepsilon}{\partial F}\bigg|_{F=0}$ 写作

$$\frac{\partial V_\varepsilon}{\partial F}\bigg|_{F=0} = \int_0^l \frac{\partial M^2(x)}{\partial F}\bigg|_{F=0} \cdot \frac{1}{2EI_z}\mathrm{d}x$$

由于 $M(x)$ 是 F 的函数，故

$$\frac{\partial M^2(x)}{\partial F}\bigg|_{F=0} = \frac{\partial M^2(x)}{\partial M(x)} \cdot \frac{\partial M(x)}{\partial F}\bigg|_{F=0} = 2M(x)\big|_{F=0} \cdot \frac{\partial M(x)}{\partial F}\bigg|_{F=0} \tag{j}$$

式中，$M_q(x) = M(x)\big|_{F=0} = \left[M_q(x) + M_F(x)\right]_{F=0}$ 即为由原荷载引起的弯矩。这样，计算工作将大为简化。利用这种方法，本题中的梁自由端的挠度为

$$w_A = \frac{\partial V_\varepsilon}{\partial F}\bigg|_{F=0} = \int_0^l \frac{\partial M^2(x)}{\partial F}\bigg|_{F=0} \cdot \frac{1}{2EI_z}\mathrm{d}x = \int_0^l 2\left(-\frac{1}{6}\frac{q_0}{l}x^3\right) \cdot (-x) \cdot \frac{1}{2EI_z}\mathrm{d}x = \frac{q_0 l^4}{30EI_z}$$

例 10.7 弯曲刚度均为 EI_z 的静定组合梁 ABC，在 AB 段上受均布荷载 q 作用，如图 10-9a 所示。梁的材料为线弹性体，不计剪力对梁变形的影响。试用卡氏第二定理求梁中间铰 B 两侧截面的相对转角。

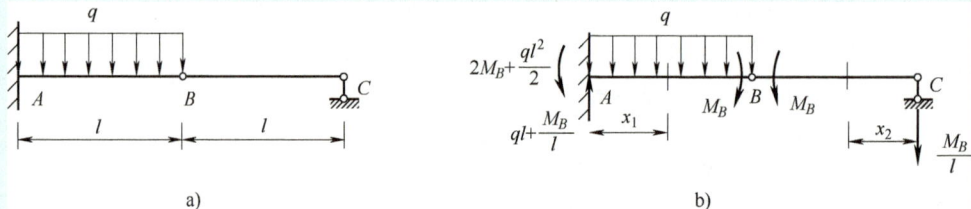

图 10-9

解： 为计算中间铰链 B 两侧截面的相对转角，在中间铰链两侧各虚设一个转向相反的外力偶 M_B（见图 10-9b）。组合梁在均布荷载和虚设外力偶的共同作用下，根据平衡方程，可得梁固定端 A 和活动铰链支座 C 处的支座反力如图 10-9b 所示。

两段梁在任意 x 横截面上的弯矩分别为

AB 梁：

$$M(x_1) = \left(ql + \frac{M_B}{l}\right)x_1 - \left(2M_B + \frac{ql^2}{2}\right) - \frac{qx_1^2}{2} \qquad (0 < x_1 < l)$$

BC 梁：

$$M(x_2) = -\frac{M_B}{l}x_2 \qquad (0 \leqslant x_2 < l)$$

按上例中推导的式（j），由卡氏第二定理，得中间铰链 B 两侧截面的相对转角为

$$\Delta\theta_B = \frac{\partial V_\varepsilon}{\partial M_B}\bigg|_{M_B=0} = \sum_{i=1}^{2}\int_l 2M(x_i)\big|_{M_B=0} \cdot \frac{\partial M(x_i)}{\partial M_B}\bigg|_{M_B=0} \cdot \frac{1}{2EI_z}\mathrm{d}x$$

$$= \frac{1}{EI}\int_0^l \left(qlx - \frac{ql^2}{2} - \frac{qx^2}{2} \right)\left(\frac{x}{l} - 2 \right)\mathrm{d}x = \frac{7ql^3}{24EI_z}$$

所得结果为正，表明相对转角 $\Delta\theta_B$ 的转向与图 10-9b 中虚设处力偶 M_B 的转向一致。

例 10.8　弯曲刚度为 EI_z 的等截面开口圆环作用一对集中力 F，如图 10-10 所示。环的材料为线弹性体，不计圆环内剪力和轴力对位移的影响。试用卡氏第二定理求圆环的张开位移 Δ。

解：将一对力 F 视作广义力，其相应的广义位移即为张开位移 Δ。首先计算圆环的应变能，在计算应变能时，由于结构和外力的对称性，可计算半个圆环的应变能 V_ε 而乘以 2。圆环任意截面位置用角变量 φ 表示，任意截面上的弯矩为

$$M(\varphi) = FR(1-\cos\varphi)$$

并规定正值弯矩使环的内侧伸长。

圆环的应变能为

图　10-10

$$V_\varepsilon = \int_s \frac{M^2(\varphi)}{2EI_z}\mathrm{d}s = 2\int_0^\pi \frac{F^2R^2}{2EI_z}(1-\cos\varphi)^2 R\mathrm{d}\varphi = 2\int_0^\pi \frac{F^2R^3}{2EI_z}(1-2\cos\varphi+\cos^2\varphi)\mathrm{d}\varphi = \frac{3\pi F^2 R^3}{2EI_z}$$

由卡氏第二定理，可得张开位移（广义位移）Δ 为

$$\Delta = \frac{\partial V_\varepsilon}{\partial F} = \frac{\partial}{\partial F}\left(\frac{3\pi F^2 R^3}{2EI_z} \right) = \frac{3\pi FR^3}{EI_z}$$

所得位移为正值，表示张开位移与对应的广义力指向一致。

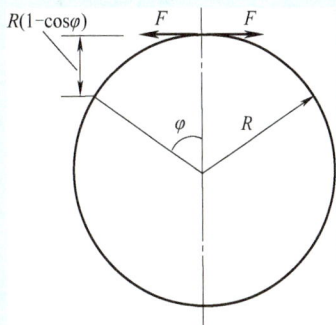

例 10.9　各杆弯曲刚度均为 EI_z 的 z 字形平面刚架受集中力 F 作用，如图 10-11a 所示。杆的材料为线弹性，不计剪力及轴力对变形的影响。试用卡氏第二定理求端面 A 的线位移和转角。

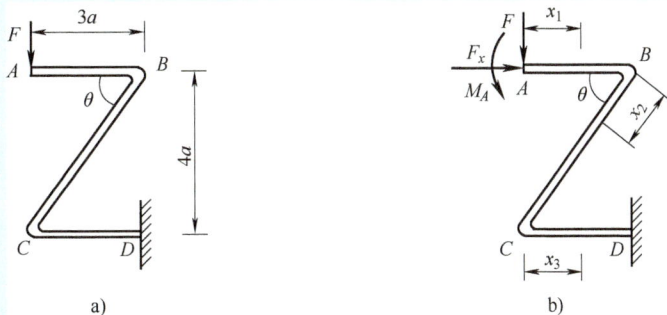

图　10-11

解：先计算刚架各段的弯矩方程及其偏导数。为计算相关位移，在 A 端虚设水平集中力 F_x 和外力偶 M_A，对各段分别取不同的坐标原点，如图 10-11b 所示。于是，可得弯矩方程及相应的偏导数分别为

AB 段 　　　　$M(x_1) = -Fx_1 - M_A$ 　　$(0 < x_1 \leqslant 3a)$

$$\frac{\partial M(x_1)}{\partial F_x} = 0, \quad \frac{\partial M(x_1)}{\partial F} = -x_1, \quad \frac{\partial M(x_1)}{\partial M_A} = -1$$

BC 段 　　　　$M(x_2) = -F_x\sin\theta \cdot x_2 + F(3a - x_2\cos\theta) + M_A$ 　　$(0 < x_2 \leqslant 5a)$

$$\frac{\partial M(x_2)}{\partial F_x} = -x_2\sin\theta, \quad \frac{\partial M(x_2)}{\partial F} = 3a - x_2\cos\theta, \quad \frac{\partial M(x_2)}{\partial M_A} = 1$$

CD 段 $\qquad M(x_3) = -F_x \cdot 4a + Fx_3 + M_A \qquad (0 < x_3 \leqslant 3a)$

$$\frac{\partial M(x_3)}{\partial F_x} = -4a, \quad \frac{\partial M(x_3)}{\partial F} = x_3, \quad \frac{\partial M(x_3)}{\partial M_A} = 1$$

按卡氏第二定理，可得端面的线位移和转角分别为

$$\Delta_{Ax} = \frac{1}{EI_z} \int_0^{5a} F(3a - x\cos\theta)(-x\sin\theta)\,\mathrm{d}x + \frac{1}{EI_z} \int_0^{3a} Fx(-4a)\,\mathrm{d}x = -\frac{28Fa^3}{EI_z}(\leftarrow)$$

$$\Delta_{Ay} = \frac{1}{EI_z} \int_0^{3a} (-Fx)(-x)\,\mathrm{d}x + \frac{1}{EI_z} \int_0^{5a} F(3a - x\cos\theta)^2\,\mathrm{d}x + \frac{1}{EI_z} \int_0^{3a} Fx(x)\,\mathrm{d}x = \frac{33Fa^3}{EI_z}(\downarrow)$$

$$\theta_A = \frac{1}{EI_z} \int_0^{3a} (-Fx)(-1)\,\mathrm{d}x + \frac{1}{EI_z} \int_0^{5a} F(3a - x\cos\theta)\,\mathrm{d}x + \frac{1}{EI_z} \int_0^{3a} Fx \cdot 1\,\mathrm{d}x = \frac{33Fa^2}{2EI_z}(\curvearrowleft)$$

例 10.10 各杆的拉伸和压缩刚度均为 EA 的正方形平面桁架受水平力 F 作用，如图 10-12a 所示。桁架各杆材料为线弹性，试用卡氏第二定理求对点 C 的水平与铅垂位移。

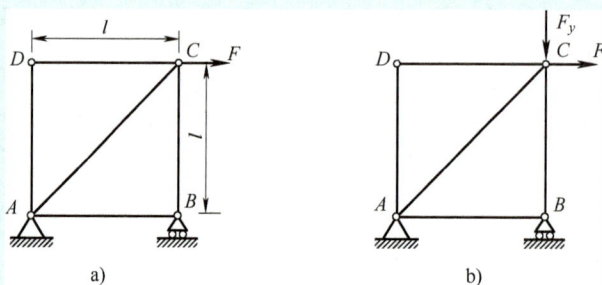

图 10-12

解： 首先计算各杆内力及其偏导数。在结点 C 虚设铅垂力 F_y（见图 10-12b）。由结点法求得桁架各杆的内力及其相应的偏导数，如表 10-1 所示。

表 10-1 各杆内力及其偏导数

杆 件	F_{Ni}	$\dfrac{\partial F_{Ni}}{\partial F}$	$\dfrac{\partial F_{Ni}}{\partial F_y}$	$F_{Ni}\Big\vert_{F_y=0}$	
AB	0	0	0	0	$\dfrac{\partial F_{Ni}}{\partial F}\Big\vert_{F_y=0} = \dfrac{\partial F_{Ni}}{\partial F}$
BC	$-(F+F_y)$	-1	-1	$-F$	
CD	0	0	0	0	$\dfrac{\partial F_{Ni}}{\partial F_y}\Big\vert_{F_y=0} = \dfrac{\partial F_{Ni}}{\partial F_y}$
DA	0	0	0	0	
AC	$\sqrt{2}F$	$\sqrt{2}$	0	$\sqrt{2}F$	

按卡氏第二定理，可得点 C 的水平与铅垂位移分别为

$$\Delta_{Cx} = \frac{\partial V_\varepsilon}{\partial F}\bigg\vert_{F_y=0} = \sum \frac{\partial V_\varepsilon}{\partial F}\bigg\vert_{F_y=0} = \sum \frac{l_i}{2EA} \cdot \frac{\partial F_{Ni}^2}{\partial F}\bigg\vert_{F_y=0} = \sum \frac{l_i}{EA} \cdot F_{Ni}\big\vert_{F_y=0} \cdot \frac{\partial F_{Ni}}{\partial F}\bigg\vert_{F_y=0}$$

$$\Delta_{Cy} = \frac{\partial V_\varepsilon}{\partial F_y}\bigg\vert_{F_y=0} = \sum \frac{\partial V_\varepsilon}{\partial F_y}\bigg\vert_{F_y=0} = \sum \frac{l_i}{2EA} \cdot \frac{\partial F_{Ni}^2}{\partial F_y}\bigg\vert_{F_y=0} = \sum \frac{l_i}{EA} \cdot F_{Ni}\big\vert_{F_y=0} \cdot \frac{\partial F_{Ni}}{\partial F_y}\bigg\vert_{F_y=0}$$

由表 10-1 的数值可求得结点 F 的水平与铅垂位移分别为

$$\Delta_{Cx} = \frac{(-F) \cdot (-1)l}{EA} + \frac{(\sqrt{2}F) \cdot (\sqrt{2})\sqrt{2}l}{EA} = (1+2\sqrt{2})\frac{Fl}{EA} = 3.83\frac{Fl}{EA}(\rightarrow)$$

$$\Delta_{Cy} = \frac{(-F) \cdot (-1)l}{EA} = \frac{Fl}{EA}(\downarrow)$$

10.4　虚位移原理

在理论力学中介绍了质点和质点系的虚位移原理，即质点或质点系处于平衡状态的必要和充分条件是，作用在其上的力在虚位移所做的总功为零。任意一个杆件（可变形固体），也可看作质点系，作用在杆件上的力分为外力和内力两组，外力指的是荷载和支座反力，内力则为截面上各部分间的相互作用力。因此，对于一个处于平衡状态下的杆件，其外力和内力对任意给定的虚位移所做的总虚功也必然等于零，即

$$W_e + W_i = 0 \tag{10-24}$$

式中，W_e 和 W_i 分别代表外力和内力对虚位移所做的虚功。式（10-24）为可变形固体（杆件或结构）虚位移原理的表达式。

需说明的是，杆件（或结构）的虚位移与质点（或质点系）的虚位移在约束条件上是有差异的。杆件的约束条件除支座约束条件外，还包括杆件中各单元体变形的几何相容条件。杆件在荷载作用产生的位移均应满足上述两类约束条件，且是微小的量。杆件由荷载作用产生的微小位移符合虚位移的要求，因而可当作虚位移。

以一简支梁（见图 10-13a）为例，来推导其虚位移原理的具体表达式。

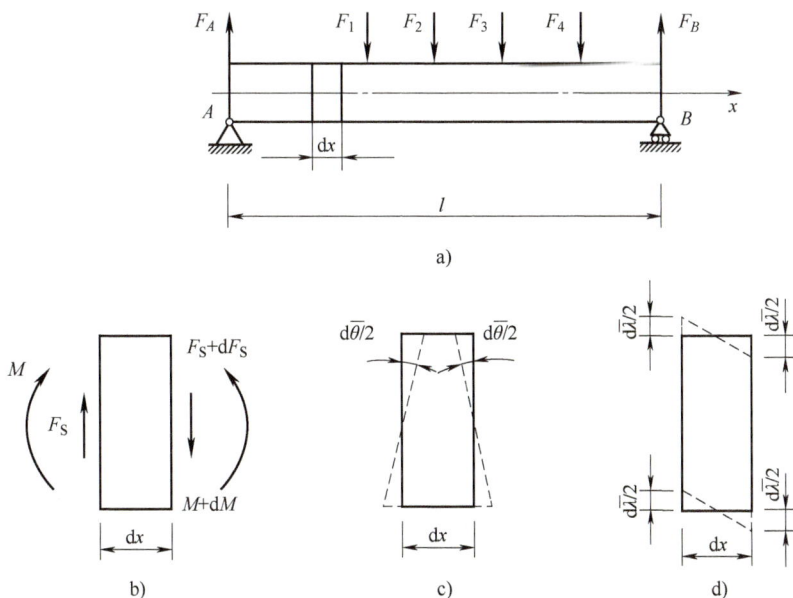

图　10-13

图 10-13a 所示简支梁上的外力为荷载 F_1、F_2、F_3、F_4 和支座反力 F_A、F_B。当给梁任意一个虚位移时，所有荷载作用点沿外力方向的虚位移为 $\overline{\Delta}_1$、$\overline{\Delta}_2$、$\overline{\Delta}_3$、$\overline{\Delta}_4$。两支座 A、B

则不可能有虚位移。因此，梁上所有外力（包括荷载和支座反力）对于虚位移所做虚功为

$$W_e = \sum_{i=1}^{4} F_i \overline{\Delta}_i + F_A \times 0 + F_B \times 0 = \sum_{i=1}^{4} F_i \overline{\Delta}_i \qquad (a)$$

为计算梁的内力对于虚位移所做的虚功，设想把杆件分成无穷多微段，从中任取出一微段 dx（见图 10-13b）。作用在该微段左、右两横截面上的内力分别为剪力 F_S、$F_S + dF_S$ 和弯矩 M、$M + dM$。对于微段而言，剪力、弯矩都应看作外力，微段的虚位移可分为刚体虚位移和变形虚位移两部分。由于微段在上述外力作用下处于平衡状态，根据质点虚位移原理，所有外力对于微段的刚体虚位移所做的总虚功必等于零，而微段的变形虚位移将有如图 10-13c、d 所示的两组。图中 $d\overline{\theta}$ 表示两端截面的相对转角，$d\overline{\lambda}$ 表示两端截面的相对错动位移。剪力和弯矩做的虚功为

$$M\left(\frac{d\overline{\theta}}{2}\right) + (M+dM)\left(\frac{d\overline{\theta}}{2}\right) + F_S\left(\frac{d\overline{\lambda}}{2}\right) + (F_S+dF_S)\left(\frac{d\overline{\lambda}}{2}\right) \qquad (b)$$

略去式（b）中的高阶无穷小项 $dM\left(\frac{d\overline{\theta}}{2}\right)$ 和 $dF_S\left(\frac{d\overline{\lambda}}{2}\right)$，剪力和弯矩做的虚功可简化为

$$M d\overline{\theta} + F_S d\overline{\lambda}$$

作用在微段左右两横截面上的 M 和 F_S，对于该微段而言为外力，所以，$M d\overline{\theta} + F_S d\overline{\lambda}$ 为微段的外力虚功，而微段的内力所做虚功 dW_i，则可按该微段的外力虚功与内力虚功之和等于零原理求得，即

$$dW_i + M d\overline{\theta} + F_S d\overline{\lambda} = 0$$
$$dW_i = -(M d\overline{\theta} + F_S d\overline{\lambda}) \qquad (c)$$

于是，积分式（c）可得总内力虚功为

$$W_i = \int_l dW_i = \int_l -(M d\overline{\theta} + F_S d\overline{\lambda}) \qquad (d)$$

将式（a）、式（d）代入虚位移原理公式（10-24），即得

$$\sum_{i=1}^{4} F_i \overline{\Delta}_i - \int_l (M d\overline{\theta} + F_S d\overline{\lambda}) = 0$$

亦即

$$\sum_{i=1}^{4} F_i \overline{\Delta}_i = \int_l (M d\overline{\theta} + F_S d\overline{\lambda}) \qquad (10\text{-}25)$$

式（10-25）表明，在虚位移中，外力所做虚功等于内力在相应虚变形上所做虚功，这就是虚功原理。也可以把式（10-25）右边看作相应于虚位移的应变能，则虚功原理表明，在虚位移中，外力虚功等于杆件的虚应变能。

若所研究的对象为发生组合变形的杆件，其任意截面上的内力有弯矩 M、剪力 F_S、轴力 F_N 和扭矩 T，作用在杆上的荷载为 $F_i(i=1,2,\cdots,n)$，则杆件的虚位移原理表达式为

$$\sum_{i=1}^{n} F_i \overline{\Delta}_i = \int_l (M d\overline{\theta} + F_S d\overline{\lambda} + F_N d\overline{\delta} + T d\overline{\varphi}) \qquad (10\text{-}26)$$

式中，左端的 $\overline{\Delta}_i$ 为与力相应的虚位移；右端的 $d\overline{\delta}$、$d\overline{\varphi}$ 分别为微段上与轴力和扭矩相对应的变形虚位移，其余的符号意义同前。

例 10.11　试求图 10-14 所示的桁架各杆的内力。设三杆的横截面面积相等，材料相同，且是线弹性的。

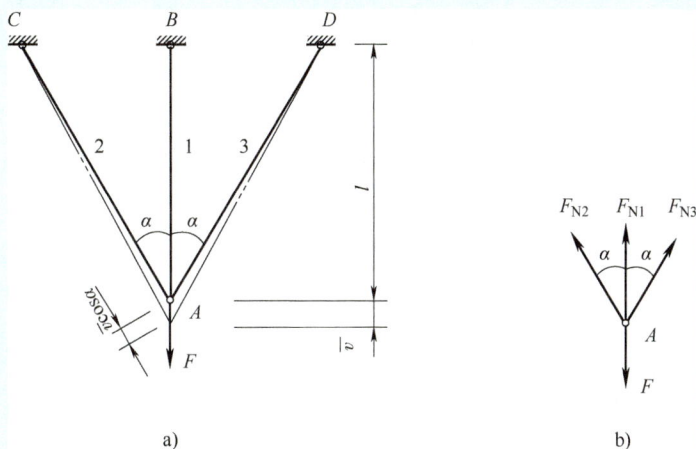

图　10-14

解：设 A 点有虚位移 $\bar{v}$。参考图 10-14a，由于结构和外力对称，三杆因虚位移 $\bar{v}$ 引起的桁架各杆的伸长分别为

$$\Delta \bar{l}_1 = \bar{v}, \quad \Delta \bar{l}_2 = \Delta \bar{l}_3 = \bar{v} \cos\alpha \tag{e}$$

根据虚功原理，内力虚功等于外力虚功，即

$$F_{N1} \Delta \bar{l}_1 + F_{N2} \Delta \bar{l}_2 + F_{N3} \Delta \bar{l}_3 = F\bar{v} \tag{f}$$

将式（e）代入式（f），简化后可得

$$F_{N1} + F_{N2} \cos\alpha + F_{N3} \cos\alpha = F \tag{g}$$

事实上，由虚功原理得到的方程和由节点 A 在铅垂方向的平衡方程（见图 10-14b）是一致的，也表明虚功原理是整个桁架平衡的内在要求。由结构和受力的对称性或节点 A 在水平方向的平衡很容易看出：$F_{N2} = F_{N3}$。因此，式（g）可简化为

$$F_{N1} + 2F_{N2} \cos\alpha = F \tag{h}$$

A 点的实际铅直位移为 v，各杆的伸长分别为

$$\Delta l_1 = v, \quad \Delta l_2 = \Delta l_3 = v\cos\alpha$$

由胡克定律求出三杆的内力分别为

$$F_{N1} = \frac{EA}{l}v, F_{N2} = F_{N3} = \frac{EA}{l_2}v\cos\alpha = \frac{EA}{l}v\cos^2\alpha \tag{i}$$

将式（i）代入式（h），可得

$$\frac{EAv}{l}(1 + 2\cos^3\alpha) = F$$

由此解得

$$v = \frac{Fl}{EA(1 + 2\cos^3\alpha)}$$

把 v 的表达式代回式（i），即可求得桁架三杆的内力分别为

$$F_{N1} = \frac{F}{1 + 2\cos^3\alpha}, \quad F_{N2} = F_{N3} = \frac{F\cos^2\alpha}{1 + 2\cos^3\alpha}$$

10.5 单位载荷法与莫尔积分

若要确定在实际载荷作用下杆件上某一截面沿某一指定方向（或转向）的位移 Δ，就可在该点处施加一个相应的单位力，并将其看作载荷，而由单位力所引起的杆件任意横截面上的内力记为 $\overline{F}_N$、$\overline{M}$、$\overline{F}_S$、$\overline{T}$。于是，杆件的虚位移原理表达式（10-26）成为

$$1 \times \Delta = \int_l (\overline{F}_N \mathrm{d}\delta + \overline{M} \mathrm{d}\theta + \overline{F}_S \mathrm{d}\lambda + \overline{T} \mathrm{d}\varphi) \tag{10-27}$$

式中，由实际载荷所引起的待定位移 Δ 是被当作虚位移看待的，$1 \times \Delta$ 就代表单位力所做的虚功；$\mathrm{d}\delta$、$\mathrm{d}\theta$、$\mathrm{d}\lambda$、$\mathrm{d}\varphi$ 为由实际载荷引起的分别与 $\overline{F}_N$、$\overline{M}$、$\overline{F}_S$、$\overline{T}$ 相对应的变形位移，而在式（10-27）中，则被视为虚位移。

式（10-27）为用单位载荷法计算杆件位移的一般表达式。应当注意，在按杆件的虚位移原理导出该式时，是将实际载荷引起的位移当作虚位移，而将虚设单位力当作载荷。

对于线弹性体的杆件，由实际载荷引起的 $\mathrm{d}x$ 微段两端横截面间的变形位移分别为

$$\mathrm{d}\delta = \frac{F_N \mathrm{d}x}{EA}, \quad \mathrm{d}\theta = \frac{M \mathrm{d}x}{EI_z}, \quad \mathrm{d}\lambda = \frac{\alpha_S F_S \mathrm{d}x}{GA}, \quad \mathrm{d}\varphi = \frac{T \mathrm{d}x}{GI_p} \tag{10-28}$$

式中，F_N、M、F_S、T 为杆件横截面上由实际载荷所引起的内力。将式（10-28）代入式（10-27）即得

$$\Delta = \int_l \frac{F_N \overline{F}_N \mathrm{d}x}{EA} + \int_l \frac{M \overline{M} \mathrm{d}x}{EI_z} + \int_l \frac{k F_S \overline{F}_S \mathrm{d}x}{GA} + \int_l \frac{T \overline{T} \mathrm{d}x}{GI_p} \tag{10-29}$$

式（10-29）即为用单位载荷法求线弹性体位移的计算公式。对于非圆截面杆，式中的 I_p 应以 I_t 替代。式（10-29）称为莫尔定理，式中积分称为莫尔积分。注意，式（10-29）只适用于线弹性结构。

在应用式（10-29）计算位移时，应注意：

（1）在所研究的杆件中，由实际荷载引起的横截面上的内力，并不一定都有轴力 F_N、弯矩 M、剪力 F_S 和扭矩 T。同样，在单位力作用下也不一定都有 $\overline{F}_N$、$\overline{M}$、$\overline{F}_S$、$\overline{T}$。因此，需根据具体的研究对象，确定等号右端的项。

（2）单位力为与需求位移相应的广义力，且是个有单位的量。若 Δ 为所求某截面处的线位移，则单位力即为施加于该处沿所求线位移方向的力，如 1N 或 1kN；若 Δ 为所求某截面的转角或扭转角，则单位力为施加于该截面处的弯矩力偶或扭矩力偶，如 1N·m 或 1kN·m；若 Δ 为桁架上两结点间的相对线位移，则单位力应该是施加在两结点上沿两结点连线的一对大小相等、指向相反的力。

（3）若所求位移 Δ 的结果为正值，则表示其指向与单位力指向一致。若为负值，则与单位力的相反。等式右端积分号内由单位力引起的内力以及由载荷引起的内力，其正负号的规定与以前的规定相同。

（4）在仅受结点载荷作用的桁架中，由于各杆的横截面上只有轴力 F_N，且沿杆长为定值，因此，用单位力法计算桁架结点位移的表达式可改写为

$$\Delta = \sum_{i=1}^n \frac{F_{Ni} \overline{F}_{Ni} l_i}{E_i A_i} \tag{10-30}$$

式中，F_{Ni}、A_i 和 l_i 分别为第 i 根杆件的轴力、横截面面积和杆长（$i = 1, 2, \cdots, n; n$ 为杆的总数）；$\overline{F}_{Ni}$ 为该杆件由单位力所引起的轴力。

例 10.12　弯曲刚度为 EI_z 的等截面简支梁承受集度为 q 的均布荷载作用，如图 10-15a 所示，不计剪力对弯曲变形影响。试用单位载荷法计算梁中点 C 的挠度和支座截面 A 的转角。

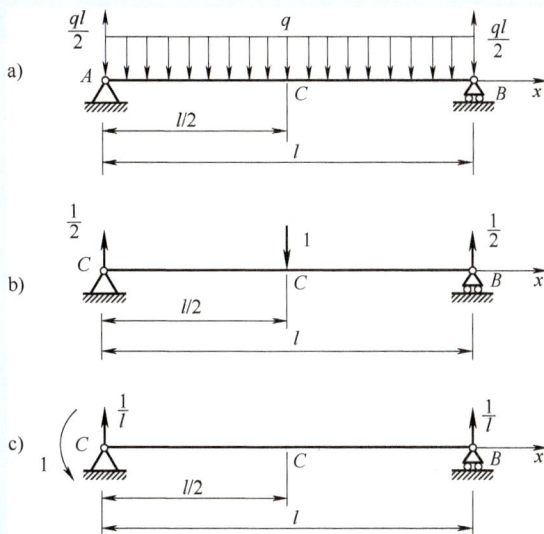

图　10-15

解：计算载荷引起的弯矩方程，取 x 轴与梁的轴线重合，并以左支座 A 为坐标原点。在均布载荷作用下，任意 x 截面的弯矩表达式为

$$M(x) = \frac{ql}{2}x - \frac{qx^2}{2} \qquad (0 \leqslant x \leqslant l) \tag{a}$$

为计算梁中点 C 处的挠度，可在该点处施加向下的单位力（见图 10-15b），由单位力作用所引起的 x 截面弯矩表达式为

$$\overline{M}(x) = \frac{1}{2}x \qquad \left(0 \leqslant x \leqslant \frac{l}{2}\right) \tag{b}$$

将式（a）和式（b）代入式（10-29）右端第二项，并注意到载荷和单位力作用下弯矩图对梁中点的对称性，因此，可得梁中点挠度 w_C 为

$$w_C = \Delta = \int_l \frac{M(x)\overline{M}(x)\,\mathrm{d}x}{EI_z} = 2\int_0^{l/2} \frac{x}{2EI_z}\left(\frac{ql}{2}x - \frac{qx^2}{2}\right)\mathrm{d}x = \frac{5ql^4}{384EI_z}$$

结果为正值，表示挠度的指向与单位力的指向一致，即向下。

为求左支座截面 A 的转角 θ_A，可在该截面处施加单位力偶，其转向取逆时针方向（见图 10-15c）。由单位力偶作用所引起的 x 截面弯矩表达式为

$$\overline{M}(x) = \frac{1}{l}x - 1 \qquad (0 \leqslant x \leqslant l) \tag{c}$$

将式（a）和式（c）代入式（10-29）右端第二项，即得支座截面 A 的转角 θ_A 为

$$\theta_A = \Delta = \int_l \frac{M(x)\overline{M}(x)\,\mathrm{d}x}{EI_z} = \int_0^l \frac{1}{EI_z}\left(\frac{ql}{2}x - \frac{qx^2}{2}\right)\left(\frac{x}{l} - 1\right)\mathrm{d}x = -\frac{ql^3}{24EI_z}$$

结果为负值，表示转角 θ_A 的转向与单位力偶的相反，即为顺时针转向。

例 10.13 静定桁架在结点 H 处受水平集中力 F 的作用，如图 10-16a 所示。桁架除两斜杆的横截面面积为 $2A$ 外，其余各杆均为 A，所有杆件的材料均相同，其弹性模量为 E。试用单位载荷法求桁架中结点 B、H 的水平位移以及两结点 A、D 间的相对位移。

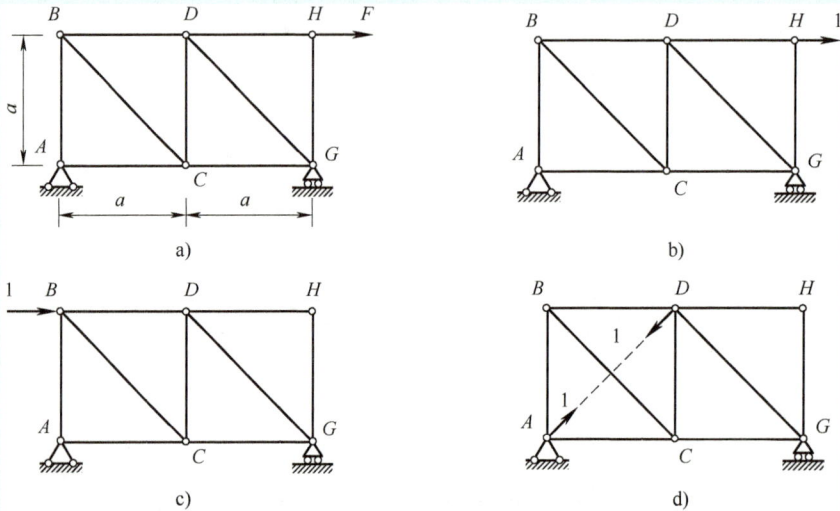

图 10-16

解：为求结点 H、B 的水平位移，应分别在该两结点上施加水平单位力（见图 10-16b、c）。在计算两结点 A、D 间的相对线位移时，则应在 A、D 两结点上沿 A、D 间连线各施加单位力，其指向相对，如图 10-16d 所示。

按桁架内力的分析方法，分别求出桁架在载荷和单位力作用下各杆件的轴力，其结果列于表 10-2 中。

表 10-2　桁架结点位移的计算

杆　件	荷载引起的内力 F_N	单位力（在 H 点）引起的内力 $\overline{F}_N$	$\dfrac{F_N \overline{F}_N l}{EA}$	单位力（在 B 点）引起的内力 $\overline{F}_N$	$\dfrac{F_N \overline{F}_N l}{EA}$	单位力（在 A、D 两点）引起的内力 $\overline{F}_N$	$\dfrac{F_N \overline{F}_N l}{EA}$
AB	$\dfrac{F}{2}$	$\dfrac{1}{2}$	$\dfrac{1}{4}\dfrac{Fa}{EA}$	$\dfrac{1}{2}$	$\dfrac{1}{4}\dfrac{Fa}{EA}$	$-\dfrac{\sqrt{2}}{2}$	$-\dfrac{\sqrt{2}}{4}\dfrac{Fa}{EA}$
CD	$\dfrac{F}{2}$	$\dfrac{1}{2}$	$\dfrac{1}{4}\dfrac{Fa}{EA}$	$\dfrac{1}{2}$	$\dfrac{1}{4}\dfrac{Fa}{EA}$	$-\dfrac{\sqrt{2}}{2}$	$-\dfrac{\sqrt{2}}{4}\dfrac{Fa}{EA}$
GH	0	0	0	0	0	0	0
BD	$\dfrac{F}{2}$	$\dfrac{1}{2}$	$\dfrac{1}{4}\dfrac{Fa}{EA}$	$\dfrac{1}{2}$	$-\dfrac{1}{4}\dfrac{Fa}{EA}$	$-\dfrac{\sqrt{2}}{2}$	$-\dfrac{\sqrt{2}}{4}\dfrac{Fa}{EA}$
DH	F	1	$\dfrac{Fa}{EA}$	0	0	0	0
AC	F	1	$\dfrac{Fa}{EA}$	1	$\dfrac{Fa}{EA}$	$-\dfrac{\sqrt{2}}{2}$	$-\dfrac{\sqrt{2}}{4}\dfrac{Fa}{EA}$
CG	$\dfrac{F}{2}$	$\dfrac{1}{2}$	$\dfrac{1}{4}\dfrac{Fa}{EA}$	$\dfrac{1}{2}$	$\dfrac{1}{4}\dfrac{Fa}{EA}$	0	0
BC	$-\dfrac{\sqrt{2}}{2}F$	$-\dfrac{\sqrt{2}}{2}$	$\dfrac{\sqrt{2}}{4}\dfrac{Fa}{EA}$	$-\dfrac{\sqrt{2}}{2}$	$\dfrac{\sqrt{2}}{4}\dfrac{Fa}{EA}$	1	$\dfrac{Fa}{2EA}$

（续）

杆　件	荷载引起的内力 F_N	单位力（在 H 点）引起的内力 $\overline{F}_N$	$\dfrac{F_N \overline{F}_N l}{EA}$	单位力（在 B 点）引起的内力 $\overline{F}_N$	$\dfrac{F_N \overline{F}_N l}{EA}$	单位力（在 A、D 两点）引起的内力 $\overline{F}_N$	$\dfrac{F_N \overline{F}_N l}{EA}$
DG	$-\dfrac{\sqrt{2}}{2}F$	$-\dfrac{\sqrt{2}}{2}$	$\dfrac{\sqrt{2}}{4}\dfrac{Fa}{EA}$	$-\dfrac{\sqrt{2}}{2}$	$\dfrac{\sqrt{2}}{4}\dfrac{Fa}{EA}$	0	0
		$3.707\dfrac{Fa}{EA}$		$2.707\dfrac{Fa}{EA}$		$-2.268\dfrac{Fa}{EA}$	

由式（10-30）可得桁架中结点 B、H 的水平位移以及两结点 A、D 间的相对位移如下。
结点 H 的水平位移

$$\Delta_H = 3.707\frac{Fa}{EA}$$

结点 B 的水平位移

$$\Delta_B = 2.207\frac{Fa}{EA}$$

结点 A、D 的相对线位移

$$\Delta_{A,D} = -2.268\frac{Fa}{EA}$$

计算出 Δ_B、Δ_H 均为正值，说明该两位移均与相应的单位力指向一致，即向右；而 $\Delta_{A,D}$ 为负值，则说明 A、D 两结点的相对位移与施加的一对单位力的指向相反，即相对远离。

10.6　计算莫尔积分的图乘法

在计算莫尔积分时，大多数遇到的是等截面直杆的情况。对于梁的弯曲变形，在这种情况下，抗弯刚度 EI_z 为常数，不计剪切变形的影响，式（10-29）可写为

$$\Delta = \frac{1}{EI_z}\int_l M(x)\,\overline{M}(x)\,\mathrm{d}x \tag{a}$$

在 $M(x)$ 和 $\overline{M}(x)$ 两个函数中，只要有一个是线性的，式（a）积分就可简化。进一步分析可知，由于 $\overline{M}(x)$ 是单位力的内力，因而 $\overline{M}(x)$ 必定由直线或折线组成。设在载荷和单位力作用下一段长为 l 的直杆的 $M(x)$ 图和 $\overline{M}(x)$ 图如图 10-17 所示，其中 $\overline{M}(x)$ 图为一段斜直线，方程可表示为

$$\overline{M}(x) = kx + b \tag{b}$$

将式（b）代入式（a），可得

$$\Delta = \frac{1}{EI_z}\left[k\int_l xM(x)\,\mathrm{d}x + b\int_l M(x)\,\mathrm{d}x \right] \tag{c}$$

在积分符号后面的 $M(x)\mathrm{d}x$ 是 $M(x)$ 图中画阴影的微分面积，而 $xM(x)\mathrm{d}x$ 则是上述微分面积对纵坐标轴的静矩。因此，式（c）等号右端括号内第一个积分项为整个 $M(x)$ 图形对纵坐标轴的静矩，而第二个积分表示 $M(x)$ 图形的面积。若以 ω 表示 $M(x)$ 图形的面积，用 x_C 表示 $M(x)$ 图形的形心位置坐标，式（c）可表示为

$$\Delta = \frac{1}{EI_z}(k\omega x_C + b\omega) = \frac{\omega}{EI_z}(kx_C + b) \qquad (d)$$

式（d）等号右端括号实际上就是 $\overline{M}(x)$ 图中与 $M(x)$ 图形的形心 C 相对应的纵坐标，可用 $\overline{M}_C$ 表示，式（d）可写为

$$\Delta = \int_l \frac{M(x)\overline{M}(x)}{EI_z}dx = \frac{\omega \overline{M}_C}{EI_z} \qquad (10\text{-}31)$$

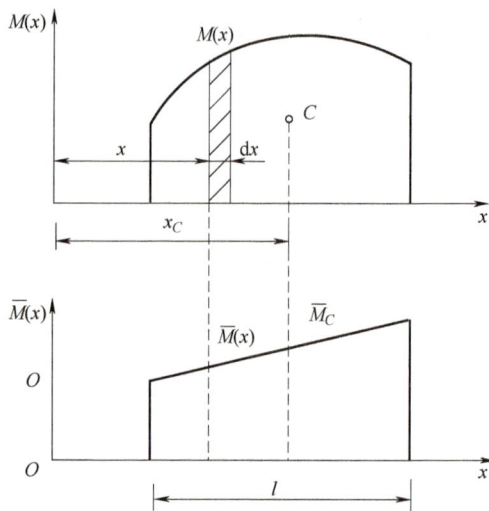

这种将计算等直梁变形的莫尔积分运算简化为图形间的代数运算的方法称为图形互乘法，简称图乘法。

在应用图乘法计算结构的位移时，应该注意以下几点：（1）式（10-31）中的 ω 代表 $M(x)$ 图形的面积，$\overline{M}_C$ 为 $\overline{M}(x)$ 图中与 $M(x)$ 图形的形心 C 相对应的纵坐标，而不是 $\overline{M}(x)$ 图自身

图 10-17

的形心坐标值；（2）ω 与 $\overline{M}_C$ 均为代数值，其正负号和 $M(x)$ 与 $\overline{M}(x)$ 一致；（3）如果 $M(x)$ 为分段光滑的曲线，或者 $\overline{M}(x)$ 为折线，则应以相应的分界点为限，分段使用图乘法公式，然后求代数和。另外，图乘法的使用也不仅局限于弯曲变形，只要是等直杆（包括刚架）的变形或位移，都可以使用图乘法，这些以例题来说明。

应用图乘法时，要经常计算某些图形的面积和形心的位置。在图 10-18 中，给出了几种常见图形的面积和形心位置的计算公式，其中抛物线的顶点的切线平行于基线或与基线重合。

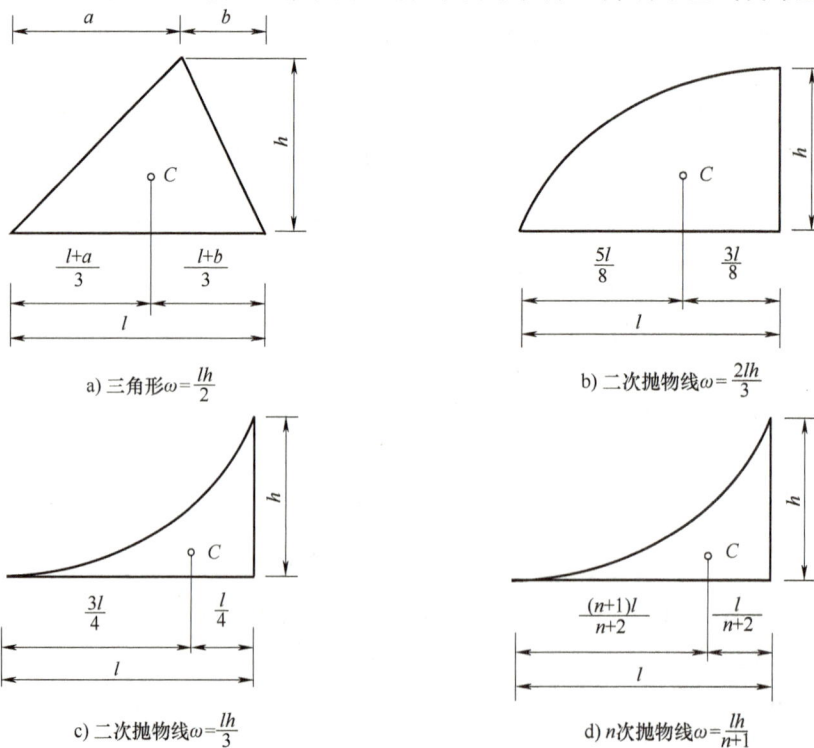

a) 三角形 $\omega = \dfrac{lh}{2}$

b) 二次抛物线 $\omega = \dfrac{2lh}{3}$

c) 二次抛物线 $\omega = \dfrac{lh}{3}$

d) n 次抛物线 $\omega = \dfrac{lh}{n+1}$

图 10-18

例 10.14 外伸梁受载荷如图 10-19a 所示，梁抗弯刚度 EI_z 为常数。试求外伸梁 A 端的转角。

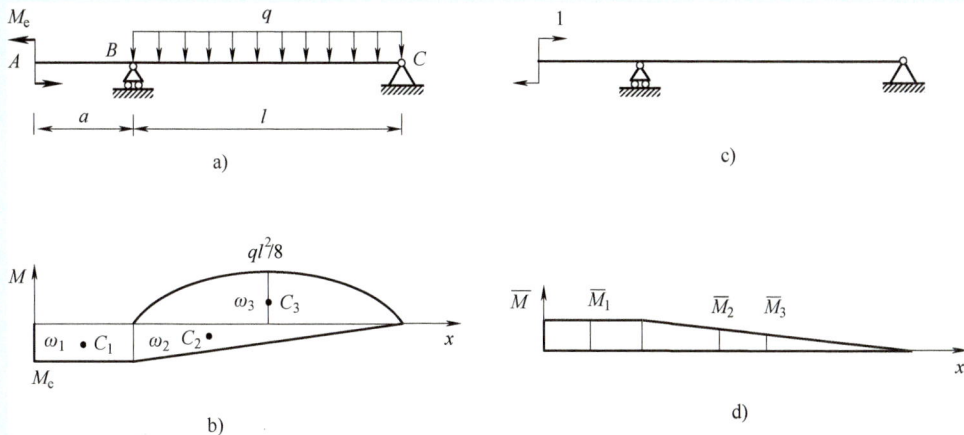

图 10-19

解： 为了便于计算变矩图的面积和形心位置，可用叠加法画外伸梁在载荷作用下的弯矩图。外伸梁在载荷作用下的弯矩图，可以分成图 10-19b 中的三部分，将三部分叠加即为梁的弯矩图。面积为 ω_1 和 ω_2 的折线部分，由集中力偶引起；面积为 ω_3 的抛物线部分是由均布载荷引起。为了求外伸梁 A 端的转角，在截面 A 上作用一单位力偶（见图 10-19c）。单位力偶作用下的 $\overline{M}$ 图如图 10-19d 所示，$\overline{M}$ 图中与 M 图三部分形心对应的 $\overline{M}$ 值，可利用线段之间的比例关系求出。利用式（10-31），对弯矩图的每一部分分别应用图乘法，然后求其总和，可求得 A 端的转角为

$$\theta_A = \frac{1}{EI_z}(\omega_1\overline{M}_1 + \omega_2\overline{M}_2 + \omega_3\overline{M}_3)$$

$$= \frac{1}{EI_z}\left(-M_e \times a \times 1 - \frac{1}{2}M_e \times l \times \frac{2}{3} + \frac{2}{3} \times \frac{ql^2}{8} \times l \times \frac{1}{2}\right)$$

$$= -\frac{M_e a}{EI_z} \times \left(1 + \frac{l}{3a}\right) + \frac{ql^3}{24EI_z}$$

式中，θ_A 包含三项，前面两项代表集中力偶 M_e 的影响，第三项代表均布载荷 q 的影响。前面两式为负，表示 A 端因 M_e 引起的转角与单位力偶的转向相反；第三项为正，表示因载荷 q 引起的转角与单位力偶的转向相同。

例 10.15 抗弯刚度 EI_z 为常数的刚架如图 10-20a 所示，横梁 BC 受均布载荷 q 作用。若不计剪力和轴力对变形的影响，试求 A 端的竖向位移。

解： 首先画出刚架在载荷作用下的 M 图，可以分成图 10-20b 中的三部分。为了计算 A 端的竖向位移，需要在 A 端作用一个竖直方向的单位力（见图 10-20c）。然后画出相应的 $\overline{M}$ 图如图 10-20d 所示，$\overline{M}$ 图中与 M 图两部分形心对应的 $\overline{M}$ 值，可利用线段之间的比例关系求出。利用式（10-31），应用图乘法，可求得 A 端的竖向位移为

$$w_A = \frac{1}{EI_z}(\omega_1\overline{M}_1 + \omega_2\overline{M}_2)$$

$$= \frac{1}{EI_z}\left(\frac{1}{2} \times 2a \times 2qa^2 \times \frac{4a}{3} + \frac{2}{3} \times 2a \times 2qa^2 \times \frac{5a}{4}\right) = \frac{6qa^4}{EI_z}$$

计算结果为正，表示因载荷 q 引起的 A 端的竖向位移与单位力的方向相同。

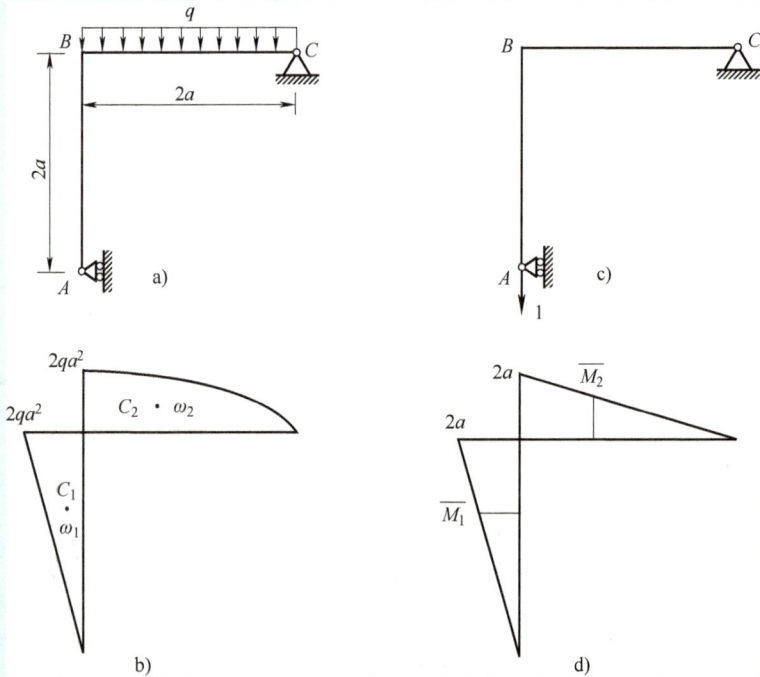

图 10-20

10.7 互等定理

线弹性情况下功的互等定理和位移互等定理在结构分析中是重要的，它可以简化许多问题的求解过程，下面以梁为例来推导这两个互等定理。

设图 10-21 所示的简支梁，1 和 2 为梁上任意的两点。单独作用于 1 点的载荷 F_1，引起 1 点铅垂方向的位移为 δ_{11}，引起 2 点铅垂方向的位移为 δ_{21}，如图 10-21a 所示。单独作用于 2 点的载荷 F_2，引起 1 点铅垂方向的位移为 δ_{12}，引起 2 点铅垂方向的位移为 δ_{22}，如图 10-21b 所示。位移 δ_{ij} 表示作用于 j 点的载荷 F_j 引起 i 点沿着 F_i 方向的位移。例如 δ_{12} 表示作用于 2 点的载荷 F_2 引起 1 点沿 F_1 方向的位移。

首先将 F_1 按静载方式加到梁上，然后再将 F_2 也按静载方式加到梁上，最后达到静力平衡位置，如图 10-21c 所示。在线弹性范围内，载荷 F_1、F_2 引起的变形是各自独立的，叠加原理成立。在 F_1 加载过程中，F_1 所做的功为 $\frac{1}{2}F_1\delta_{11}$。然后在 F_2 加载过程中，F_2 所做的功为 $\frac{1}{2}F_2\delta_{22}$。$F_2$ 加载过程中，将引起 1 点沿着 F_1 作用线产生新的位移 δ_{12}。由于在 F_2 加载过程中载荷 F_1 的值保持不变，载荷 F_1 在 F_2 加载过程中完成的功为 $F_1\delta_{12}$。因而在达到最终的平衡位置时，梁储存的应变能为

$$V_{\varepsilon 1} = \frac{1}{2}F_1\delta_{11} + \frac{1}{2}F_2\delta_{22} + F_1\delta_{12} \tag{a}$$

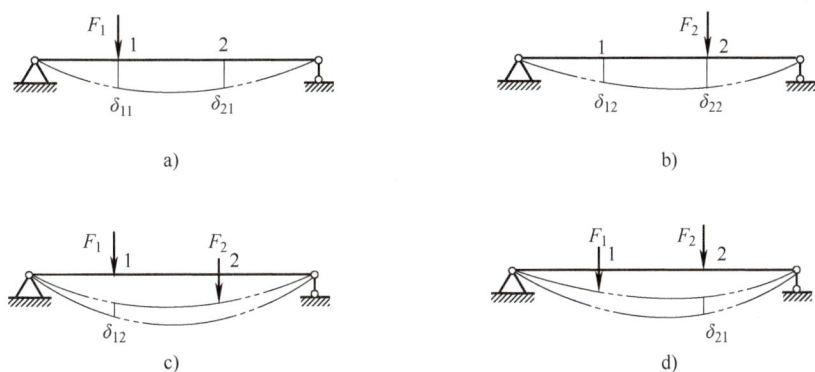

图　10-21

改变加载次序，按静载方式先加 F_2 后加 F_1，最后达到静平衡位置，如图 10-21d 所示。按上述相同的计算方法，可得在最终平衡位衡时，梁储存的应变能为

$$V_{\varepsilon 2} = \frac{1}{2}F_1\delta_{11} + \frac{1}{2}F_2\delta_{22} + F_2\delta_{21} \qquad (\text{b})$$

由于梁储存弹性变形能与加载次序无关，故由式（a）和式（b）表示的应变能应该相等，于是有

$$F_1\delta_{12} = F_2\delta_{21} \qquad (10\text{-}32)$$

式（10-32）就是功的互等定理，可以叙述为：载荷 F_1 在由载荷 F_2 引起的相应位移上所做的功，等于载荷 F_2 在由载荷 F_1 引起的相应位移上所做的功。这里值得一提的是，功的互等定理可以推广到更多个载荷作用的情况，即第一组力在第二组力引起的位移上所做的功，等于第二组力在第一组力引起的位移上所做的功。详细应用可参考例题 10.16。

如令式（10-32）中的 $F_1 = F_2$，则可得到

$$\delta_{12} = \delta_{21} \qquad (10\text{-}33)$$

式（10-33）就是位移互等定理，可以叙述为：若在某线性弹性体上作用有两个数值相同的载荷（力或力偶矩）F_1 和 F_2，则在 F_1 单独作用下，F_2 作用点处产生的沿 F_2 方向的广义位移（线位移或转角），在数值上等于在 F_2 单独作用下，F_1 作用点处产生的沿 F_1 方向的广义位移。位移互等定理也称为麦克斯韦位移互等定理，由英国物理学家麦克斯韦（J. C. Maxwell）于 1864 年提出。

例 10.16　抗弯刚度 EI_z 为常数的简支梁如图 10-22 所示，试求梁在载荷 M_e 作用下跨度中点挠度 w_C。

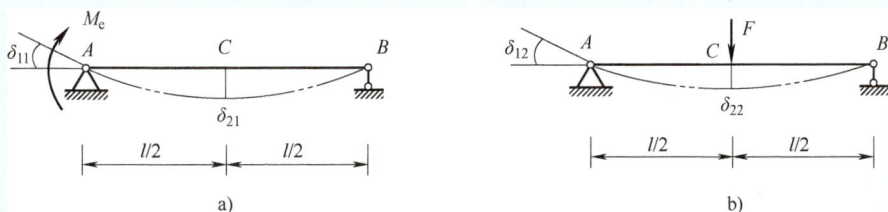

图　10-22

解：把 M_e 作为第一个载荷，在第一个载荷 M_e 作用下分别在 A 截面产生的转角为 δ_{11}，在跨度中点 C 产生的挠度为 δ_{21}，如图 10-22a 所示。设想在 C 点作用力 F，把载荷 F 作为第二个载荷。在第二个载荷 F 作用下分别在 A 截面产生的转角为 δ_{12}，在跨度中点 C 产生的挠度为 δ_{22}，如图 10-22b 所示。

根据功的互等定理，即式（10-32），可得

$$M_e\delta_{12}=F\delta_{21} \tag{c}$$

查表 6-1，可得 $\delta_{12}=\theta_A=\dfrac{Fl^2}{16EI_z}$，代入式（c），可得 M_e 作用下跨度中点挠度

$$w_C=\delta_{21}=\frac{M_el^2}{16EI_z}$$

讨论：如应用位移互等定理求解，可需要令设想施加于 C 点的作用力 $F=M_e$，然后查表 6-1 可得 $\delta_{12}=\theta_A=\dfrac{Fl^2}{16EI_z}=\dfrac{M_el^2}{16EI_z}$，然后根据位移互等定理，即式（10-33），可得 M_e 作用下跨度中点挠度 w_C 为

$$w_C=\delta_{21}=\delta_{12}=\frac{M_el^2}{16EI_z}$$

该结果与功的互等定理相同。

例 10.17　装有尾顶针的车削工件可简化成超静定梁，如图 10-23a 所示，试利用功的互等定理求解支座 B 的约束力。

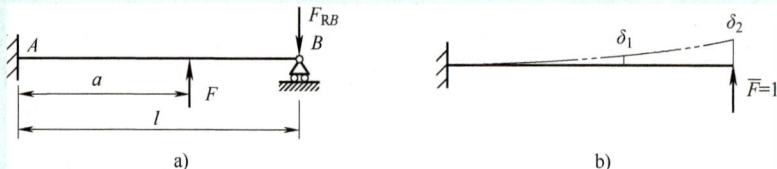

图　10-23

解：解除尾顶针约束，用约束力 F_{RB} 代替，这样把工件看作静定悬臂梁，如图 10-22a 所示。把切削力 F 和尾顶针约束力 F_{RB} 作为第一组载荷。然后，假想在同一悬臂梁的右端作用 $\overline{F}_1=1$ 的单位力（见图 10-23b），并作为第二组载荷。在第二组载荷 $\overline{F}_1=1$ 作用下，分别求得 F 及 F_{RB} 作用点的相应位移分别为

$$\delta_1=\frac{a^2}{6EI_z}(3l-a),\ \delta_2=\frac{l^3}{3EI_z}$$

第一组力在第二组力引起的位移上所做的功为

$$F\delta_1-F_{RB}\delta_2=\frac{Fa^2}{6EI_z}(3l-a)-\frac{F_{RB}l^3}{3EI_z}$$

在第一组力作用下（见图 10-23a），由于右端 B 实际上是铰支座，它沿 $\overline{F}_1=1$ 方向的位移应等于零，故第二组力在第一组力引起的位移上所做的功等于零。于是由功的互等定理，可得

$$\frac{Fa^2}{6EI_z}(3l-a)-\frac{F_{RB}l^3}{3EI_z}=0$$

解得

$$F_{RB}=\frac{Fa^2}{2l^3}(3l-a)$$

思　考　题

一、单项选择题

1. 一圆轴在两种受扭情况下（见图 10-24），其（　　）。

(A) 应变能相同，自由端扭转角不同

(B) 应变能不同，自由端扭转角相同

(C) 应变能和自由端扭转角均相同

(D) 应变能和自由端扭转角均不同

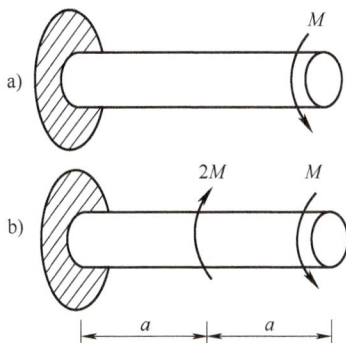

2. 如图 10-25 所示的悬臂梁，当单独作用力 F 时，截面 B 的转角为 θ。若先加力偶 M，后加 F，则在加 F 过程中，力偶 M（　　）。

(A) 不做功

(B) 做正功

(C) 做负功，其值为 $M\theta$

(D) 做负功，其值为 $\dfrac{1}{2}M\theta$

图　10-24

3. 如图 10-26 所示的悬臂梁，加载次序有下述三种方式：第一种为 F、M 同时按比例施加；第二种为先加 F，后加 M；第三种为先加 M，后加 F。在线弹性范围内，它们的变形能应为（　　）。

(A) 第一种大　　　　(B) 第二种大　　　　(C) 第三种大　　　　(D) 一样大

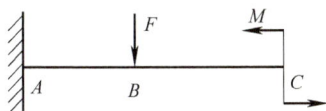

图　10-25

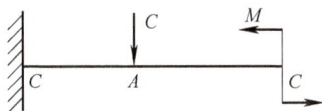

图　10-26

4. 如图 10-27 所示等截面直杆，受一对大小相等、方向相反的力 F 作用。若已知杆的抗拉压刚度为 EA，材料的泊松比为 μ，则由功的互等定理可知，该轴的轴向变形为 $\dfrac{\mu F l}{EA}$，l 为杆件长度。（提示：在杆的轴向施加另一组拉力 F。）

(A) 0　　　　　　　(B) $\dfrac{Fb}{EA}$　　　　　　　(C) $\dfrac{\mu Fb}{EA}$　　　　　　　(D) 无法确定

5. 如图 10-28 所示的变截面圆轴，在截面 A 承受扭转力偶矩 M_1 时，轴的变形能为 $V_{\varepsilon 1}$，截面 A 的扭转角为 φ_1；在截面 B 承受扭转力偶矩 M_2 时，轴的变形能为 $V_{\varepsilon 2}$，截面 B 的扭转角为 φ_2。若该轴同时承受 M_1 和 M_2，则轴的变形能为（　　）。

(A) $V_{\varepsilon 1}+V_{\varepsilon 2}$

(B) $V_{\varepsilon 1}+V_{\varepsilon 2}+M_1\varphi_2$

(C) $V_{\varepsilon 1}+V_{\varepsilon 2}+M_2\varphi_1$

(D) $V_{\varepsilon 1}+V_{\varepsilon 2}+\dfrac{1}{2}M_1\varphi_2+\dfrac{1}{2}M_2\varphi_1$

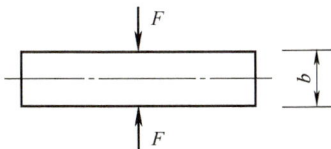

图　10-27

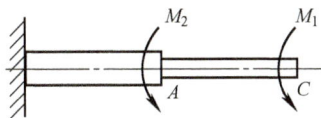

图　10-28

6. 如图 10-29 所示的简支梁，在分布载荷 q 和集中力偶 M_0 共同作用下的变形能为 V_ε，根据 $\dfrac{\partial V_\varepsilon}{\partial q}$ 和 $\dfrac{\partial V_\varepsilon}{\partial M_0}$ 的几何意义可知（   ）。

(A) $\dfrac{\partial V_\varepsilon}{\partial q}=0$，$\dfrac{\partial V_\varepsilon}{\partial M_0}>0$ 　　　　(B) $\dfrac{\partial V_\varepsilon}{\partial q}=0$，$\dfrac{\partial V_\varepsilon}{\partial M_0}<0$

(C) $\dfrac{\partial V_\varepsilon}{\partial q}\neq 0$，$\dfrac{\partial V_\varepsilon}{\partial M_0}>0$ 　　　　(D) $\dfrac{\partial V_\varepsilon}{\partial q}\neq 0$，$\dfrac{\partial V_\varepsilon}{\partial M_0}<0$

7. 一刚架受载荷情况如图 10-30 所示。设其应变能为 V_ε，则由卡氏定理 $\Delta=\dfrac{\partial V_\varepsilon}{\partial F}$ 求得的位移 Δ 为截面 A 的（   ）。

(A) 水平位移和竖直位移的代数和 　　　(B) 水平位移和竖直位移的矢量和
(C) 总位移 　　　　　　　　　　　　　(D) 沿 $45°$ 方向的线位移

8. 如图 10-31 所示两个悬臂梁的 EI 相同，各自受集中力 F 作用，设 B、D 间的距离为 Δ_{BD}，C、E 间的距离为 Δ_{CE}，则（   ）。

(A) Δ_{BD} 减小，Δ_{CE} 不变 　　　　(B) Δ_{BD} 减小，Δ_{CE} 改变
(C) Δ_{BD} 增大，Δ_{CE} 不变 　　　　(D) Δ_{BD} 增大，Δ_{CE} 改变

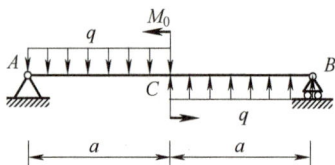

图　10-29

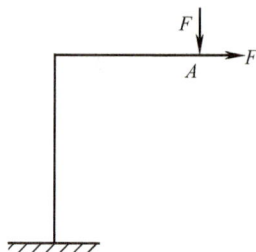

图　10-30

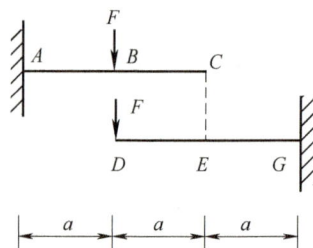

图　10-31

习　题

10.1　车床床头箱的一根传动轴可简化成三支座等截面梁，如题 10.1 图所示，试用单位载荷法求解，并作该轴的弯矩图。

10.2　题 10.2 图所示三支座等截面轴，由于制造不精确，轴承有高低。设 EI_z、δ 和 l 均为已知量，试用单位载荷法求图示的最大弯矩。

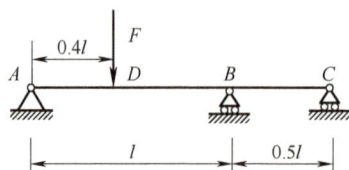

题 10.1 图

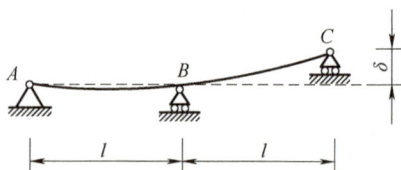

题 10.2 图

10.3　试求题 10.3 图所示超静定梁的两端约束力。设固定端沿梁轴线的约束力可以忽略。

10.4　如题 10.4 图所示各杆件的材料相同，横截面面积相等，试用单位载荷法求各杆件的内力。

10.5　如题 10.5 图所示平面桁架中，所有杆件的弹性模量 E 皆相等。横截面面积情况如下：CA、AB、BF 三杆为 3000mm^2，其余各杆均为 1500mm^2。已知 $a=6\text{m}$，$F=120\text{kN}$。试求 AB 杆的轴力。

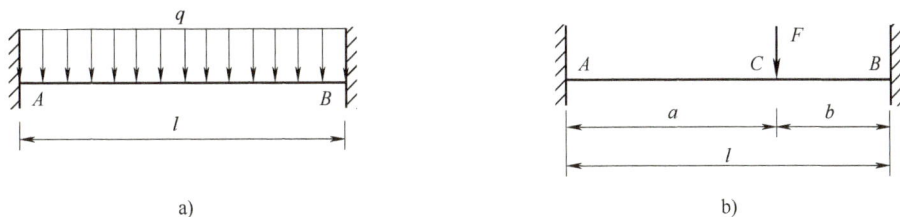

a)

b)

题 10.3 图

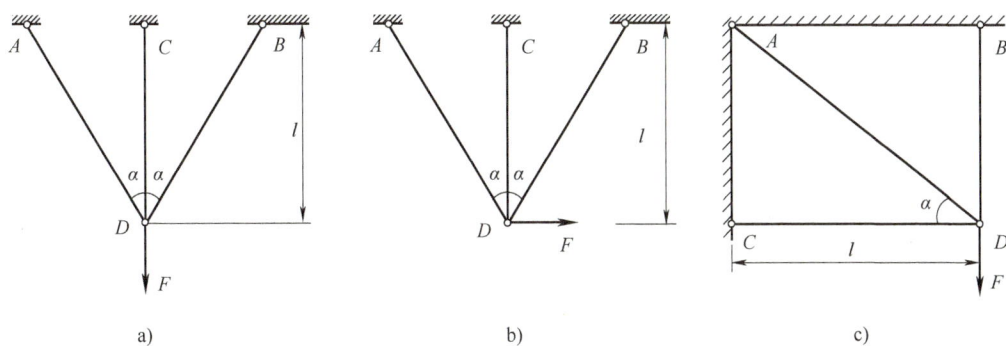

a)

b)

c)

题 10.4 图

10.6 如题 10.6 图所示刚架的 A、B 两点由拉杆 AB 相铰接，拉杆的弯曲刚度为 EI_z，试作刚架的弯矩图。

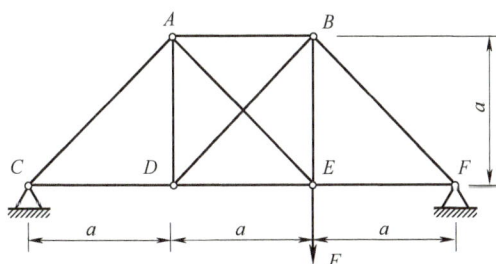

题 10.5 图

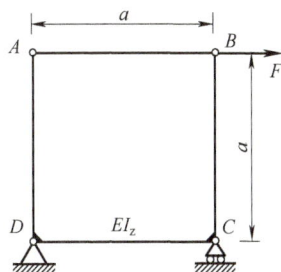

题 10.6 图

10.7 试求题 10.7 图所示超静定刚架的支座反力。

10.8 压力机机身或轧钢机机架可以简化成封闭的矩形刚架，如题 10.8 图所示。设刚架横梁的抗弯刚度为 EI_1，立柱的抗弯刚度为 EI_2。试作刚架的弯矩图。

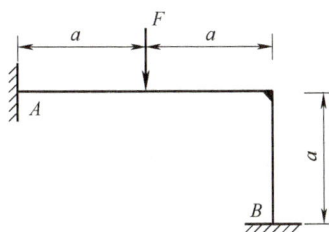

题 10.7 图

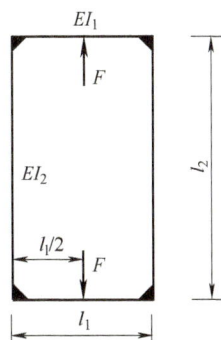

题 10.8 图

10.9 题 10.9 图所示折杆截面为圆形，直径 $d = 20$mm。$a = 0.2$m，$l = 1$m，$F = 600$N，$E = 200$GPa，$G = 80$GPa。试求 F 力作用点的铅垂位移。

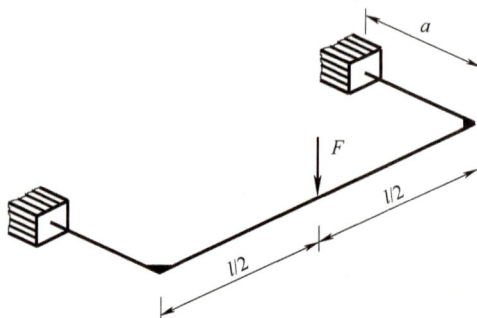

题 10.9 图

10.10 题 10.10 图所示沿圆环的水平和铅垂直径各作用一对 F 力，试求圆环横截面上的内力。

10.11 试求题 10.11 图所示超静定刚架的支座反力，刚架各杆的抗弯刚度均为 EI_z。

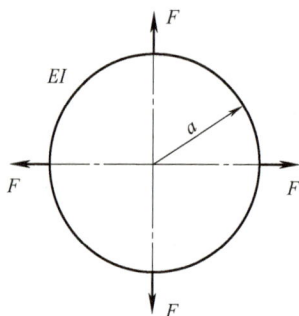

题 10.10 图

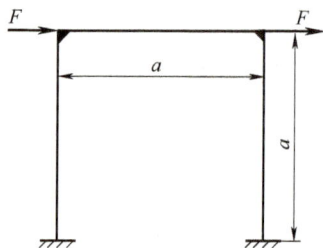

题 10.11 图

10.12 题 10.12 图所示刚架几何上以点 C 为对称中心。试证明截面 C 上的轴力及剪力皆等于零。

10.13 题 10.13 图所示等截面梁，抗弯刚度为 EI。设梁下有一曲面 $y = -Ax^3$，欲使梁变形后恰好与该曲面密合，且曲面不受压力。试用三弯矩方程求梁上应施加的载荷，并确定载荷大小和方向。

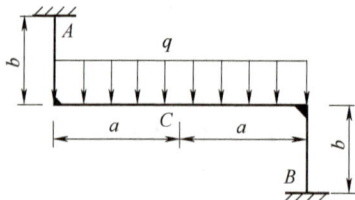

题 10.12 图

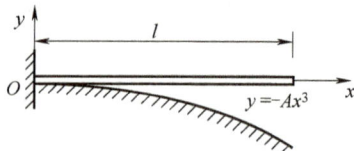

题 10.13 图

10.14 等截面连续梁上的载荷如题 10.14 图所示。已知 $[\sigma] = 160$MPa，试选择适用的工字梁的型号。

10.15 车床的主轴简化成直径为 $d = 90$mm 的等截面当量轴，此轴有三个支座，在铅垂平面内的受载情况如题 10.15 图所示。F_b 和 F_z 分别是传动力和切削力简化到轴线上的分力，且 $F_b = 3.9$kN，$F_z = 2.64$kN。若 $E = 200$GPa，试求 D 点的挠度。

10.16 题 10.16 图所示简易吊车重 $F = 2.83$kN。撑杆 AC 长为 2m，截面的惯性矩为 $I_z = 8.53 \times 10^6$mm^4。拉杆 BD 的横截面面积为 600mm^2。设 $E = 200$GPa，如撑杆只考虑弯曲变形的影响，试求 C 点的铅垂位移。

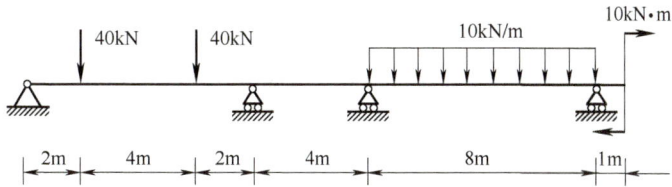

题 10.14 图

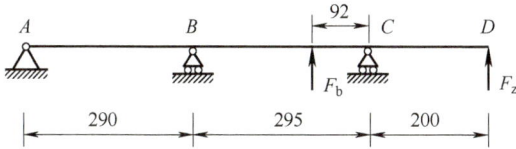

题 10.15 图

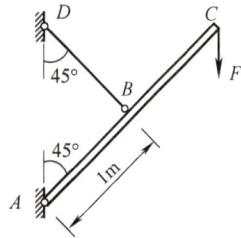

题 10.16 图

10.17　试作题 10.17 图所示各梁的剪力图和弯矩图。设 EI_z 为常量。

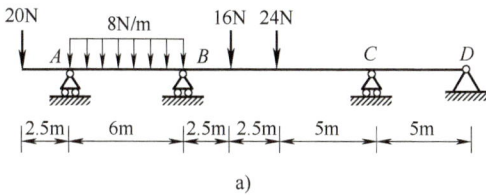

a)

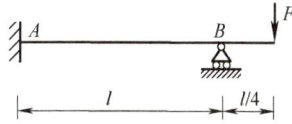

b)

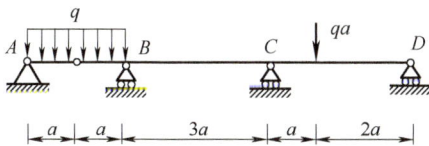

c)

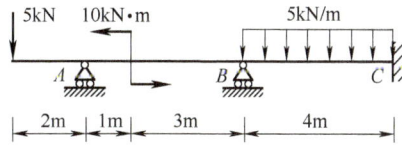

d)

题 10.17 图

10.18　由杆系及梁组成的混合结构如题 10.18 图所示。设 F、a、E、A、I_z 均为已知，试求 C 点的铅垂位移。

10.19　位于水平平面内的圆环开口处 A、B 两点沿铅垂方向分别作用两力 F，如题 10.19 图所示。材料弹性常数 E、G 及环杆直径 d 均已知。试求圆环开口处 A、B 两点间的相对位移。

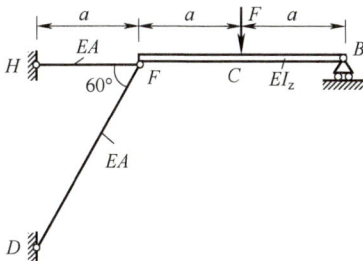

题 10.18 图

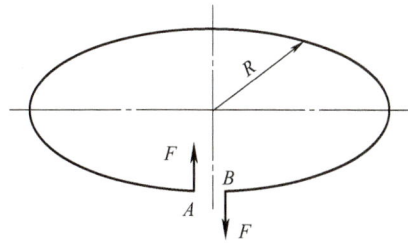

题 10.19 图

10.20　计算题 10.20 图所示的曲杆 B 处的支座反力。

10.21　如题 10.21 图所示，已知简支梁在均布载荷 q 作用下，梁的中点的挠度为 $w=\dfrac{5ql^4}{384EI_z}$。求在梁中点作用集中力 F 时挠曲线与梁变形前的轴线所围成的面积 ω。

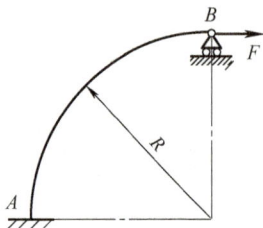

题 10.20 图

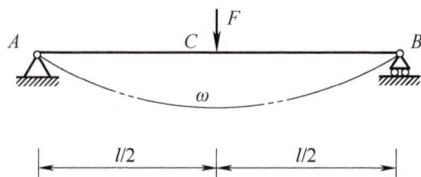

题 10.21 图

　能量法概述　　　单位力法　　　第 10 章习题解答

11.1 概述

之前各章所讨论的都是构件在静载荷（随时间缓慢地变化到最终数值然后不再变化的载荷）作用下的应力、应变及位移计算。在工程实际中，常会遇到动载荷问题。所谓动载荷，是指随时间急剧变化的载荷。例如起重机以加速起吊重物时吊索（见图 11-1a）受到的惯性力和飞轮做等速转动时轮缘上的惯性力等。又如锻压的锤杆（见图 11-1b）、紧急制动的转轴等，在非常短的时间内速度发生急剧的变化。再如大量的机械零件长期处于周期性变化的载荷条件下工作（如火车车轮与铁轨周期性的接触）。这些载荷随时间而变化，属于动载荷。构件中由动载荷引起的应力称动应力，大量的实践表明，只要动应力不超过比例极限，胡克定律仍适用于动载荷下的应力、应变的计算，弹性模量也与静载下的数值相同。动载荷作用下构件的应力、应变和位移计算，一般仍采用静载下的计算公式，但需做相应的修正，以考虑动载荷的效应。

a)   图　11-1   b)

若构件内的应力随时间做交替变化，则称为交变应力。构件长期在交变应力作用下，虽然最大工作应力远低于材料的屈服强度，且无明显的塑性变形，却往往发生骤然断裂。这种现象称为疲劳破坏。因此，在交变应力作用下的构件还应校核疲劳强度。

11.2 构件做匀加速直线运动或匀速转动时的动应力计算

构件做匀加速直线运动或匀速转动时，构件内各质点将产生惯性力。动应力的最简单解法是应用动静法（达朗贝尔原理），即除外加载荷外，再在构件的各点处加上惯性力，然后按求解静载荷问题的程序，求得构件的动应力。

设图 11-2 所示为一均匀等截面直杆 AB，B 端固定在直径为 D 的转轴上，转轴的角速度为 ω，杆的长度为 l，横截面面积为 A，单位体积质量为 ρ，下面计算杆内的最大动应力 $\sigma_{d,max}$。

根据动静法，在杆的各点处加上惯性力。由于在杆的各点处的惯性力与该点至旋转中心的距离成正比，为此，可用线分布力集度 q_d 来度量惯性力的大小。对于均质的等截面直杆，距旋转中心为 x 处的惯性力集度为 $q_d(x)=A\rho\omega^2 x$，惯性力的方向如图 11-2 所示。沿杆轴加上惯性力 $q_d(x)$ 后，即可按分布静载荷作用下

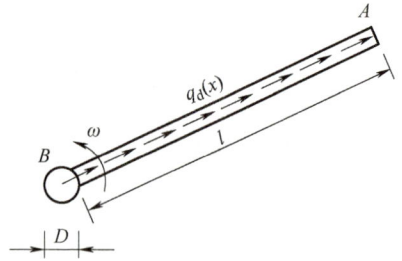

图 11-2

的拉杆来计算杆 AB 内的动应力 σ_d。显然，杆 AB 内的最大动应力发生在 B 端的横截面上，其值为

$$\sigma_{d,max}=\frac{1}{A}\int_{D/2}^{l+D/2}A\rho\omega^2 x\mathrm{d}x=\frac{1}{2}\rho\omega^2(l^2+lD) \tag{a}$$

当杆长 l 远大于转轴的直径 D 时，式（a）括号中的第二项 lD 可以略去不计。由式（a）可见，对于等截面直杆，动应力的大小与杆的横截面面积 A 无关。

例 11.1　钢索起吊重物 M（见图 11-3a），以等加速度 a 提升。重物 M 的重力为 P，钢索的横截面面积为 A，其重量与 P 相比甚小而可略去不计。试求钢索横截面上的动应力 σ_d。

解：由于重物 M 以匀加速度 a 提升，故钢索除受重力 P 外，还受动载荷（惯性力）作用。根据动静法，将惯性力 Pa/g（其指向与加速度 a 的指向相反）加在重物上（见图 11-3b），于是，由重物 M 的平衡方程 $\sum F_y=0$ 可求得钢索横截面上的轴力 F_{Nd}，即

$$F_{Nd}-P-\frac{P}{g}a=0$$

$$F_{Nd}=P+\frac{P}{g}a=P\left(1+\frac{a}{g}\right) \tag{b}$$

从而可得钢索横截面上的动应力为

$$\sigma_d=\frac{F_{Nd}}{A}=\frac{P}{A}\left(1+\frac{a}{g}\right)=\sigma_{st}\left(1+\frac{a}{g}\right) \tag{c}$$

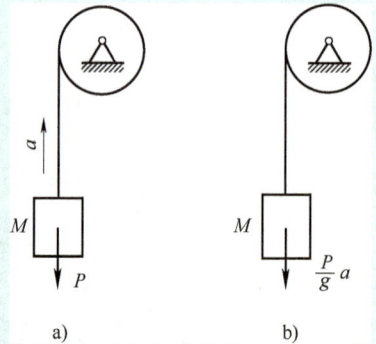

图 11-3

式中，$\sigma_{st}=\dfrac{P}{A}$ 为静载荷作用时钢索横截面上的静应力。$\left(1+\dfrac{a}{g}\right)$ 称为动荷因数，并用 K_d 表示，式（c）又可改写为

$$\sigma_d=K_d\sigma_{st} \tag{11-1}$$

式（11-1）表示动应力等于静应力乘以动荷因数。对于有动载荷作用的构件，动荷因数 K_d 反映动载荷的效应。

例 11.2　平均直径为 D 的薄壁圆环，绕通过其圆心且垂直于环平面的轴做匀速转动（见图 11-4a）。已知环的角速度 ω、圆环径向截面面积 A 和材料的密度 ρ，试求圆环径向截面上的正应力。

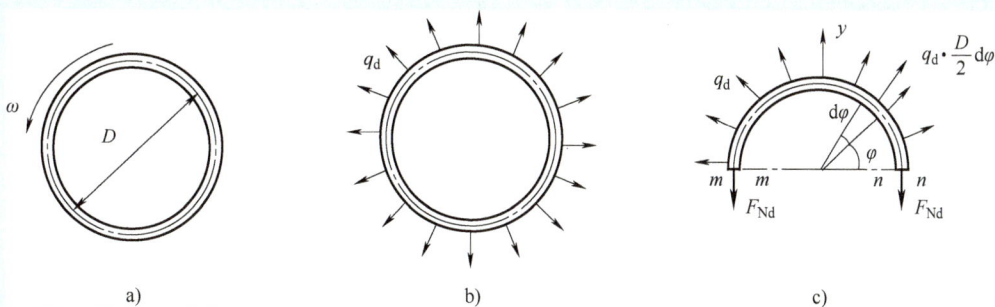

图　11-4

解：首先计算惯性力集度。由于圆环做匀角速度转动，因而环内各点只有向心加速度。又因环壁很薄，故可认为环内各点的向心加速度均与圆环厚度中心线上各点的向心加速度相等。对于等截面圆环，相同长度的任一段的质量相等。于是，根据动静法，作用于环上的惯性力必然为沿圆环中心线均匀分布的线分布力，其指向远离转动中心（见图 11-4b）。

沿圆环中心线均匀分布的惯性力集度 q_d 为

$$q_d = 1 \times A \times \rho\omega^2 \left(\frac{D}{2} \right) = \frac{A\rho\omega^2 D}{2}$$

再计算径向截面上的正应力。由于圆环几何外形、物性及受力的对称性，用任一直径平面截取半圆环（见图 11-4c）。半环上的惯性力沿 y 轴方向的合力为

$$F_d = \int_0^\pi q_d \frac{D}{2} \mathrm{d}\varphi \sin\varphi = \frac{q_d D}{2} \int_0^\pi \sin\varphi \mathrm{d}\varphi = q_d D = \frac{A\rho\omega^2 D^2}{2}$$

其作用线与 y 轴重合。

由对称关系可知，半圆环两侧径向截面 m—m 和 n—n 上的轴力相等，其值可由平衡方程 $\sum F_y = 0$ 求得为

$$F_{Nd} = \frac{F_d}{2} = \frac{A\rho\omega^2 D^2}{4}$$

由于环壁很薄，可认为在圆环径向截面 m—m（或截面 n—n）上各点处的正应力相等，于是径向截面上的正应力 σ_d 为

$$\sigma_d = \frac{F_{Nd}}{A} = \frac{\rho\omega^2 D^2}{4} \tag{11-2}$$

从式（11-2）可以看出，环内动应力与材料的密度、圆环的平均直径和角速度有关。与径向截面面积无关。因此，为了保证圆环安全工作，增加截面面积是无效的，只能限制圆环的转速。

11.3　构件受冲击载荷作用时的动应力计算

当运动中的物体碰撞到静止的构件时，前者的运动将受阻而在瞬时停止运动，这时构件就受到了冲击作用。例如，打桩时重锤以很高的速度撞击桩柱，在极短时间内锤体的速度降到接近于零，桩柱就承受很大的冲击载荷作用而被打入地基中。又如，在河流中的浮冰碰撞到桥墩时，桥墩也将受到很大的冲击力作用。在冲击过程中，运动中的物体称为冲击物，而阻止冲击物运动的构件则称为被冲击物。锻锤锻造工件、铆钉枪铆接钢板、转动的飞轮突然刹车都属于冲击问题。它们共同的特点是载荷的作用时间极短，在这极短的时间内，冲击物

的速度发生很大的变化，在被冲击物的内部引起很大的应力。此时受冲击构件所受到的动载荷称为冲击载荷。由于冲击过程复杂、时间又短、加速度不易测定，所以这类问题难以用动静法进行计算，而常用偏于安全的能量法。为了便于分析，通常假设冲击物为刚体，被冲击物为不计质量的变形体。冲击过程中只有动能、势能和应变能间的转换，无其他能量损耗。冲击过程中被冲击物体的材料服从胡克定律，冲击后两物体不再分开。

设重量为 P 的重物，从高度 h 自由下落冲击到固定在等截面直杆 AB 下端 B 处的圆盘上，杆 AB 的长度为 l，横截面面积为 A（见图 11-5a）。这里的重物是冲击物，杆 AB（包括圆盘）则为被冲击物。在冲击应力的估算中，假定：（1）不计冲击物的变形，冲击物与被冲击物接触后无回弹；（2）被冲击物的质量与冲击物相比很小可略去不计，而冲击应力瞬时传遍被冲击物，且材料服从胡克定律；（3）在冲击过程中，声、热等能量损耗很小，可略去不计。于是，就可应用机械能守恒定律，来计算冲击载荷作用下被冲击物的最大动位移 Δ_{d} 及其冲击应力 σ_{d}。

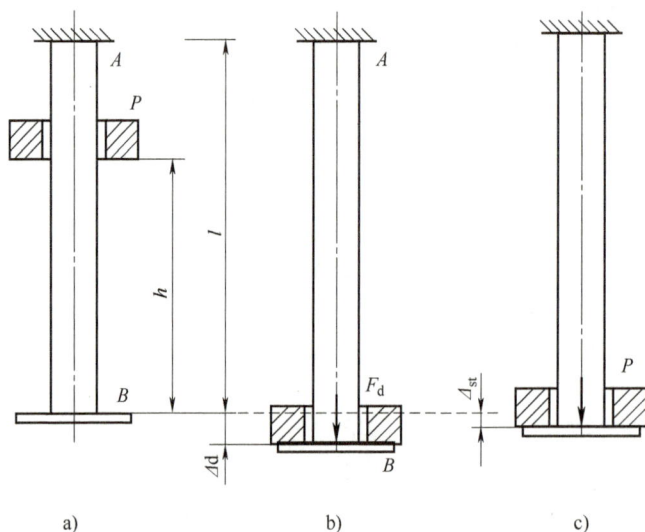

图 11-5

根据上述假设，在冲击过程中，当重物与圆盘接触后速度降为零时，杆的下端 B 就达到最低位置。这时，杆下端 B 的最大位移（等于杆的伸长）为 Δ_{d}，与之相应的冲击载荷为 F_{d}（见图 11-5b）。根据机械能守恒定律，冲击物在冲击过程中所减少的动能 E_{k} 和势能 E_{p} 应等于被冲击的杆所增加的应变能 $V_{\varepsilon\mathrm{d}}$（不计杆的质量，杆的动能和势能变化也略去不计），即

$$E_{\mathrm{k}}+E_{\mathrm{p}}=V_{\varepsilon\mathrm{d}} \tag{a}$$

当杆的下端达到最低位置时，冲击物所减少的势能为

$$E_{\mathrm{p}}=P(h+\Delta_{\mathrm{d}}) \tag{b}$$

由于冲击物的初速度和末速度均等于零，因而，其动能无变化，即

$$E_{\mathrm{k}}=0 \tag{c}$$

杆 AB 所增加的应变能，则可能通过冲击载荷 F_{d} 对位移 Δ_{d} 所做的功来计算。由于材料服从胡克定律，于是有

$$V_{\varepsilon d} = \frac{1}{2} F_d \Delta_d \tag{d}$$

对杆 AB 而言，F_d 与 Δ_d 间的关系为

$$F_d = \frac{EA}{l} \Delta_d \tag{e}$$

将式（e）代入式（d），即得

$$V_{\varepsilon d} = \frac{1}{2} \left(\frac{EA}{l} \right) \Delta_d^2 \tag{f}$$

将式（b）、式（c）和式（f）代入式（a），即得

$$P(h + \Delta_d) = \frac{1}{2} \left(\frac{EA}{l} \right) \Delta_d^2 \tag{g}$$

注意到 $\frac{Pl}{EA} = \Delta_{st}$，即重物 P 作为静载荷作用在杆下端的圆盘时杆端 B 的静位移（图 11-5c 杆的静伸长）。于是，式（g）可简化为

$$\Delta_d^2 - 2\Delta_{st}\Delta_d - 2\Delta_{st}h = 0 \tag{h}$$

由式（h）解得 Δ_d 的两个根，并取其中大于 Δ_{st} 的根，即得

$$\Delta_d = \Delta_{st} \left(1 + \sqrt{1 + \frac{2h}{\Delta_{st}}} \right) \tag{i}$$

将式（i）解得的 Δ_d 代入式（e），即得冲击载荷 F_d 为

$$F_d = \frac{EA}{l} \Delta_{st} \left(1 + \sqrt{1 + \frac{2h}{\Delta_{st}}} \right) \tag{j}$$

显然，$\frac{EA}{l} \Delta_{st} = P$，并将式（j）右端括号中的表达式记为

$$k_d = 1 + \sqrt{1 + \frac{2h}{\Delta_{st}}} \tag{11-3}$$

式中，k_d 称为冲击动荷因数。于是，式（j）可改写为

$$F_d = k_d P \tag{k}$$

由此可见，冲击动荷因数 k_d 表示冲击载荷 F_d 与冲击物重量 P 的比值。在自由落体冲击这一特殊情况下，冲击动荷因数 k_d 可按式（11-3）计算。而在其他的冲击问题中，冲击动荷因数 k_d 的计算公式与式（11-3）并不相同。

求得冲击动荷因数后，杆 AB 横截面上的冲击应力可表达为

$$\sigma_d = \frac{F_d}{A} = k_d \frac{P}{A} = k_d \sigma_{st} \tag{l}$$

由式（i）、式（k）和式（l）可见，冲击位移、冲击载荷和冲击应力均等于将冲击物的重量 P 作为静载荷作用时，相应的量乘以同一个冲击动荷因数 k_d。由此可见，冲击载荷问题计算的关键，在于确定相应的冲击动荷因数 k_d。当 $h \to 0$ 时，即相当于重物突然放置于杆上，称为骤加载荷，其冲击动荷因数为

$$k_d = 2 \tag{m}$$

式（m）表明重物突然放置于杆上和重物缓慢地放置于杆上，对杆的作用效应是不同的，前

者所产生的应力与变形皆为后者的两倍。另外，当 h 一定时，增加静位移 Δ_{st} 可减小冲击动荷因数，从而减小杆中的动应力。

例 11.3 钢吊索 AC 的下端悬挂重为 $P = 20$kN 的重物（见图 11-6a），并以匀速度 $v = 1$m/s 下降。已知吊索钢丝的横截面面积 $A = 414$mm^2，材料的弹性模量 $E = 170$GPa，滑轮的重量可略去不计。当吊索长度为 $l = 20$m 时，滑轮 D 突然被卡住。试求吊索受到的冲击载荷 F_d 及横截面上的冲击应力 σ_d。若在上述情况下，在吊索与重物之间安置一个刚度因数 $k = 300$kN/m 的弹簧，则吊索受到的冲击载荷又是多少？

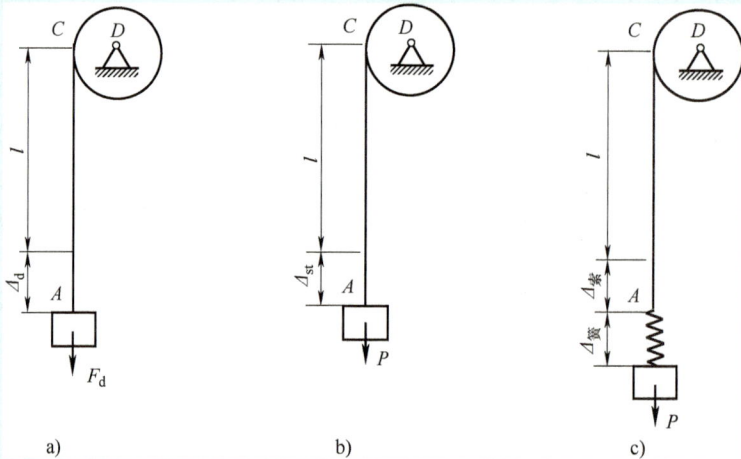

图 11-6

解： 由于滑轮突然被卡住，所以重物下降的速度也将由 v 突然降到零，而吊索受到冲击。由于吊索的自重与重物的重量相比很小，故可略去不计。

计算在冲击过程中重物（冲击物）所减少的能量，其动能的减少为 $E_k = \dfrac{Pv^2}{2g}$，其势能的减少为 $E_p = P(\Delta_d - \Delta_{st})$。这里的 Δ_d 为滑轮被卡住后，长度为 l 的一段吊索（被冲击物）在冲击载荷 F_d 作用下的总伸长（见图 11-6a），其与 F_d 间的关系为 $\Delta_d = \dfrac{F_d l}{EA}$；$\Delta_{st}$ 为该段吊索在滑轮被卡住前一瞬时由于重量 P 所引起的静伸长（见图 11-6b），与 P 间的关系为 $\Delta_{st} = \dfrac{Pl}{EA}$；而 $(\Delta_d - \Delta_{st})$ 即为重物在冲击过程中下降的距离。因此，重物在冲击过程中所减少的总能量为

$$E_k + E_p = \frac{Pv^2}{2g} + P(\Delta_d - \Delta_{st})$$

计算在冲击过程中吊索内所增加的应变能 $V_{\varepsilon d}$。在滑轮被卡住前一瞬时，吊索内已有应变能 $V_{\varepsilon 1} = \dfrac{1}{2} P\Delta_{st}$。而在滑轮被卡住后，吊索内的应变能则增为 $V_{\varepsilon 2} = \dfrac{1}{2} F_d \Delta_d$。吊索内所增加的应变能为

$$V_{\varepsilon d} = \frac{1}{2} F_d \Delta_d - \frac{1}{2} P\Delta_{st}$$

根据机械能守恒定律，并利用 $F_d = \dfrac{EA}{l}\Delta_d$ 的关系，可得

$$\frac{Pv^2}{2g} + P(\Delta_d - \Delta_{st}) = \frac{1}{2}\left(\frac{EA}{l}\Delta_d^2 - P\Delta_{st}\right) \tag{n}$$

将式（n）两端乘以 $\dfrac{l}{EA}$，并利用 $\Delta_{st}=\dfrac{Pl}{EA}$ 的关系，可化简为

$$\Delta_d^2-2\Delta_{st}\Delta_d+\Delta_{st}^2\left(1-\dfrac{v^2}{g\Delta_{st}}\right)=0$$

由此解出 Δ_d 的两个根，并取其中大于 Δ_d 的一个 Δ_{st}，得动位移为

$$\Delta_d=\Delta_{st}\left(1+\sqrt{\dfrac{v^2}{g\Delta_{st}}}\right)$$

于是，动荷因数 k_d 为

$$k_d=\dfrac{\Delta_d}{\Delta_{st}}=1+\sqrt{\dfrac{v^2}{g\Delta_{st}}}=1+v\sqrt{\dfrac{EA}{gPl}} \tag{o}$$

将已知数据及 $g=9.81\mathrm{m/s^2}$ 代入式（o），可得

$$k_d=1+v\sqrt{\dfrac{EA}{gPl}}=1+(1\mathrm{m/s})\times\sqrt{\dfrac{(170\times10^9\mathrm{Pa})\times(414\times10^{-6}\mathrm{m^2})}{(9.81\mathrm{m/s^2})\times(20\times10^3\mathrm{N})\times(20\mathrm{m})}}=5.24$$

于是，吊索受到的冲击载荷为

$$F_d=k_dP=5.24\times20\mathrm{kN}=104.8\mathrm{kN}$$

吊索横截面上的冲击应力为

$$\sigma_d=\dfrac{F_d}{A}=\dfrac{104.8\times10^3\mathrm{N}}{414\times10^{-6}\mathrm{m^2}}=253.1\times10^6\mathrm{Pa}=253.1\mathrm{MPa}$$

由于吊索材料的比例极限一般均高于 253.1MPa，所以可按上述方法计算动荷因数。

在吊索与重物间安置一个刚度因数 $k=300\mathrm{kN/m}$ 的弹簧（见图 11-6c），则当吊索长度 $l=20\mathrm{m}$ 时，滑轮被突然卡住前瞬时，由重物 P 所引起的静伸长应为吊索的伸长量与弹簧沿重物 P 方向的位移之和，即

$$\Delta_{st}=\dfrac{Pl}{EA}+\dfrac{P}{k}=\dfrac{(20\times10^3\mathrm{N})\times(20\mathrm{m})}{(170\times10^9\mathrm{Pa})\times(414\times10^{-6}\mathrm{m^2})}+\dfrac{20\times10^3\mathrm{N}}{300\times10^3\mathrm{N/m}}=0.07235\mathrm{m}$$

于是便可得安置有弹簧时的动荷因数

$$k_d=1+v\sqrt{\dfrac{1}{g\Delta_{st}}}=1+(1\mathrm{m/s})\times\sqrt{\dfrac{1}{(9.81\mathrm{m/s^2})\times(0.07235\mathrm{m})}}=2.19$$

吊索受到的冲击载荷为

$$F_d=k_dP=2.19\times20\mathrm{kN}=43.8\mathrm{kN} \tag{p}$$

式（p）表明在吊索与重物之间增设缓冲弹簧后，使重物在冲击过程中所减少的能量，大部分转变为弹簧的应变能，从而降低了吊索在冲击过程中所增加的应变能，使动荷因数降低 58.2%。

例 11.4 弯曲刚度为 EI_z 的简支梁如图 11-7a 所示。重量为 P 的冲击物从距梁顶面 h 处自由落下，冲击到简支梁跨中点 C 处的顶面上（不计梁和弹簧的自重）。试求 C 处的最大挠度 Δ_d。若梁的两端支承在刚度因数为 k 的弹簧上，则梁受冲时中点处的最大挠度又为多少？

解： 冲击物的速度降为零时，冲击点 C 处的冲击挠度达到最大值 Δ_d，与之相应的冲击载荷值为 F_d（见图 11-7b）。假设梁在最大位移时仍在线弹性范围内，则重物 P 落至最大位移位置时所减少的势能 E_p，等于梁的应变能 $V_{\varepsilon d}$，即

$$V_{\varepsilon d}=E_p \tag{q}$$

重物 P 落至最大位移位置 $(h+\Delta_d)$ 所减少的势能为

$$E_p=P(h+\Delta_d) \tag{r}$$

由于在冲击过程中，力 F_d 与位移 Δ_d 都由零增至最大值，所以当梁在线弹性范围时，$V_{\varepsilon d} = \dfrac{1}{2} F_d \Delta_d$。而梁的 Δ_d 与 F_d 间关系为

$$\Delta_d = \frac{F_d l^3}{48 E I_z} \quad 或 \quad F_d = \frac{48 E I_z}{l^3} \Delta_d \quad (\text{s})$$

将式（s）代入 $V_{\varepsilon d}$ 的表达式，得

$$V_{\varepsilon d} = \frac{1}{2} \times \left(\frac{48 E I_z}{l^3} \right) \Delta_d^2 \quad (\text{t})$$

将式（r）、式（t）两式代入式（q），得

$$P(h + \Delta_d) = \frac{1}{2} \times \left(\frac{48 E I_z}{l^3} \right) \Delta_d^2$$

或

$$\frac{P l^3}{48 E I_z}(h + \Delta_d) = \frac{1}{2} \Delta_d^2 \quad (\text{u})$$

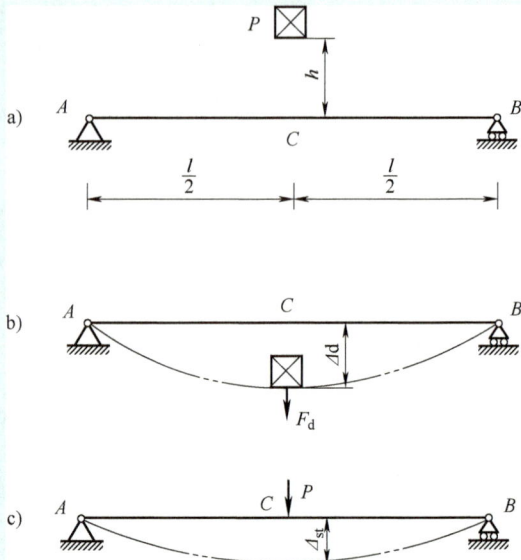

图　11-7

将式（u）左端的 $\dfrac{P l^3}{48 E I_z}$ 用 Δ_{st} 替代，Δ_{st} 为将冲击物的重量 P 当作静载荷时，梁在被冲击点 C 处的静挠度（见图 11-7c）。于是，可将式（u）改写为

$$\Delta_d^2 - 2\Delta_{st}\Delta_d - 2\Delta_{st}h = 0$$

由此解得 Δ_d 的两个根，并取其中大于 Δ_{st} 的一个，得

$$\Delta_d = \left(1 + \sqrt{1 + \frac{2h}{\Delta_{st}}} \right) \Delta_{st} \quad (\text{v})$$

于是，动荷因数为

$$k_d = 1 + \sqrt{1 + \frac{2h}{\Delta_{st}}} \quad (\text{w})$$

式（v）可改写为

$$\Delta_d = k_d \Delta_{st} \quad (\text{x})$$

若梁的两端支承在两个刚度相同的弹簧上，则梁在冲击点处的静位移，可由梁在冲击点处的静挠度和两端支座弹簧的缩短量两部分组成，即

$$\Delta_{st} = \frac{P l^3}{48 E I_z} + \frac{P}{2k} \quad (\text{y})$$

将式（y）代入式（w），动荷因数为

$$k_d = 1 + \sqrt{1 + \frac{2h}{P l^3 / (48 E I_z) + P/(2k)}} \quad (\text{z})$$

将式（y）和式（z）代入式（x），便可得到两端支承在两个刚度因数相同的弹簧上的梁跨中点处的最大挠度为

$$\Delta_d = k_d \Delta_{st} = \left(1 + \sqrt{1 + \frac{2h}{P l^3 / (48 E I_z) + P/(2k)}} \right) \times \left(\frac{P l^3}{48 E I_z} + \frac{P}{2k} \right)$$

为了定量地说明问题，设 $P = 2\text{kN}$，$h = 20\text{mm}$，$E I_z = 5.25 \times 10^3 \text{kN} \cdot \text{m}^2$，$k = 300\text{kN/m}$，$l = 3\text{m}$。通过已知数据可分别计算动荷因数。无弹簧支承时，$k_d = 14.7$；有弹簧支承时，$k_d = 4.5$。以上结果充分说明梁在有弹簧支承时，弹簧起到了很大的缓冲作用。

11.4　交变应力与疲劳破坏

　　某些零件工作时，承受随时间做周期变化的应力。例如，齿轮啮合时齿根处的弯曲正应力或火车轮轴横截面边缘处的弯曲正应力随时间做周期性变化。这种应力称为交变应力。构件在交变应力作用下发生的失效，称为疲劳破坏。疲劳破坏时虽然最大应力远低于材料强度极限，但构件经历长期运转后也会断裂，即使是塑性较好的材料，断裂前也没有明显的塑性变形。疲劳破坏的原因是构件尺寸突变或内部缺陷部位的应力集中诱发微裂纹，在交变应力作用下，微裂纹不断萌生、集结、贯通，形成宏观裂纹并突然断裂。疲劳破坏的断口明显地分为两个区域：一个是光滑区，一个是粗糙区。疲劳破坏与静载荷下的破坏形式截然不同，有其自身特点。

　　疲劳破坏现象的出现，始于 19 世纪初叶。随着蒸汽机车和机动运载工具的发展以及机械设备的广泛使用，运动部件的破坏经常发生。破坏处的名义应力不高，远低于材料的抗拉强度和屈服强度，破坏事故的原因一时使工程师们摸不着头脑。直到 1829 年德国工程师艾伯特（J. Albert）用矿山卷扬机焊接链条进行疲劳试验，破坏事故才被阐明。1839 年，法国工程师彭赛列（J. V. Poncelet）首先使用"疲劳"这一术语来描述材料在循环载荷作用下承载能力逐渐耗尽以致最后突然断裂的现象。此后，人们为认识和控制疲劳破坏不懈努力，在疲劳现象的观察、疲劳机理的认识、疲劳规律的研究、疲劳寿命的预测和抗疲劳设计技术等方面积累了丰富的知识。对疲劳现象最先进行系统实验研究的学者是德国学者沃勒（A. Wholer），他对金属的疲劳进行了深入系统的实验研究，奠定了金属疲劳的基础。此后，疲劳研究一直方兴未艾。但到目前为止，材料疲劳的机理与描述仍在探索之中。关于疲劳破坏的机理，早期曾误以为是材料经过长期服役后，由于疲劳而引起材质脆化，从而导致骤然脆断。后来实验表明，材料疲劳破坏后的力学性能并无改变，而否定了这种错误认识。近代的实验研究表明，疲劳破坏实质上是构件在交变应力作用下，由疲劳裂纹源的形成、疲劳裂纹源的扩展以及最后的脆断这三个阶段所组成的破坏过程。

　　因疲劳破坏是在没有明显征兆的情况下突然发生的，因此极易造成严重事故。据统计，机械零件，尤其是高速运转的构件的破坏，大部分属于疲劳破坏。例如 1979 年，美国 DE-10 大型客机在芝加哥奥黑尔国际机场起飞不久就坠毁，死亡 270 人，原因是螺旋桨转轴发生疲劳破坏。1985 年 8 月 12 日，从日本东京飞往大阪的 JA8119 班机搭载 509 名乘客及 15 名机组员，在御巢鹰山区附近的高天原山坠毁，520 人罹难。原因是飞机曾损伤机尾没有妥善修补，使该处发生了金属疲劳破坏。1998 年 6 月 3 日，由慕尼黑开往汉堡的德国 ICE884 次高速列车在运行至距汉诺威东北方向附近的小镇埃舍德时，发生了第二次世界大战后德国最为惨重的列车脱轨行车事故，造成 100 人死亡，88 人重伤，调查发现事故原因是车轮钢圈反复的收缩导致了疲劳破坏。

　　飞机、船舶、汽车、动力机械、工程机械、冶金、石油等机械以及铁路桥梁等的主要零件和构件，大多在循环变化的载荷下工作，疲劳是其主要的失效形式。各种机械中，疲劳破坏失效的零件占失效零件总数的 60% ~ 70%。疲劳断裂失效原则上属于低应力脆断失效，疲劳中难以观察到明显的塑性变形，因为这是以局部塑性变形为主，且主要发生在结构的固有缺陷上。

11.5 交变应力的循环特性、应力幅和平均应力

材料在交变应力作用下的疲劳强度与应力的变化规律、变化幅度有很大关系。因此，要了解交变应力的基本特性。一点的应力随时间做周期性变化的曲线，称为应力循环曲线。图 11-8 表示按正弦函数规律变化的应力 σ 与时间 t 的关系，应力经历一次完整的变化过程回到原来的应力值，称为应力循环一次，完成一个应力循环所需的时间称为周期，用 T 表示。

用 σ_{max} 和 σ_{min} 分别表示循环中的最大和最小应力，比值

$$r=\frac{\sigma_{min}}{\sigma_{max}} \qquad (11\text{-}4)$$

称为交变应力的循环特性或应力比。

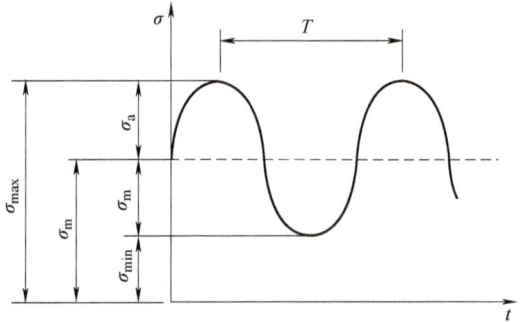

图 11-8

σ_{max} 与 σ_{min} 代数和的 1/2 称为平均应力，用 σ_m 表示，即

$$\sigma_m=\frac{\sigma_{max}+\sigma_{min}}{2} \qquad (11\text{-}5)$$

σ_{max} 与 σ_{min} 代数差的 1/2 称为应力幅，用 σ_a 表示，即

$$\sigma_a=\frac{\sigma_{max}-\sigma_{min}}{2} \qquad (11\text{-}6)$$

若 $\sigma_{max}=-\sigma_{min}$，则称为对称循环。此时，由式（11-4）、式（11-5）和式（11-6），有

$$r=-1, \ \sigma_m=0, \ \sigma_a=\sigma_{max} \qquad (\text{a})$$

各种循环中，除对称循环外，其余情况统称为非对称循环。由式（11-5）和式（11-6）知

$$\sigma_{max}=\sigma_m+\sigma_a, \ \sigma_{min}=\sigma_m-\sigma_a \qquad (11\text{-}7)$$

可见，任一个应力非对称循环都可看成是在平均应力 σ_m 上叠加一个幅度为 σ_a 的对称循环，如图 11-8 所示。

若应力循环中的 $\sigma_{min}=0$（或 $\sigma_{max}=0$），表示交变应力变动于某一应力与零之间。例如匀速旋转的齿轮，由于齿轮间啮合力的作用，齿根上任一点的弯曲正应力就是由零增加到某一最大值，再减小为零。齿轮不停地旋转，应力也就不停地重复上述过程，这种情况称为脉冲循环，即

$$r=0, \ \sigma_m=\sigma_a=\frac{1}{2}\sigma_{max} \quad (\sigma_{min}=0) \qquad (\text{b})$$

或

$$r=-\infty, \ \sigma_m=-\sigma_a=\frac{1}{2}\sigma_{min} \quad (\sigma_{max}=0) \qquad (\text{c})$$

静应力也可看作交变应力的特例，这时应力并不变化，故

$$r=1, \ \sigma_a=0, \ \sigma_{max}=\sigma_{min}=\sigma_m$$

例 11.5　发电机连杆大头螺钉工作时，受到的最大拉力 $F_{max}=58.3\text{kN}$，最小拉力 $F_{min}=55.8\text{kN}$，已知螺纹内径 $d=11.6\text{mm}$，试求其平均应力、应力幅值、应力循环特性，并绘制应力循环曲线。

解：先计算螺钉最大拉应力和最小拉应力，再利用相应公式计算所有未知量。

$$\sigma_{max}=\frac{F_{Nmax}}{A}=\frac{4F_{max}}{\pi d^2}=\frac{4\times58.3\times10^3}{3.14\times11.5^2\times10^{-6}}\text{Pa}=561\text{MPa}$$

$$\sigma_{min}=\frac{F_{Nmin}}{A}=\frac{4F_{min}}{\pi d^2}=\frac{4\times55.8\times10^3}{3.14\times11.5^2\times10^{-6}}\text{Pa}=537\text{MPa}$$

$$\sigma_m=\frac{1}{2}(\sigma_{max}+\sigma_{min})=\frac{1}{2}(561+537)\text{MPa}=549\text{MPa}$$

$$\sigma_a=\frac{1}{2}(\sigma_{max}-\sigma_{min})=\frac{1}{2}(561-537)\text{MPa}=12\text{MPa}$$

$$r=\frac{\sigma_{min}}{\sigma_{max}}=\frac{537}{561}=0.957$$

应力循环曲线如图 11-9 所示。

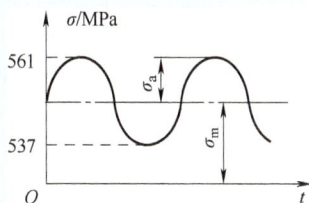
图　11-9

11.6　对称循环下材料持久极限的测定

要建立构件在交变应力下的强度条件，必须测定材料在交变应力下的疲劳极限。材料在交变应力作用下，可以测得一个能经受无限次应力循环而不发生破坏的最大应力，这一最大应力称为材料的疲劳极限，又称为持久极限。但实际上实验并不能无限持续下去，所以一般规定一个循环次数来代替无限长的寿命。这个规定的循环次数称为循环基数。实验表明，材料抵抗对称循环交变应力能力最差，材料在对称循环下的极限应力是表示材料疲劳强度的一个基本数据。通常以对称循环交变应力下的持久极限作为材料在交变应力下的主要强度指标。

材料的疲劳极限是材料本身所固有的性质，与循环特性、试件变形的形式以及材料所处的环境等有关，具体数据需要疲劳试验确定。测定材料在弯曲交变应力下疲劳极限的试验，一般在疲劳试验机上进行。试件做成直径为 7~10mm 表面磨光的光滑小试件，每组试验需用试件 6~10 根。将试件装在试验机上（见图 11-10），在载荷作用下试件中间部分发生纯弯曲，弯矩 $M=Fa$。试件横截面上的最大弯曲应力为

$$\sigma_{max}=\frac{M}{W_z}=\frac{32Fa}{\pi d^3}\qquad(*)$$

保持载荷的大小和方向不变，以电动机带动试件旋转。每旋转一周，截面上的点便经历一次对称应力循环。应力循环的次数可以通过计数器读出，当试件断裂时，试验机自动停机。

试验时，根据式（*）选择适当的载荷（挂砝码），使第一根试件的 σ_{max1} 约为试件材料强度极限 σ_b 的 70%。经历 N_1 次循环后，试件发生疲劳破坏。N_1 称为应力为 σ_{max1} 时的疲劳寿命（简称寿命）。然后，使第二根试件的 σ_{max2} 略低于第一根试件，疲劳破坏时的循环次数为 N_2。一般来说，随着应力水平的降低，循环次数（寿命）迅速增加，逐渐降低应力水平，得出各试件疲劳破坏时的相应寿命。以最大应力为纵坐标、寿命 N 为横坐标，由试验结果描成的曲线，称为应力-寿命曲线或 $S\text{-}N$ 曲线（见图 11-11）。钢试件的疲劳寿命表明，当应力降到某一极限时，$S\text{-}N$ 曲线趋近于水平线。这表明只要应力不超过这一极限时，N 可

无限增长，即试件可以经历无限次循环而不发生疲劳破坏。对称循环的疲劳极限记为 σ_{-1}，下标"-1"表示对称循环特性为 $r = -1$。

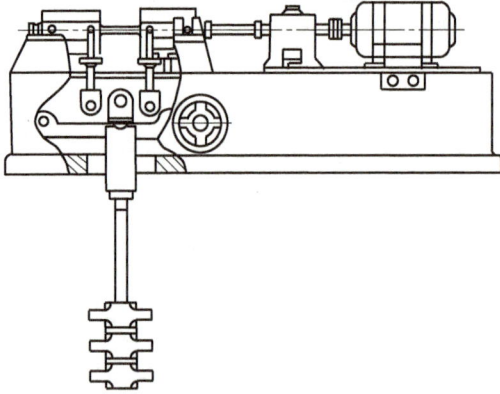

图 11-10

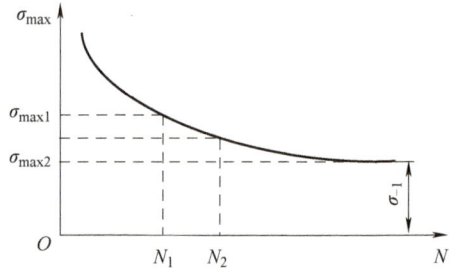

图 11-11

常温下的试验结果表明，如钢制试样经历 10^7 次循环仍未发生疲劳破坏，再增加循环次数，也不会发生疲劳破坏。所以，就把在 10^7 次循环下仍未疲劳破坏的最大应力，规定为钢材的疲劳极限，而把 $N_0 = 10^7$ 称为循环基数。有色金属的 S-N 曲线无明显趋于水平的直线部分。通常规定一个循环基数，例如 $N_0 = 10^8$，把它对应的最大应力作为这类材料的条件疲劳极限。

构件的持久极限：在计及了构件的外形变化、尺寸大小和表面加工质量等因素对材料的持久极限的影响之后，得到的就是实际构件的持久极限。构件的持久极限小于材料的持久极限。

11.7 影响持久极限的因素

在疲劳强度计算中，持久极限是非常重要的概念。在理解持久极限时，应注意两点：一是持久极限与循环特性有关，即循环特性 r 不同，持久极限 σ_r 亦不同，且对称循环下的持久极限最低。二是应了解材料的持久极限与构件的持久极限的区别，前者是实验室中用光滑小试件测出的，后者是在前者的基础上考虑各种影响因素修正后得到的。影响构件持久极限的因素很多，内在的因素有金属材料本身的强度、塑性、组织结构和材质等，外界的因素有制成的零部件的几何形状、加工光洁度和工作环境等。下面就介绍影响疲劳极限的几种主要因素。

1. 构件外形的影响

构件外形的突然变化，例如构件上有槽、孔、缺口、轴肩等，将引起应力集中。在应力集中的局部区域更容易形成疲劳裂纹，使构件的持久极限显著降低。构件外形引起的应力集中影响程度，可用对比试验的方法来表示。设在对称循环下没有应力集中光滑小试件的持久极限为 σ_{-1}，而有应力集中试件的持久极限为 $(\sigma_{-1})_k$，两者的比值表示应力集中对其持久极限的影响，可用有效应力集中因数表示，即

$$K_\sigma = \frac{\sigma_{-1}}{(\sigma_{-1})_k} \tag{11-8}$$

K_σ 称为有效应力集中因数。由于 $\sigma_{-1} > (\sigma_{-1})_k$，所以 $K_\sigma > 1$。

工程上为了使用方便，把有关有效应力集中因数的数据，整理成曲线或表格。图 11-12 和图 11-13 就是这类曲线。

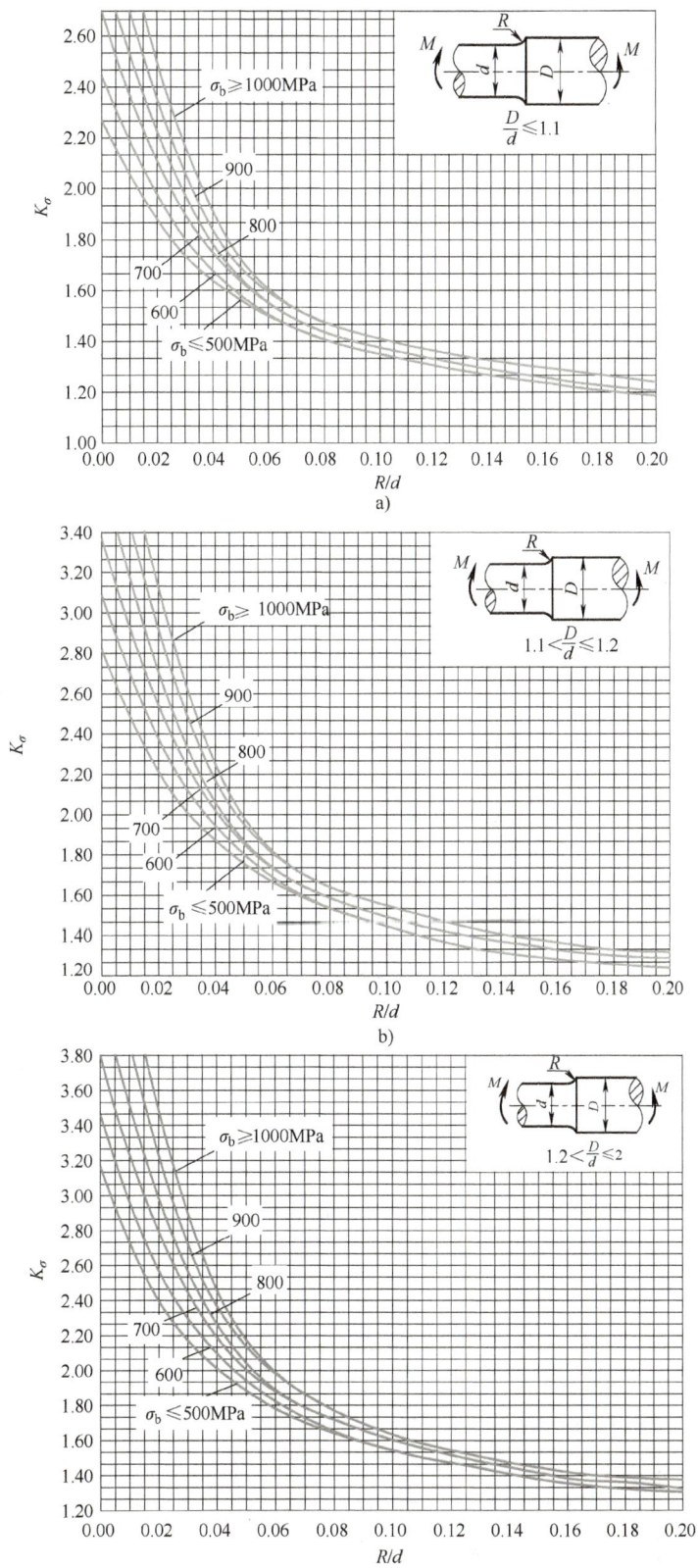

图　11-12

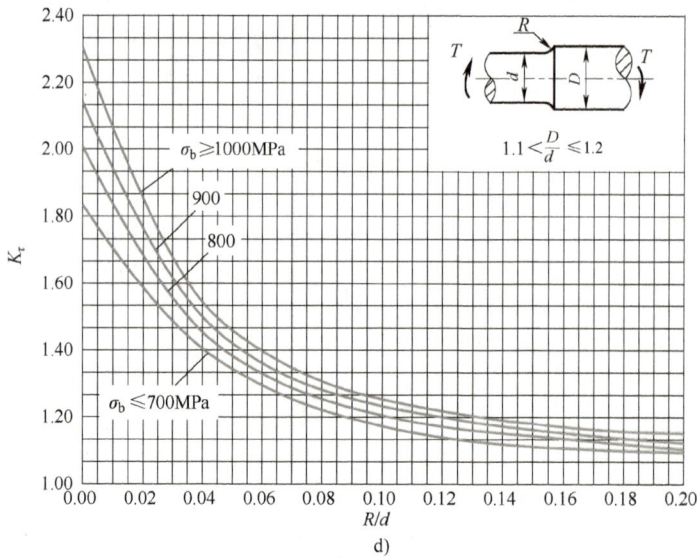

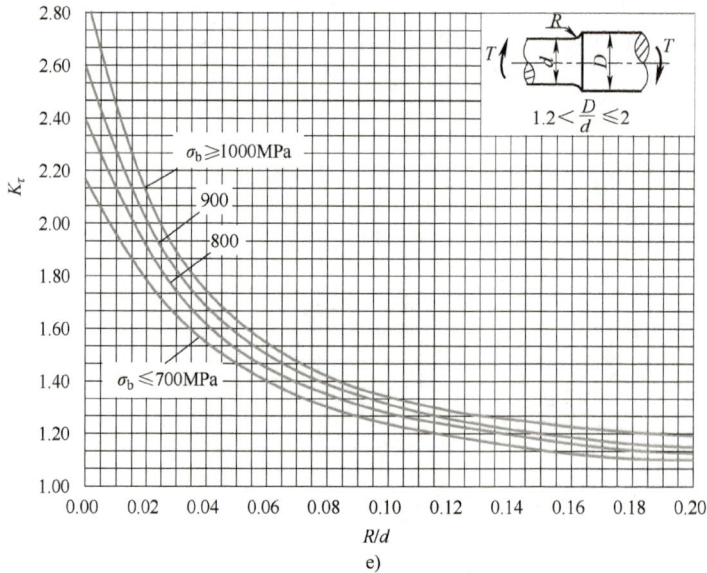

2.40
2.20
2.00
1.80
1.60
1.40
1.20
1.00

$\sigma_b \geqslant 1000\text{MPa}$
900
800
$\sigma_b \leqslant 700\text{MPa}$

K_τ

0.00 0.02 0.04 0.06 0.08 0.10 0.12 0.14 0.16 0.18 0.20

R/d

$1.1 < \dfrac{D}{d} \leqslant 1.2$

d)

2.80
2.60
2.40
2.20
2.00
1.80
1.60
1.40
1.20
1.00

$\sigma_b \geqslant 1000\text{MPa}$
900
800
$\sigma_b \leqslant 700\text{MPa}$

K_τ

0.00 0.02 0.04 0.06 0.08 0.10 0.12 0.14 0.16 0.18 0.20

R/d

$1.2 < \dfrac{D}{d} \leqslant 2$

e)

图 11-12（续）

图中的 K_σ 和 K_τ 分别表示构件在弯曲和扭转时的有效应力集中因数。从这些曲线可看出：

（1）对钢材来说，σ_b 越高，有效应力集中因数越大，即材料的强度越高，对应力集中越敏感。这一点反映出在交变应力和静应力两种情况下应力集中的区别。在式（2-21）中曾经提到，应力集中处的最大应力与按公式计算的名义应力之比，称为理论应力集中因数。在静应力情况下理论应力集中因数仅与构件的几何形状有关，它可用弹性力学或光弹性实验的方法来确定。用不同材料加工成形状、尺寸相同的构件，则这些构件的理论应力集中因数也相同。但是，在交变应力下有效应力集中因数不仅与构件几何形状有关，而且与材料的强度极限 σ_b 有关。有一些由理论应力集中因数估算出有效应力集中因数的经验公式，这里不再详细介绍。感兴趣的读者可参考相关书籍。

（2）有效应力集中因数还随受力形式（如拉、扭、弯）的不同而改变。轴向加载时，由于存在应力沿横截面均匀分布，表层和内层的应力相同。在这种情况下，表面处理只能改善表面层的疲劳性能，由于芯部材料未得到强化，因而疲劳强度的提高有限。在弯曲和扭转条件下，应力的分布集中于表层，因而表面处理能有效地提高弯曲和扭转条件下的疲劳强度。

（3）构件截面尺寸改变急剧程度越急剧（如 R/d 越小），应力集中程度就越严重，有效应力集中因数越大，构件持久极限降低越显著。因此，使构件截面尺寸平稳过渡可降低应力集中的影响。

实际机械零件都不可避免地存在着不同形式的缺口，如螺纹、键槽、横孔等，是承受拉伸或弯曲变形的杆类零件常见失效发源地。这些缺口的存在造成应力集中，使缺口根部的最大实际应力远大于零件所承受的名义应力，零件的疲劳破坏往往从这里开始。又如键槽、花键、油孔等轴上的缺陷，是承受扭转应力的轴类零件常见失效发源地。这类失效大多数发生在尖角处，因为应力集中而萌生小裂纹造成疲劳断裂。分析表明，键槽尖角引起的局部应力可达到平均额定应力的 10 倍。图 11-13 表示了这类缺陷对有效应力集中因数的影响。

2. 构件尺寸的影响

由于材料本身组织的不均匀性以及内部缺陷的存在，随着构件尺寸的增大产生疲劳裂纹的可能性就越大，从而降低材料的持久极限。持久极限一般是用直径为 7~10mm 的小试样测定的。由于不可能把实际尺寸零件上存在的应力集中、应力梯度等完全相似地在小试样上再现出来，从而造成试验室结果与某些具体零件持久极限出现较大偏差，导致试验室小试样测得的疲劳数据难以运用到实际大尺寸零件的疲劳寿命预测。构件尺寸的影响也可通过对比试验来测定。设在对称循环下，光滑大试件的持久极限为 $(\sigma_{-1})_\varepsilon$，同样几何形状的光滑小试件的持久极限为 σ_{-1}，两者的比值表示构件尺寸的影响，即

$$\varepsilon_\sigma = \frac{(\sigma_{-1})_\varepsilon}{\sigma_{-1}} \tag{11-9}$$

ε_σ 称为尺寸因数，其数值一般小于 1。对于扭转，尺寸因数为

$$\varepsilon_\tau = \frac{(\tau_{-1})_\varepsilon}{\tau_{-1}} \tag{11-10}$$

试验表明，弯曲、扭转变形时，大构件高应力作用区域也相应较大，因而持久极限也降低。而构件尺寸大小对轴向拉压的持久极限并无影响，这时 $\varepsilon_\sigma = 1$。常用钢材的尺寸因数列于表 11-1 中。尺寸因数和材料的强度极限、构件尺寸及弯、扭变形形式有关。构件尺寸越大，材料强度越高，则 ε_σ、ε_τ 越小，尺寸影响越严重。

表 11-1　常用钢材的尺寸因数

直径 d/mm		>20~30	>30~40	>40~50	>50~60	>60~70
ε_σ	碳素钢	0.91	0.88	0.84	0.81	0.78
	合金钢	0.83	0.77	0.73	0.70	0.68
各种钢 ε_τ		0.89	0.81	0.78	0.76	0.74
直径 d/mm		>70~80	>80~100	>100~120	>120~150	>150~500
ε_σ	碳素钢	0.75	0.73	0.70	0.68	0.60
	合金钢	0.66	0.64	0.62	0.60	0.54
各种钢 ε_τ		0.73	0.72	0.70	0.68	0.60

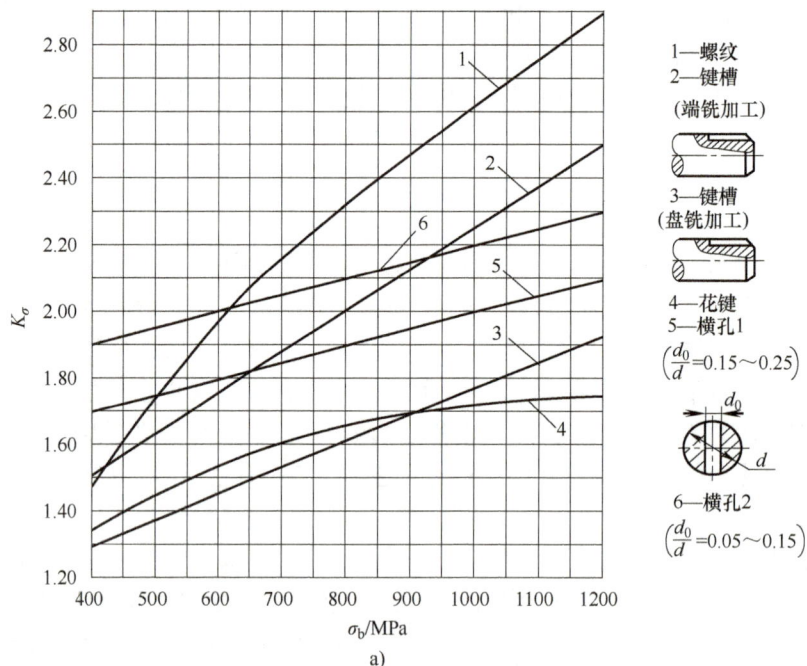

1—螺纹
2—键槽
（端铣加工）

3—键槽
（盘铣加工）

4—花键
5—横孔1
$\left(\dfrac{d_0}{d}=0.15\sim0.25\right)$

6—横孔2
$\left(\dfrac{d_0}{d}=0.05\sim0.15\right)$

a)

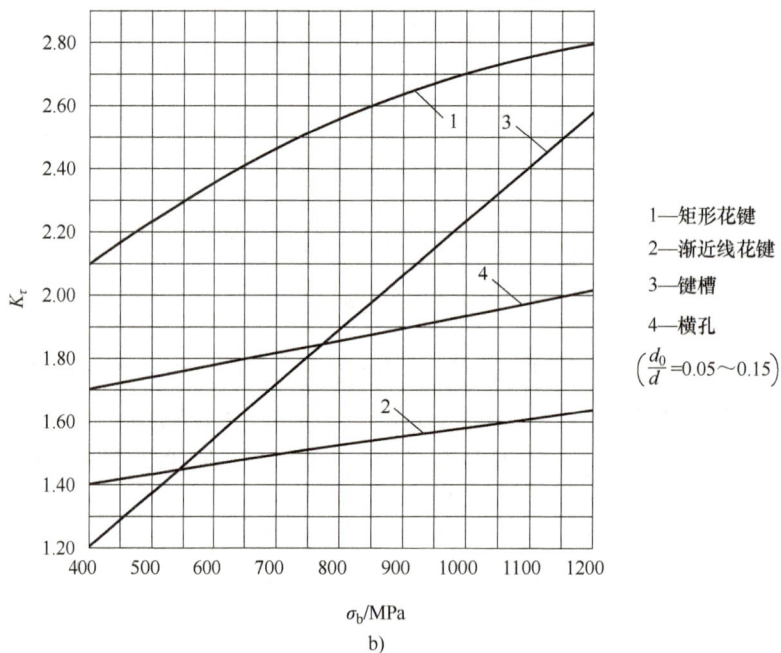

1—矩形花键
2—渐近线花键
3—键槽
4—横孔
$\left(\dfrac{d_0}{d}=0.05\sim0.15\right)$

b)

图 11-13

3. 构件表面质量的影响

构件承受弯曲或扭转时，构件的最大应力发生于表层。对于几何形状有突变的拉压构件，表层也会出现较大的峰值应力。因此，表面加工质量将会直接影响裂纹的形成和扩展，从而影响构件的疲劳极限。零件的机械加工表面质量是指加工表面层的微观几何形状和物理机械性能。微观几何形状主要是指表面粗糙度，表面粗糙度对承受交变载荷的零件的疲劳极限影响很大。在交变载荷作用下，表面加工的刀痕、擦伤等将引起应力集中，产生疲劳裂纹，降低疲劳极限。所以，表面加工质量对疲劳极限有明显的影响。构件表面质量的影响，也可用对比试验测定。设对称循环时各种不同表面加工条件下试件的持久极限为 $(\sigma_{-1})_\beta$，表面磨光的试样的疲劳极限为 σ_{-1}，用两者的比值表示表面加工质量的影响，即

$$\beta = \frac{(\sigma_{-1})_\beta}{\sigma_{-1}} \tag{11-11}$$

β 称为表面质量因数。不同表面粗糙度试件的 β 列入表 11-2 中。可以看出，当构件表面质量低于磨光试件的表面质量时，$\beta<1$。还可以看出，高强度钢材随表面质量的降低，β 的下降比较明显。这说明优质高强度钢材更需要高质量的表面加工质量，才能充分发挥高强度的性能。

表 11-2　不同表面粗糙度试件的表面质量因数 β

加工方法	轴表面粗糙度	β		
		$\sigma_b = 400\text{MPa}$	$\sigma_b = 800\text{MPa}$	$\sigma_b = 1200\text{MPa}$
磨　削	$\nabla 9 \sim \nabla 10$	1	1	1
车　削	$\nabla 6 \sim \nabla 8$	0.95	0.90	0.80
粗　车	$\nabla 3 \sim \nabla 5$	0.85	0.80	0.65
未加工的表面	—	0.75	0.65	0.45

　　表面工程指利用各种物理的、化学的或机械的工艺规程使零件表面获得特殊的材料成分、组织结构和性能，以提高产品质量的工程。其包括表面处理、表面加工、表面涂层、表面改性等内容。表面强化技术是表面工程的核心内容，主要通过各种工艺来增强材料的表面强度、硬度、耐磨性、耐蚀性和物理性能等综合机械性能。表面热处理强化是利用固态相变，通过快速加热的方法对零件的表层进行淬火处理，如高频淬火强化方法。化学热处理强化是利用某种化学元素的固态扩散渗入，来改变构件表面层的化学成分以实现表面强化的方法，又称为扩渗热处理强化，如氮化和渗碳强化方法。表面机械强化主要包括滚压强化、喷丸强化等强化方法。各种强化方法的表面质量因数列于表 11-3 中。

　　综合考虑上述三种因系后，对称循环下构件的持久极限为

$$\sigma_{-1}^0 = \frac{\varepsilon_\sigma \beta}{K_\sigma} \sigma_{-1} \quad \text{或} \quad \tau_{-1}^0 = \frac{\varepsilon_\tau \beta}{K_\tau} \tau_{-1} \tag{11-12}$$

式中，K_σ 和 K_τ 为有效应力集中因数；ε_σ 和 ε_τ 为尺寸因数；β 为表面质量因数。σ_{-1} 和 τ_{-1} 是对称循环下光滑小试件的持久极限，σ_{-1}^0 和 τ_{-1}^0 是对称循环下构件的持久极限。

表 11-3　各种强化方法的表面质量因数 β

强 化 方 法	心部强度 σ_b/MPa	β		
		光　轴	低应力集中的轴 $K_\sigma \leqslant 1.5$	高应力集中的轴 $K_\sigma \geqslant 1.8 \sim 2$
高 频 淬 火	$600 \sim 800$ $800 \sim 1000$	$1.5 \sim 1.7$ $1.3 \sim 1.5$	$1.6 \sim 1.7$	$2.4 \sim 2.8$
氮　化	$900 \sim 1200$	$1.1 \sim 1.25$	$1.5 \sim 1.7$	$1.7 \sim 2.1$

（续）

强化方法	心部强度 σ_b/MPa	β		
		光　　轴	低应力集中的轴 $K_\sigma \leqslant 1.5$	高应力集中的轴 $K_\sigma \geqslant 1.8 \sim 2$
渗　碳	$400 \sim 600$	$1.8 \sim 2.0$	3	—
	$700 \sim 800$	$1.4 \sim 1.5$	—	—
	$1000 \sim 1200$	$1.2 \sim 1.3$	2	—
喷丸处理	$600 \sim 1500$	$1.1 \sim 1.25$	$1.5 \sim 1.6$	$1.7 \sim 2.1$
滚子滚压	$600 \sim 1500$	$1.1 \sim 1.3$	$1.3 \sim 1.5$	$1.6 \sim 2.0$

注：1. 高频淬火是根据直径为 $10 \sim 20$mm、淬火层厚度为 $(0.05 \sim 0.20)d$ 的试样实验求得的数据，对大尺寸的试件强化因数的值会有降低。

2. 氮化层厚度为 $0.01d$ 时用小值，在 $(0.03 \sim 0.04)d$ 时用大值。

3. 喷丸硬化系根据 $8 \sim 40$mm 的试样求得的数据。喷丸速度低时用小值，喷丸速度高时用大值。

4. 滚子滚压系根据 $17 \sim 130$mm 的试样求得的数据。

　　提高构件疲劳强度措施主要包括：（1）减小应力集中，可适当加大截面突变处的过渡圆角以及其他措施，有利于缓和应力集中。（2）降低表面粗糙度，对疲劳强度要求高的构件，应采用精加工方法，以获得较高的表面质量。特别是对高强度钢这类对应力集中比较敏感的材料，其加工更需要精细。（3）增加表面强度，通过机械或化学的方法对构件表面进行强化处理，改善表面层质量。

　　这里还需要指出的是，构件的工作环境，如温度、介质等也会影响疲劳极限的数值。仿照前面的方法，这类因素的影响也可用修正因数来表示，其数值可从有关手册中查到，这里不再赘述。

11.8　对称循环下构件的疲劳强度的计算

　　对称循环下，实际构件的疲劳极限 σ_{-1}^0 或 τ_{-1}^0 可由式（11-12）来计算。在交变应力作用下，构件的持久极限是构件所能承受的极限应力。将 σ_{-1}^0 或 τ_{-1}^0 除以安全因数 n 得许用持久极限，即

$$[\sigma_{-1}] = \frac{\sigma_{-1}^0}{n} \quad \text{或} \quad [\tau_{-1}] = \frac{\tau_{-1}^0}{n} \qquad (\text{a})$$

　　要保证不发生疲劳破坏，必须使构件的最大工作应力不得超过构件的许用持久极限。构件的疲劳强度条件为

$$\sigma_{max} \leqslant [\sigma_{-1}] \quad \text{或} \quad \sigma_{max} \leqslant \frac{\sigma_{-1}^0}{n} \qquad (\text{b})$$

或

$$\tau_{max} \leqslant [\tau_{-1}] \quad \text{或} \quad \tau_{max} \leqslant \frac{\tau_{-1}^0}{n} \qquad (\text{c})$$

式（b）、式（c）中的 σ_{max}、τ_{max} 是构件危险点的最大工作应力，也可以把强度条件写成由安全因数表达的形式。由式（b）和式（c）可知

$$\frac{\sigma_{-1}^0}{\sigma_{max}} \geqslant n \quad \text{或} \quad \frac{\tau_{-1}^0}{\tau_{max}} \geqslant n \qquad (\text{d})$$

式（d）左侧是实际构件疲劳极限 σ_{-1}^0 或 τ_{-1}^0 与构件危险点的最大工作应力 σ_{max}、τ_{max} 之比，代表构件工作时的安全储备，称为构件的工作安全因数，用 n_σ、n_τ 来表示，即

$$n_\sigma = \frac{\sigma_{-1}^0}{\sigma_{max}} \quad 或 \quad n_\tau = \frac{\tau_{-1}^0}{\tau_{max}} \tag{e}$$

于是，构件疲劳强度条件又可写为

$$n_\sigma \geqslant n \quad 或 \quad n_\tau \geqslant n \tag{11-13}$$

即构件的工作安全因数 n_σ、n_τ 应大于或等于规定的安全因数 n。将式（11-12）代入式（e），并结合式（11-13），可把工作安全因素和强度条件表示为

$$n_\sigma = \frac{\sigma_{-1}}{\frac{K_\sigma}{\varepsilon_\sigma \beta} \sigma_{max}} \geqslant n \quad 或 \quad n_\tau = \frac{\tau_{-1}}{\frac{K_\tau}{\varepsilon_\tau \beta} \tau_{max}} \geqslant n \tag{11-14}$$

下面通过例题来说明对称循环下疲劳强度计算的步骤。

例 11.6　如图 11-14 所示低碳钢制成的阶梯状圆轴，已知材料的强度极限 $\sigma_b = 500\text{MPa}$，持久极限 $\tau_{-1} = 110\text{MPa}$，轴上受到对称循环交变扭矩 $T = 800\text{N} \cdot \text{m}$ 作用。轴的规定安全因数 $[n] = 1.5$。试校核该阶梯轴的疲劳强度。已知表面质量因数 $\beta = 1$。

解：计算轴的最大工作切应力。轴的最大工作切应力发生在阶梯圆轴直径较小的截面处：

$$\tau_{max} = \frac{T}{W_t} = \frac{16T}{\pi d^3} = \frac{16 \times 800}{\pi \times 0.05^3} \text{Pa} = 32.6\text{MPa}$$

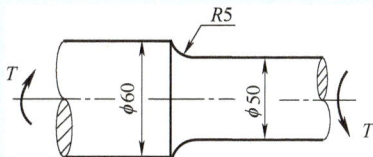

图　11-14

现在确定阶梯圆轴由于外形的突然变化而引起的有效应力集中因数 K_τ。由于 $\frac{D}{d} = 1.2$，$\frac{R}{d} = 0.1$，$\sigma_b = 500\text{MPa}$，由图 11-11d 可查知 $K_\tau = 1.18$。由表 11-1 查得 $\varepsilon_\tau = 0.78$，阶梯轴的表面质量因数 $\beta = 1$，故阶梯轴的疲劳极限为

$$\tau_{-1}^0 = \frac{\tau_{-1} \varepsilon_\tau \beta}{K_\tau} = \frac{110 \times 0.78 \times 1}{1.18} \text{MPa} = 72.7\text{MPa}$$

阶梯轴工作安全因数 n_τ 为

$$n_\tau = \frac{\tau_{-1}^0}{\tau_{max}} = \frac{72.7\text{MPa}}{32.6\text{MPa}} = 2.23 > [n]$$

故该阶梯轴的疲劳强度足够。

11.9　非对称循环下构件的疲劳强度的计算

在非对称循环的情况下，用 σ_r 表示疲劳极限。σ_r 的下标 r 代表循环特性。例如，脉动循环的 $r = 0$，其疲劳极限记为 σ_0。与测定对称循环极限 σ_{-1} 的方法相似，在给定的循环特性 r 进行试验，求得相应的 S-N 曲线。图 11-15 即为这种曲线的示意图。利用 S-N 曲线便可确定不同 r 值的疲劳极限 σ_r。

选取以平均应力 σ_m 为横坐标，应力幅 σ_a 为纵坐标的坐标系，如图 11-16 所示。对于任一个应力循环，由它的 σ_m 和 σ_a 便可于坐标系中确定一个对应的 P 点。由式（11-7）可知，若把一点的纵、横坐标相加，就是该点的应力循环的最大应力，即

$$\sigma_a + \sigma_m = \sigma_{max} \qquad\text{(a)}$$

由原点到 P 点作射线 OP，其斜率为

$$\tan\alpha = \frac{\sigma_a}{\sigma_m} = \frac{\sigma_{max} - \sigma_{min}}{\sigma_{max} + \sigma_{min}} = \frac{1-r}{1+r} \qquad\text{(b)}$$

可见循环特性 r 相同的所有应力循环都在同一射线上。离原点越远，纵、横坐标之和越大，应力循环的 σ_{max} 越大。显然，只要 σ_{max} 不超过同一循环特性 r 下的疲劳极限 σ_r，就不会出现疲劳失效。故在每一条由原点出发的射线上，

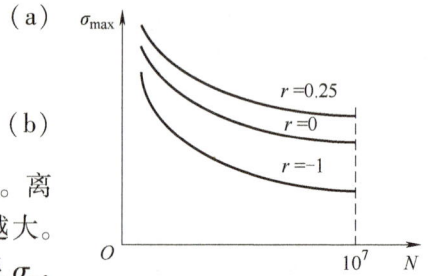

图 11-15

都有一个由疲劳极限确定的临界点（如 OP 线上的 P' 点）。对于对称循环，$r=-1$，$\sigma_m=0$，$\sigma_a=\sigma_{max}$，表明与对称循环对应的点都在纵轴上。由 σ_{-1} 在纵轴上确定对称循环的临界点 A。对于静载，$r=1$，$\sigma_m=\sigma_{max}$，$\sigma_a=0$，表明与静载对应的点都在横轴上。由 σ_b 在横轴上确定静载时的临界点 B。脉动循环的 $r=0$，由式（b）知 $\tan\alpha=1$，故与脉动循环对应的点都在 $\alpha=45°$ 的射线上，与其疲劳极限 σ_0 相应的临界点为 C。总之，对任一个循环特性 r，都可确定与其疲劳极限相应的临界点。将这些点连成曲线即为疲劳极限曲线，如图 11-16 中的曲线 $AP'CB$。

在 σ_m-σ_a 平面内，疲劳极限曲线与坐标轴围成一个区域。在这个区域内的点，例如 P 点，它所代表的应力循环的最大应力（等于 P 点纵、横坐标之和），必然小于同一 r 值下的疲劳极限（等于 P' 点纵、横坐标之和），所以不会引起疲劳。

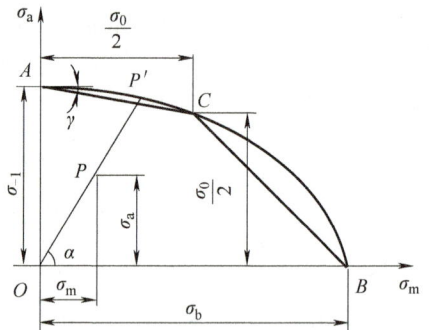

图 11-16

要绘制图 11-16 表示的疲劳极限曲线，必须有较多的疲劳试验数据，工作量大，耗费甚巨。同时，这种形式的疲劳极限曲线也不便于工程实际应用，所以通常采用简化的疲劳极限曲线。最常用的简化方法是由对称循环、脉动循环和静载荷，确定 A、C、B 三点，用折线 ACB 代替原来的曲线，简称简化折线。折线的 AC 部分的倾角为 γ，斜率为

$$\psi_\sigma = \tan\gamma = \frac{\sigma_{-1} - \sigma_0/2}{\sigma_0/2} \qquad (11\text{-}15)$$

直线 AC 上的点都与疲劳极限 σ_r 相对应，将这些点的横坐标和纵坐标分别记为 σ_{rm} 和 σ_{ra}，于是 AC 的方程式可以写成

$$\sigma_{ra} = \sigma_{-1} - \psi_\sigma \sigma_{rm} \qquad (11\text{-}16)$$

系数 ψ_σ 是只和材料有关的一个常数，称为材料对应力循环不对称性的敏感系数。在缺乏试验数据时，对普通钢材，可采用表 11-4 中的 ψ_σ 值。

表 11-4 普通钢材的不对称性的敏感系数 ψ_σ

系数 ψ_σ	静载强度极限 σ_b/MPa				
	350~550	550~750	750~1000	1000~1200	1200~1400
ψ_σ（拉、压、弯曲）	0	0.05	0.10	0.20	0.25
ψ_σ（扭转）	0	0	0.05	0.10	0.15

上述简化折线只考虑了 $\sigma_m>0$ 的情况。对塑性材料，一般认为在 σ_m 为压应力时仍与 σ_m 为拉应力时相同。

上面讨论的疲劳极限曲线或其简化曲线，都是以光滑小试样的试验结果为依据的。对于实际构件，则还需综合考虑应力集中、构件尺寸和表面质量的影响。试验结果表明，上述诸因素只影响应力幅，而对平均应力并无影响，即图 11-16 中的折线 AC 的横坐标不变，而纵坐标则应乘以 $\dfrac{\varepsilon_\sigma\beta}{K_\sigma}$，这样就得到图 11-17 中的折线 EFB。由式（11-16）知，代表构件疲劳极限的直线 EF 的方程式可以写为

$$\sigma_{ra}=\frac{\varepsilon_\sigma\beta}{K_\sigma}(\sigma_{-1}-\psi_\sigma\sigma_{rm})\qquad(\text{c})$$

构件工作时，若危险点的应力循环由 P 点表示，则 $\overline{PI}=\sigma_a$，$\overline{OI}=\sigma_m$。保持 r 不变，延长射线 OP 与 EF 相交于 G 点，G 点纵、横坐标之和就是实际构件的疲劳极限，即 $\overline{OH}+\overline{GH}=\sigma_r$。构件的工作安全因数应为

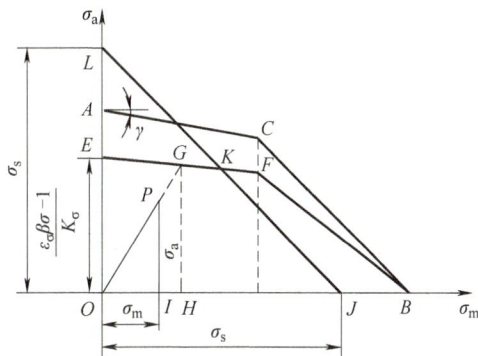

图　11-17

$$n_\sigma=\frac{\sigma_r}{\sigma_{max}}=\frac{\overline{OH}+\overline{GH}}{\sigma_m+\sigma_a}=\frac{\sigma_{rm}+\overline{GH}}{\sigma_m+\sigma_a}\qquad(\text{d})$$

因为 G 点在直线 EF 上，其纵坐标应为

$$\overline{GH}=\frac{\varepsilon_\sigma\beta}{K_\sigma}(\sigma_{-1}-\psi_\sigma\sigma_{rm})\qquad(\text{e})$$

再由 $\triangle OPI$ 和 $\triangle OGH$ 的相似关系，得

$$\overline{GH}=\frac{\sigma_a}{\sigma_m}\sigma_{rm}\qquad(\text{f})$$

由式（e）和式（f），可得

$$\sigma_{rm}=\frac{\sigma_{-1}}{\dfrac{K_\sigma}{\varepsilon_\sigma\beta}\sigma_a+\psi_\sigma\sigma_m}\sigma_m,\quad \overline{GH}=\frac{\sigma_{-1}}{\dfrac{K_\sigma}{\varepsilon_\sigma\beta}\sigma_a+\psi_\sigma\sigma_m}\sigma_a$$

代入式（d），即可求得

$$n_\sigma=\frac{\sigma_{-1}}{\dfrac{K_\sigma}{\varepsilon_\sigma\beta}\sigma_a+\psi_\sigma\sigma_m}\qquad(11\text{-}17)$$

构件的工作安全因数 n_σ 应大于或等于规定的安全因数 n，即强度条件仍为

$$n_\sigma\geqslant n\qquad(\text{g})$$

式（11-17）中的 n_σ 是对正应力写出的。若为切应力，工作安全因数应写成

$$n_\tau=\frac{\tau_{-1}}{\dfrac{K_\tau}{\varepsilon_\tau\beta}\tau_a+\psi_\tau\tau_m}\qquad(11\text{-}18)$$

除满足疲劳强度条件外，构件危险点的 σ_{max} 还应低于屈服强度 σ_s。在 σ_m-σ_a 坐标系中，

斜直线 LJ 的表达式为

$$\sigma_s = \sigma_a + \sigma_m$$

实际工作时构件的最大应力不应超过屈服极限，否则构件就会发生塑性变形，所以代表构件最大应力的点应落在直线 LJ 的下方。也就是说，保证构件既不发生疲劳也不发生塑性变形的区域，是折线 EKJ 与坐标轴围成的区域。

强度计算时，由构件工作应力的循环特征 r 确定射线 OP。如射线先与直线 EF 相交，则应由式（11-17）计算 n_σ，进行疲劳强度校核。若射线先与直线 KJ 相交，则表示构件在疲劳失效之前已发生塑性变形，应按静强度校核，强度条件是

$$n_\sigma = \frac{\sigma_s}{\sigma_{max}} \geqslant n_s \tag{11-19}$$

式中，n_s 为对塑性破坏规定的安全因数。对一般塑性材料制成的构件，在 $r<0$ 的非对称循环交变应力下，通常发生疲劳破坏；而在 $r>0$ 时，通常要同时校核构件的疲劳强度和屈服强度。

例 11.7　如图 11-18 所示的圆杆上有一个沿直径贯穿圆孔，不对称交变弯矩为 $M_{max} = 5M_{min} = 512\mathrm{N \cdot m}$，材料为合金钢，$\sigma_b = 950\mathrm{MPa}$，$\sigma_s = 540\mathrm{MPa}$，$\sigma_{-1} = 430\mathrm{MPa}$，$\psi_\sigma = 0.2$。圆杆表面经磨削加工。若规定安全因数 $n=2$，$n_s = 1.5$，试校核此杆的强度。

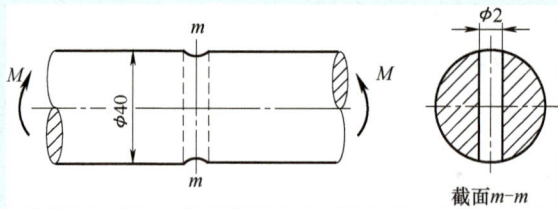

图　11-18

解：（1）计算圆杆的工作切应力。

$$W_z = \frac{\pi d^3}{32} = \frac{\pi}{32} \times (0.04\mathrm{m})^3 = 6.28 \times 10^{-6}\mathrm{m}^3$$

$$\sigma_{max} = \frac{M_{max}}{W_z} = \frac{512\mathrm{N \cdot m}}{6.28 \times 10^{-6}\mathrm{m}^3} = 81.5\mathrm{MPa}$$

$$\sigma_{min} = \frac{1}{5}\sigma_{max} = 16.3\mathrm{MPa}$$

$$r = \frac{\sigma_{min}}{\sigma_{max}} = \frac{1}{5} = 0.2$$

$$\sigma_m = \frac{\sigma_{max}+\sigma_{min}}{2} = \frac{81.5\mathrm{MPa}+16.3\mathrm{MPa}}{2} = 48.9\mathrm{MPa}$$

$$\sigma_a = \frac{\sigma_{max}-\sigma_{min}}{2} = \frac{81.5\mathrm{MPa}-16.3\mathrm{MPa}}{2} = 32.6\mathrm{MPa}$$

（2）确定系数 K_σ、ε_σ、β。按照圆杆的尺寸，$\frac{d_0}{d} = \frac{2}{40} = 0.05$。由图 11-12a 中的曲线 6 查得，当 $\sigma_b = 950\mathrm{MPa}$ 时，$K_\sigma = 2.18$。由表 11-1 查出，$\varepsilon_\sigma = 0.77$。由表 11-2 查出，表面经磨削加工的杆件 $\beta=1$。

（3）疲劳强度校核。由式（11-17）计算工作安全因数

$$n_\sigma = \frac{\sigma_{-1}}{\frac{K_\sigma}{\varepsilon_\sigma \beta}\sigma_a + \psi_\sigma \sigma_m} = \frac{430\text{MPa}}{\frac{2.18}{0.77\times1}\times32.6\text{MPa}+0.2\times48.9\text{MPa}} = 4.21$$

规定的安全因数为 $n=2$，$n_\sigma>n$，所以疲劳强度是足够的。

（4）静强度校核。因为 $r=0.2>0$，所以需要校核静强度。由式（11-19）算出最大应力对屈服强度的工作安全因数为

$$n_\sigma = \frac{\sigma_s}{\sigma_{max}} = \frac{540\text{MPa}}{81.5\text{MPa}} = 6.62 > n_s$$

所以静强度条件也是满足的。

思　考　题

一、判断题

1. 动载荷就是大小不断变化的载荷。　（　）

2. 动荷因数总是大于 1。　（　）

3. 构件内突加载荷所引起的应力，是由相应的静载荷所引起的应力的 2 倍。　（　）

4. 动载荷作用下，构件内的动应力与构件的弹性模量有关。　（　）

5. 构件在动载荷作用下，只要动荷因数确定，则任意一点处的动变形，就可表示为该点处相应的静变形与相应的动荷因数的乘积。　（　）

6. 交变应力的最大应力和最小应力的平均值称为平均应力。　（　）

7. 疲劳破坏和静载破坏的断口相类似。　（　）

8. 标准试件经无限多次应力循环而不发生疲劳破坏的平均应力值，称为材料的疲劳极限。　（　）

9. 构件在交变应力作用下发生疲劳破坏时，最大应力小于材料的静强度极限。　（　）

10. 构件的疲劳破坏呈脆性断裂形式，且断口表面一般明显地分为光滑区和粗粒状区。　（　）

11. 影响构件疲劳极限的主要因素是交变应力的循环特性、构件尺寸、构件外形。　（　）

二、单项选择题

1. 冲击能量计算中，不计冲击物体的变形能，所以计算与实际相比，正确的叙述是（　）。

（A）冲击应力偏大、冲击变形偏小　（B）冲击应力偏小、冲击变形偏大
（C）冲击应力偏大、冲击变形偏大　（D）冲击应力偏小、冲击变形偏小

2. 完全相同梁受两种自由落体冲击，最大动应力 σ_a、σ_b，最大动位移 Δ_a、Δ_b 的关系为（　）。

（A）$\sigma_a<\sigma_b$、$\Delta_a<\Delta_b$　（B）$\sigma_a<\sigma_b$、$\Delta_a>\Delta_b$
（C）$\sigma_a>\sigma_b$、$\Delta_a<\Delta_b$　（D）$\sigma_a>\sigma_b$、$\Delta_a>\Delta_b$

3. 重量为的 P 物体，以匀速 v 下降，当吊索长度为 l 时，制动器刹车，起重卷筒以等减速在时间 t 后停止转动，如图 11-19 所示。设吊索的横截面积为 A，弹性模量为 E，动荷因数 K_d 正确是（　）。

（A）$v\sqrt{\frac{EA}{gPl}}$　（B）$\frac{v}{t}\sqrt{\frac{EA}{gPl}}$　（C）$\frac{v}{gt}$　（D）$1+\frac{v}{gt}$

4. 图 11-20 所示起重机悬吊一根工字钢，由高处下降，如在时间间隔 t 内下降速度由 v_1 均匀地减小到 $v_2(v_2<v_1)$，则此问题的动荷因数为（　）。

（A）$1-\frac{v_1+v_2}{2gt}$　（B）$1+\frac{v_1+v_2}{2gt}$　（C）$1-\frac{v_1-v_2}{gt}$　（D）$1+\frac{v_1-v_2}{gt}$

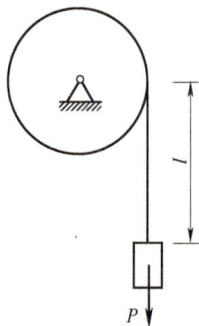

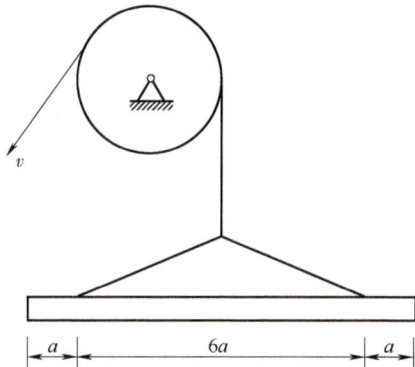

图 11-19　　　　　　　　　　　图 11-20

5. 图 11-21 所示长度为 l 的钢杆 AB，以匀角速度绕铅垂轴 OO' 旋转。钢的密度为 ρ，许用应力为 $[\sigma]$，则此杆的最大许可角速度 ω 为（　　）。（提示：弯曲应力不计。）

(A) $\dfrac{1}{l}\sqrt{\dfrac{[\sigma]}{\rho}}$　　　(B) $\dfrac{1}{2l}\sqrt{\dfrac{[\sigma]}{\rho}}$　　　(C) $\dfrac{1}{l}\sqrt{\dfrac{2[\sigma]}{\rho}}$　　　(D) $\dfrac{2}{l}\sqrt{\dfrac{2[\sigma]}{\rho}}$

6. 图 11-22 所示长度为 l 的钢杆 AB 以匀角速度绕铅垂轴 OO' 旋转。已知钢的密度为 ρ，弹性模量为 E。若杆 AB 的转动角速度为 ω，则杆的绝对伸长 Δl 为（　　）。（提示：弯曲应力不计。）

(A) $\dfrac{\rho\omega^2 l^3}{12E}$　　　(B) $\dfrac{\rho\omega^2 l^3}{8E}$　　　(C) $\dfrac{\rho\omega^2 l^3}{4E}$　　　(D) $\dfrac{\rho\omega^2 l^3}{3E}$

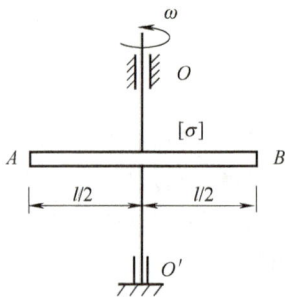

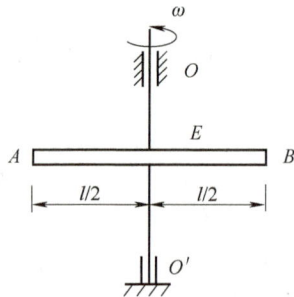

图 11-21　　　　　　　　　　　图 11-22

7. 图 11-23 所示钢质圆盘有一偏心圆孔，圆盘以匀角速度 ω 旋转，密度为 ρ。由圆盘偏心圆孔引起的轴向横截面上最大正应力 σ_{max} 为（　　）。

(A) $\dfrac{\rho\delta(d_1 a\omega)^2}{8d^3}$　　(B) $\dfrac{\rho\delta(d_1 a\omega)^2}{4d^3}$　　(C) $\dfrac{4\rho\delta(d_1 a\omega)^2}{d^3}$　　(D) $\dfrac{8\rho\delta(d_1 a\omega)^2}{d^3}$

8. 图 11-24 所示交变应力的循环特性 $r=$（　　）。

(A) 1/3　　　(B) 2/3　　　(C) 1　　　(D) 3

9. 标准试件经无限多次应力循环而不发生疲劳破坏的（　　），称为材料的疲劳极限。

(A) 应力幅度　　(B) 平均应力值　　(C) 最大应力值　　(D) 最小应力值

10. 构件在交变应力作用下发生疲劳破坏，以下结论中错误的是（　　）。

(A) 断裂时的最大应力小于材料的静强度极限

(B) 用塑性材料制成的构件，断裂时有明显的塑性变形

(C) 用脆性材料制成的构件，破坏时呈脆性断裂

(D) 断口表面一般可明显地分为光滑区和粗粒状区

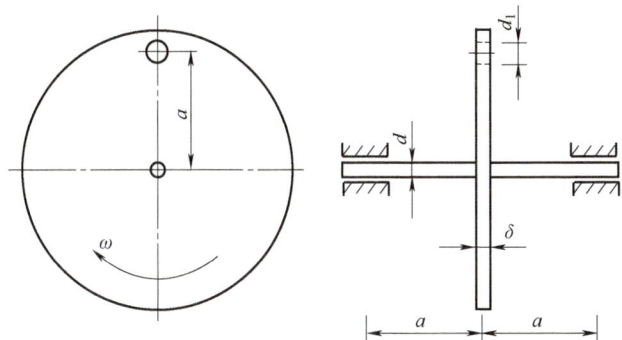

图 11-23

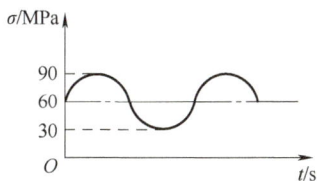

图 11-24

11. 构件在临近疲劳断裂时，其内部（ ）。

（A）无应力集中　　　　　　　　　　（B）无明显的塑性变形

（C）不存在裂纹　　　　　　　　　　（D）不存在应力

12. 有效应力集中因数和尺寸因数的范围是（ ）。

（A）$K_\sigma > 1$，$\varepsilon_\sigma < 1$　　（B）$K_\sigma < 1$，$\varepsilon_\sigma < 1$　　（C）$K_\sigma > 1$，$\varepsilon_\sigma > 1$　　（D）$K_\sigma < 1$，$\varepsilon_\sigma > 1$

13. 在对称循环的交变应力作用下，构件的持久极限为（ ）。

（A）$K_\sigma \sigma_{-1}/(\varepsilon_\sigma \beta)$　　　　　　　　（B）$\varepsilon_\sigma \beta \sigma_{-1}/K_\sigma$

（C）$K_\sigma \sigma_{max}/(\varepsilon_\sigma \beta)$　　　　　　　　（D）$\varepsilon_\sigma \beta \sigma_{-1}/(K_\sigma \sigma_{max})$

三、填空题

1. 动载荷作用下，动应力不超过比例极限，则材料服从_____，且具有相同的_____。

2. 动载荷作用下，构件的强度条件是_____。

3. 在突加载荷作用下（相当于物体自由下落冲击，$h=0$ 情况），构件的动应力是相应静应力的_____倍。

4. 提高构件抗冲击能力的主要措施包括_____，_____。

5. 带小圆孔的薄壁圆筒，在大小和转向不断变化的扭转力偶作用下，如图 11-25 所示。疲劳裂纹的扩展方向与轴线成_____（角度）。

6. 材料密度为 ρ、弹性模量为 E 的圆环，平均直径为 D，以角速度 ω 做匀速转动，如图 11-26 所示。则其平均直径的增量 $\Delta D =$_____。

图 11-25

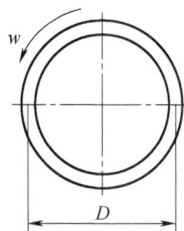

图 11-26

7. 疲劳破坏的主要特征是_____，_____，_____。

8. 构件在交变应力作用下，一点的应力值是从最小值变化到最大值，再变回到最小值，这一过程称为_____。

9. 交变应力的平均应力为 20MPa，应力幅为 40MPa，则循环应力的最大值为_____，最小值为_____，循环特性为_____。

10. 脉动循环的循环特性为_____，静应力的循环特性为_____。

11. 某构件内任一点的交变应力随时间变化的曲线如图 11-27 所示。则该交变应力的循环特性为_____，最大应力为_____，最小应力为_____，平均应力为_____。

12. 所谓材料的持久极限是_____，它与构件的持久极限的区别乃是后者考虑了_____、_____、_____等因素，在对称循环下疲劳强度计算的表达式是_____。

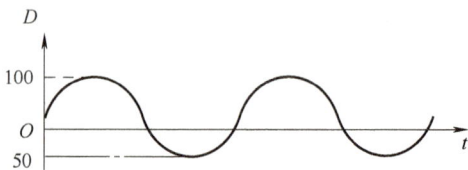

图 11-27

习题

11.1　如题 11.1 图所示桥式起重机的主梁由两根 16 号工字钢组成，主梁以速度 $v=1$m/s 向前移动（垂直于纸面），当起重机突然停止时，重物由于惯性向前摆动，求此时梁内最大正应力（不计梁的重量）。

11.2　如题 11.2 图所示，直径 $d=30$cm、长 $l=6$m 的圆木桩，下端固定，上端受 $P=2$kN 的重锤作用。木材的弹性模量 $E_1=10$GPa。求下列三种情况下木桩内的最大正应力：

（1）重锤以静载荷的方式作用于木桩上。

（2）重锤从距柱顶 0.5m 的高度自由落下。

（3）在桩顶放置直径为 15cm，厚度为 40mm 的橡皮垫，橡皮的弹性模量 $E_2=8$MPa。重锤也是从距橡皮垫顶面 0.5m 的高度自由落下。

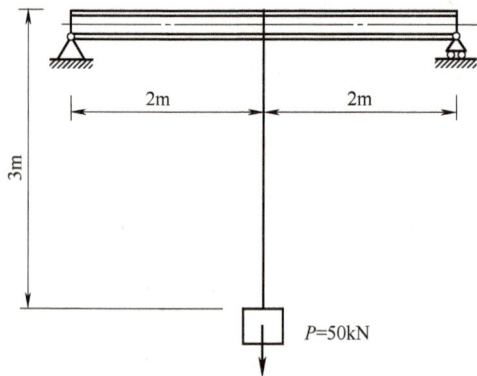

题 11.1 图

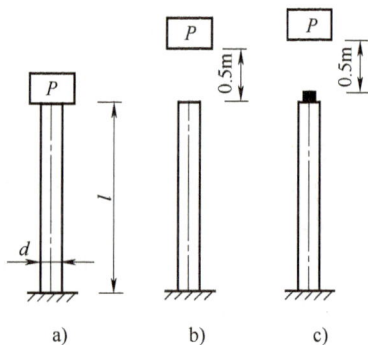

题 11.2 图

11.3　如题 11.3 图所示，重为 $P=1$kN 的重物自由下落在悬臂梁 B 端，$E=10$GPa。试求梁的最大正应力及最大挠度。

11.4　如题 11.4 图所示，重为 $P=5$kN 的重物，自高度 $h=15$mm 处自由下落，冲击到外伸梁的 C 点处。已知梁为 20b 工字钢，其弹性模量 $E=210$GPa。试求梁内最大冲击正应力。

11.5　如题 11.5 图所示钢杆的下端有一固定圆盘，盘上放置弹簧。弹簧在 1kN 的静载荷作用下缩短 0.625mm。钢杆的直径 $d=40$mm，$l=4$m，许用应力 $[\sigma]=120$MPa，$E=200$GPa。若重量为 15kN 的重物自由落下，求其许可的高度 h。又若没有弹簧，则许可高度 h 又为多大？

11.6　如题 11.6 图所示 16 号工字钢左端铰支，右端置于螺旋弹簧上。弹簧共有 10 圈，其平均直径 $D=100$mm。簧丝直径 $d=20$mm。梁的许用应力 $[\sigma]=160$MPa，弹性模量 $E=200$GPa，弹簧的许用切应力 $[\tau]=200$MPa，切变模量 $G=80$GPa。今有重量 $P=2$kN 重物从梁的跨度中点正上方自由落下，试求其许可高度 h。

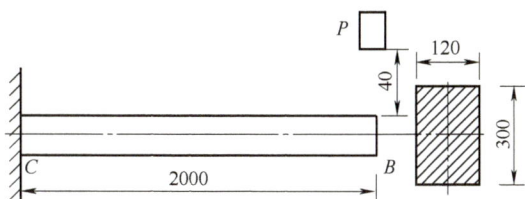

题 11.3 图

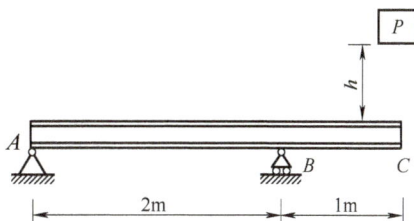

题 11.4 图

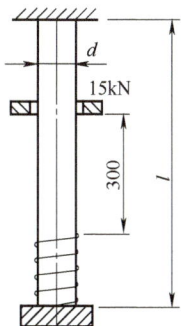

题 11.5 图

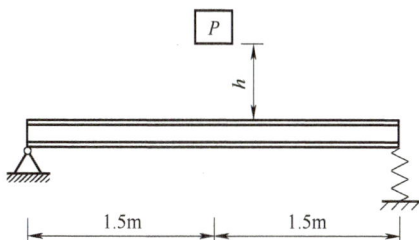

题 11.6 图

11.7　火车轮轴受力情况如题 11.7 图所示，$a = 500$mm，$l = 1435$mm，轮轴中段直径 $d = 150$mm。若 $F = 52$kN，试求轮轴中段某截面边缘上任一点的最大应力 $\sigma_{\max}$、最小应力 $\sigma_{\min}$、循环特性 r，并作出 σ-t 曲线。

11.8　柴油发动机连杆大头螺钉在工作时受到的最大拉力 $F_{\max} = 58.3$kN，最小拉力 $F_{\min} = 55.8$kN。螺纹处内径 $d = 11.5$mm。试求其平均应力 σ_{m}、应力幅 σ_{a}、循环特性 r，并作出 σ-t 曲线。

11.9　阶梯轴如题 11.9 图所示。材料为铬镍合金钢，$\sigma_{\mathrm{b}} = 920$MPa，$\sigma_{-1} = 420$MPa，$\tau_{-1} = 250$MPa。已知轴的尺寸 $d = 40$mm，$D = 50$mm，$R = 5$mm。求弯曲时和扭转时的有效应力集中因数和尺寸因数。

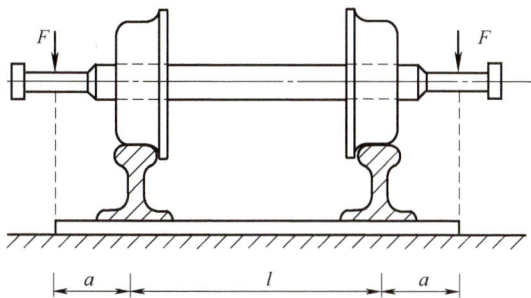

题 11.7 图

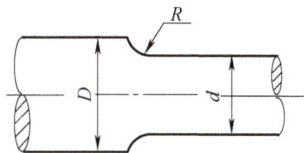

题 11.9 图

11.10　题 11.10 图所示的货车轮轴两端载荷 $F = 112$kN，材料为车轴钢，$\sigma_{\mathrm{b}} = 500$MPa，$\sigma_{-1} = 240$MPa。规定安全因数 $n = 1.5$。试校核 1—1 和 2—2 截面的疲劳强度。

11.11　在 σ_{m}-σ_{a} 图中，标出与题 11.11 图所示应力循环对应的点，并求出自原点出发并通过这些点的射线与 σ_{m} 轴的夹角 α。

11.12　简化持久极限曲线时，如不采用折线 ACB，而采用连续 A、B 两点的线段来代替原来的曲线（见题 11.12 图），试证明构件的工作安全因数为

$$n_{\sigma} = \frac{\sigma_{-1}}{\dfrac{K_{\sigma}}{\varepsilon_{\sigma}\beta}\sigma_{\mathrm{a}} + \psi_{\sigma}\sigma_{\mathrm{m}}}$$

式中，

$$\psi_\sigma = \frac{\sigma_{-1}}{\sigma_b}$$

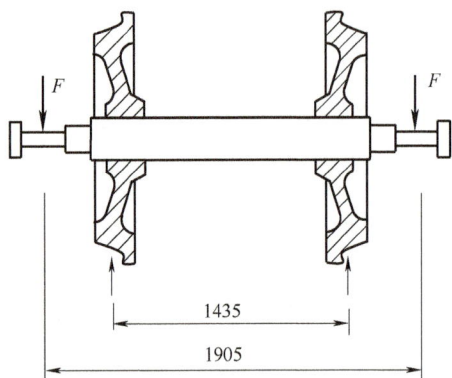

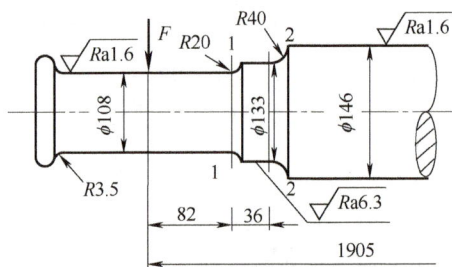

题 11.10 图

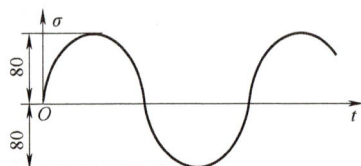

a)

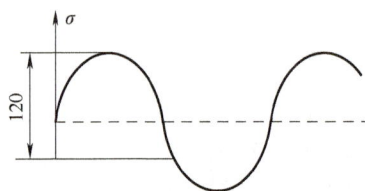

b)

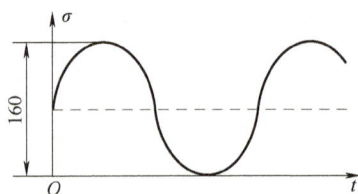

c)

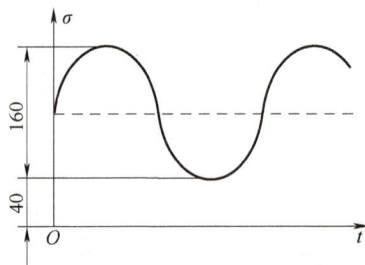

d)

题 11.11 图

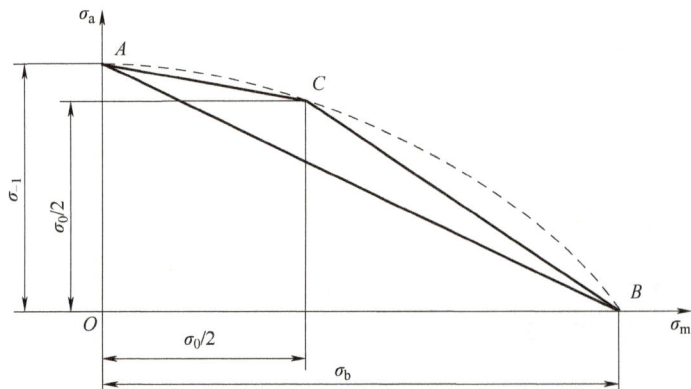

题 11.12 图

动荷载、构件作
匀加速直线平动
或匀速转动时
动应力例题

构件受到竖
向冲击时的
动应力及例题

第 11 章习题
解答

计算杆件的应力和变形时，要用到截面图形的一些几何量。例如，对拉（压）变形时要用到截面积 A，扭转变形时要用到极惯性矩 I_p，弯曲变形时要用到对中性轴的惯性矩 I_z 和静矩 S_z^* 等。它们只与截面尺寸、形状有关，称为截面的几何性质。本附录集中介绍它们的定义和计算方法。

I.1 截面的静矩和形心位置

图 I-1 所示为任意形状的截面图形，其截面面积为 A，x 轴和 y 轴为该图形所在平面内的坐标轴。在图形内任取微面积 dA，其坐标分别为 x、y。将乘积 xdA 和 ydA 分别称为微面积 dA 对于 y 轴和 x 轴的静矩，则积分

$$\left.\begin{array}{l} S_x = \int_A ydA \\ S_y = \int_A xdA \end{array}\right\} \qquad (\text{I-1})$$

分别称为截面图形对于 x 轴和 y 轴的静矩。

截面的静矩是对一定的轴而言的，同一截面对于不同的轴，其静矩不同。从式（I-1）可知，静矩的值可正，可负，亦可为零。静矩的量纲为 $[L]^3$，其常用单位为 m^3 或 mm^3。

设想在所研究的杆件中，用两个截面切出一个均质薄片。显然在 xy 坐标中，杆件横截面图形的形心（截面形心）与均质薄片的重心具有相同的坐标 x_C 和 y_C。由静力学可知，薄板重心的坐标为

$$x_C = \frac{\int_A ydA}{A}, \ y_C = \frac{\int_A xdA}{A} \qquad (\text{I-2})$$

式（I-2）也是确定截面图形形心坐标的公式。将式（I-1）代入式（I-2），截面图形的形心坐标也可以表示成静矩的形式，即

$$x_C = \frac{S_y}{A}, \ y_C = \frac{S_x}{A} \qquad (\text{a})$$

所以，把平面图形对 y 轴和 x 轴的静矩，除以图形的面积 A，就得到图形形心的坐标 x_C 和 y_C。式（a）也可改写为

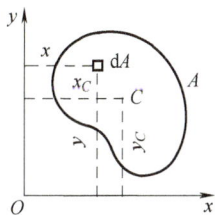

$$S_x = Ay_C, \quad S_y = Ax_C \tag{Ⅰ-3}$$

这表明，平面图形对 x 轴与 y 轴的静矩，分别等于图形面积 A 乘以形心的坐标 y_C 和 x_C。由式（a）和式（Ⅰ-3）两式容易看出，若 $S_x = 0$ 和 $S_y = 0$，则 $y_C = 0$ 和 $x_C = 0$。可见，若平面图形对于某一轴的静矩等于零，则该轴必定通过图形的形心。反之，若某一轴通过图形的形心，则平面图形对该轴的静矩也必定等于零。

例 Ⅰ.1 试求图 Ⅰ-2 所示半圆形截面的静矩 S_x 和 S_y 及其形心坐标。

解： 由于 y 轴为对称轴，必过截面的形心，则有 $x_C = 0$，$S_y = 0$。

为计算 S_x，取平行于 x 轴的狭长条，该狭长条的面积为 $dA = 2R\cos\theta \, dy$。而 $y = R\sin\theta$，$dy = R\cos\theta d\theta$，代入式（Ⅰ-1），可得

$$S_x = \int_A y dA = \int_0^{\frac{\pi}{2}} R\sin\theta \cdot 2R^2 \cos^2\theta d\theta = \frac{2}{3}R^3$$

将 S_x 代入式（Ⅰ-3），可得形心坐标 $y_C = \dfrac{S_x}{A} = \dfrac{\frac{2}{3}R^3}{\frac{1}{2}\pi R^2} = \dfrac{4R}{3\pi}$。

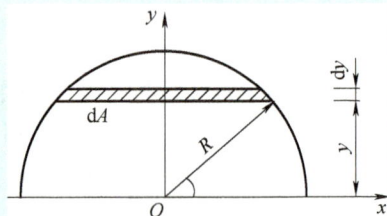

图 Ⅰ-2

在工程实际中，有些截面图形是由若干个简单图形（如矩形、圆形等）组合而成的，这种截面称为组合截面。由于简单图形的面积及其形心位置均为已知，而且由静矩的定义可知，截面图形对某一轴的静矩，等于其所有组成部分对该轴静矩的代数和。因此，可先计算出每一简单图形的静矩，然后求其代数和，得到整个截面图形的静矩，即

$$\left. \begin{aligned} S_x &= \sum_{i=1}^{n} S_{xi} = \sum_{i=1}^{n} A_i y_{Ci} \\ S_y &= \sum_{i=1}^{n} S_{yi} = \sum_{i=1}^{n} A_i x_{Ci} \end{aligned} \right\} \tag{Ⅰ-4}$$

式中，A_i、x_{Ci}、y_{Ci} 分别代表各简单图形的面积和形心坐标，n 为简单图形的个数。可得计算组合截面形心坐标的公式，即

$$\left. \begin{aligned} x_C &= \dfrac{\sum\limits_{i=1}^{n} A_i x_{Ci}}{\sum\limits_{i=1}^{n} A_i} \\ y_C &= \dfrac{\sum\limits_{i=1}^{n} A_i y_{Ci}}{\sum\limits_{i=1}^{n} A_i} \end{aligned} \right\} \tag{Ⅰ-5}$$

例 Ⅰ.2 图 Ⅰ-3 所示为一对称的 T 形截面。试求该截面的形心位置。

解： 图 Ⅰ-3 所示截面有竖向对称轴，为计算方便选取图 Ⅰ-3 所示坐标系，其形心必在对称轴 y 上，有 $x_C = 0$。将该组合截面分成 Ⅰ、Ⅱ 两个矩形，各矩形面积和形心分别为

$$A_1 = 20\text{mm} \times 120\text{mm} = 2400\text{mm}^2, \quad y_{C1} = 10\text{mm}$$

$$A_2 = 120\text{mm} \times 20\text{mm} = 2400\text{mm}^2, \quad y_{C2} = 80\text{mm}$$

利用式（Ⅰ-5），组合截面图形的形心坐标为

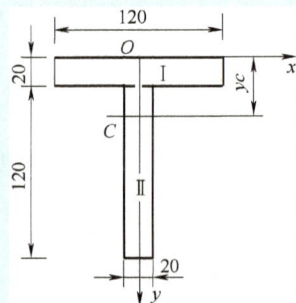

图 Ⅰ-3

$$y_C = \frac{\sum\limits_{i=1}^{n} A_i y_{Ci}}{\sum\limits_{i=1}^{n} A_i} = \frac{A_1 y_{C1} + A_2 y_{C2}}{A_1 + A_2} = \frac{2400 \times 10 + 2400 \times 80}{2400 + 2400} \text{mm} = 45\text{mm}$$

I.2　惯性矩·惯性积·极惯性矩

任意截面图形如图 I-4 所示，其面积为 A，x 轴和 y 轴为图形所在平面内的坐标轴。在截面的任意坐标 (x, y) 处任取微元面积 $\mathrm{d}A$，定义 $y^2 \mathrm{d}A$ 和 $x^2 \mathrm{d}A$ 分别为微元面积 $\mathrm{d}A$ 对于 x 轴和 y 轴的惯性矩（若将 $\mathrm{d}A$ 视为质量，$y^2 \mathrm{d}A$ 和 $x^2 \mathrm{d}A$ 则相当于动力学中的转动惯量，由于形式上的相似，故称为惯性矩）。将积分

$$\left. \begin{aligned} I_x &= \int_A y^2 \mathrm{d}A \\ I_y &= \int_A x^2 \mathrm{d}A \end{aligned} \right\} \tag{I-6}$$

称为截面对 x 轴和 y 轴的惯性矩。相似地定义积分

$$I_{xy} = \int_A xy \mathrm{d}A \tag{I-7}$$

为截面对 x 轴和 y 轴的惯性积。

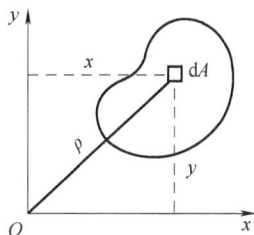

图　I-4

以 ρ 表示微元面积到坐标原点 O 的距离，定义

$$I_{\mathrm{p}} = \int_A \rho^2 \mathrm{d}A \tag{I-8}$$

为截面对坐标原点的极惯性矩。由图 I-4 可知，$\rho^2 = x^2 + y^2$，所以有

$$I_{\mathrm{p}} = \int_A \rho^2 \mathrm{d}A = \int_A (x^2 + y^2)\,\mathrm{d}A = \int_A x^2 \mathrm{d}A + \int_A y^2 \mathrm{d}A = I_y + I_x \tag{I-9}$$

即 $I_{\mathrm{p}} = I_x + I_y$。式（I-9）表明，截面图形对其所在平面内任一点的极惯性矩 I_{p}，等于此图形对过此点的一对正交轴 x、y 的惯性矩 I_x、I_y 之和。

由此可得出如下结论：

（1）惯性矩 I_{p}、I_x、I_y 恒为正值，而惯性积 I_{xy} 可能为正值、负值，也可能等于零。

（2）如果图形有一个（或一个以上）对称轴，则图形对包含此对称轴的正交轴系的惯性积必为零。惯性矩、惯性积的常用单位均为 m^4 或 mm^4。

在一些实际应用中，常将惯性矩表示为截面面积 A 与某一长度平方的乘积，即

$$I_x = i_x^2 A, \quad I_y = i_y^2 A$$

式中，i_x 和 i_y 分别称为平面图形对 x 和 y 轴的惯性半径，常用单位为 mm。若已知截面面积 A 及其惯性矩 I_x、I_y，则惯性半径可由下式计算：

$$i_x = \sqrt{\frac{I_x}{A}}, \quad i_y = \sqrt{\frac{I_y}{A}} \tag{I-10}$$

例 I.3 图 I-5 所示矩形截面，求矩形截面对通过其形心且与边平行的 x、y 轴的惯性矩 I_x、I_y 和惯性积 I_{xy}。

解：取平行于 x 轴的窄长条，其面积为 $\mathrm{d}A = b\mathrm{d}y$，则由惯性矩的定义，积分得

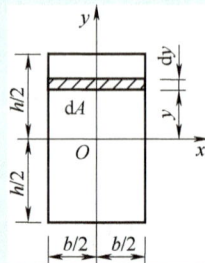
图 I-5

$$I_x = \int_A y^2 \mathrm{d}A = \int_{-h/2}^{h/2} y^2 b\mathrm{d}y = \frac{b}{3} y^3 \Big|_{-h/2}^{h/2} = \frac{bh^3}{12}$$

同理可得 $I_y = \dfrac{hb^3}{12}$。因为 x、y 轴均为对称轴，故 $I_{xy} = 0$。

例 I.4 图 I-6 所示直径为 d 的圆形截面，求圆截面对过圆心的任意轴（直径轴）的惯性矩 I_x、I_y，及对圆心的极惯性矩 I_p。

解：首先求对圆心的极惯性矩。在离圆心 O 为 ρ 处作宽度为 $\mathrm{d}\rho$ 的薄圆环，其面积为 $\mathrm{d}A = 2\pi\rho\mathrm{d}\rho$，则圆截面对圆心的极惯性矩为

$$I_p = \int_A \rho^2 \mathrm{d}A = \int_0^{d/2} \rho^2 2\pi\rho\mathrm{d}\rho = 2\pi \frac{\rho^4}{4} \Big|_0^{d/2} = \frac{\pi d^4}{32}$$

由于圆形对任意直径都是对称的，故

$$I_x = I_y = \frac{1}{2} I_p = \frac{\pi d^4}{64}$$

当然这一结果也可以取类似于例 I-3 那样的微元面积，由式（I-6）积分而得到，读者可自行练习。

至于组合截面对某一轴的惯性矩的计算，根据惯性矩的定义：组合截面对某一轴的惯性矩应等于每个组成截面对于同一轴的惯性矩之和，即

$$I_x = \sum_{i=1}^n I_{xi}, \quad I_y = \sum_{i=1}^n I_{yi} \tag{I-11}$$

例如对于图 I-7 所示的空心圆截面，可以视为直径为 D 的大圆减去直径为 d 的小圆。采用与例 I-4 类似的方法，并利用例 I-4 的结果得

$$I_x = I_y = \frac{\pi D^4}{64} - \frac{\pi d^4}{64} = \frac{\pi D^4}{64}(1 - \alpha^4)$$

式中，$\alpha = \dfrac{d}{D}$。

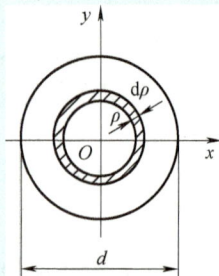
图 I-6

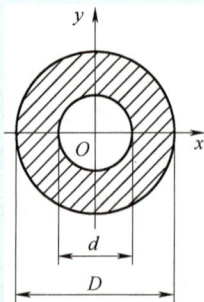
图 I-7

表 I-1 中列出了几种常见截面图形几何性质的计算公式，读者也可以查阅有关的设计手册。

表 I-1　常见截面几何性质的计算公式

截面图形形状	形心轴惯性矩	抗弯截面系数
	$I_x=\dfrac{bh^3}{12}$ $I_y=\dfrac{hb^3}{12}$	$W_x=\dfrac{bh^2}{6}$ $W_y=\dfrac{hb^2}{6}$
	$I_x=I_y=\dfrac{\pi D^4}{64}$	$W_x=W_y=\dfrac{\pi D^3}{32}$
	$I_x=I_y=\dfrac{\pi}{64}(D^4-d^4)$ $=\dfrac{\pi D^4}{64}(1-\alpha^4)$ $\alpha=\dfrac{d}{D}$	$W_x=W_y=\dfrac{\pi D^3}{32}(1-\alpha^4)$ $\alpha=\dfrac{d}{D}$
	$I_x=\dfrac{bh^3}{36}$ $I_y=\dfrac{bh}{36}(b^2-bc+c^2)$	$W_{y上}=\dfrac{bh^2}{24}$ $W_{y下}=\dfrac{bh^2}{12}$
	$I_y=\dfrac{h^3(a^2+4ab+b^2)}{36(a+b)}$	$W_{y上}=\dfrac{h^2(a^2+4ab+b^2)}{12(a+2b)}$ $W_{y下}=\dfrac{h^2(a^2+4ab+b^2)}{12(2a+b)}$
	$I_y=\dfrac{BH^3-bh^3}{12}$	$W_y=\dfrac{BH^3-bh^3}{6H}$

I.3 惯性矩和惯性积的平行移轴公式

同一截面对于一对相互平行的坐标轴的惯性矩虽各不相同，但它们之间存在一定的关系。下面讨论截面对两对平行轴（其中一对是形心轴）的惯性矩及惯性积之间的关系。

如图 I-8 所示任意图形，x_C 轴、y_C 轴为过形心 C 的一对正交轴（形心轴），x 轴、y 轴分别与 x_C 轴、y_C 轴平行，C 点在 Oxy 坐标系中的坐标为 (b,a)，根据惯性矩和惯性积的定义，有

$$I_x = \int_A y^2 \mathrm{d}A = \int_A (a+y_C)^2 \mathrm{d}A = a^2 \int_A \mathrm{d}A + 2a \int_A y_C \mathrm{d}A + \int_A y_C^2 \mathrm{d}A$$

$$I_y = \int_A x^2 \mathrm{d}A = \int_A (b+x_C)^2 \mathrm{d}A = b^2 \int_A \mathrm{d}A + 2a \int_A x_C \mathrm{d}A + \int_A x_C^2 \mathrm{d}A$$

$$I_{xy} = \int_A xy \mathrm{d}A = \int_A (b+x_C)(a+y_C) \mathrm{d}A = ab \int_A \mathrm{d}A + b \int_A y_C \mathrm{d}A + a \int_A x_C \mathrm{d}A + \int_A x_C y_C \mathrm{d}A$$

其中，$\int_A \mathrm{d}A = A$，$\int_A x_C \mathrm{d}A = 0$，$\int_A y_C \mathrm{d}A = 0$（因 x_C 轴和 y_C 轴均通过形心），$\int_A y_C^2 \mathrm{d}A = I_{x_C}$，$\int_A x_C^2 \mathrm{d}A = I_{y_C}$。故

$$\left.\begin{array}{l} I_x = I_{x_C} + a^2 A \\[2mm] I_y = I_{y_C} + b^2 A \\[2mm] I_{xy} = I_{x_C y_C} + abA \end{array}\right\} \qquad (\text{I-12})$$

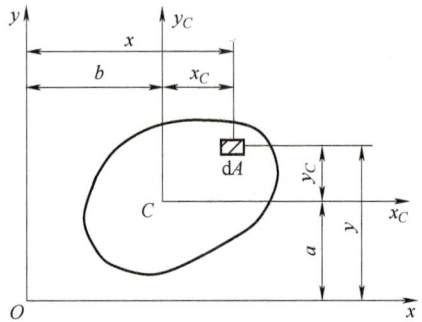
图 I-8

式（I-12）称为惯性矩和惯性积平行移轴公式。此式表明，平面图形对于某坐标轴的惯性矩，等于平面图形对于与该坐标轴平行形心轴惯性矩，再加上此两轴距离平方和图形面积的乘积在应用中要注意，在一对平行轴中，其中一根是过形心的轴。a 和 b 是图形的形心在 Oxy 坐标系中的坐标，所以它们是有正负号的。不难看出，在互相平行的坐标轴中，截面对形心轴的惯性矩最小。

应用平行移轴公式，可使较复杂的组合图形的惯性矩计算大为简化，平行移轴公式可较为简便地计算出组合截面的惯性矩。下面举例说明应用这一公式计算组合截面惯性矩。

例 I.5　求图 I-9 所示截面图形对过形心 C 的 x 轴、y 轴的惯性矩。

解：为求 I_x、I_y，将组合图形分割为两个矩形 I 和 II，组合截面的惯性矩应为各组成部分的惯性矩之和：

$$I_y = I_{y1} + I_{y2} = \frac{20 \times 120^3}{12} \mathrm{mm}^4 + \frac{120 \times 20^3}{12} \mathrm{mm}^4 = 2.96 \times 10^6 \mathrm{mm}^4$$

同理，$I_x = I_{x1} + I_{x2}$。应用平行移轴公式，有

$$I_{x1} = \frac{120 \times 20^3}{12} \mathrm{mm}^4 + 35^2 \times 120 \times 20 \mathrm{mm}^4 = 3.02 \times 10^6 \mathrm{mm}^4$$

$$I_{x2} = \frac{20 \times 120^3}{12} \mathrm{mm}^4 + (60-25)^2 \times 20 \times 120 \mathrm{mm}^4 = 5.82 \times 10^6 \mathrm{mm}^4$$

则

$$I_x = I_{x1} + I_{x2} = 8.84 \times 10^6 \mathrm{mm}^4$$

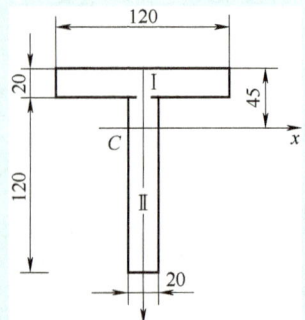
图 I-9

I.4　惯性矩和惯性积的转轴公式

本节主要讨论坐标系绕原点旋转时，惯性矩和惯性积的变化规律。如图 I-10 所示截面对 x、y 两轴的惯性矩和惯性积分别为 I_x、I_y 和 I_{xy}。

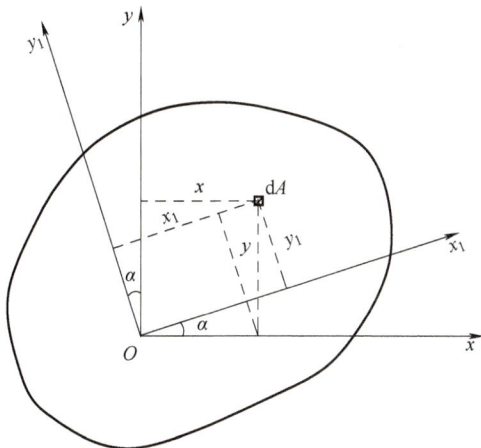

图　I-10

由转轴的坐标变换公式

$$x_1 = x\cos\alpha + y\sin\alpha$$
$$y_1 = -x\sin\alpha + y\cos\alpha$$

于是

$$\left.\begin{aligned}
I_{x_1} &= \int_A y_1^2 \mathrm{d}A = \int_A (-x\sin\alpha + y\cos\alpha)^2 \mathrm{d}A \\[6pt]
I_{y_1} &= \int_A x_1^2 \mathrm{d}A = \int_A (x\cos\alpha + y\sin\alpha)^2 \mathrm{d}A \\[6pt]
I_{x_1y_1} &= \int_A x_1 y_z \mathrm{d}A \\[6pt]
&= \int_A (x\cos\alpha + y\sin\alpha)(-x\sin\alpha + y\cos\alpha)\mathrm{d}A
\end{aligned}\right\} \tag{a}$$

将式（a）积分号内各项展开，注意到 $\int_A y^2 \mathrm{d}A = I_x$，$\int_A x^2 \mathrm{d}A = I_y$，$\int_A xy\mathrm{d}A = I_{xy}$，并利用三角函数关系 $\cos^2\alpha = \dfrac{1}{2}(1+\cos 2\alpha)$，$\sin^2\alpha = \dfrac{1}{2}(1-\cos 2\alpha)$，$\sin 2\alpha = 2\sin\alpha\cos\alpha$，最后得到

$$\left.\begin{aligned}
I_{x_1} &= \frac{I_x + I_y}{2} + \frac{I_x - I_y}{2}\cos 2\alpha - I_{xy}\sin 2\alpha \\[6pt]
I_{y_1} &= \frac{I_x + I_y}{2} - \frac{I_x + I_y}{2}\cos 2\alpha + I_{xy}\sin 2\alpha \\[6pt]
I_{x_1y_1} &= \frac{I_x - I_y}{2}\sin 2\alpha + I_{xy}\cos 2\alpha
\end{aligned}\right\} \tag{I-13}$$

式（I-13）即是惯性矩和惯性积的转轴公式。式中，I_{x_1}、I_{y_1}、$I_{x_1y_1}$ 随 α 角的改变而变化，它们都是 α 的函数。

若坐标系旋转角度 α_0 时，对应的坐标轴用 x_0、y_0 表示，此时截面对 x_0、y_0 轴的惯性积 $I_{x_0y_0}$ 等于零，则称这对特殊的坐标轴为截面的主惯性轴，简称主轴。截面对主惯性轴的惯性矩 I_{x_0}、I_{y_0} 称为主惯性矩，简称主惯矩。如果开始把坐标原点选在截面图形的形心，那么通过形心也能找到一对主惯性轴。这对主惯性轴称为形心主惯性轴，简称形心主轴。截面对形心主轴的惯性矩称为形心主惯性矩，它们是弯曲等问题中常用的重要几何性质。

显然，若截面具有对称轴时，例如矩形、圆形截面等，由惯性积的定义可知，截面对于对称轴的惯性积均等于零。图 I-11 所示的 x、y 轴是这些截面的形心主轴，截面对于对称轴的惯性矩，也就是形心主惯性矩。

若截面没有对称轴，主轴的位置需通过计算来确定。为此将 $\alpha = \alpha_0$ 代入式（I-13）的第三式，并令 $I_{x_1y_1} = 0$，有

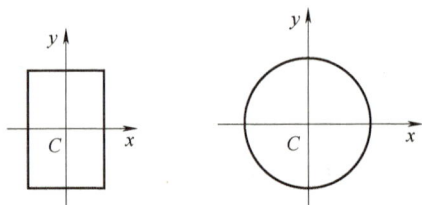

图 I-11

$$\frac{I_x - I_y}{2}\sin 2\alpha_0 + I_{xy}\cos 2\alpha_0 = 0 \qquad (b)$$

求式（b）可得

$$\tan 2\alpha_0 = -\frac{2I_{xy}}{I_x - I_y} \qquad (I\text{-}14)$$

将式（I-14）求得的 α_0 代入式（I-13）的前两式，便可求得主惯性矩

$$\left. \begin{aligned} I_{x_0} &= \frac{I_x + I_y}{2} + \sqrt{\left(\frac{I_x - I_y}{2}\right)^2 + I_{xy}^2} \\ I_{y_0} &= \frac{I_x + I_y}{2} - \sqrt{\left(\frac{I_x - I_y}{2}\right)^2 + I_{xy}^2} \end{aligned} \right\} \qquad (I\text{-}15)$$

可见，若已知 I_x、I_y 和 I_{xy}，便可直接利用式（I-15）求得主惯性矩的大小。显然，若坐标原点是截面的形心，则由式（I-15）计算的主惯性矩也就是形心主惯性矩。

也可以利用式（I-13）前两式的极值来得到主惯性矩。因 I_{x_1}、I_{y_1} 是 α 的连续函数，通过求导可求得它们的极值。如 I_{x_1} 对 α 求导并令其导数等于零，即

$$\frac{\mathrm{d}I_{x_1}}{\mathrm{d}\alpha} = -(I_x - I_y)\sin 2\alpha - 2I_{xy}\cos 2\alpha = 0$$

解得

$$\tan 2\alpha = -\frac{2I_{xy}}{I_x - I_y} \qquad (c)$$

将式（c）求得的 α 代入式（I-13）的前两式，可得 I_{x_1}、I_{y_1} 的极值。其表达式与式（I-15）完全相同。这说明，通过截面某点的主轴正是通过该点的各轴中惯性矩取极值的轴。将式（I-13）前两式相加，可知截面对过某点所有任意一对正交轴的惯性矩之和等于常数（截面对于该点的极惯性矩）。所以截面对过某点的所有轴的惯性矩中的极大值和极小值，就是对过该点的主惯性矩，两个主惯性轴相互正交。

例 I.6 试确定图 I-12 所示截面图形的形心主轴的位置，并计算形心主惯性矩。

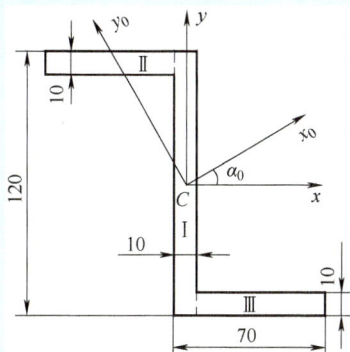

图 I-12

解：确定形心位置。因图形是反对称的，其对称中心 C 就是形心。

选取通过形心的水平轴和铅垂轴作为 x 轴和 y 轴，并将截面分割为 I、II、III 三个矩形，利用平行移轴定理可得到整个截面对 x 轴的惯性矩为

$$I_x = I_x^I + I_x^{II} + I_x^{III}$$

$$= \frac{10 \times 120^3}{12} \text{mm}^4 + \left[\frac{60 \times 10^3}{12} + 60 \times 10 \times (60-5)^2 \right] \times 2 \text{mm}^4 = 5.08 \times 10^6 \text{mm}^4$$

同理，可得整个截面对 y 轴的惯性矩为

$$I_y = I_y^I + I_y^{II} + I_y^{III}$$

$$= \frac{120 \times 10^3}{12} \text{mm}^4 + \left[\frac{10 \times 60^3}{12} + 60 \times 10 \times (5+30)^2 \right] \times 2 \text{mm}^4 = 1.84 \times 10^6 \text{mm}^4$$

整个截面对 x 轴和 y 轴的惯性积为

$$I_{xy} = I_{xy}^I + I_{xy}^{II} + I_{xy}^{III}$$

$$= 0 + (-35) \times 55 \times (60 \times 10) \text{mm}^4 + 35 \times (-55) \times (60 \times 10) \text{mm}^4 = -2.31 \times 10^6 \text{mm}^4$$

由式（I-14），可得

$$\tan 2\alpha_0 = -\frac{2 I_{xy}}{I_x - I_y} = -\frac{2 \times (-2.31 \times 10^6)}{5.08 \times 10^6 - 1.84 \times 10^6} = 1.426$$

由此得 $2\alpha_0 = 54°58'$，$\alpha_0 = 27°29'$。故将 x 轴逆时针旋转 $27°29'$，即达到主轴 x_0 的位置，另一主轴 y_0 与 x_0 轴垂直。

由式（I-15），可到两个形心主惯性矩分别为

$$I_{x_0} = \frac{I_x + I_y}{2} + \sqrt{\left(\frac{I_x - I_y}{2} \right)^2 + I_{xy}^2}$$

$$= \frac{5.08 \times 10^6 + 1.84 \times 10^6}{2} \text{mm}^4 + \sqrt{\left(\frac{5.08 \times 10^6 - 1.84 \times 10^6}{2} \right)^2 + (2.31 \times 10^6)^2} \text{mm}^4 = 6.28 \times 10^6 \text{mm}^4$$

$$I_{y_0} = 0.64 \times 10^6 \text{mm}^4。$$

由于 x_0 轴距离上下翼缘较远，而 y_0 轴通过上下翼缘，也可以判定 I_{x_0} 为形心主惯性矩的极大值。

表 II-1 常用截面的平面图形几何性质

截面形状和原点在形心的坐标轴	面积	至形心 C 的距离		惯性矩		惯性积
	A	$\bar{x}$	$\bar{y}$	I_x	I_y	I_{xy}
	bh	$\dfrac{b}{2}$	$\dfrac{h}{2}$	$\dfrac{bh^3}{12}$	$\dfrac{b^3 h}{12}$	0
	$\dfrac{bh}{2}$	$\dfrac{b}{3}$	$\dfrac{h}{3}$	$\dfrac{bh^3}{36}$	$\dfrac{b^3 h}{36}$	$-\dfrac{b^2 h^2}{72}$
	$\dfrac{\pi d^2}{4}$	$\dfrac{d}{2}$	$\dfrac{d}{2}$	$\dfrac{\pi d^4}{64}$	$\dfrac{\pi d^4}{64}$	0
	$\dfrac{\pi}{4}(D^2-d^2)$	$\dfrac{D}{2}$	$\dfrac{D}{2}$	$\dfrac{\pi}{64}(D^4-d^4)$	$\dfrac{\pi}{64}(D^4-d^4)$	0

（续）

截面形状和原点在形心的坐标轴	面积	至形心 C 的距离		惯性矩		惯性积
	A	$\bar{x}$	$\bar{y}$	I_x	I_y	I_{xy}
	πab	a	b	$\dfrac{\pi ab^3}{4}$	$\dfrac{\pi a^3 b}{4}$	0
	$2\pi r\delta$	r	r	$\pi r^3\delta$	$\pi r^3\delta$	0
	$\dfrac{\pi r^2}{2}$	r	$\dfrac{4r}{3\pi}$	$\dfrac{(9\pi^2-64)}{72\pi}\approx 0.1098r^4$	$\dfrac{\pi r^4}{8}$	0
	$\pi r\delta$	r	$\dfrac{2r}{\pi}$	$\left(\dfrac{\pi}{2}-\dfrac{4}{\pi}\right)r^3\delta$	$\dfrac{1}{2}\pi r^3\delta$	0
	αr^2	$r\sin\alpha$	$\dfrac{2r\sin\alpha}{3\alpha}$	$\dfrac{r^4}{4}\left(\alpha+\sin\alpha\cos\alpha-\dfrac{16\sin^2\alpha}{9\alpha}\right)$	$\dfrac{r^4}{4}(\alpha-\sin\alpha\cos\alpha)$	0
	$2\alpha r\delta$	$r\sin\alpha$	$\dfrac{r\sin\alpha}{\alpha}$	$r^3\delta\left(\dfrac{2\alpha+\sin2\alpha}{2}-\dfrac{1-\cos2\alpha}{\alpha}\right)$	$r^3\delta(\alpha-\sin\alpha\cos\alpha)$	0

热轧型钢表（GB/T 706—2016）

工字钢、等边角钢、不等边角钢、槽钢的截面尺寸、截面面积、理论质量及截面特性见表Ⅲ-1～表Ⅲ-4。

表Ⅲ-1　工字钢截面尺寸、截面面积、理论质量及截面特性

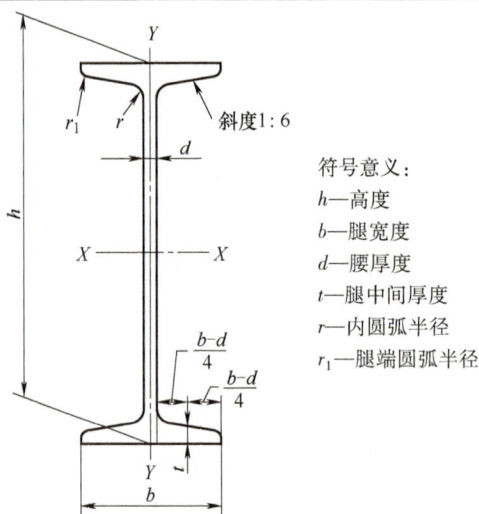

斜度1:6

符号意义：
h—高度
b—腿宽度
d—腰厚度
t—腿中间厚度
r—内圆弧半径
r_1—腿端圆弧半径

型号	截面尺寸/mm						截面面积/cm²	理论质量/(kg/m)	外表面积/(m²/m)	惯性矩/cm⁴		惯性半径/cm		截面系数/cm³	
	h	b	d	t	r	r_1				I_x	I_y	i_x	i_y	W_x	W_y
10	100	68	4.5	7.6	6.5	3.3	14.33	11.3	0.432	245	33.0	4.14	1.52	49.0	9.72
12	120	74	5.0	8.4	7.0	3.5	17.80	14.0	0.493	436	46.9	4.95	1.62	72.7	12.7
12.6	126	74	5.0	8.4	7.0	3.5	18.10	14.2	0.505	488	46.9	5.20	1.61	77.5	12.7
14	140	80	5.5	9.1	7.5	3.8	21.50	16.9	0.553	712	64.4	5.76	1.73	102	16.1
16	160	88	6.0	9.9	8.0	4.0	26.11	20.5	0.621	1130	93.1	6.58	1.89	141	21.2
18	180	94	6.5	10.7	8.5	4.3	30.74	24.1	0.681	1660	122	7.36	2.00	185	26.0
20a	200	100	7.0	11.4	9.0	4.5	35.55	27.9	0.742	2370	158	8.15	2.12	237	31.5
20b	200	102	9.0	11.4	9.0	4.5	39.55	31.1	0.746	2500	169	7.96	2.06	250	33.1
22a	220	110	7.5	12.3	9.5	4.8	42.10	33.1	0.817	3400	225	8.99	2.31	309	40.9
22b	220	112	9.5	12.3	9.5	4.8	46.50	36.5	0.821	3570	239	8.78	2.27	325	42.7

（续）

型号	截面尺寸/mm						截面面积 /cm²	理论质量 /(kg/m)	外表面积 /(m²/m)	惯性矩 /cm⁴		惯性半径 /cm		截面系数 /cm³	
	h	b	d	t	r	r_1				l_x	l_y	i_x	i_y	W_x	W_y
24a	240	116	8.0	13.0	10.0	5.0	47.71	37.5	0.878	4570	280	9.77	2.42	381	48.4
24b		118	10.0				52.51	41.2	0.882	4800	297	9.57	2.38	400	50.4
25a	250	116	8.0				48.51	38.1	0.898	5.020	280	10.2	2.40	402	48.3
25b		118	10.0				53.51	42.0	0.902	5280	309	9.94	2.40	423	52.4
27a	270	122	8.5	13.7	10.5	5.3	54.52	42.8	0.958	6550	345	10.9	2.51	485	56.6
27b		124	10.5				59.92	47.0	0.962	6870	366	10.7	2.47	509	58.9
28a	280	122	8.5				55.37	43.5	0.978	7110	345	11.3	2.50	508	56.6
28b		124	10.5				60.97	47.9	0.982	7480	379	11.1	2.49	534	61.2
30a	300	126	9.0	14.4	11.0	5.5	61.22	48.1	1.031	8950	400	12.1	2.55	597	63.5
30b		128	11.0				67.22	52.8	1.035	9400	422	11.8	2.50	627	65.9
30c		130	13.0				73.22	57.5	1.039	9850	445	11.6	2.46	657	68.5
32a	320	130	9.5	15.0	11.5	5.8	67.12	52.7	1.084	11100	460	12.8	2.62	692	70.8
32b		132	11.5				73.52	57.7	1.088	11600	502	12.6	2.61	726	76.0
32c		134	13.5				79.92	62.7	1.092	12200	544	12.3	2.61	760	81.2
36a	360	136	10.0	15.8	12.0	6.0	76.44	60.0	1.185	15800	552	14.4	2.69	875	81.2
36b		138	12.0				83.64	65.7	1.189	16500	582	14.1	2.64	919	84.3
36c		140	14.0				90.84	71.3	1.193	17300	612	13.8	2.60	962	87.4
40a	400	142	10.5	16.5	12.5	6.3	86.07	67.6	1.285	21700	660	15.9	2.77	1090	93.2
40b		144	12.5				94.07	73.8	1.289	22800	692	15.6	2.71	1140	96.2
40c		146	14.5				102.1	80.1	1.293	23900	727	15.2	2.65	1190	99.6
45a	450	150	11.5	18.0	13.5	6.8	102.4	80.4	1.411	32200	855	17.7	2.89	1430	114
45b		152	13.5				111.4	87.4	1.415	33800	894	17.4	2.84	1500	118
45c		154	15.5				120.4	94.5	1.419	35800	938	17.1	2.79	1570	122
50a	500	158	12.0	20.0	14.0	7.0	119.2	93.6	1.539	46500	1120	19.7	3.07	1860	142
50b		160	14.0				129.2	101	1.543	48600	1170	19.4	3.01	1940	146
50c		162	16.0				139.2	109	1.547	50600	1220	19.0	2.96	2080	151
55a	550	166	12.5	21.0	14.5	7.3	134.1	105	1.667	62900	1370	21.6	3.19	2290	164
55b		168	14.5				145.1	114	1.671	65600	1420	21.2	3.14	2390	170
55c		170	16.5				156.1	123	1.675	68400	1480	20.9	3.08	2490	175
56a	560	166	12.5				135.4	106	1.687	65600	1370	22.0	3.18	2340	165
56b		168	14.5				146.6	115	1.691	68500	1490	21.6	3.16	2450	174
56c		170	16.5				157.8	124	1.695	71400	1560	21.3	3.16	2550	183
63a	630	176	13.0	22.0	15.0	7.5	154.6	121	1.862	93900	1700	24.5	3.31	2980	193
63b		178	15.0				167.2	131	1.866	98100	1810	24.2	3.29	3160	204
63c		180	17.0				179.8	141	1.870	102000	1920	23.8	3.27	3300	214

注：表中 r、r_1 的数据用于孔型设计，不做交货条件。

表Ⅲ-2　等边角钢截面尺寸、截面面积、理论质量及截面特性

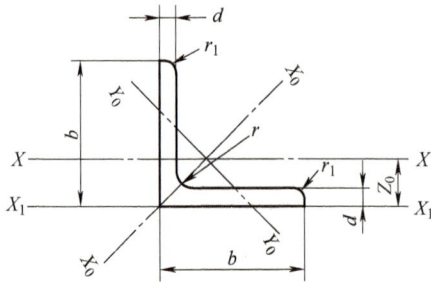

符号意义：
b—边宽度
d—边厚度
r—内圆弧半径
r_1—边端圆弧半径
Z_0—重心距离

型号	截面尺寸/mm			截面面积/cm²	理论质量/(kg/m)	外表面积/(m²/m)	惯性矩/cm⁴				惯性半径/cm			截面系数/cm³			重心距离/cm
	b	d	r				I_x	I_{x1}	I_{x0}	I_{y0}	i_x	i_{x0}	i_{y0}	W_x	W_{x0}	W_{y0}	Z_0
2	20	3	3.5	1.132	0.89	0.078	0.40	0.81	0.63	0.17	0.59	0.75	0.39	0.29	0.45	0.20	0.60
		4		1.459	1.15	0.077	0.50	1.09	0.78	0.22	0.58	0.73	0.38	0.36	0.55	0.24	0.64
2.5	25	3		1.432	1.12	0.098	0.82	1.57	1.29	0.34	0.76	0.95	0.49	0.46	0.73	0.33	0.73
		4		1.859	1.46	0.097	1.03	2.11	1.62	0.43	0.74	0.93	0.48	0.59	0.92	0.40	0.76
3.0	30	3		1.749	1.37	0.117	1.46	2.71	2.31	0.61	0.91	1.15	0.59	0.68	1.09	0.51	0.85
		4		2.276	1.79	0.117	1.84	3.63	2.92	0.77	0.90	1.13	0.58	0.87	1.37	0.62	0.89
3.6	36	3	4.5	2.109	1.66	0.141	2.58	4.68	4.09	1.07	1.11	1.39	0.71	0.99	1.61	0.76	1.00
		4		2.756	2.16	0.141	3.29	6.25	5.22	1.37	1.09	1.38	0.70	1.28	2.05	0.93	1.04
		5		3.382	2.65	0.141	3.95	7.84	6.24	1.65	1.08	1.36	0.7	1.56	2.45	1.00	1.07
4	40	3	5	2.359	1.85	0.157	3.59	6.41	5.69	1.49	1.23	1.55	0.79	1.23	2.01	0.96	1.09
		4		3.086	2.42	0.157	4.60	8.56	7.29	1.91	1.22	1.54	0.79	1.60	2.58	1.19	1.13
		5		3.792	2.98	0.156	5.53	10.7	8.76	2.30	1.21	1.52	0.78	1.96	3.10	1.39	1.17
4.5	45	3	5	2.659	2.09	0.177	5.17	9.12	8.20	2.14	1.40	1.76	0.89	1.58	2.58	1.24	1.22
		4		3.486	2.74	0.177	6.65	12.2	10.6	2.75	1.38	1.74	0.89	2.05	3.32	1.54	1.26
		5		4.292	3.37	0.176	8.04	15.2	12.7	3.33	1.37	1.72	0.88	2.51	4.00	1.81	1.30
		6		5.077	3.99	0.176	9.33	18.4	14.8	3.89	1.36	1.70	0.80	2.95	4.64	2.06	1.33
5	50	3	5.5	2.971	2.33	0.197	7.18	12.5	11.4	2.98	1.55	1.96	1.00	1.96	3.22	1.57	1.34
		4		3.897	3.06	0.197	9.26	16.7	14.7	3.82	1.54	1.94	0.99	2.56	4.16	1.96	1.38
		5		4.803	3.77	0.196	11.2	20.9	17.8	4.64	1.53	1.92	0.98	3.13	5.03	2.31	1.42
		6		5.688	4.46	0.196	13.1	25.1	20.7	5.42	1.52	1.91	0.98	3.68	5.85	2.63	1.46
5.6	56	3	6	3.343	2.62	0.221	10.2	17.6	16.1	4.24	1.75	2.20	1.13	2.48	4.08	2.02	1.48
		4		4.39	3.45	0.220	13.2	23.4	20.9	5.46	1.73	2.18	1.11	3.24	5.28	2.52	1.53
		5		5.415	4.25	0.220	16.0	29.3	25.4	6.61	1.72	2.17	1.10	3.97	6.42	2.98	1.57
		6		6.42	5.04	0.220	18.7	35.3	29.7	7.73	1.71	2.15	1.10	4.68	7.49	3.40	1.61
		7		7.404	5.81	0.219	21.2	41.2	33.6	8.82	1.69	2.13	1.09	5.36	8.49	3.80	1.64
		8		8.367	6.57	0.219	23.6	47.2	37.4	9.89	1.68	2.11	1.09	6.03	9.44	4.16	1.68

（续）

型号	截面尺寸/mm			截面面积/cm²	理论质量/(kg/m)	外表面积/(m²/m)	惯性矩/cm⁴				惯性半径/cm			截面系数/cm³			重心距离/cm
	b	d	r				I_x	I_{x1}	I_{x0}	I_{y0}	i_x	i_{x0}	i_{y0}	W_x	W_{x0}	W_{y0}	Z_0
6	60	5	6.5	5.829	4.58	0.236	19.9	36.1	31.6	8.21	1.85	2.33	1.19	4.59	7.44	3.48	1.67
		6		6.914	5.43	0.235	23.4	43.3	36.9	9.60	1.83	2.31	1.18	5.41	8.70	3.98	1.70
		7		7.977	6.26	0.235	26.4	50.7	41.9	11.0	1.82	2.29	1.17	6.21	9.88	4.45	1.74
		8		9.02	7.08	0.235	29.5	58.0	46.7	12.3	1.81	2.27	1.17	6.98	11.0	4.88	1.78
6.3	63	4	7	4.978	3.91	0.248	19.0	33.4	30.2	7.89	1.96	2.46	1.26	4.13	6.78	3.29	1.70
		5		6.143	4.82	0.248	23.2	41.7	36.8	9.57	1.94	2.45	1.25	5.08	8.25	3.90	1.74
		6		7.288	5.72	0.247	27.1	50.1	43.0	11.2	1.93	2.43	1.24	6.00	9.66	4.46	1.78
		7		8.412	6.60	0.247	30.9	58.6	49.0	12.8	1.92	2.41	1.23	6.88	11.0	4.98	1.82
		8		9.515	7.47	0.247	34.5	67.1	54.6	14.3	1.90	2.40	1.23	7.75	12.3	5.47	1.85
		10		11.66	9.15	0.246	41.1	84.3	64.9	17.3	1.88	2.36	1.22	9.39	14.6	6.36	1.93
7	70	4	8	5.570	4.37	0.275	26.4	45.7	41.8	11.0	2.18	2.74	1.40	5.14	8.44	4.17	1.86
		5		6.876	5.40	0.275	32.2	57.2	51.1	13.3	2.16	2.73	1.39	6.32	10.3	4.95	1.91
		6		8.160	6.41	0.275	37.8	68.7	59.9	15.6	2.15	2.71	1.38	7.48	12.1	5.67	1.95
		7		9.424	7.40	0.275	43.1	80.3	68.4	17.8	2.14	2.69	1.38	8.59	13.8	6.34	1.99
		8		10.67	8.37	0.274	48.2	91.9	76.4	20.0	2.12	2.68	1.37	9.68	15.4	6.98	2.03
7.5	75	5	9	7.412	5.82	0.295	40.0	70.6	63.3	16.6	2.33	2.92	1.50	7.32	11.9	5.77	2.04
		6		8.797	6.91	0.294	47.0	84.6	74.4	19.5	2.31	2.90	1.49	8.64	14.0	6.67	2.07
		7		10.16	7.98	0.294	53.6	98.7	85.0	22.2	2.30	2.89	1.48	9.93	16.0	7.44	2.11
		8		11.50	9.03	0.294	60.0	113	95.1	24.9	2.28	2.88	1.47	11.2	17.9	8.19	2.15
		9		12.83	10.1	0.294	66.1	127	105	27.5	2.27	2.86	1.46	12.4	19.8	8.89	2.18
		10		14.13	11.1	0.293	72.0	142	114	30.1	2.26	2.84	1.46	13.6	21.5	9.56	2.22
8	80	5	9	7.912	6.21	0.315	48.8	85.4	77.3	20.3	2.48	3.13	1.60	8.34	13.7	6.66	2.15
		6		9.397	7.38	0.314	57.4	103	91.0	23.7	2.47	3.11	1.59	9.87	16.1	7.65	2.19
		7		10.86	8.53	0.314	65.6	120	104	27.1	2.46	3.10	1.58	11.4	18.4	8.58	2.23
		8		12.30	9.66	0.314	73.5	137	117	30.4	2.44	3.08	1.57	12.8	20.6	9.46	2.27
		9		13.73	10.8	0.314	81.1	154	129	33.6	2.43	3.06	1.56	14.3	22.7	10.3	2.31
		10		15.13	11.9	0.313	88.4	172	140	36.8	2.42	3.04	1.56	15.6	24.8	11.1	2.35
9	90	6	10	10.64	8.35	0.354	82.8	146	131	34.3	2.79	3.51	1.80	12.6	20.6	9.95	2.44
		7		12.30	9.66	0.354	94.8	170	150	39.2	2.78	3.50	1.78	14.5	23.6	11.2	2.48
		8		13.94	10.9	0.353	106	195	169	44.0	2.76	3.48	1.78	16.4	26.6	12.4	2.52
		9		15.57	12.2	0.353	118	219	187	48.7	2.75	3.46	1.77	18.3	29.4	13.5	2.56
		10		17.17	13.5	0.353	129	244	204	53.3	2.74	3.45	1.76	20.1	32.0	14.5	2.59
		12		20.31	15.9	0.352	149	294	236	62.2	2.71	3.41	1.75	23.6	37.1	16.5	2.67

（续）

型号	截面尺寸/mm			截面面积/cm²	理论质量/(kg/m)	外表面积/(m²/m)	惯性矩/cm⁴				惯性半径/cm			截面系数/cm³			重心距离/cm
	b	d	r				I_x	I_{x1}	I_{x0}	I_{y0}	i_x	i_{x0}	i_{y0}	W_x	W_{x0}	W_{y0}	Z_0
10	100	6	12	11.93	9.37	0.393	115	200	182	47.9	3.10	3.90	2.00	15.7	25.7	12.7	2.67
		7		13.80	10.8	0.393	132	234	209	54.7	3.09	3.89	1.99	18.1	29.6	14.3	2.71
		8		15.64	12.3	0.393	148	267	235	61.4	3.08	3.88	1.98	20.5	33.2	15.8	2.76
		9		17.46	13.7	0.392	164	300	260	68.0	3.07	3.86	1.97	22.8	36.8	17.2	2.80
		10		19.26	15.1	0.392	180	334	285	74.4	3.05	3.84	1.96	25.1	40.3	18.5	2.84
		12		22.80	17.9	0.391	209	402	331	86.8	3.03	3.81	1.95	29.5	46.8	21.1	2.91
		14		26.26	20.6	0.391	237	471	374	99.0	3.00	3.77	1.94	33.7	52.9	23.4	2.99
		16		29.63	23.3	0.390	263	540	414	111	2.98	3.74	1.94	37.8	58.6	25.6	3.06
11	110	7		15.20	11.9	0.433	177	311	281	73.4	3.41	4.30	2.20	22.1	36.1	17.5	2.96
		8		17.24	13.5	0.433	199	355	316	82.4	3.40	4.28	2.19	25.0	40.7	19.4	3.01
		10		21.26	16.7	0.432	242	445	384	100	3.38	4.25	2.17	30.6	49.4	22.9	3.09
		12		25.20	19.8	0.431	283	535	448	117	3.35	4.22	2.15	36.1	57.6	26.2	3.16
		14		29.06	22.8	0.431	321	625	508	133	3.32	4.18	2.14	41.3	65.3	29.1	3.24
12.5	125	8		19.75	15.5	0.492	297	521	471	123	3.88	4.88	2.50	32.5	53.3	25.9	3.37
		10		24.37	19.1	0.491	362	652	574	149	3.85	4.85	2.48	40.0	64.9	30.6	3.45
		12		28.91	22.7	0.491	423	783	671	175	3.83	4.82	2.46	41.2	76.0	35.0	3.53
		14		33.37	26.2	0.490	482	916	764	200	3.80	4.78	2.45	54.2	86.4	39.1	3.61
		16		37.74	29.6	0.489	537	1050	851	224	3.77	4.75	2.43	60.9	96.3	43.0	3.68
14	140	10	14	27.37	21.5	0.551	515	915	817	212	4.34	5.46	2.78	50.6	82.6	39.2	3.82
		12		32.51	25.5	0.551	604	1100	959	249	4.31	5.43	2.76	59.8	96.9	45.0	3.90
		14		37.57	29.5	0.550	689	1280	1090	284	4.28	5.40	2.75	68.8	110	50.5	3.98
		16		42.54	33.4	0.549	770	1470	1220	319	4.26	5.36	2.74	77.5	123	55.6	4.06
15	150	8		23.75	18.6	0.592	521	900	827	215	4.69	5.90	3.01	47.4	78.0	38.1	3.99
		10		29.37	23.1	0.591	638	1130	1010	262	4.66	5.87	2.99	58.4	95.5	45.5	4.08
		12		34.91	27.4	0.591	749	1350	1190	308	4.63	5.84	2.97	69.0	112	52.4	4.15
		14		40.37	31.7	0.590	856	1580	1360	352	4.60	5.80	2.95	79.5	128	58.8	4.23
		15		43.06	33.8	0.590	907	1690	1440	374	4.59	5.78	2.95	84.6	136	61.9	4.27
		16		45.74	35.9	0.589	958	1810	1520	395	4.58	5.77	2.94	89.6	143	64.9	4.31

（续）

型号	截面尺寸/mm			截面面积/cm²	理论质量/(kg/m)	外表面积/(m²/m)	惯性矩/cm⁴				惯性半径/cm			截面系数/cm³			重心距离/cm
	b	d	r				I_x	I_{x1}	I_{x0}	I_{y0}	i_x	i_{x0}	i_{y0}	W_x	W_{x0}	W_{y0}	Z_0
16	160	10	16	31.50	24.7	0.630	780	1370	1240	322	4.98	6.27	3.20	66.7	109	52.8	4.31
		12		37.44	29.4	0.630	917	1640	1460	377	4.95	6.24	3.18	79.0	129	60.7	4.39
		14		43.30	34.0	0.629	1050	1910	1670	432	4.92	6.20	3.16	91.0	147	68.2	4.47
		16		49.07	38.5	0.629	1180	2190	1870	485	4.89	6.17	3.14	103	165	75.3	4.55
18	180	12	16	42.24	33.2	0.710	1320	2330	2100	543	5.59	7.05	3.58	101	165	78.4	4.89
		14		48.90	38.4	0.709	1510	2720	2410	622	5.56	7.02	3.56	116	189	88.4	4.97
		16		55.47	43.5	0.709	1700	3120	2700	699	5.54	6.98	3.55	131	212	97.8	5.05
		18		61.96	48.6	0.708	1880	3500	2990	762	5.50	6.94	3.51	146	235	105	5.13
20	200	14	18	54.64	42.9	0.788	2100	3730	3340	864	6.20	7.82	3.98	146	236	112	5.46
		16		62.01	48.7	0.788	2370	4270	3760	971	6.18	7.79	3.96	164	266	124	5.54
		18		69.30	54.4	0.787	2620	4810	4160	1080	6.15	7.75	3.94	182	294	136	5.62
		20		76.51	60.1	0.787	2870	5350	4550	1180	6.12	7.72	3.93	200	322	147	5.69
		24		90.66	71.2	0.785	3340	6460	5290	1380	6.07	7.64	3.90	236	374	167	5.87
22	220	16	21	68.67	53.9	0.866	3190	5680	5060	1310	6.81	8.59	4.37	200	326	154	6.03
		18		76.75	60.3	0.866	3540	6400	5620	1450	6.79	8.55	4.35	223	361	168	6.11
		20		84.76	66.5	0.865	3870	7110	6150	1590	6.76	8.52	4.34	245	395	182	6.18
		22		92.68	72.8	0.865	4200	7830	6670	1730	6.73	8.48	4.32	267	429	195	6.26
		24		100.5	78.9	0.864	4520	8550	7170	1870	6.71	8.45	4.31	289	461	208	6.33
		26		108.3	85.0	0.864	4830	9280	7690	2000	6.68	8.41	4.30	310	492	221	6.41
25	250	18	24	87.84	69.0	0.985	5270	9380	8370	2170	7.75	9.76	4.97	290	473	224	6.84
		20		97.05	76.2	0.984	5780	10400	9180	2380	7.72	9.73	4.95	320	519	243	6.92
		22		106.2	83.3	0.983	6280	11500	9970	2580	7.69	9.69	4.93	349	564	261	7.00
		24		115.2	90.4	0.983	6.770	12500	10700	2790	7.67	9.66	4.92	378	608	278	7.07
		26		124.2	97.5	0.982	7240	13600	11500	2980	7.64	9.62	4.90	406	650	295	7.15
		28		133.0	104	0.982	7700	14600	12200	3180	7.61	9.58	4.89	433	691	311	7.22
		30		141.8	111	0.981	8160	15700	12900	3380	7.58	9.55	4.88	461	731	327	7.30
		32		150.5	118	0.981	8600	16800	13600	3570	7.56	9.51	4.87	488	770	342	7.37
		35		163.4	128	0.980	9240	18400	14600	3850	7.52	9.46	4.86	527	827	364	7.48

注：截面图中的 $r_1 = 1/3d$ 及表中 r 的数据用于孔型设计，不做交货条件。

表Ⅲ-3 不等边角钢截面尺寸、截面面积、理论质量及截面特性

符号意义：
B—长边宽度
b—短边宽度
d—边厚度
r—内圆弧半径
r₁—边端圆弧半径
X_0—重心距离
Y_0—重心距离

型号	截面尺寸/mm				截面面积/cm²	理论质量/(kg/m)	外表面积/(m²/m)	惯性矩/cm⁴					惯性半径/cm			截面系数/cm³			tanα	重心距离/cm	
	B	b	d	r				I_x	I_{x1}	I_y	I_{y1}	I_u	i_x	i_y	i_u	W_x	W_y	W_u		X_0	Y_0
2.5/1.6	25	16	3	3.5	1.162	0.91	0.080	0.70	1.56	0.22	0.43	0.14	0.78	0.44	0.34	0.43	0.19	0.16	0.392	0.42	0.86
			4		1.499	1.18	0.079	0.88	2.09	0.27	0.59	0.17	0.77	0.43	0.34	0.55	0.24	0.20	0.381	0.46	0.90
3.2/2	32	20	3	4	1.492	1.17	0.102	1.53	3.27	0.46	0.82	0.28	1.01	0.55	0.43	0.72	0.30	0.25	0.382	0.49	1.08
			4		1.939	1.52	0.101	1.93	4.37	0.57	1.12	0.35	1.00	0.54	0.42	0.93	0.39	0.32	0.374	0.53	1.12
4/2.5	40	25	3	4	1.890	1.48	0.127	3.08	5.39	0.93	1.59	0.56	1.28	0.70	0.54	1.15	0.49	0.40	0.385	0.59	1.32
			4		2.467	1.94	0.127	3.93	8.53	1.18	2.14	0.71	1.36	0.69	0.54	1.49	0.63	0.52	0.381	0.63	1.37
4.5/2.8	45	28	3	5	2.149	1.69	0.143	4.45	9.10	1.34	2.23	0.80	1.44	0.79	0.61	1.47	0.62	0.51	0.383	0.64	1.47
			4		2.806	2.20	0.143	5.69	12.1	1.70	3.00	1.02	1.42	0.78	0.60	1.91	0.80	0.66	0.380	0.68	1.51
5/3.2	50	32	3	5.5	2.431	1.91	0.161	6.24	12.5	2.02	3.31	1.20	1.60	0.91	0.70	1.84	0.82	0.68	0.404	0.73	1.60
			4		3.177	2.49	0.160	8.02	16.7	2.58	4.45	1.53	1.59	0.90	0.69	2.39	1.06	0.87	0.402	0.77	1.65
5.6/3.6	56	36	3	6	2.743	2.15	0.181	8.88	17.5	2.92	4.7	1.73	1.80	1.03	0.79	2.32	1.05	0.87	0.408	0.80	1.78
			4		3.590	2.82	0.180	11.5	23.4	3.76	6.33	2.23	1.79	1.02	0.79	3.03	1.37	1.13	0.408	0.85	1.82
			5		4.415	3.47	0.180	13.9	29.3	4.49	7.94	2.67	1.77	1.01	0.78	3.71	1.65	1.36	0.404	0.88	1.87

（续）

型号	截面尺寸/mm B	截面尺寸/mm b	截面尺寸/mm d	截面尺寸/mm r	截面面积/cm²	理论质量/(kg/m)	外表面积/(m²/m)	惯性矩/cm⁴ I_x	I_{x1}	I_y	I_{y1}	I_u	惯性半径/cm i_x	i_y	i_u	截面系数/cm³ W_x	W_y	W_u	tanα	重心距离/cm X_0	Y_0
6.3/4	63	40	4	7	4.058	3.19	0.202	16.5	33.3	5.23	8.63	3.12	2.02	1.14	0.88	3.87	1.70	1.40	0.398	0.92	2.04
			5		4.993	3.92	0.202	20.0	41.6	6.31	10.9	3.76	2.00	1.12	0.87	4.74	2.07	1.71	0.396	0.95	2.08
			6		5.908	4.64	0.201	23.4	50.0	7.29	13.1	4.34	1.96	1.11	0.86	5.59	2.43	1.99	0.393	0.99	2.12
			7		6.802	5.34	0.201	26.5	58.1	8.24	15.5	4.97	1.98	1.10	0.86	6.40	2.78	2.29	0.389	1.03	2.15
7/4.5	70	45	4	7.5	4.553	3.57	0.226	23.2	45.9	7.55	12.3	4.40	2.26	1.29	0.98	4.86	2.17	1.77	0.410	1.02	2.24
			5		5.609	4.40	0.225	28.0	57.1	9.13	15.4	5.40	2.23	1.28	0.98	5.92	2.65	2.19	0.407	1.06	2.28
			6		6.644	5.22	0.225	32.5	68.4	10.6	18.6	6.35	2.21	1.26	0.98	6.95	3.12	2.59	0.404	1.09	2.32
			7		7.658	6.01	0.225	37.2	80.0	12.0	21.8	7.16	2.20	1.25	0.97	8.03	3.57	2.94	0.402	1.13	2.36
7.5/5	75	50	5	8	6.126	4.81	0.245	34.9	70.0	12.6	21.0	7.41	2.39	1.44	1.10	6.83	3.3	2.74	0.435	1.17	2.40
			6		7.260	5.70	0.245	41.1	84.3	14.7	25.4	8.54	2.38	1.42	1.08	8.12	3.88	3.19	0.435	1.21	2.44
			8		9.467	7.43	0.244	52.4	113	18.5	34.2	10.9	2.35	1.40	1.07	10.5	4.99	4.10	0.429	1.29	2.52
			10		11.59	9.10	0.244	62.7	141	22.0	43.4	13.1	2.33	1.38	1.06	12.8	6.04	4.99	0.423	1.36	2.60
8/5	80	50	5	8	6.376	5.00	0.255	42.0	85.2	12.8	21.1	7.66	2.56	1.42	1.10	7.78	3.32	2.74	0.388	1.14	2.60
			6		7.560	5.93	0.255	49.5	103	15.0	25.4	8.85	2.56	1.41	1.08	9.25	3.91	3.20	0.387	1.18	2.65
			7		8.724	6.85	0.255	56.2	119	17.0	29.8	10.2	2.54	1.39	1.08	10.6	4.48	3.70	0.384	1.21	2.69
			8		9.867	7.75	0.254	62.8	136	18.9	34.3	11.4	2.52	1.38	1.07	11.9	5.03	4.16	0.381	1.25	2.73
9/5.6	90	56	5	9	7.212	5.66	0.287	60.5	121	18.3	29.5	11.0	2.90	1.59	1.23	9.92	4.21	3.49	0.385	1.25	2.91
			6		8.557	6.72	0.286	71.0	146	21.4	35.6	12.9	2.88	1.58	1.23	11.7	4.96	4.13	0.384	1.29	2.95
			7		9.881	7.76	0.286	81.0	170	24.4	41.7	14.7	2.86	1.57	1.22	13.5	5.70	4.72	0.382	1.33	3.00
			8		11.18	8.78	0.286	91.0	194	27.2	47.9	16.3	2.85	1.56	1.21	15.3	6.41	5.29	0.380	1.36	3.04
10/6.3	100	63	6	10	9.618	7.55	0.320	99.1	200	30.9	50.5	18.4	3.21	1.79	1.38	14.6	6.35	5.25	0.394	1.43	3.24
			7		11.11	8.72	0.320	113	233	35.3	59.1	21.0	3.20	1.78	1.38	16.9	7.29	6.02	0.394	1.47	3.28

（续）

型号	截面尺寸/mm				截面面积/cm²	理论质量/(kg/m)	外表面积/(m²/m)	惯性矩/cm⁴					惯性半径/cm			截面系数/cm³			$\tan\alpha$	重心距离/cm	
	B	b	d	r				I_x	I_{x1}	I_y	I_{y1}	I_u	i_x	i_y	i_u	W_x	W_y	W_u		X_0	Y_0
10/6.3	100	63	8	10	12.58	9.88	0.319	127	266	39.4	67.9	23.5	3.18	1.77	1.37	19.1	8.21	6.78	0.391	1.50	3.32
			10		15.47	12.1	0.319	154	333	47.1	85.7	28.3	3.15	1.74	1.35	23.3	9.98	8.24	0.387	1.58	3.40
10/8	100	80	6	10	10.64	8.35	0.354	107	200	61.2	103	31.7	3.17	2.40	1.72	15.2	10.2	8.37	0.627	1.97	2.95
			7		12.30	9.66	0.354	123	233	70.1	120	36.2	3.16	2.39	1.72	17.5	11.7	9.60	0.626	2.01	3.00
			8		13.94	10.9	0.353	138	267	78.6	137	40.6	3.14	2.37	1.71	19.8	13.2	10.8	0.625	2.05	3.04
			10		17.17	13.5	0.353	167	334	94.7	172	49.1	3.12	2.35	1.69	24.2	16.1	13.1	0.622	2.13	3.12
11/7	110	70	6	10	10.64	8.35	0.354	133	266	42.9	69.1	25.4	3.54	2.01	1.54	17.9	7.90	6.53	0.403	1.57	3.53
			7		12.30	9.66	0.354	153	310	49.0	80.8	29.0	3.53	2.00	1.53	20.6	9.09	7.50	0.402	1.61	3.57
			8		13.94	10.9	0.353	172	354	54.9	92.7	32.5	3.51	1.98	1.53	23.3	10.3	8.45	0.401	1.65	3.62
			10		17.17	13.5	0.353	208	443	65.9	117	39.2	3.48	1.96	1.51	28.5	12.5	10.3	0.397	1.72	3.70
12.5/8	125	80	7	11	14.10	11.1	0.403	228	455	74.4	120	43.8	4.02	2.30	1.76	26.9	12.0	9.92	0.408	1.80	4.01
			8		15.99	12.6	0.403	257	520	83.5	138	49.2	4.01	2.28	1.75	30.4	13.6	11.2	0.407	1.84	4.06
			10		19.71	15.5	0.402	312	650	101	173	59.5	3.98	2.26	1.74	37.3	16.6	13.6	0.404	1.92	4.14
			12		23.35	18.3	0.402	364	780	117	210	69.4	3.95	2.24	1.72	44.0	19.4	16.0	0.400	2.00	4.22
14/9	140	90	8	11	18.04	14.2	0.453	366	731	121	196	70.8	4.50	2.59	1.98	38.5	17.3	14.3	0.411	2.04	4.50
			10		22.26	17.5	0.452	446	913	140	246	85.8	4.47	2.56	1.96	47.3	21.2	17.5	0.409	2.12	4.58
			12		26.40	20.7	0.451	522	1100	170	297	100	4.44	2.54	1.95	55.9	25.0	20.5	0.406	2.19	4.66
			14		30.46	23.9	0.451	594	1280	192	349	114	4.42	2.51	1.94	64.2	28.5	23.5	0.403	2.27	4.74
15/9	150	90	8	12	18.84	14.8	0.473	442	898	123	196	74.1	4.84	2.55	1.98	43.9	17.5	14.5	0.364	1.97	4.92
			10		23.26	18.3	0.472	539	1120	149	246	89.9	4.81	2.53	1.97	54.0	21.4	17.7	0.362	2.05	5.01
			12		27.60	21.7	0.471	632	1350	173	297	105	4.79	2.50	1.95	63.8	25.1	20.8	0.359	2.12	5.09
			14		31.86	25.0	0.471	721	1570	196	350	120	4.76	2.48	1.94	73.3	28.8	23.8	0.356	2.20	5.17

（续）

型号	截面尺寸/mm				截面面积/cm²	理论质量/(kg/m)	外表面积/(m²/m)	惯性矩/cm⁴					惯性半径/cm			截面系数/cm³			tanα	重心距离/cm	
	B	b	d	r				I_x	I_{x1}	I_y	I_{y1}	I_u	i_x	i_y	i_u	W_x	W_y	W_u		X_0	Y_0
15/9	150	90	15	12	33.95	26.7	0.471	764	1680	207	376	127	4.74	2.47	1.93	78.0	30.5	25.3	0.354	2.24	5.21
			16		36.03	28.3	0.470	806	1800	217	403	134	4.73	2.45	1.93	82.6	32.3	26.8	0.352	2.27	5.25
16/10	160	100	10	13	25.32	19.9	0.512	669	1360	205	337	122	5.14	2.85	2.19	62.1	26.6	21.9	0.390	2.28	5.24
			12		30.05	23.6	0.511	785	1640	239	406	142	5.11	2.82	2.17	73.5	31.3	25.8	0.388	2.36	5.32
			14		34.71	27.2	0.510	896	1910	271	476	162	5.08	2.80	2.16	84.6	35.8	29.6	0.385	2.43	5.40
			16		39.28	30.8	0.510	1000	2180	302	548	183	5.05	2.77	2.16	95.3	40.2	33.4	0.382	2.51	5.48
18/11	180	110	10	14	28.37	22.3	0.571	956	1940	278	447	167	5.80	3.13	2.42	79.0	32.5	26.9	0.376	2.44	5.89
			12		33.71	26.5	0.571	1120	2330	325	539	195	5.78	3.10	2.40	93.5	38.3	31.7	0.374	2.52	5.98
			14		38.97	30.6	0.570	1250	2720	370	632	222	5.75	3.08	2.39	108	44.0	36.3	0.372	2.59	6.06
			16		44.14	34.6	0.569	1400	3110	412	726	249	5.72	3.06	2.38	122	49.4	40.9	0.369	2.67	6.14
20/12.5	200	125	12	14	37.91	29.8	0.641	1570	3190	483	788	286	6.44	3.57	2.74	117	50.0	41.2	0.392	2.83	6.54
			14		43.87	34.4	0.640	1800	3730	551	922	327	6.41	3.54	2.73	135	57.4	47.3	0.390	2.91	6.62
			16		49.74	39.0	0.639	2020	4260	615	1060	366	6.38	3.52	2.71	152	64.9	53.3	0.388	2.99	6.70
			18		55.53	43.6	0.639	2240	4790	677	1200	405	6.35	3.49	2.70	169	71.7	59.2	0.385	3.06	6.78

注：截面图中的 $r_1 = 1/3d$ 及表中 r 的数据用于孔型设计，不做交货条件。

表Ⅲ-4 槽钢截面尺寸、截面面积、理论质量及截面特性

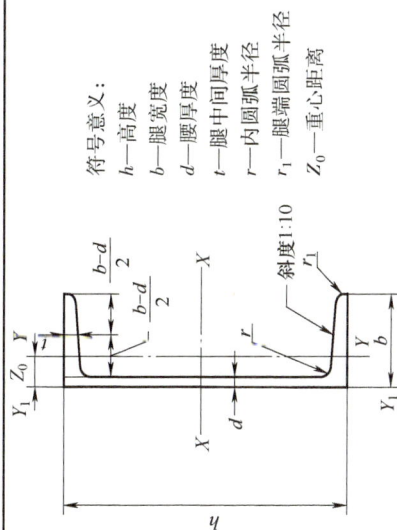

符号意义：
h—高度
b—腿宽度
d—腰厚度
t—腿中间厚度
r—内圆弧半径
r_1—腿端圆弧半径
Z_0—重心距离

斜度1:10

（续）

型号	h	b	d	t	r	r₁	截面面积/cm²	理论质量/(kg/m)	外表面积/(m²/m)	I_x /cm⁴	I_y /cm⁴	I_{y1} /cm⁴	i_x /cm	i_y /cm	W_x /cm³	W_y /cm³	Z_0 /cm
5	50	37	4.5	7.0	7.0	3.5	6.925	5.44	0.226	26.0	8.30	20.9	1.94	1.10	10.4	3.55	1.35
6.3	63	40	4.8	7.5	7.5	3.8	8.446	6.63	0.262	50.8	11.9	28.4	2.45	1.19	16.1	4.50	1.36
6.5	65	40	4.3	7.5	7.5	3.8	8.292	6.51	0.267	55.2	12.0	28.3	2.54	1.19	17.0	4.59	1.38
8	80	43	5.0	8.0	8.0	4.0	10.24	8.04	0.307	101	16.6	37.4	3.15	1.27	25.3	5.79	1.43
10	100	48	5.3	8.5	8.5	4.2	12.74	10.0	0.365	198	25.6	54.9	3.95	1.41	39.7	7.80	1.52
12	120	53	5.5	9.0	9.0	4.5	15.36	12.1	0.423	346	37.4	77.7	4.75	1.56	57.7	10.2	1.62
12.6	126	53	5.5	9.0	9.0	4.5	15.69	12.3	0.435	391	38.0	77.1	4.95	1.57	62.1	10.2	1.59
14a	140	58	6.0	9.5	9.5	4.8	18.51	14.5	0.480	564	53.2	107	5.52	1.70	80.5	13.0	1.71
14b	140	60	8.0	9.5	9.5	4.8	21.31	16.7	0.484	609	61.1	121	5.35	1.69	87.1	14.1	1.67
16a	160	63	6.5	10.0	10.0	5.0	21.95	17.2	0.538	866	73.3	144	6.28	1.83	108	16.3	1.80
16b	160	65	8.5	10.0	10.0	5.0	25.15	19.8	0.542	935	83.4	161	6.10	1.82	117	17.6	1.75
18a	180	68	7.0	10.5	10.5	5.2	25.69	20.2	0.596	1270	98.6	190	7.04	1.96	141	20.0	1.88
18b	180	70	9.0	10.5	10.5	5.2	29.29	23.0	0.600	1370	111	210	6.84	1.95	152	21.5	1.84
20a	200	73	7.0	11.0	11.0	5.5	28.83	22.6	0.654	1780	128	244	7.86	2.11	178	24.2	2.01
20b	200	75	9.0	11.0	11.0	5.5	32.83	25.8	0.658	1910	144	268	7.64	2.09	191	25.9	1.95
22a	220	77	7.0	11.5	11.5	5.8	31.83	25.0	0.709	2390	158	298	8.67	2.23	218	28.2	2.10
22b	220	79	9.0	11.5	11.5	5.8	36.23	28.5	0.713	2570	176	326	8.42	2.21	234	30.1	2.03
24a	240	78	7.0	12.0	12.0	6.0	34.21	26.9	0.752	3050	174	325	9.45	2.25	254	30.5	2.10
24b	240	80	9.0	12.0	12.0	6.0	39.01	30.6	0.756	3280	194	355	9.17	2.23	274	32.5	2.03
24c	240	82	11.0	12.0	12.0	6.0	43.81	34.4	0.760	3510	213	388	8.96	2.21	293	34.4	2.00
25a	250	78	7.0	12.0	12.0	6.0	34.91	27.4	0.722	3370	176	322	9.82	2.24	270	30.6	2.07
25b	250	80	9.0	12.0	12.0	6.0	39.91	31.3	0.776	3530	196	353	9.41	2.22	282	32.7	1.98
25c	250	82	11.0	12.0	12.0	6.0	44.91	35.3	0.780	3690	218	384	9.07	2.21	295	35.9	1.92

（续）

型号	截面尺寸/mm						截面面积/cm²	理论质量/(kg/m)	外表面积/(m²/m)	惯性矩/cm⁴			惯性半径/cm		截面系数/cm³		重心距离/cm
	h	b	d	t	r	r_1				I_x	I_y	I_{y1}	i_x	i_y	W_x	W_y	Z_0
27a	270	82	7.5	12.5	12.5	6.2	39.27	30.8	0.826	4360	216	393	10.5	2.34	323	35.5	2.13
27b	270	84	9.5	12.5	12.5	6.2	44.67	35.1	0.830	4690	239	428	10.3	2.31	347	37.7	2.06
27c		86	11.5	12.5	12.5	6.2	50.07	39.3	0.834	5020	261	467	10.1	2.28	372	39.8	2.03
28a	280	82	7.5	12.5	12.5	6.2	40.02	31.4	0.846	4760	218	388	10.9	2.33	340	35.7	2.10
28b	280	84	9.5	12.5	12.5	6.2	45.62	35.8	0.850	5130	242	428	10.6	2.30	366	37.9	2.02
28c		86	11.5	12.5	12.5	6.2	51.22	40.2	0.854	5500	268	463	10.4	2.29	393	40.3	1.95
30a	300	85	7.5	13.5	13.5	6.8	43.89	34.5	0.897	6050	260	467	11.7	2.43	403	41.1	2.17
30b	300	87	9.5	13.5	13.5	6.8	49.89	39.2	0.901	6500	289	515	11.4	2.41	433	44.0	2.13
30c		89	11.5	13.5	13.5	6.8	55.89	43.9	0.905	6950	316	560	11.2	2.38	463	46.4	2.09
32a	320	88	8.0	14.0	14.0	7.0	48.50	38.1	0.947	7600	305	552	12.5	2.50	475	46.5	2.24
32b	320	90	10.0	14.0	14.0	7.0	54.90	43.1	0.951	8140	336	593	12.2	2.47	509	49.2	2.16
32c		92	12.0	14.0	14.0	7.0	61.30	48.1	0.955	8690	374	643	11.9	2.47	543	52.6	2.09
36a	360	96	9.0	16.0	16.0	8.0	60.89	47.8	1.053	11900	455	818	14.0	2.73	660	63.5	2.44
36b	360	98	11.0	16.0	16.0	8.0	68.09	53.5	1.057	12700	497	880	13.6	2.70	703	66.9	2.37
36c		100	13.0	16.0	16.0	8.0	75.29	59.1	1.061	13400	536	948	13.4	2.67	746	70.0	2.34
40a	400	100	10.5	18.0	18.0	9.0	75.04	58.9	1.144	17600	592	1070	15.3	2.81	879	78.8	2.49
40b	400	102	12.5	18.0	18.0	9.0	83.04	65.2	1.148	18600	640	1140	15.0	2.78	932	82.5	2.44
40c		104	14.5	18.0	18.0	9.0	91.04	71.5	1.152	19700	688	1220	14.7	2.75	986	86.2	2.42

注：表中 r、r_1 的数据用于孔型设计，不做交货条件。

序号	梁的简图	挠曲线方程	端截面转角	最大挠度
1		$w = -\dfrac{M_e x^2}{2EI_z}$	$\theta_B = -\dfrac{M_e l}{EI_z}$	$w_B = -\dfrac{M_e l^2}{2EI_z}$
2		$w = -\dfrac{F x^2}{6EI_z}(3l-x)$	$\theta_B = -\dfrac{F l^2}{2EI_z}$	$w_B = -\dfrac{F l^3}{3EI_z}$
3		$w = -\dfrac{F x^2}{6EI_z}(3a-x)\ (0 \leqslant x \leqslant a)$ $w = -\dfrac{F a^2}{6EI_z}(3x-a)\ (a \leqslant x \leqslant l)$	$\theta_B = -\dfrac{F a^2}{2EI_z}$	$w_B = -\dfrac{F a^2}{6EI_z}(3l-a)$
4		$w = -\dfrac{q x^2}{24EI_z}(x^2-4lx+6l^2)$	$\theta_B = -\dfrac{q l^3}{6EI_z}$	$w_B = -\dfrac{q l^4}{8EI_z}$
5		$w = -\dfrac{M_e x}{6EI_z l}(l-x)(2l-x)$	$\theta_A = -\dfrac{M_e l}{3EI_z}$ $\theta_B = \dfrac{M_e l}{6EI_z}$	$x = \left(1-\dfrac{1}{\sqrt{3}}\right)l,$ $w_{\max} = -\dfrac{M_e l^2}{9\sqrt{3}EI_z}$ $x = \dfrac{l}{2},$ $w_{\frac{l}{2}} = -\dfrac{M_e l^2}{16EI_z}$

（续）

序号	梁的简图	挠曲线方程	端截面转角	最大挠度
6		$w = -\dfrac{M_e x}{6EI_z l}(l^2 - x^2)$	$\theta_A = -\dfrac{M_e l}{6EI_z}$ $\theta_B = \dfrac{M_e l}{3EI_z}$	$x = \dfrac{l}{\sqrt{3}},$ $w_{\max} = -\dfrac{M_e l^2}{9\sqrt{3}EI_z}$ $x = \dfrac{l}{2},$ $w_{\frac{l}{2}} = -\dfrac{M_e l^2}{16EI_z}$
7		$w = \dfrac{M_e x}{6EI_z l}(l^2 - 3b^2 - x^2)$ $(0 \le x \le a)$ $w = \dfrac{M_e}{6EI_z l}\left[-x^3 + 3l(x-a)^2 + (l^2 - 3b^2)x\right]$ $(a \le x \le l)$	$\theta_A = \dfrac{M_e}{6EI_z l}(l^2 - 3b^2)$ $\theta_B = \dfrac{M_e}{6EI_z l}(l^2 - 3a^2)$	
8		$w = -\dfrac{Fx}{48EI_z}(3l^2 - 4x^2)$ $\left(0 \le x \le \dfrac{l}{2}\right)$	$\theta_A = -\theta_B = -\dfrac{Fl^2}{16EI_z}$	$w_{\max} = -\dfrac{Fl^3}{48EI_z}$
9		$w = -\dfrac{Fbx}{6EI_z l}(l^2 - x^2 - b^2)$ $(0 \le x \le a)$ $w = -\dfrac{Fb}{6EI_z l}\left[\dfrac{l}{b}(x-a)^3 + (l^2 - b^2)x - x^3\right]$ $(a \le x \le l)$	$\theta_A = -\dfrac{Fab(l+b)}{6EI_z l}$ $\theta_B = \dfrac{Fab(l+a)}{6EI_z l}$	设 $a > b$, 在 $x = \sqrt{\dfrac{l^2 - b^2}{3}}$ 处, $w_{\max} = -\dfrac{Fb(l^2 - b^2)^{3/2}}{9\sqrt{3}EI_z l}$ 在 $x = \dfrac{l}{2}$ 处, $w_{\frac{l}{2}} = -\dfrac{Fb(3l^2 - 4b^2)}{48EI_z}$
10		$w = -\dfrac{qx}{24EI_z}(l^3 - 2lx^2 + x^3)$	$\theta_A = -\theta_B = -\dfrac{ql^3}{24EI_z}$	$w_{\max} = -\dfrac{5ql^4}{384EI_z}$

参 考 文 献

［1］ 孙训方，方孝淑，关来泰. 材料力学：I［M］. 6 版. 北京：高等教育出版社，2019.

［2］ 刘鸿文. 材料力学：I［M］. 6 版. 北京：高等教育出版社，2018.